叢書主編：蕭新煌教授

叢書策劃：臺灣第三部門學會

本書由臺灣第三部門學會及巨流圖書公司

共同策劃出版

臺灣的長期照顧體制發展

國家、市場與第三部門

陳正芬　官有垣

主編

臺灣第三部門研究叢書

臺灣的長期照顧體制發展——國家、市場與第三部門

國家圖書館出版品預行編目（CIP）資料

臺灣的長期照顧體制發展：國家、市場與第三部門 / 陳正芬, 官有垣主編. -- 初版. -- 高雄市：巨流, 2020.10
　　面；　公分

ISBN 978-957-732-600-3（平裝）

1.長期照護　2.行政制度　3.文集　4.臺灣

572.907　　　　　　　　　　　　　　　　109014575

主　　　　　編	陳正芬、官有垣
責 任 編 輯	邱仕弘
封 面 設 計	Lucas

發 行 人　　楊曉華
總　編　輯　　蔡國彬

出　　　版　　巨流圖書股份有限公司
　　　　　　　80252 高雄市苓雅區五福一路57號2樓之2
　　　　　　　電話：07-2265267
　　　　　　　傳眞：07-2264697
　　　　　　　e-mail：chuliu@liwen.com.tw
　　　　　　　網址：http://www.liwen.com.tw

編　輯　部　　10045 臺北市中正區重慶南路一段57號10樓之12
　　　　　　　電話：02-29222396
　　　　　　　傳眞：02-29220464

劃 撥 帳 號　　01002323 巨流圖書股份有限公司
購 書 專 線　　07-2265267 轉236

法 律 顧 問　　林廷隆律師
　　　　　　　電話：02-29658212

出版登記證　　局版臺業字第1045號

ISBN 978-957-732-600-3（平裝）
初版一刷・2020年10月
初版三刷・2021年9月

定價：560 元

作者簡介

（按章次排序）

陳正芬

國立中正大學社會福利學系博士，中國文化大學社會福利學系教授

曾任中華民國家庭照顧者關懷總會理事長、臺灣社會福利學會理事長

研究興趣為長期照顧、老人福利、家庭照顧與新興小眾服務模式

近期研究成果發表於 *Ageing & Society*、*International Journal of Care and Caring*、*Health Policy*、《臺大社會工作學刊》及《社會政策與社會工作學刊》

官有垣

美國密蘇里大學（University of Missouri-St. Louis）政治學博士

國立中正大學社會福利學系教授

劉昱慶

中國文化大學社會福利碩士

林幸君

東吳大學社會工作研究所碩士

中華民國智障者家長總會主任

官安妮

國立中興大學歷史學系學士

壹零玖伍文史工作室負責人

目　錄

蕭新煌 序

　　隨著臺灣人口老化、壽命延長，老年健康問題日益成為家庭和社會關切的社會議題之後，「老年的長期照顧」（簡稱長照）已經提升為全民和政府都必須面對的家庭責任和社會政策。

　　這本書的出版可說是來得正好。在民進黨蔡政府宣布其長照 2.0（2017 年 9 月、2019 年 10 月分別宣布）之後，陳正芬和官有垣兩位教授就即時以嚴謹的治學寫作態度，以三篇十三章的篇幅，完整地評析臺灣長照體制。相信這應該對政府的長照政策和措施有改進之功，更對關注研究長照的學界，有精進之效。

　　綜閱全書各章立論內容，大致可以幾個分析層面來說，一是中央 vs. 地方在長照政策的行政分際應如何妥當處理？二是長照「機構性質」和「服務」在營利 vs. 非營利兩個方向上，要如何劃定其優先順序？三是整個長照的體制建構上，國家、市場（企業）和第三部門（NGO、NPO）又應如何分工和協力？

　　在所謂「長照 2.0 ABC」服務社區化、在地化的政策旗幟下，非營利的第三部門顯然應該被賦予更重要的角色；而長照人力來源也似乎愈來愈依賴「外籍（東南亞）」看護工。「外籍看護工」和受政府委託服務的非營利第三部門組織之間要如何建立更合理公道的僱用關係，就成為在前述政府與非營利組織之間委託契約關係之外的另一個新的組織問題。

　　前面三個發問是較宏觀長照體制課題，後面兩個觀察則是較微觀的長照執行課題。對一個對長照沒有什麼深入研究的我來說，我從閱讀本書各章倒是獲得不少「解惑」的受益。也因此，我極力推薦本書給更多關心臺灣長照體制和作法的讀者們。

蕭新煌
總統府資政
臺灣亞洲交流基金會董事長
2020 年 8 月 18 日

林萬億 序

論臺灣長期照顧的推動，陳正芬教授絕對是中生代中不可忽略的一員。回顧 1997 年《老人福利法》修正，正視臺灣眾多未立案的小型養護機構存在的事實，進而確認其承擔部分長期照顧的功能，但條件為不辦理募款、不接受補助、不享受租稅減免，得辦理法人登記，即所謂「三不政策」，讓那些個人經營、家族企業式的小型老人養護機構得以納入管理。當時剛成立不久的老人福利推動聯盟扮演重要的角色，正芬就開始參與老人照顧議題的討論。

發生於 1998 年 1 月 15 日，臺北縣中和市未立案慈民安養中心大火燒死 11 位老人，促使行政院於當年 5 月 7 日通過「加強老人服務安養方案」；同年 6 月 17 日修正《老人福利機構設立標準》，降低 49 床以下的小型安養護機構的設置標準，期藉此提升未立案老人安養護機構的立案可能，徹底解決未立案老人安養護機構的問題。

老人養護機構的管理問題就成為臺灣長期照顧政策得以被納入政治議程的關鍵。當時的行政院副院長劉兆玄先生找筆者去談如何加速解決未立案小型養護機構的管理問題，同時請筆者著手規劃臺灣的老人長期照顧計畫，參考日本新黃金十年計畫，推出「建構長期照護體系先導計畫」。正芬加入我們的團隊，在吳淑瓊教授帶領下，擔任先導計畫的執行秘書，協助推動臺灣的長期照顧先導計畫。當時的規劃重點是發展服務模式、人力資源的整合、以臺北縣三鶯地區與嘉義市兩地作為實驗、計算成本、研議給付制度、建立中央及地方整合行政機制、透過照顧經理（care manager）

採「管理式照顧」理念提供全套服務。

　　從此，臺灣的長期照顧制度是繼老年年金之後，成為邁入高齡社會的新課題。過去，臺灣的長期照顧模式以下列三種為主：女性為主要照顧者的傳統家庭照顧模式、聘用外籍看護工住家代行照顧的在宅照顧模式，以及以私人經營為主的機構式照顧模式。不論公立老人養護機構，或是居家服務等公共化長期照顧服務是零星而片段的。顯示，過去的長期照顧服務是高度私有化，且以營利為導向的市場經濟，類似幼兒學前教育與照顧市場。

　　長期照顧先導計畫執行三年，後續路程坎坷。面對 2000 年的網路泡沫化，經濟發展遲滯、成長率下降、失業率升高，民進黨政府遂將長期照顧也納入振興經濟的一環。於是，行政院於 2002 年 1 月 31 日核定「照顧服務福利及產業發展方案」，引發長期照顧是福利或是產業的爭議。雖然，在此期間也發展小規模的照顧管理、居家服務、培訓照顧人力，以及老人住宅方案等。但是，也因此錯過長期照顧先導計畫實驗結果擴大辦理的時機。2006 年，才請筆者將先導計畫實驗結果檢討修正，成為長期照顧十年計畫。

　　2008 年政黨輪替，剛上路的長期照顧十年計畫馬上面對規劃為長期照顧保險的急轉彎。在缺乏健全的服務體系、照顧管理機制、人力資源等基礎建設下，強推保險財源與支付制度的改變，只會引來分食長期照顧一年千餘億保險費大餅的利益分配爭議，無助於回應建立長期照顧體系的需求。結果是，從 1992 年起開放外籍看護工進入家庭提供照顧服務政策以來，到 2007 年，引進人數已將近 16 萬；到了 2015 年底，更增加到 22 萬 2,328 人。顯示，延緩長期照顧服務體系的建立，讓有長照需求的家庭只得求助於外籍看護工。

2016 年，民進黨重回執政，蔡總統立志要把臺灣人口老化、少子女化的重大課題一一解決，包括年金改革、長期照顧、少子女化對策、社會安全網等。在再不加緊腳步迎頭趕上，就會錯過時機的警覺下，長期照顧十年計畫 2.0 出爐，不但要補過去 10 年的功課，也要與快速的人口老化競速，臺灣已經從高齡化社會進入高齡社會（2018 年），2026 年即將進入超高齡社會。

長期照顧十年計畫 2.0 的重點是加速建立以社區為基礎的整體照顧服務體系（ABC）；同步，向前端優化初級預防功能、向後端銜接在宅臨終安寧照顧。財源則以遺產稅、贈與稅、煙稅、政府預算等設置特種基金專款支應。

至此，我國的長期照顧制度以穩健的步伐前進。服務體系布建的速度加快、服務涵蓋率快速成長、人力資源也倍數增加、照顧服務員的薪資水準更是大幅調漲、所得稅法納入長照特別扣除額、住宿式機構照顧負擔也減輕，進而普及住宿型機構及一國中學區設置一日間照顧據點，期使長期照顧服務達到找得到、看得到、用得到，而且負擔得起。

在這二十年的長期照顧推動過程中，有非常多的議題值得探討，財源、服務對象、服務方式、服務資源整合、照顧管理機制、公私部門分工、支付制度、外籍看護工的定位與管理、服務品質管控、人力資源訓用、原住民長期照顧的族群敏感、家庭結構與照顧能量、身心障礙者與長期照顧的分合、失智症的照顧、住宿式照顧機構的分布與整合、資訊管理等，每一個題目都值得學術研究。正芬是這段期間投入時間與精神最多的學者之一。從早期規劃開始就加入，後來又從不同位置、角度觀看我國長期照顧制度的演變與起落。這本書所涵蓋的議題，相當程度映照了這二十年來我國長期照顧發展的軌跡。

　　誠如當年在推動長期照顧先導計畫時，吳淑瓊教授、呂寶靜教授等跟筆者共同的使命與默契，不但要把長期照顧制度建立起來，也要讓研究跟上，才不會像無頭蒼蠅一般亂飛，因為我們沒有多少時間可以浪費，也沒有二度青春可以虛擲。

林萬億
行政院政務委員

導論：本書定位與綜述

前言

　　本書定名為《臺灣的長期照顧體制發展——國家、市場與第三部門》，乃是有鑑於臺灣近年來雖出版眾多以長期照顧為主題的相關書籍，幾乎已達百家爭鳴的境界；但主軸係以長期照顧政策及福利服務輸送為主，極少探討國家在長期照顧體制發展扮演的角色以及軸線的改變，亦罕見從服務提供組織的屬性（營利與非營利部門）分別探討其各在機構式、社區式及居家式服務分布的區域、服務量及角色功能的差異。本書編著的目的即是欲具體、深入的分析國家相關長期照顧政策對於市場及第三部門提供長期照顧服務的影響，以及探討不同屬性、區域、規模的非營利組織如何回應政府在長期照顧領域的規範及服務提供。另一方面，地方政府如何看待及管理營利與非營利組織在長期照顧體系服務的功能與角色，亦是本書重點；第三，新興且小眾的服務模式往往未能被充分看見與討論，本書分別討論社區照顧關懷據點、家庭托顧服務、照顧者支持及外籍看護工補充訓練等新興服務，期待透過這些新型服務模式的探討有助於擴大臺灣長期照顧政策的光譜與異質性

　　本書的組成計有三篇：第一篇：「長期照顧體制——國家、市場與第三部門」、第二篇：「新興照顧服務與第三部門」，以及第三篇：「臺灣長期照顧體制發展的案例」。

第一篇：長期照顧體制——國家、市場與第三部門

　　本書的第一章由主編陳正芬執筆，旨在提供讀者對於臺灣長期照顧體系自《老人福利法》第一次修法，即 1980 年代發展至今，40 年的軌跡與

演變。長期照顧政策規劃最常面臨的價值抉擇議題包括：服務對象的選定標準應以經濟狀況、年齡或是照顧需求為原則？服務內涵應以現金或是實物給付為主？實物給付又應涵蓋哪些服務項目？中央政府與地方政府，以及營利與非營利組織在服務提供面向的權責劃分依據為何？服務資源提供的財源應著重個人責任或政府預算的挹注？立基於給付對象、資源形式、輸送方式與財務基礎這四個議題面向，解析臺灣長期照顧政策的發展與內涵之演進。

第二章即開始進入發展最悠久的機構式服務模式相關歷史背景及其轉變，由陳正芬與官有垣二位執筆。國內現雖已累積大量探討機構式長期照顧服務組織的相關研究，但研究對象偏重於社政體系主管的老人福利機構，研究議題以機構產業特性、經營管理和個別組織行動為主；雖有少數論文企圖從政策架構，從老人安養機構面向探討部門之間的互動模式，但都未能跨越社政與衛政體系的行政藩籬，以制度歷史的軸線檢視長期照顧服務單位之屬性隨時間而轉變的全貌。本章節的論述架構，首先分析自1980 年代以來，公部門在機構式長期照顧體系的提供、規劃以及政策法令建構過程中扮演的角色；就政府之間的權力（權威）分工而言，是中央集權式或地方分權式？就服務提供者是誰而言，固然政府非包攬一切的優勢掌控者，顯然是多元分散式，但是否使民間「非營利」（non-profit）性質的或「營利」（for-profit）性質的組織都有機會進入該類服務市場一爭高下？政府的長期照顧政策如何影響與形塑臺灣的長照服務提供者之形貌，以及政府、非營利、營利部門在此議題上呈現的互動模式為何？換言之，「時間」（time）與「轉變」（transformation）是觀察臺灣機構式長期照顧服務提供形貌變化的二個很重要的觀察變項，從制度歷史的形塑過程之角度切入研究，才能完整檢視我國機構式服務發展與轉變的脈絡，釐清政策制定者面對「混合經濟」（mixed economy）的機構式服務，如何確立其角色與功能。

第三章以長期照顧人力為議題，陳正芬執筆。長期照顧服務人力依據服務地點區分為三大類，第一類是受聘於照顧機構，由護理人員督導的照

顧服務員；第二類是由地方政府或非營利組織聘僱，為失能者提供日常生活協助的居家照顧人員；第三類則是由個別消費者直接聘用的照顧者。臺灣自 1992 年開放家庭看護工，1999 年再開放照顧機構聘僱外籍照服員，政策演變至今已超過 20 年的發展歷史。然而，臺灣雖開放外籍勞工同時皆可進入機構或家戶內工作，但兩個工作場域的薪資待遇、工作內容與勞動保障差距極大，第三章參考勞動雙元市場與兩性職業區隔理論架構，運用臺灣 20 年的長期資料，指出外籍看護工進入的次級勞動市場已出現市場區隔之群體差異現象，區隔的結構化指標是以納入勞動基準法為界線，分為次級內部勞動市場與次級外部勞動市場，而台籍看護工與外籍看護兩者在次級內部勞動市場又出現水平職業區隔不平等現象，進而討論臺灣的次級勞動照顧市場因引進外籍勞工對臺灣長期照顧體系的影響。

　　第四章則更進一步以家庭外籍看護工為主題，亦是由陳正芬主筆。相較於長期被貼上「不孝」與「依賴」污名的機構式服務，進入家庭內提供服務的外籍看護工不僅擁有場域優勢，原本意謂「外人」照顧的污名更逐漸轉型為老人宣稱「子女孝順」的殊榮標籤，而此種深層社會學習的模仿效果更具有增強聘僱行為（不論是合法或非法）的誘導機制，讓雇主對自己非法聘僱或運用外籍看護工的行為想像為是社會風氣的自然延伸，亦否認外籍看護工成為自己孝順形象下的受害者。然而，家庭外籍看護工被違法僱用與超時超量既已是法律明文規範的犯罪行為，借用犯罪學對犯罪型態之界定，將外籍看護工的違法聘用與管理行為視為「無被害者犯罪」（Crimes without Victims or Victimless Crime），就無被害者犯罪此一名詞而言，字面上的意義係指某一類的犯罪行為並無被害人存在，或是指此一行為是該行為人自願參與，本身並不覺得自己是所謂的被害人；我國外籍看護工的違法聘僱與管理事實上符合「無被害人」犯罪型態的諸多特徵，不僅犯罪人本身不認為自身犯罪，被害者則基於某些理由而未暴露犯罪者的行為，致使該類犯罪罪行被揭發的比例遠低於實際犯刑案件數。我國的長期照顧政策主軸原是將家庭外籍看護工的引進界定為補充性人力，但現今高達 24 萬名的人數顯示其不僅已褪去邊陲與補充的功能，其對我國現有

各種長期照顧服務方案更產生強烈的替代性效果；本章的論述重點就是將外籍看護工的研究軸線拉回至長期照顧政策的脈絡之下，從被照顧者與照顧者雙方的需求檢視長期照顧服務模式的選擇歷程，並呈現外籍看護工的聘僱與運用如何被建構為無被害人犯罪型態。

第二篇：新興照顧服務與第三部門

第二篇共有五章，集中探討新興照顧服務，例如社區照顧關懷據點、家庭托顧服務、照顧者支持及外籍看護工補充訓練等。相較於既有以服務地點區分長期照顧服務，社區照顧關懷據點、家庭托顧服務、照顧者支持及外籍看護工補充訓練拓展長期照顧的光譜與服務對象，關注潛水的家庭照顧者，以及落實在地老化不可或缺的社區照顧服務模式。

第五章由劉昱慶與陳正芬合寫。本章聚焦於行政院 2005 年開始推動的社區照顧關懷據點服務方案。有別於過去購買服務委託的「以價制量」或「以價格標」等方式，關懷據點的委託方式具多元性與選擇性，不但鼓勵各類型單位開辦關懷據點服務，且允許承辦單位依據本身服務能量與特色自行選擇服務項目。依據關懷據點評鑑指標規定，若通過考核或經輔導而達辦理標準之據點，皆可持續申請補助，此一即為「經費型」關懷據點；而臺北市規定，若承辦單位未提出經費申請或原為經費型因評鑑績效優良而轉型，即是「功能型」關懷據點。本章立基於資源交換理論，選取臺北市辦理功能型與經費型據點的非營利組織，選擇四個辦理據點時間長且承辦多項服務的非營利組織；以非營利組織在委託服務中的資源取得與自主性為主軸，分析非營利組織承接政府委託服務的動機，以及辦理關懷據點的選擇性策略，探討非營利組織接受委託服務獲得政府資源同時，如何維持使命與自主性。

第六章討論的是身心障礙家庭托顧服務的供給與需求，由陳正芬與林幸君共同撰寫。家庭托顧服務此一新興服務首度出現於臺灣，係在行政院

社會福利委員會於 2000 年通過，行政院於 2007 核定的「我國長期照顧十年計畫」，將家庭托顧列為新型服務方案之一。《老人福利法》第 18 條將家庭托顧服務列為社區式服務項目之一，《身心障礙者權益保障法》第 50 條亦將家庭托顧列為個人支持及照顧服務項目之一。但直到現在，家庭托顧服務仍是一項新型且發展步伐蹣跚的照顧服務模式。本章分析身障服務家托員與服務使用者基本資料，歸納身障家托服務在供給與需求端的障礙，比較身障與老人家托的競合作用，發現身障家托服務發展最大困境就是服務提供單位與家托員權利義務關係不明確，且服務提供單位職責過於龐雜，不僅需扮演資源開發角色，亦須承擔個案媒合。建議服務提供單位的角色應單純化，強化其照顧計畫訂定與照顧品質監督的服務輔導角色，補助費用亦應依據實際輔導身障家托服務點的數量調整。

　　第七章開始將討論對象從服務模式移動到照顧者，由陳正芬執筆。雖然長期照顧體系逐步建構，但長期照顧專業人員不僅大多不會詢問照顧者：「是不是願意且準備好承擔這個角色？」而是立即要求照顧者承擔並執行照顧任務。雖然長期照顧管理中心評估量表已納入照顧者負荷評估項目，但其對應的照顧支持服務僅有喘息服務，難以回應照顧者因應照顧生涯產生的多元需求，對象亦以全職照顧者為主，對於在職照顧者、老年照顧者或處於不同照顧階段的照顧者未有差異化的服務規劃。本章分析全國 67 個組織為家庭照顧者提供的服務模式，以及 85 位專家參與焦點團體討論的結果，發現我國家庭照顧支持服務可歸納為六大類：諮詢服務、專題講座、支持性服務、單次性活動、個案服務及喘息服務等，顯示如何以合適的指導方式提供照顧者適時、適切的照顧相關訊息是一個迫切需要被考量的議題，教育性支持方案需要以對照顧者更具實質性幫助的策略與成效指標，替代以參加人次的象徵性成果。更重要的是，照顧者支持服務應依區域性特色、資源，及照顧者的能力及個別需求，提供多元形式的課程模式。

　　第八章亦由陳正芬執筆，立基於作者自身參與臺灣中小型非營利組織之經驗，並就此一經驗扣連到政府及非營利組織對於契約的認識與理解，

一方面希望藉此釐清非營利組織與政府部門對契約執行及履約的爭議，另一方面找尋未來倡議型非營利組織承接政府委託案雙贏的可能性。主要資料來源是行政院衛生署（後為衛生福利部）以勞務形式委託「中華民國家庭照顧者關懷總會」年度建置全國性家庭照顧者諮詢專線服務及全國性照顧者友善互動式平台網站的過程，本文立基於代理理論與管家理論的不同立場，重新思考政府部門與非營利組織雙方在委託契約關係中，如何可以維護組織本身的聲譽與自主性，但又透過彼此的合作促進集體利益的可能性。

第九章由陳正芬與官安妮共同執筆。如前所述，外籍看護工的引進一直是個具高度爭議性的議題，2015 年 5 月臺灣通過的《長期照顧服務法》（以下簡稱長服法），目標係為健全長期照護服務體系的發展，確保服務品質，保障接受長期照護者之權益。但檢視該法對於民眾已大量聘僱的家庭外籍看護工的相關條文，超過 20 萬名的家庭看護工仍未能被整併到長服法的長期照顧服務人員之列。與外籍看護工相關條文僅在「附則」第 64 條提及，但至少該條文開啟了外籍看護工可以接受補充訓練的途徑。本章分析臺灣長服法納入家庭看護工照顧移工及其補充訓練立法過程之辯論，探討中央政府與地方政府，社政體系與勞政體系在家庭看護工補充訓練的分工，最後以臺中市實施現況為案例，呈現外籍看護工補充訓練的成效及其相關的政策議題。

第三篇：臺灣長期照顧體制發展的案例

本書的第三篇是以臺灣長期照顧體制發展的案例分析為主題，亦可說是本書另一特色，共有四章分別比較大臺北地區的居家式服務、臺北市、新北市、新竹市，與臺東縣政府的機構式屬性與公費老人安置服務量之異與同。

第十章由陳正芬與官有垣共同執筆，從時間與轉變兩個變項來觀察大

臺北地區居家服務組織數量與服務區域的變動。居家服務組織單獨在一個市提供居服服務的組織是一個類型，而跨區提供居服服務的組織是另一個類型，這兩類組織在面對政府的長照政策發展與制度轉變時，其因應方式有何不同，為何會出現差異是本章探討的重點。另一方面，隨著居家服務單位的數量增加，與政府部門投入資源觀念的轉變，居家服務組織本身的定位，組織與政府部門之間的互動關係，以及居家服務組織彼此之間的互動都逐漸產生轉變，政府的政策內容與執行能力亦會影響非營利組織的回應、行動，與影響程度，同時非營利組織本身的內部策略與資源豐寡的差異程度，都會導致臺北市與新北市的居服組織分布，以及組織間合作策略呈現不同的樣貌。本章採用歷史制度主義的「關鍵時刻」（critical juncture）概念，輔以理性選擇制度主義對「理性自利行為者」（rational self-interest maximizer）的預設，以及社會學制度主義對行為者「社會適當性」（social appropriateness）與「正當性」（legitimacy）的強調，解釋大臺北地區居家服務組織跨區服務「何時」與「如何發生」這些環環相扣的研究議題。

　　第十一章至十三章亦皆是由陳正芬與官有垣共同執筆。先分析臺北市機構式服務屬性與公費老人服務量，再立基於類似的分析架構，依序比較分析臺北市與新北市，新竹市與臺東縣政府的機構式屬性與公費老人安置服務量之異與同。

　　整體而言，不論臺北市或新北市政府，營利的私立長期照顧機構承接公費老人安置服務的比例都遠高於非營利的財團法人長期照顧機構。在同一時期，臺北市長期照顧機構數的成長呈現下降趨勢，反之，新北市長期照顧機構的總數呈現的是上升趨勢，尤其是「私立長期照顧機構」增加的家數最為顯著。本研究發現「都市化程度」及其相關的社會經濟發展條件，亦是形塑臺北市與新北市轄域內的非營利與營利照顧機構的數量變遷與組織行為改變的重要因素。無論是非營利或營利，臺北市長期照顧機構數的成長呈現下降趨勢，而在同一時期，新北市長期照顧機構的總數呈現上升趨勢，尤其是「私立長期照顧機構」增加的趨勢最為顯著。「經濟

成長」理論強調,非營利組織的發展在一些都會地區,由於居民的年收入較高,可以預期非營利組織在都會區的活動與服務會相當活躍(Salamon, 1993; Corbin, 1999)。再者,非營利組織在都會地區的數量、規模與專業性,皆顯著高於非都會的鄉村地區之非營利組織發展(Corbin, 1999; Grønbjerg, 2001)。然而以上用以解釋非營利組織發展的「經濟成長」觀點,用在說明長期照顧服務產業的發展,尤其是本研究的對象,卻有其限制性。

　　為進一步瞭解地方政府面對服務提供環境變動所產生的影響,第十三章選定新竹市與臺東縣為研究對象,這是參考內政部 2012 年公布的機構分布狀況,選定機構式照顧市場最不具競爭力環境,但至少仍同時存在財團法人與私立小型機構的地方政府。

　　本章的研究視角在於分析兩個地方政府之跨部門協力網絡的規模、穩定性與互動模式。發現新竹市的行政區域內雖然缺乏公立機構,但政府部門卻積極在機構式長期照顧服務市場的供給扮演關鍵角色,促使行政轄區內財團法人組織發揮其組織功能,因此該市近八成的公費老人得已被安置在評鑑等第甲等以上機構,也就是市政府與財團法人機構之間的策略性結盟十分明確與穩定。值得注意的是,與財團法人機構之間的跨部門協力網絡可謂「軟硬兼施」,一方面藉由適當的政策工具,讓地方政府本身在機構式服務的公共服務提供居於優勢主導地位,也促使讓轄區內 NPO 扮演「互補性」(supplementary)的角色;但為避免傳統權威在協力網絡中失去效力,對網絡參與者自身利益的理解亦十分關鍵,例如新竹市政府體諒機構的照顧成本隨物價及老人福利機構設置標準調整而增加,藉由調整公費老人安置費用與允許機構針對有付費能力者收取差額,都是穩定協力網絡參與者的關鍵因素。反之,臺東縣政府本身卻認為地方政府在此政策「主導性不足」,但轄區內多數財團法人機構本身卻立基於機構成立宗旨設定一定比例的公費老人安置人數,顯示財團法人照顧機構對立案宗旨的實踐程度與服務公費老人的比例高度相關。新竹市政府顯然相對善用轄區內財團法人照顧機構,與其建立相對穩定且互惠的協力關係;臺東縣轄區的財

團法人機構固然也參與該地方政府之公費老人安置協力網絡，但主要影響因素顯然來自財團法人機構這方本身的動機，來自地方政府的正式與非正式溝通聯繫不僅相對較少，亦較少回應財團機構在經營方面的困境。

第一篇
長期照顧體制──國家、市場與第三部門

第一章
臺灣長期照顧體系之建構與發展

陳正芬

* 本文曾發表於《社區發展季刊》，2011 年，第 133 期，頁 197-208。經修訂增刪始成此文。

壹、前言

　　國際上將 65 歲以上人口占總人口比率達到 7%、14% 及 20%，分別稱為高齡化社會、高齡社會及超高齡社會。1993 年，臺灣老年人口（65 歲以上）比率跨越 7% 的人口高齡化國家（aging nation）門檻，2018 年轉為高齡社會，推估將於 2026 年成為「超高齡社會」（Super Aged Society）（行政院國家發展委員會，2020）。醫療科技的進步，老人的壽命不但延長，更使過去可能致命的疾病，因得以治療而保留性命。但老年人雖然從疾病侵襲中存活下來，卻有不少比例的老人在日常生活活動上需要他人協助。由於疾病的困擾再加上年齡增長引起的自然老化，促使長期照顧成為社會關注之議題。

　　回顧臺灣長期照顧政策自 1980 年代發展至今的軌跡，可從社會行政、衛生行政、勞工行政三個主管面向進行回顧。社會行政體系方面，人口老化政策係以 1980 年公布實施的《老人福利法》為始點，其後陸續公布《社會福利政策綱領》（1994 年）、《加強老人安養服務方案》（1998 年－2007 年）重大政策，並修訂《老人福利法》（1997 年、2007 年）及《社會福利政策綱領》（2004 年）等；衛政體系亦陸續執行「建立醫療網第三期計畫」（1997 年）、「老人長期照護三年計畫」（1998 年）及「醫療網第四期計畫」（新世紀健康照護計畫）（2001 年－2005 年）；行政院勞委會則於 1992 年公告「因應家庭照顧殘障者人力短缺暫行措施」，引進外籍家庭看護工作為長期照顧服務的補充人力。但有鑑於長期照顧業務分屬社會行政與衛生行政主管機關，服務內涵、服務設施設備標準、服務從業人員法令亦分別由《老人福利法》、《護理人員法》及《身心障礙者權益保障法》及《就業服務法》規範，致使社政體系服務對象以經濟弱勢者為主，非經濟弱勢者則是選用衛政體系發展的居家護理服務、護理之家機構式服務與勞政體系引進的外籍看護工偏多。為整合長期照顧相關部會與資源，行政院經建會於 2002 年至 2004 年間推行「照顧服務福利及產業發展方案」，首度將照顧服務對象由中低收入失能者擴及一般失能國民，鼓勵非

營利團體及民間企業共同投入照顧服務體系，並以全面開發本國籍照顧服務就業人力為目標，期能漸少外籍看護工的聘用（行政院經濟建設委員會，2005）；該方案雖於 2005 年延增第二期計畫（執行至 2007 年底），但照顧服務總時數增加的幅度有限，外籍看護工人數人亦持續成長，未能達成減少僱用外籍看護工改聘本國照顧服務員之預期目標（行政院經濟建設委員會，2008b）。

　　行政院有鑑於長期照顧需跨部會協調溝通方能執行，2007 年 3 月通過「我國長期照顧十年計畫」，基本目標為「建構完整之我國長期照顧體系，保障身心功能障礙者能獲得適切的服務，增進獨立生活能力，提升生活品質，以維持尊嚴與自主」（行政院，2007）。惟歷經 2008 年政黨輪替，因應國民黨籍馬英九總統「推動長期照護保險與立法，四年內上路」競選政見，行政院衛生署成立長期照護保險籌備小組，於 2009 年底完成長期照顧保險法草案送交行政院院會討論。過程中又因應行政院衛生署與內政部社會司兩個行政體系整併為衛生福利部，催生《長期照顧服務法》，主要目標是企圖整併分立於社政、衛政與退輔體系的長期照顧機構設立標準、人員訓練與評鑑等面向，《長期照顧服務法》於 2015 年 5 月經立法院三讀通過，但國民黨政府推動的《長期照顧保險法》，卻未能在 2016 年 5 月前三讀通過。2016 年再度執政就任的民進黨籍行政院則改為推動稅收為財源的「長期照顧十年計畫 2.0」，希望透過擴大服務對象與服務項目方式舒緩臺灣家庭的長期照顧負荷（衛生福利部，2016）。

　　回顧上述長期照顧相關部會推動的政策與法案，都顯示政府部門對人口老化所衍生的健康及照護問題之重視程度（行政院，2007；行政院經濟建設委員會等，2009；吳淑瓊、陳正芬，2000；陳淑芬、鄧素文，2010；楊志良，2010）；長期照顧政策的涵蓋對象亦從低收入戶擴及一般戶，服務方案的內涵從機構式擴展至社區式及居家式等多元服務，《長期照顧保險法》的研議更意謂長期照顧服務的財務基礎將經歷重大變革。誠然，社會福利政策的制定往往涉及價值取向抉擇，擺盪於個人主義與集體主義兩個取向之間，而此價值抉擇亦又會影響政策的給付對象、資源形式、輸送

方式與財務結構。本章的論述架構係依據 Gilbert & Terrell（2010）提出的社會福利政策分析架構，針對臺灣自 1980 年代至今長期照顧政策之發展進行檢視，比較分析臺灣政策發展與聯合國政策建議方向之相同及相異之處，進而提出臺灣長期照顧政策未來發展之建議。

貳、解析臺灣長期照顧政策規劃與發展的架構

長期照顧政策規劃最常面臨的價值抉擇議題包括：服務對象的選定標準應以經濟狀況、年齡或是照顧需求為原則？服務內涵應以現金或是實物給付為主？實物給付又應涵蓋哪些服務項目？中央政府與地方政府，以及營利與非營利組織在服務提供面向的權責劃分依據為何？服務資源提供的財源應著重個人責任或政府預算的挹注？Gilbert & Terrell（2010）歸納社會福利政策關鍵的四大議題如下：給付對象、資源形式、輸送方式與財務基礎，以下即從這四個議題面向解析臺灣長期照顧政策的發展與內涵之演進。

一、照顧服務對象的擴大──從選擇主義（selectivism）到普遍主義（universalism）

回顧臺灣人口老化政策的始點──1980 年公布實施的《老人福利法》，長期照顧服務對象的選定標準相當有限，國家責任的界定範疇顯然係依據選擇主義（selectivism）的價值，照顧老人被視為是家庭的責任，政府只有在老人面臨經濟貧困或家庭照護資源缺乏的情況下，才經由資產調查以社會救助系統提供照護資源；如《老人福利法》第 7 條扶養機構的服務對象即侷限於「無扶養義務之親屬或扶養義務之親屬無扶養能力之老人」；第 16 條醫療補助對象亦以老人及其扶養義務之親屬無力負擔者為限。1990 年代後，當臺灣老人失能比例隨人口老化速度攀升，加上婦女

勞動參與率的攀升、父母與子女同住比例下降因素之影響，長期照顧政策開始朝向普遍主義（universalism）方向移動，服務對象逐漸擴及一般戶老人。首先，1997年修訂的《老人福利法》之「福利服務」專章將身心受損致日常生活功能需他人協助之居家老人納為服務對象，不再侷限於低收入戶或中低收入老人；更顯著的範例是行政院於2002年訂頒的「照顧服務福利及產業發展方案」，服務需求者部分即載明「適度補助非低收入失能者」；內政部配合照顧服務產業發展方案同步開辦「非中低收入失能老人及身心障礙者補助使用居家服務試辦計畫」，將補助對象擴及至一般失能國民，長期照顧十年計畫與原先規劃的長期照護保險亦延續同樣的服務對象設定原則。新政府推動的長照2.0，對一般戶自付額度從原先的30%調降至16%，中低收入從原先的調降至5%，目的是企圖降低民眾的經濟負荷。

這顯示臺灣老人政策的取向已從選擇式邁向普及式，將所有長期需求的老人納入服務對象，不再侷限於低收入戶或中低收入老人。再者，除放寬服務對象的經濟門檻，長期照顧服務對象選擇增列「照顧需求」為主要條件，由長期照顧專業人員進行評估，並依據不同的照顧需求等級訂定不同程度的照顧資源配置標準。綜言之，臺灣長期照顧服務對象乃是依據「經濟需求」與「照顧需求」雙重原則為服務選取標準。

二、長期照顧資源形式的多元化——從機構式服務到居家優先

決定「誰」（who）是服務對象之後，下一個議題即是該服務對象可獲得的照顧資源為何（who gets what）？政策在規劃服務資源形式時常徘徊於現金（cash）與實物（in-kind）給付之價值抉擇，長期照顧服務現金給付可依對象分為（1）案主（被照顧者）本身：由個案本人運用現金給付購買其所需的照顧服務；（2）照顧者：指在家庭內提供長期照顧的家屬，透過現金給付彌補其退出勞動市場的經濟損失；實物給付可依地點

分為包括（1）機構式：如護理之家與養護機構，即相對於急性醫療機構住院服務的慢性照護機構服務；（2）非機構式：如居家服務、日間照顧及送餐服務等（呂寶靜，2005）；臺灣政策規劃的照顧服務形式偏重於實物給付，早期給付地點以機構式服務為主，如1980年公布實施的《老人福利法》中提及的服務方案就僅有老人福利機構，非機構式的服務類型僅有健康檢查及保健服務。反觀世界各主要國家的長期照護發展，雖然早期也是著重機構式設施的發展，但在1960年代以後致力於居家支持服務的發展，希能支持身心功能障礙者在家中生活更長的時間；其主要轉變原因有三：（1）老人在教育和經濟水準的提升下，追求「在地老化」（aging in place）獨立自主的生活目標；（2）科技的發展，強化居家安全照護的能力，使功能障礙者也可具有獨居的能力；（3）老年人口更加老化，使長期照護需求無限增長，因而決策者希望利用回歸社區與家庭的策略，減少機構式服務的使用，節約長期照護成本（Brodsky, Habib, & Hirschfeld, 2003; Gibsom, Gregory, & Pandya, 2003；吳淑瓊、呂寶靜、盧瑞芬，1998）。

　　這股風潮亦於1990年代開始影響臺灣老人照護政策之走向，如1994年訂頒之《社會福利政策綱領》明訂以「居家式服務和社區式服務作為照顧老人及身心障礙者的主要方式，再輔以機構式服務；當老人及身心障礙者居住於家內時，政府應結合民間部門支持其家庭照顧者，以維護其生活品質」。1998年頒布的《老人福利機構設立標準》即新增小型老人福利機構類別；且內政部歷年公布的《推展社會福利服務補助經費申請項目及基準》中，亦於1999年停止老人安養機構的新增與改建補助條文。另一方面，臺灣社區式服務的發展可溯及行政院衛生署於1987年以實驗計畫方案委託臺北市護理師護士公會推展「居家護理服務」，提供居家重度功能障礙病人之技術性護理服務；中央信託局於1989年同意以實驗計畫方式，將居家護理方式納入公務人員保險之試辦計畫，將居家護理納入公保給付範圍，訂定居家護理之支付標準。1997年修訂公布的《老人福利法》之福利服務則大幅擴充居家式服務方案，強調地方政府應提供或結合民間資源提供居家照顧、餐飲服務及居家環境改善等居家服務；行政

院 1998 年訂頒的「加強老人安養服務方案」則正式將「社區照顧」列為實施要項，具體敘明社區照顧服務之項目，包括日間托老照顧及老人復健等；且列舉支持家庭（照顧者）之措施，譬如：提供勞務性支持方案、辦理喘息服務、臨時或短期照顧等；加強家庭照顧者相關專業之訓練與講習，研究辦理就業性支援方案，如員工享有彈性工時及合理額度的無薪親職假等。行政院衛生署於 2001 年開始推動之「醫療網第四期（新世紀健康照護）計畫」亦涵蓋長期照護及身心障礙醫療復健，積極充實居家護理及喘息服務社區照護資源（吳淑瓊、陳正芬，2000；呂寶靜、吳淑瓊、徐亞瑛，2006）。行政院 2007 年訂頒的「我國長期照顧十年計畫」涵蓋的照顧服務項目十分廣泛，包括：居家服務、日間照顧、失智症日間照顧、家庭托顧、老人營養餐飲、交通接送、輔具購買及居家無障礙環境改善、長期照顧機構、居家護理、社區及居家復健，與喘息服務等，顯示實物給付（服務提供）為主要照顧資源提供形式，服務提供形式盡可能涵蓋各種服務提供地點（居家、社區及機構式服務），服務內涵亦整合社政與衛政體系（居家服務、居家護理與復健服務），並納入交通接送、輔具購買及居家無障礙環境改善等服務給付形式，協助銜接跨越各服務地點之間的移動障礙，補充服務地點本身的限制，服務給付水準亦依據服務對象所需的照顧服務密集程度設定之。

　　新政府於 2016 年就任後，積極推動長期照顧 2.0 計畫，2.0 計畫特色訂定為彈性、擴大、創新、整合與延伸，服務項目從原來八大項服務 擴大到 17 項，新增項目包括：（9）失智症照顧服務、（10）原住民族地區社區整合型服務、（11）小規模多機能服務、（12）家庭照顧者支持服務據點、（13）社區整體照顧服務體系（成立社區整合型服務中心、複合型服務中心與巷弄長照站）、（14）社區預防性照顧、（15）預防或延緩失能之服務，並銜接出院準備服務與居家醫療兩項服務（衛生福利部，2016）。惟現有長期照顧資源仍有不夠週延之處，其不足之處可歸納為三個面向：（1）長期照顧服務體系與急性醫療體系的無縫接軌尚待建立：現有長期照顧服務雖已納入居家護理與復健，但介於急性照顧與長期照顧之間的亞

急性照護（sub-acute care）一直備受忽視，以及從醫院回到社區需要轉銜或過渡性服務（transitional care）的急性後期照護（post-acute）病人未能獲致完整的照顧計畫諮詢建議，強調技術性護理服務且附設於醫院體系的護理之家在長期照顧體系的定位有待重新檢討；（2）勞政體系引入的家庭外籍看護工欠缺有效整合：截至 2019 年底，家庭外籍看護工人數已攀升至 244,379 人（行政院勞動部，2020），雖然勞委會於 2006 年起實施「外籍看護工審核機制與國內照顧服務體系接軌方案」，由勞委會職訓局委請各縣市政府長期照顧管理中心辦理就業媒合業務，納入長期照顧管理中心媒合國內照顧服務員的先行程序，但每年各縣市由長照中心推介且受僱用的本國籍照顧服務員都是個位數，合計每年被聘用的本國籍照服員僅佔當年度聘用外籍看護工人數的千分之一（行政院經濟建設委員會，2008b），顯示原本被設定為補充人力的外籍看護工已明顯排擠本國籍照顧服務體系的發展，致使臺灣社區型照顧服務體系人員依據其國籍分割為社政與勞政體系，實有必須重新檢討外籍看護工的引進與品質監督策略；（3）現有長期照顧服務品質監督與退場機制有待落實：依據官有垣與陳正芬（2010）的調查分析，截至 2008 年底，公立長期照護機構共計有 1 所，公設民營長期照護機構共計有 7 所，財團法人長期照護機構共計有 78 所，小型長期照護機構則共計有 829 所，合計為 915 家；護理之家方面則共計有 347 所，其中醫療院所附設者計有 157 所，獨立型的護理之家則計有 190 所，全數機構式服務之相關機構總計有 1,255 所機構；與 1995 年機構數比較，總體家數成長 1,229 家，其中以小型機構增加家數最多（814 家），依序為獨立型護理之家（185 家）、醫院附設護理之家（152 家）與財團法人老人福利機構（78 家），顯示臺灣機構式長期照顧機構成長最迅速者即為不具「非營利」性質的服務組織。再者，長照 2.0 亦開放營利機構可經營居家式及社區式服務，雖然主管機關近年來積極設立機構品質監控相關指標與評鑑制度，惟機構品質如何確保與積極提升，乃是下一階段必須關注的重要課題。

三、照顧服務輸送體系的建制——地方分權與中央統籌

隨著失能民眾照顧需求的增加，以及服務模式朝向多元化方向發展，如何有效運用資源為失能民眾提供適當的照顧服務成為政府的一大挑戰，照顧管理制度乃應運而生。照顧管理包含兩個相對目標：一是個案導向，針對需求多元複雜的個案必須透過服務整合方能滿足需求；另一目標則是組織導向，強調資源的分配與控制，強調透過行政安排建立跨組織間的合作機制，並賦予個案管理者守門人（gatekeeper）角色，不僅可避免服務的重複提供，並藉以提升服務效率（American Association of Homes & Services for the Aging & Institute for the Future of Aging Services, 2007; Ljunggren, 2004；黃源協，2006）。

臺灣政策上首度出現「照顧管理」（care management）概念者為行政院衛生署於 1998 年提出的「老人長期照護三年計畫」，明示透過各縣市成立之「長期照護管理示範中心」，該中心之總目標乃是「透過對長期照護相關人、事、物之資源管理，提供民眾『單一窗口』服務，確保個案能得到統合、完整之長期照護服務」。但由於各中心並未擁有機構式或社區式服務方案的配置權，導致各中心的功能侷限於服務資訊的提供。而行政院社會福利推動委員會核定之「建構長期照護體系先導計畫」有鑑於專業合作機制建立之必要性，於實驗社區（嘉義市及臺北縣三峽鶯歌地區）設立「跨專業團隊服務模式發展專案」，一方面建立醫師、護理師、社工師、職能治療師、物理治療師及營養師之間的跨專業轉介評估量表，規劃照顧管理人員（care manager）培訓課程；另一方面招募具備社會工作或護理背景，且有實務經驗之專業人員擔任照顧經理，賦予照顧經理擁有資源控管的實權，且肩負對其服務的可權責性（accountability）；該計畫確立了照顧經理獨立於服務提供者外的原則，且確實發揮服務整合及跨專業分級轉介制度的功效；而後由於 2001 年行政院訂頒的「照顧服務福利及產業發展方案」亦規劃在縣市層級成立「照顧管理中心」推動照顧服務服務產業，由於大多數縣市已在行政院衛生署輔導下成立上述之「長期照護管理

示範中心」，於是部分縣市由「長期照護管理示範中心」兼辦「照顧管理中心」，促使該中心開始具有資源配置與連結的功能；而後經行政院社會福利推動委員會長期照顧制度規劃小組於 2005 年會議決議將名稱統一為「長期照顧管理中心」（鄭文輝等人，2004；戴玉慈、張媚、呂寶靜、吳淑瓊，2004）。

　　2008 年，行政院核定長期照顧十年計畫（簡稱長照 1.0），各縣市政府設置長期照顧管理中心（以下簡稱照管中心），並配置照顧管理專員（以下簡稱照管專員），執行失能及需求評估、核定服務資格、擬訂照顧計畫、連結服務資源、監督服務品質及定期追蹤複評等任務，以協助個案能獲得個別化的服務。2016 年，長照 2.0 的具體推動方式之一乃是建立社區整體照顧服務體系，規劃在各鄉鎮市設置「社區整合型服務中心（以下簡稱 A 單位）」、「複合型服務中心（以下簡稱 B 單位）」、「巷弄長照站（以下簡稱 C 單位）」，藉由縣市政府長期照顧管理中心（以下簡稱照管中心）與 A 單位扮演照顧管理角色，並與 B、C 單位共同協力，針對長照服務使用者之多重照顧需求，以跨專業與組織間的協調合作及資源連結，提供周延近便且具連續性之照顧服務（衛生福利部，2016）。

　　檢視臺灣長期照顧計畫各項服務人數，截至 2019 年底，使用長期照顧服務人數總計 284,208 人，較 2018 年成長 57.3%。其中照顧服務（包括：居家服務、日間照顧及家庭托顧）使用人數為 173,829 人，專業服務（居家護理、居家職能、物理治療與營養等）為 84,794 人，交通接送 105,538 人，輔具購買及居家無障礙環境改善為 52,270 人，喘息服務為 71,286 人。換言之，僅有不到四成的民眾使用長期照顧服務，與長期照顧十年計畫 2.0 原本推估各項服務需求人數仍有顯著度差距（衛生福利部，2016）。分析服務推動成效未如預期的原因，參考 Rossi（2004）及 Gilbert 等人（2010）針對服務輸送體系提出的評估標準，從服務利用率及方案組織架構二個面向進行接軌方案的過程評估，服務利用率的指標包括：（1）方案是否確實接觸到目標人口群？（2）方案規劃的服務是否確實輸送給個案？（3）服務輸送後，個案是否從輸送體系中流失？方案組織架

構的指標則有三項，分別是整合性（Integration）、權責性（accountability）與可近性（accessibility），據此，吾人可看出服務輸送體系出現的缺失如下：（1）服務體系的不連續性（discontinuity）使然：長期照顧管理中心雖被視為滿足民眾長期照顧需求的單一窗口，但卻未見各縣市長照中心與急性醫療服務體的銜接機制，致使急性後期照護（post-acute）病人此一目標人口群未能即時接觸長照中心；再者，雖然勞委會委託長期照顧中心的專員為外籍看護工申請者進行本國籍照顧服務員的人力媒合，企圖銜接外籍看護工的審核機制與國內照顧服務體系，但申請外籍看護工者由醫療團隊進行需求評估，且未賦予長期照護管理中心複審診斷證明書的權限，致使臺灣長期照顧需求的評估呈現雙軌分立制，致使有長期照顧需求但決定聘僱外籍看護工者從服務體系中流失；（2）服務體系本身的無權責性（unaccountability）：針對上述目標人口未能有效接觸，或是從服務體系中流失的問題，卻未見中央與地方政府，以及長期照顧相關部門，包括衛政、社政與勞政體系共同研議解決策略，顯示長期照顧管理中心的權責不明；（3）服務的不可獲得性（inaccessibility）：各項服務的可獲得性均有待提升，即使是發展最為成熟與穩健的居家服務項目，多數單位的服務時段為週一至週五上午七點至下午六點，少數單位的服務時間可延至晚間九點，週末時段則需透過服務對象申請而事先調配；雖然 2018 年新訂定的長期照顧給付及支付基準新增夜間及假日差別支付，但服務對象及其家庭是否可獲得其所需的照顧服務仍須實證資料分析驗證。行政組織架構方面，行政院衛生署與內政部社會司於 2012 年整併為衛生福利部，且於 2018 年成立長期照顧司此一業務單位，但中央地方分立，半數的縣市由衛生局推動長照業務，另半數則由社會局推動，未來如何從透過行政體系的協調整併，提升臺灣長期照顧體系的整合性（integration）、權責性（accountability）與各項長期照顧服務的可近性（accessibility），顯然是臺灣長照政策不可迴避之重要課題。

四、財源籌措方式的制度化──從政府補助走向獨立財源

如前所述，臺灣長期照顧十年計畫中偏重醫療照顧面向的服務係由行政院衛生署編列預算，社政部門推展之居家及社區式服務方案，主要是透過經常性預算以及政策性補助提供，並依據服務對象的經濟狀況設定不同的自付額比例。以政府預算作為長期照顧制度的財務來源，主要強調「效率」與「效益」，也就是錢要花在刀口上，故通常以資產調查來區分給付內容的多寡或者部分負擔的程度；然而，此種財源主要缺點來自因資產調查產生的烙印（stigma）效果，以及獨占式的提供服務，而致使效率偏低或受照顧者自主選擇性不夠等問題（Ikegami & Campbell, 2002）。回顧Gibson 等人（2003）分析已發展國家之長期照顧政策之關鍵發展趨勢，確保個人可透過公私部門財務的整合對抗長期照顧的高成本已成為許多國家的發展目標，主要原因係考量包括：長期照護需要應被視為人生和老年的常態風險（Normal-life risk），且後續的照顧成本變異頗大，一旦個人儲蓄無法因應，將造成社會救助體系的負擔（Brodsky, Habib, & Hirschfeld, 2003; Brodsky, Habib, & Mizrahi, 2000; Gibson, et al., 2003）。

依據原本衛生福利部送交行政院審查的長期照顧保險法草案，保險費將成為長期照護保險的主要財務來源，部分負擔與其他補充性財源則是協力財源，上述財務來源有助於平衡個人與社會責任，惟保險費率與民眾負擔比率則需審慎規劃（鄭清霞等人，2009）。但因應政黨輪替，新政府放棄原規劃的長期照顧保險法草案，提出長期照顧十年計畫2.0，企圖以稅收來支應長期照顧需求，但能否因應臺灣老化速度與長期照顧需求激增的速度，乃是目前各界關注焦點。

參、結語：臺灣長期照顧政策的挑戰與關鍵議題

依據聯合國於 2007 年更新的 21 世紀老年研究議程（United Nations, 2007），吾人可整理其對於照顧體系提出的關鍵課題包括：（1）各項照顧服務的可獲得性，特別是平衡城鄉之間服務供給的差距；（2）照顧服務輸送體系的建制：著重有效的公私混合（public-private mixes）策略；（3）連續性照顧服務體系（care continuum model）的發展：從醫院、社區到居家的無縫接軌；（4）人力資源的訓練與發展策略應著重於各照顧層級人力質與量的提升；（5）照顧者角色的關注，特別是老年照顧者所造成的影響；（6）檢視照顧服務體系內女性所佔比例及其使用服務時所遭遇的各項障礙因素。

檢閱臺灣長期照顧體系從「臺灣長期照顧十年計畫」走向「長期照顧保險」，但卻又因政黨輪替，再回到「臺灣長期照顧十年計畫 2.0」的歷程，政策近來關注面向侷限於服務對象的選取與財務籌措方式的討論，惟服務對象的選擇偏重於年齡層的切割，例如究竟要全民納保或是排除部分年齡層的民眾，並未探討老老人（oldest-old）與不同性別服務對象所需的照顧服務項目有何差異；其次，從服務連續體（continuum of service）的概念（連續體可以被視為是一直線式的等級劃分，由低至高，就像溫度計一樣）來看，長期照顧應積極立基於連續性照顧服務體系之原則，一端是老人健康的住在自己熟悉的環境，輔以預防保健等相關服務；隨著失能程度的增加，所需的服務等級與服務項目亦隨之累積（顧燕翎、楊培珊、陳玲、張靜倫，2004），建議臺灣長期照顧體系的建構前端可延伸至急性醫療體系，鼓勵更多醫療單位開立老人醫學專科，並發展亞急性照護服務，提供個案無縫式連續性照護，改善急性照護、亞急性照護與長期照顧之間的轉銜管理。再者，對營利／非營利組織、家庭照顧體系以及急性醫療體系在長期照顧服務體系相對應的角色與功能亦遲遲未見相關討論，特別是營利組織在長期照顧服務提供網絡中的定位與比例不能忽視，亦絕不能重蹈機構式服務之覆轍。而在家庭照顧體系方面，則需因應照顧者的異質性

規劃不同的支持服務，例如外籍媳婦照顧者與老人照顧者的身體、心理、經濟與負荷都需更多的傾聽與關注（陳正芬，2010）。

最後，服務執行的核心要素──各照顧層級的人力資源亦缺乏系統性的檢討、政策誘因及完整的在職訓練制度，如曾慧姬等人（2010）分析臺灣長期照顧管理中心的運作現況發現，照顧管理人員在工作層面最感困擾的是「資源與政策」與「福利與保障」，推論照顧管理人員大多為臨時約聘人員，加上其在長照中心平均工作年資僅有 17.4 個月，因此對於長期照顧相關政策發展脈絡與現況不甚清楚，未來如何設定照顧管理人員的任用資格、職前教育與在職教育，乃是政策下一階段必須面對的核心課題；另一方面，由於長期照顧乃新興且勞力密集的服務，但相關人力培訓仍分屬不同行政體系，包括：內政部、教育部、行政院衛生署與勞委會，由於各部會目標人口群不同，人力培訓理念與重點殊異，致使人力資源無法統籌發展與管理，相對亦阻礙完整連性照顧服務體系的穩健發展。綜言之，回顧臺灣長期照顧體系近三十年來的發展軌跡，體系涵蓋的服務對象與服務項目愈加完整，財務結構亦隨長期照顧保險草案的出爐而露出穩定的曙光，但目前又改往稅收制，惟不論財源為何，服務輸送體系都應朝連續性、多元性、優質化與兼顧城鄉、性別、文化之方向逐步修正，並致力於多層次照顧人力資源的培訓與留任，方能滿足高度老化社會之長期照顧需求。

參考文獻

行政院（2007）。《我國長期照顧十年計畫——大溫暖社會福利套案之旗艦計畫》。

行政院經濟建設委員會（2005）。《照顧服務福利及產業發展方案第一期計畫執行情形總檢討報告》。

行政院經濟建設委員會（2008）。《照顧服務福利及產業發展方案第二期計畫總結報告》。

行政院經濟建設委員會、行政院衛生署、內政部（2009）。《長期照護保險規劃報告》。

行政院勞動部（2016）。《產業及社福外籍勞工人數——按行業及國籍分》。網址：http://statdb.mol.gov.tw/statis/jspProxy.aspx?sys=210&kind=21&type=1&funid=q13018&rdm=Zjtqb6Kr 。

行政院國家發展委員會（2018）。《人口推估報告（2018-2065 年）》。

行政院國家發展委員會（2020）。「人口推估查詢系統」。網址：Phttps://pop-proj.ndc.gov.tw/ 。

吳淑瓊、呂寶靜、盧瑞芬（1998）。《配合我國社會福利制度之長期照護政策研究》。臺北：行政院研究考核發展委員會。

吳淑瓊、戴玉慈、莊坤洋、張媚、呂寶靜、曹愛蘭、王正、陳正芬（2004）。〈建構長期照護體先導計畫——理念與實踐〉，《臺灣衛誌》，*23*(3)，249-258。

吳淑瓊、陳正芬（2000）。〈長期照護資源的過去、現在與未來〉，《社區發展季刊》，*92*，19-31。

呂寶靜（2005）。〈支持家庭照顧者的長期照顧政策之構思〉，《國家政策季刊》，*4*(4)，26-40。

呂寶靜、吳淑瓊、徐亞瑛（2006）。《高齡社會的來臨：為 2025 年臺灣社會規劃之整合研究——健康與社會照顧組成果報告書》，行政院國家科學委員會研究計畫。

官有垣、陳正芬（2010）。〈臺灣機構式長期照顧服務組織屬性與政府相關政策演變之探討〉，發表於「2010 臺灣社會福利學會年會暨風險社會下臺灣福利社會的未來學術研討會」。

林麗嬋（2010）。〈無縫式照顧服務的關鍵：亞急性照護〉，《長期照護雜誌》，*14*(1)，1-9。

陳正芬（2010）。《外籍媳婦照顧角色形成與照顧經驗之初探》，發表於「高齡社會的來臨：為 2025 臺灣社會規劃之整合研究南區研究成果發表會」。

陳正益（2020）。〈社區整體照顧服務體系之運作與展望：以南投縣為例〉，《社會

政策與社會工作學刊》，*23*(2)，137-178。

陳淑芬、鄧素文（2010）。〈臺灣長期照護服務體系的發展〉，《護理雜誌》，*57*(4)，5-10。

曾慧姬、陳靜敏、李孟芬、蔡淑鳳（2010）。〈臺灣長期照顧管理中心運作現況探討〉，《長期照護雜誌》，*14*(2)，161-176。

黃源協（2006）。《個案管理與照顧管理》。臺北：雙葉書廊。

楊志良（2010）。〈我國長期照護現況與展望〉，《研考雙月刊》，*34*(3)，86-91。

鄧素文（2010）。〈淺談我國長期照護機構之評鑑制度〉，《長期照護雜誌》，*14*(2)，117-124。

鄭文輝、林志鴻、陳惠姿、張宏哲、鄭清霞、朱僑麗（2004）。《推動長期照護保險可行性之研究》，行政院經濟建設委員會委託研究。

鄭清霞、鄭文輝、林志鴻、林昭吟、陳正芬（2009）。《長期照護保險體制與收入面執行方案研議》，中央健康保險局 98 年度委託研究計畫。

戴玉慈、張媚、呂寶靜、吳淑瓊（2004）。〈社區式照顧管理模式的設立與初步評價〉，《臺灣衛誌》，*23*(3)，197-208。

顧燕翎、楊培珊、陳玲、張靜倫（2004）。〈從社區到機構的服務連續體——臺北市老人照顧服務系統規劃報告〉，《社區發展季刊》，*106*，24-37。

衛生福利部（2017）。《長期照顧十年計畫 2.0（106-115 年）》（核定本）。

衛生福利部（2020）。〈長照政策專區〉。網址：http://www.mohw.gov.tw/cht/ltc/ 。

American Association of Homes and Services for the Aging, Institute for the Future of Aging Services (2007). "The Long-Term Care Workforce: Can the Crisis be Fixed? Problems, Causes and Options." Washington, DC: Institute for the Future of Aging Services.

Brodsky, J., Habib, J., & Hirschfeld, M. J. (Eds.). (2003). *Key Policy Issues in Long-Term Care*. Geneva: World Health Organization.

Brodsky, J., Habib, J., & Mizrahi, I. (2000). *Long-term care laws in five developed countries: A review*. Geneva, Switzerland: World Health Organization.

Care Quality Commission (2010). *The state of health care and adult social care in England: Key themes and quality of services in 2009*. London: Care Quality Commission.

Gibson, M. J., Gregory, S. R., & Pandya, S. M. (2003). *Long-term care in developed nations: A brief overview*. Washington, D. C.: AARP.

Gilbert, N. & Terrell, P. (2010). *A Framework of Welfare Policy Analysis Dimensions of Social welfare Policy (7th ed.)*. Boston: Allyn & Bacon.

Ikegami, N. & Campbell, J. C. (2002). "Choices, Policy Logics and Programs in the Design of Long-term Care Systems." *Social Policy & Administration, 36*(7), 719-734.

Ljunggren, G. (2004). "Needs Assessment." In H. Nies & P. Berman (Eds.), *Case Management*. Ireland: European Health Management Association.

Rossi, P. H., Lipsey, M. W., & Freeman, H. E. (2004). *Evaluation: A Statematic Approach*. London: Sage.

United Nations. (2007). *Research Agenda on Ageing for the 21st Century*. Geneva: United Nations.

第二章
臺灣機構式長期照顧服務組織屬性與政府相關政策的演變

陳正芬、官有垣

* 本章內容修訂增刪自陳正芬、官有垣（2011），〈臺灣機構式長期照護服務組織屬性與政府相關政策演變之探討〉，《社會政策與社會工作學刊》，15 卷，1 期，頁 91-135。

壹、前言

　　如何滿足與日俱增的照顧服務量已成為各國長期照顧政策探討的重點，策略之一即是鼓勵非營利與營利事業組織加入服務提供行列（Gibson et al., 2003; Kroger, 2008; Pavolini and Ranci, 2008；永和良之助，2008）。檢視我國長期照顧服務提供的相關政策及法規，雖然各項社會福利法令皆未提及允許營利性組織介入社會福利的工作，也就是載明由財團法人登記的非營利性組織為主，例如《老人福利法》自 1980 年制定以來，明文規定所有老人福利機構皆需依非營利性質之財團法人方式設立[1]，即是要求老人養護機構業者將所經營之私人產業捐為公益法人之用途。但這對因應社會需求而存在的營利取向小型養護機構而言，根本缺乏申請立案的動機，再加上當時的《老人福利法》並未對未立案機構訂定罰責，主管機關亦未強制取締，致使未立案老人養護機構在 1990 年代初期大量興起。1997年，為保障照顧機構內失能老人住民的基本生活權益，老人福利倡導團體在倡議《老人福利法》修法歷程中，提案要求所有未立案機構需在《老人福利法》修法一年內立案。經過政府部門、老人照顧機構業者聯盟及老人福利倡導團體的協商後，特別融通允許 50 人以下的小型機構在不對外募捐、不接受補助及不享受租稅減免的原則下得免辦理財團法人登記（陳正芬，2002），換言之，我國小型老人長期照顧機構實質上已被特許進入機構式服務領域。

　　依據我國 2019 年老人長期照護機構及養護機構數統計結果，不分機構別，公立機構共計有 14 所，公設民營共計有 13 所，財團法人設立者共計有 110 所，小型機構則共計有 954 所，合計為 1,091 家；護理之家方面則共計有 347 所，其中醫療院所附設者計有 157 所，獨立型的護理之家則計有 190 所，全數機構式服務之相關機構總計有 1,438 所機構（參見表1）。與 1995 年機構數比較，總體家數成長 1,407 家，其中以小型機構增

---

[1] 1980 年公布之《老人福利法》第 11 條規定：「經許可創辦私立老人福利機構者，應於 3 個月內辦理財團法人登記。」

加家數最多，依序為獨立型護理之家、醫院附設護理之家與財團法人老人福利機構。其中小型機構及獨立型護理之家依法不需設立財團法人，換言之，我國機構式長期照顧機構成長最迅速者即為不具「非營利」性質的服務組織，顯示臺灣的長期照顧服務提供組織的屬性相當程度是屬於「混合經濟」（mixed economy）的性質。

表1　我國各類型長期照顧相關機構屬性之分析　　　　　　　　　　單位：家

類型／年份 機構	總計		公立機構		公設民營		財團法人		小型機構		醫療院所附設		獨立型護理之家	
	1995	2019	1995	2019	1995	2019	1995	2019	1995	2019	1995	2019	1995	2019
長期照顧機構數（包括養護）	16	1091	1	14	—	13	—	110	15	954	—	—	—	—
護理之家	15	347	—	—	—	—	—	—	—	—	10	157	5	190
總計	31	1438	1	14	—	13	—	110	15	954	10	157	5	190

資料來源：
1. 行政院衛生署統計資料，衛生統計年報「臺灣地區其他醫事機構暨開（執）業場所數表」，http://www.doh.gov.tw/cht2006/index_populace.aspx 。
2. 衛生福利部統計處，「老人安養養護機構」，https://dep.mohw.gov.tw/DOS/cp-2977-13854-113.html 。

　　回顧我國長期照顧主管機關對於機構式長期照顧服務組織的定位，內政部曾在 2003 年 12 月及 2004 年 4 月期間，針對老人福利機構是否開放營利事業組織經營召開討論會議，其會議目的有二，首先是從經濟發展的面向出發，研議照顧產業的扶植機制建立之必要性；另一從需求層面而言，考量我國已邁入高齡化國家，政府資源供給上恐有不足，期能透過引入營利組織擴大照顧服務的供給量。然而，在場與會的人員包括政府官員、機構代表、學者專家或團體人士等，對此議題的意見卻是極為分歧。主管業務機關——內政部社會司原則上是順應政策的發展配合實施；但營利機構業者之間則是顯露出矛盾情節，一則歡迎營利經營的合法化，二則卻又擔心面臨生存競爭的考量。學者專家亦分為支持營利經營的合法化之發展趨勢，但亦有反對此舉將危害對弱勢族群的照顧，尤其是在品質監督

方面。至於福利團體則同等站在所謂為案主權益維護，更甚則是擔心社會福利將面臨營利化的衝擊。儘管討論會議並未能取得參與者完整的共識，但普遍認為基本上應對老人的福祉權益更為慎重，且若要朝向開放營利組織參與的思考或施行，則需有更完整的配套（郭登聰，2005）。

　　該議題在行政院於 2006 年召開的臺灣經濟永續成長會議再度被討論，但與會人員的意見仍是極為分歧：就政府部門的立場，原則上是期待透過營利事業的加入滿足照顧服務需求；相對於營利事業組織期待營利經營的合法化，非營利組織一則擔心案主權益無法被妥適維護，另一則更擔心非營利組織的生存空間因此遭到壓縮。學者專家等亦分為支持此等發展趨勢的到來，但亦有反對此舉將危害對弱勢族群的照顧，尤其是在品質監督方面。最後檢視該分組會議決議對於整合各類照顧服務政策及資源的建議，其主張政府應以非營利化為原則來制定有效政策，結合民間資源提供長期照顧服務，政策焦點集中於營造有利第三部門參與長期照顧的環境（臺灣經濟永續發展會議秘書處，2006）。然而，由行政院衛生署主管，服務對象與設置標準與老人長期照顧機構極為類似的護理之家，行政院衛生署卻未規範護理之家必須設立財團法人，在在顯示我國機構式長期照顧服務組織的政策定位雖仍在「非營利與營利」的光譜兩端擺盪，但服務提供的主體卻早已往營利那端快速移動。

　　本章節的論述架構，首先分析自 1980 年代以來，公部門在長期照顧體系的提供、規劃以及政策法令建構過程中扮演的角色；就政府之間的權力（權威）分工而言，是中央集權式或地方分權式？就服務提供者是誰而言，固然政府非包攬一切的優勢掌控者，顯然是多元分散式，但是否使民間「非營利」（non-profit）性質的或「營利」（for-profit）性質的組織都有機會進入該類服務市場一爭高下？歸結而言，政府的長期照顧政策如何影響與形塑臺灣的長照服務提供者之形貌，以及政府、非營利、營利部門在此議題上呈現的互動模式為何？

　　雖然國內現已累積大量探討機構式長期照顧服務組織的相關研究（李士豪，2009；邱月季，1999；張和然等，2007；許世凱，2006；游麗裡，

2000；劉麗雯，2000；蔡麗華，2003；鄭讚源，2000；謝儒賢，2005），但研究對象偏重於社政體系主管的老人福利機構，研究議題則以機構產業特性、經營管理和個別組織行動為主。雖有少數論文企圖從政策架構，從老人安養機構面向探討部門之間的互動模式（謝儒賢，2005），但都未能跨越社政與衛政體系的行政藩籬，以制度歷史的軸線檢視長期照顧服務單位之屬性隨時間而轉變的全貌。研究者認為，「時間」（time）與「轉變」（transformation）是觀察臺灣長期照顧服務提供形貌變化的二個很重要的觀察變項。換言之，只有從制度歷史的形塑過程之角度切入研究，我們才能完整檢視我國機構式服務發展與轉變的脈絡，釐清政策制定者面對「混合經濟」的機構式服務，如何確立其角色與功能，提出對其他類型服務模式（居家式及社區式）發展，以及研議中的長期照護保險與《長期照顧服務法》制定之政策建言。

　　基於上述理由，本章節採用作者於 2009-2011 年的國科會研究計畫「『非營利』或『營利』有關係嗎？臺灣長期照顧服務提供的組織屬性與政府相關政策演變之探討」第一年研究成果資料的一部分，進行臺灣長期照顧機構式服務組織屬性（包括行政院衛生署主管的護理之家、內政部主管的老人長期照顧機構）與政府相關政策演變的研究。至於同時針對護理之家與老人長期照顧機構兩類服務機構為研究對象的主要原因，在於考量兩類機構的共通性極高，皆為我國機構式長期照護服務的支柱體，不應分立討論。在下文的分析中，我們將針對機構式長期照護服務提供組織屬性及其轉變的議題，首先進行理論觀點的探討。我國機構式照顧服務向來是由非營利組織扮演服務提供者的角色，近年來開放營利的服務組織參與，開放是源自於該產業的服務屬性改變，抑或是因為政府角色的調整，甚至是營利市場的施壓？其次，比較分析機構式長期照顧服務組織屬性與結構的變遷趨勢，進而歸結政府的長期照顧政策如何影響與形塑臺灣的機構式長期照顧服務提供者之形貌，最後，則是本文的意涵與結論。

貳、理論觀點與先前的實證研究

一、長期照顧服務特性與機構式照顧服務組織屬性之相關

　　檢視長期照顧的定義，對於長期照顧的界定較常被採用的是 Kane & Kane（1987）、行政院（2007）的定義：長期照顧乃指對身心功能障礙者，在一段長時間內，提供一套包括長期性的醫療、護理、個人、與社會支持的照顧，其目的在促進或維持身體功能，增進獨立自主的正常生活能力；換言之，長期照顧為一持續性及跨專業領域的照護概念。而當我們將上述長期照顧服務的特性落實到操作層面，其特性可彙整為下列三點（Marmor et al., 1987; Young, 2001；莊秀美，2007；陳正芬，2009；陳玉蒼，2006）：

　　（一）不確定性（Uncertainty）：與其他產業相比較，長期照顧產業的品質確實存在高度不確定性，其不確定性可分為兩方面，一是疾病發生的不確定性（需求面），即消費者無法確實掌握其健康狀況的變化；另一方面則是處遇效果的不確定性，也就是消費者與照顧服務提供者常無法確切預期各種處遇方法的效果，因此，長期照顧服務產業品質的不確定性明顯較其他產業為高。

　　（二）資訊的不對稱性（Information Asymmetry）：在市場裡，產品或服務之價格原應由生產者與消費者共同決定，但是在市場失靈（market failure）的情況下，生產者與消費者之間發生所謂「資訊不對稱」的情形。資訊不對稱有三個基本的因素，第一，財貨與服務可能本質上是複雜或品質難以評價，長期照顧服務即屬於此例；長期照顧服務與醫療服務的提供類似，服務的供給必須具備許多醫療專業知識，而大多數消費者卻相對缺乏專業知識，甚至於對照顧專業領域可說近於「無知」的狀態。第二，消費者本人可能沒有能力去評估所接受服務的好壞，特別是行動不便的失能或失智老人。第三，服務購買者與消費者不是同一人，例如成年子女為失能父母購買照顧服務護理之家服務等。由上述因素可知，消費者可

能缺乏對長期照顧服務充分的訊息與專業知識，無法判斷照顧服務是否達到生產者原本所允諾提供的數量或品質，因此消費者在與生產者共同議價的過程中處於弱勢，使得生產者可能藉由對資訊之優勢地位而佔消費者的便宜，其結果可能是過度提高價格，或是提供較低品質之服務，致使消費者在當中受到剝削。

（三）政府干預（Government Intervention）：鑑於長期照顧服務具備上述資訊不對稱的特性，故促使政府對長期照顧服務市場向來採取干預措施。政府干預的理由可分為兩項：由於照顧服務產業提供的服務具備高度不確定性，因此政府藉由服務設施標準與專業證照的訂頒，以確保照顧服務品質的提供，以期降低消費者面臨的不確定性。另一類情況則是照顧市場雖然存在，但由於照顧服務具上述不確定與資訊不對稱兩大特性，致使市場機能無法充分發揮，導致市場失靈現象，因此，為解決市場失靈現象，政府必須積極介入照顧服務市場或設立營利單位進入市場的多重障礙。

檢視上述長期照顧服務產業的特性，可以發現上述特性是彼此牽制影響，由於長期照顧服務具備高度不確定性，而且大多數消費者本身擁有的資訊不足以對服務的選擇進行判斷，服務購買者與使用者並非同一人，致使政府部門必須採取干預措施。然而，為何長期照顧產業中會出現非營利組織？本研究分別從政府及非營利組織兩個角度進行討論。之後，本研究強調現存的市場與政府失靈理論雖然指出非營利組織蓬勃出現於長期照顧產業的正當性，但卻無法解釋為何有愈來愈多的營利組織亦投入該類產業的服務提供之現象。

對政府而言，其回應社會需求是以「多數決原則」（majority rule）及滿足「中間選民」（median voter）的期待，少數團體的需求常被忽略，特別是當一個團體希望或需要一項比中間選民的選擇更好的產品時，私人的替代產品就有可能被生產出來，這種情況在所得分配越分散的社會，其產生的可能性越高。再者，政府在某些情況，其公共服務可能過度生產或是生產不足，或是在過高的成本下提供公共服務，致使出現政府失靈（王仕

圖等人，2009）。Douglas（1987）亦指出，政府供應公共財有以下五類的供給限制：（1）「類目限制」：指政府供給的服務傾向於均一與普遍性原則，造成需求差異較大者無法被滿足；（2）「多數限制」：公共財的概念多元甚至相互衝突，政府應提供哪些或應該生產什麼，即是此類多元的概念，政府若回應多數人的需求，則不免留下少數人強調的需求卻又無法被滿足的類目；（3）「時間範圍限制」：政治人物或政府傾向忽略公共政策或社會問題的長期影響，反之，較關注的是短期即能產生成效的議題與結果；（4）「知識限制」：因政府單位的本位主義，使得其所蒐集的資訊不足或有所偏誤；（5）「規模限制」：政府組織在規模上通常很龐大，讓人難以親近，很難直接反映人民的需求，因而創造了非營利組織成為公民與政府之間的「中介機構」的空間（引自王仕圖等人，2009: 19-20）。

　　檢視政府部門在長期照顧服務市場的供給限制，主要來自類目限制與規模限制，也就是政府提供的機構式照顧服務很難滿足多元的服務需求，公立照顧機構不僅可能生產不足，亦可能是以相對較高的成本提供照顧服務，加上政府的資源與經費都有其限制性，須經一定的行政程序與立法監督過程，方能動用資源，因此在社會需求的回應上，自然較為緩慢且限制極多。故政府也就習於依賴非營利組織來提供機構式照顧服務以滿足社會多元性的需求。

　　其次，有鑑於長期照顧服務領域存在高度資訊不對等的現象，可能導致一個追求最大利潤的營利組織對機構住民收取高額費用，但卻提供相對較低品質的服務給機構住民，即服務組織與機構住民之間的契約沒有發揮應有的功能，以確保服務組織會提供品質與價格相符的照護服務給住民，加上照顧服務品質的確存在很大的不確定性，這些因素皆導致消費者對於照顧服務提供者的行為期待會高於一般營利企業。而由於非營利組織本身具有不分配盈餘的特質，沒有為了追求利潤而降低服務品質的疑慮，故相對值得社會信賴；再者，即使非營利組織在經營運作過程中產生盈餘，這些盈餘基於不能分配的特性，必須再奉獻回流到該目的事業，使其社會公益目的持續獲得彰顯（王仕圖等，2009）。另一方面，影響消費者使用醫

療或長期照顧服務的關鍵因素之一即是價格，自由競爭市場係依照市場機制設定長期照顧服務價格，但該價格常導致許多低收入者無力負擔，然而低收入者無力負擔的後果可能是生命權的被剝奪，因此除了政府部門的介入外，社會亦需要非營利照顧機構來為低收入者提供照顧服務（陳正芬，2009；盧瑞芬、謝啟瑞，2003）。

綜言之，從長期照顧服務特性對照檢視長期照顧服務組織的屬性，主張長期照顧服務應由公部門或非營利組織提供者，顯然是立基於對於長期照顧服務具備「資訊不對稱」的假設，且認為大多數消費者本身並未擁有足夠資訊以對服務的選擇進行判斷，故反對政府部門開放營利市場進入長期照顧服務領域。然而，不論是從市場失靈或政府失靈理論檢視機構式長期照顧服務組織之屬性，這兩類理論觀點基本上是建基於一方角色功能之所以能夠彰顯，乃是由於另一方功能不彰或失靈所致，且想像非營利組織乃是一個獨立而能夠與其他部門相抗衡或彼此補充對方既有缺陷的部門組織。但誠如 Young（2001）的提醒，作為提供一個瞭解為何非營利組織存在於某種經濟領域中的理論架構，市場／契約失靈並不是一個十分周延的理論，特別是無法解釋「混合產業」（mixed industries）的難題，即越來越多的營利組織加入長期照顧服務提供的行列。政府失靈理論在這方面的解釋亦有其「失靈」之處，該理論觀點明顯忽略了，政府的失靈也有可能導致或吸引營利組織進入市場提供近似公共財貨或混合性質的財貨或服務，尤其該類財貨或服務在價格的訂定上具有相當的彈性或優勢，且政府的法令也存在許可或模糊的空間時。

從上文的理論觀點檢視中，吾人從長期照顧服務特性去論述長期照顧服務組織屬性時，若採用經濟學理論的供給／需求觀點，自可從市場失靈與政府失靈理論切入，解釋非營利組織興起的原因及理由，同時也提供為何由非營利組織來提供長期照顧服務是一個解決市場與政府失靈的較佳解決方案，但其缺失是忽略其他制度環境扮演的角色。而 Antonin Wagner（2000）所建構的「公共服務領域之結構轉變」（structural transformation of the public sphere）理論觀點恰可補充上述理論對於長期照顧服務組織屬性

變動歷程中缺少的政策脈絡。以下本文將運用 Wagner 理論觀點來分析臺灣長期照護服務方案提供者的機構屬性與政府的政策互動關係，理由有三：

第一，Wagner 的理論觀點並不認為 NPO 部門的存在與發展能夠獨善其身，不理會或不受其他部門的影響，因此所謂 NPO 是「獨立部門」（Independent Sector）說法，與事實差距甚大。

第二，此理論觀點在檢視 NPO 的公共服務提供之角色功能時，也同時考量不同的社會制度組織之間的互相依賴事實及其程度。此觀點有助於我們在這個研究進行過程中，瞭解臺灣的政府機構、與長期照顧服務有關的非營利及營利組織之間的互動關係。

第三，該理論觀點強調檢視公共服務的公領域（public sphere）與社會體制（social institutions）的轉變過程。此種看法有助於我們瞭解，在臺灣的長期照顧服務領域裡，不同層級政府之間彼此的分工互動關係的轉變，以及政府部門與私部門（營利與非營利）之間互動關係的轉變。

二、從「公共服務領域之結構轉變」理論觀點檢視長期照顧服務組織屬性的變動

相對於市場或政府失靈理論的單一解釋面向，Salamon 與 Anheier（1998）建構的「社會起源理論」（Social Origins Theory）則從更巨視的社會、政治及經濟面向解釋非營利組織與國家之間的關係，依據「政府社會福利支出幅度」與「非營利部門的規模」兩個面向，將非營利組織與政府互動關係分為四個體制，分別是自由（liberal）、統合主義（corporatist）、社會民主（social democratic）及國家中心（statist）（見表 2）。

表 2　「社會起源論」──非營利部門的體制模型

政府社會福利	非營利部門規模	
支出規模	低	高
低	國家中心	自由
高	社會民主	統合主義

資料來源：Salamon and Anheier, 1998: 228。

　　然而，Wagner（2000）認為社會起源理論雖然提出多元面向的解釋觀點，但仍忽略了非營利組織的進化特質與時間面向，特別是非營利組織與政府部門之間的相互依賴關係，以及非營利組織的組織行為與角色功能樣貌鑲嵌在其所處的制度環境。據此，Wagner（2000）修正 Salamon 等人的社會起源理論，提出公共服務領域之結構轉變概念架構，也分別是由兩個向度所構成：第一個向度是「分權化」（decentralization）程度，檢視地方政府在公共服務方案執行當中被賦予的責任以及能夠掌控的權威、資源的多寡。第二個向度謂之為「制度結構」（institutional structure），強調政府在某些公共服務提供之制度體制裡究竟是扮演優勢主導的提供者，還是允許其他私部門提供者，尤其是非營利組織，亦能參與提供？這兩個向度加以結合後可區分為四個不同的公共服務提供的體制（regimes）模式（參見表 3）（Wagner, 2000: 547-549）：

　　（一）賈各賓福利體制（Jacobin welfare regime）：此福利體制模式強調公共服務的提供是由中央政府一肩扛起，其為公共領域裡的優勢行動者。政府與 NPO 部門之間的互動關係是一種「取代」（substitutive）的關係，即前者取代後者，使得 NPO 部門的發展相當緩慢。在公共服務的遞送領域裡，某些原本提供該類服務的 NPO，甚至被不斷擴張服務範圍與能量的政府經營者所取代。

　　（二）組合主義的福利體制（Corporatist welfare regime）：此福利體制模式強調，公共服務遞送的經濟體系主要是由政府、工會以及民間福利機構（尤其是那些既有總會也有分支機構的傘型組織）三者合作與管理而

成。政府在某些社會需求的回應能力是有所限制的，NPO 因而替代政府
在這方面的角色扮演。

（三）聯邦主義的福利體制（Federalist welfare regime）：政府的福利
體制強調地方分權，而在福利的公共服務提供上，政府是居於優勢主導
地位；反之，對於政府而言，NPO 是扮演「補充性」（complementary）或
「互補性」（supplementary）的角色。

（四）以社區為基礎的福利體制（Community-based welfare regime）：
在此模式裡，以社區為基礎的公共服務體制與 NPO 共同組成策略性的聯
盟，建構出一個複雜的網絡來提供公共服務。政府與 NPO 之間是處於一
種「補充性」的互動關係。

表3　Wagner 的公共服務提供的體制概念架構

	政府優勢掌控的制度結構	多元性的制度結構
公共領域的集權結構	賈各賓福利體制	組合主義的福利體制
公共領域的分權結構	聯邦主義的福利體制	以社區為基礎的福利體制

資料來源：Wagner, 2000: 548。

Wagner 的概念架構是動態的，強調公共領域的轉變過程，並聚焦於
探討不同的公共服務提供者所構成的制度結構與公共領域之間複雜的互
動與變遷之歷程。Wagner 強調，制度分析的長處是視 NPO 在社會裡絕
非處於孤立的狀態，而是社會系統裡整體的一部分。Suda（2006）運用
Wagner 提出的概念架構研究日本長期照護體系在介護保險實施前後的轉
變，發現日本在介護保險實施後，長期照顧服務組織的結構因民營化和市
場原理的應用而致服務提供系統產生多元化的演變。介護保險給付的服務
屬於組合主義的福利體制，而介護保險未給付但特許營利組織加入服務行
列的系統則應被歸為以社區為基礎的福利體制，換言之，即使在同一介護
保險體制下，亦因政府政策劃分為不同的福利體制。整體言之，制度分析
要比其他盛行於第三部門研究的社會部門分立觀點，更能提供吾人一個

有效益的途徑來瞭解 NPO 與其他部門組織在公共服務裡扮演的角色。因此，本文將根據上述整理的文獻觀點，尤其主要參考 Wagner（2000）所建構的公共服務領域之結構轉變理論觀點，來分析臺灣長期照顧服務組織屬性與政府的政策互動關係。

參、臺灣長期照顧機構式服務組織屬性與政府相關政策演變的實證分析

一、研究方法與過程

　　研究者若要適切的解答其研究問題，即需依據其研究主題慎選研究方法來進行實證資料的蒐集與分析。就本研究而言，目的是檢視我國機構式長期照顧服務提供者的組織屬性與政府相關政策演變之探討，涉及政策與服務提供組織間動態且複雜的概念，許多待解問題皆需經由實證面逐步歸納整理，故本研究除了量化數據的蒐集與分析之外，主要以質性研究途徑來回答研究問題。再者，質性研究又依觀察現象的特殊性發展出不同的研究方法，本研究選用實物（文件）分析及深度訪談法進行研究。實物分析資料以政府部門訂頒及公布的法規、補助、評鑑標準及評鑑結果為核心，這是考量研究者在資料蒐集中對資料本身的直接干預相對較少，實物所提供的背景知識相對「真實」與「可信」，亦可表達一些語言無法表達的思想與情感，進而用來與從其他方式獲得的資料進行交叉檢視與相互補充。

　　其次，為瞭解長期照顧政策制定者及服務提供者對於機構式服務的定位及其管理策略，本研究透過深度訪談進行資料蒐集（訪談對象請見表4）。訪談對象包括中央政府及地方政府之社政及衛政主管共 4 人，瞭解其開放護理之家及老人長期照顧機構參與服務之政策脈絡，以及開放後的影響與評估。除政府部門之外，考量現有財團法人及小型機構的經營者面對政策環境轉變的歷程，其對政策環境之變遷及組織之角色與定位的解讀不

同，選擇不同組織特性的機構負責人或主管進行深度訪談，訪談對象包括醫院附設護理之家、獨立型護理之家、財團法人老人長期照顧機構及私立小型機構的負責人共 5 人；另，為促使訪談機構的豐富與多元，亦針對一家全國性老人福利 NPO 秘書長進行訪談。

表 4　本研究訪談者名單

單位	職稱	時間	地點
社政中央政府主管單位	科長	2010.12.16	南投市
衛政中央政府主管單位	科長	2010.12.16	南投市
南部某縣市衛生局	局長	2010.04.13	嘉義市
南部某縣市社會局老人福利課	課長	2010.03.03	嘉義縣
全國性老人非營利組織	秘書長	2009.12.04	臺北市
北部財團法人老人福利機構	主任	2009.12.15	臺北市
中部財團法人老人福利機構	主任	2010.12.16	南投市
臺北市小型養護機構	負責人	2009.12.15	臺北市
北部獨立型護理之家	負責人	2009.12.15	臺北市
南部醫院附設護理之家	督導	2010.04.13	嘉義市

資料來源：本研究整理。

二、從「分權化」指標檢視中央與地方政府在發展機構式長期照顧服務中的職權

相較於其他國家，我國的機構式長期照顧服務最大的特色即是分屬社政與衛政體系主管，法源依據也各不相同。為全面性瞭解中央政府（包括內政部與衛生署）與地方政府互動模式，本研究以《老人福利法》的制定與修訂為主軸，分為三個時期：（一）1980 年至 1990 年，內政部主導時期；（二）1990 至 2000 年，內政部與衛生署分立主管時期；（三）2000 年至今，中央授權地方政府，私立機構大量增加時期。

（一）1980 年至 1990 年，內政部主導時期

我國於 1980 年訂頒《老人福利法》，首次以法律範定我國老人福利機構為四類：扶養機構、療養機構、休養機構、服務機構等。這四類機構均需為公立或非營利的財團法人組織，其中療養機構以療養罹患長期慢性病或癱瘓老人為目的，可說是我國第一類法定的長期照護機構。但是療養機構並未因此蓬勃發展，相對的，政府的絕大多數資源卻投入其他三類機構的發展，以服務功能正常的老人為主。依據臺灣省統計處提供的資料，截至 1990 年底，共獎助設立了 32 所公私立扶養機構（其名稱多稱為仁愛之家），提供 8,459 床公費安養床位；並輔導 22 所公私立仁愛之家，提供 1,816 床自費安養床位，進住者以能自理生活的老人為限，且限制為低收入戶之老人，僅部分機構附設重殘養護服務項目。遲至 1989 年，第一家公立老人療養機構（臺灣省老人養護中心），才在彰化設立（吳淑瓊、陳正芬，2000；陳正芬，2002）。而行政院衛生署在此時期尚未訂頒任何護理之家相關法規。

相對於政府部門在此時期的消極作為，未經立案的小型私人療養機構已應景而興。李克怡等人（1990）針對臺北市北投、士林、內湖地區 20 家未立案療養機構的調查發現，他們大多在 1988 年左右成立。吳聖良與張瑛昭（1995）針對臺灣省未立案老人療養機構的調查發現，未立案機構最早出現於 1985 年左右。徐立忠（1989）在分析老人養護需求時，也注意到天母士林一帶巷弄中，出現了一批 30 至 50 床的小型療養機構，環境設備簡陋，收容需人照顧的老人。

以上這些未立案老人養護機構之所以大量興起的原因，一方面是因《老人福利法》自 1980 年制定以來，明文規定所有老人福利機構皆需依非營利性質之財團法人方式設立[2]，即是要求老人養護機構業者將所經營之私人產業捐為公益法人之用途，這對因應社會需求而存在的營利取向養護機構而言，根本缺乏申請立案的動機；再加上當時的《老人福利法》對未立

---

[2] 1980 年公布之《老人福利法》第 11 條規定：「經許可創辦私立老人福利機構者，應於 3 個月內辦理財團法人登記。」

案機構並未訂定罰責，主管機關亦未強制取締，導致機構紛紛遊走於法律邊緣。另一方面則是市場需求的興起，因社區中小型老人養護機構具備可近性、地域性、方便探視等經營特性，較能符合不願意將老人送到已立案大型老人福利機構的家屬急迫需求，因而許多不願或是無法登記為財團法人的小型機構如雨後春筍般在大街小巷中林立，這些即成為所謂的「未立案養護機構」（陳正芬，2002）。這些未立案療養機構到底有多少？當時並無確切統計數字，但是其出現具有兩項意義：第一，當時政府部門及非營利組織供應量極少，未能滿足一般民眾的長期照護需求；第二，未立案服務提供者在法制規範之前即已開始提供，顯示我國機構式長期照顧服務早在 1980 年代末期即有市場機制加入運作。

（二）1991 至 2000 年，內政部與衛生署分立主管時期

　　相對於 1980 年代的不作為，行政院衛生署於 1990 年代開始積極推動機構式長期照顧機構的設立，其主管的「護理之家」的設置始於《護理人員法》1991 年公布施行，其目的是因應連續性醫療照護的需求，並發揮護理人員之執業功能（第 14 條），其設置與擴充應先經申請主管機關許可（第 16 條），開業執照則是向所在地直轄市或縣（市）主管機關申請核准登記，其開立執照分為公立、財團法人與私立護理之家三類（第 17 條）。為促使護理之家普及設立，行政院衛生署自 1995 年起陸續採取獎助措施及鬆綁法規降低立案門檻二者並用的策略，包括輔導公立醫院利用空床附設護理之家、輔導財團法人醫院利用未充分使用之病床設立護理之家，或運用醫療發展基金獎勵私立或財團法人附設護理之家，亦鼓勵獨立型態護理之家的成立等，促使護理之家從 1995 年的 9 家成長至 1999 年的 117 家（吳淑瓊、陳正芬，2000；楊漢湶、孫碧雲，1999；蘇淑真，2001）。

　　在此同時期，未立案老人養護機構亦快速增長，依據內政部 1997 年統計資料，未立案養護機構共計 597 家（楊漢湶、孫碧雲，1999）。如何訂定法律規定約束未立案機構乃成為 1997 年《老人福利法》修法的重點。再者，機構式長期照顧服務分屬社政與衛政主管的雙頭馬車情況亦是另一修

法的關鍵議題。檢視 1997 年修正通過的《老人福利法》，老人福利機構的分類由 4 類修正為 5 類（第 9 條）；亦首度特許小型設立且不對外募捐、不接受補助、及不享有租稅減免者得免辦理財團法人登記（第 12 條）。

　　檢視上述《老人福利法》修訂的兩項重大變革，顯示我國長期照顧機構確實呈現社政與衛政體系分立樣貌，老人福利機構與護理之家兩者的差異可歸納為四點：一是服務對象之年齡，老人福利機構服務對象為年滿 65 歲的老人，但衛生署主管的護理之家並未界定服務對象之年齡；其次，老人福利機構服務對象皆以罹患慢性疾病且需醫護服務的老人，但護理之家特別將出院後需繼續護理之病人列入服務對象，意謂護理之家也兼負「急性後期」照顧機構的任務；第三，護理之家的負責人需由護理人員擔任，但內政部主管的照顧機構並未要求負責人之專業資格；第四，除小型機構之外，老人福利機構均需辦理財團法人登記，但護理之家則無此規範。除此之外，護理之家與老人福利機構設置標準規範之長期照顧機構在各項專業人員的編制標準並無差異。

　　另一方面，政府部門在服務提供的角色功能於此時期亦有修正，從原先的服務提供角色，轉變為規範者與補充者角色[3]；第三，小型照顧機構[4]的設立許可，不僅容許原本地下化經營的未立案機構合法化，更意謂我國機構式長期照顧服務組織屬性的重大轉向；換言之，就《老人福利法》而言，雖然所有老人福利機構都稱為非營利事業[5]，但就實際經營層面而言，小型機構經營完全以其所提供的服務收取費用，且依不同的服務分別定價

---

[3] 1980 年制定的《老人福利法》第 4 條為「各級政府及公立機構應各本職掌或宗旨，對老人提供服務與福利；並獎助宗教、慈善及公益團體等為之。」1997 年修正為「各級政府及公立機構應各本職掌或宗旨，對老人提供服務與福利。各級政府得以委託興建、撥款補助、興建設施或委託經營或其他方式，獎勵民間為之，前項獎勵辦法由各級政府定之。」

[4] 依據《老人福利機構設立標準》第 7 條，各級政府設立及辦理財團法人登記之照顧機構，其設立規模以收容老人 50 人以上，200 人以下為原則，小型機構其設立規模為 5 人以上，未滿 50 人。

[5] 《老人福利法》第 13 條規範私立老人機構不得兼營營利行為或利用其事業為任何不當之宣傳。

收費，早已遠離社會福利相關法規強調的非營利性質（郭登聰，2005；黃德舜、蔡麗華，2001）。

（三）2000 年至今，中央授權地方政府，私立機構大量增加時期

截至 2000 年，社政體系的機構型老人照顧機構（包括養護及長期照護）共計 475 家，衛政體系的護理之家亦有 167 家，隨著機構式長期照顧機構家數的擴增，2007 年修正通過的《老人福利法》第 34 條將原有的照顧機構類型簡併為長期照顧機構一類，《老人福利機構設置標準》第 2 條再將該類機構細分為「長期照護型」、「養護型」及「失智症照護型」三類。其次，中央與地方政府的分工亦於此次修法中確立，中央主管機關掌理中央或全國性老人福利機構之設立、監督輔導事項，直轄市、縣（市）主管機關掌理直轄市、縣（市）老人福利機構之輔導設立、監督檢查及評鑑獎勵事項（《老人福利法》第 4-5 條）。

檢視社政與衛政主管機關針對中央政府與地方政府職權的劃分，不論是老人福利機構或是護理之家，其設置標準、評鑑及獎勵辦法皆由中央主管機關訂頒，甚至全國性、公設民營及財團法人老人福利機構評鑑亦由中央政府執行（《老人福利機構評鑑及獎勵辦法》第 2-3 條）；行政院衛生署也是承擔所有護理機構評鑑業務，僅授權地方政府對轄內護理機構業務定期實施考核（《護理人員法》第 23-1 條）。

總結上述我國機構式照顧自 1980 年代發展至今，社政與衛政主管的權責劃分，以及不同層級政府（中央政府與地方政府）職權分工，可歸納出幾個特色：

1. 內政部與衛生署規範殊異

整理歸納社政部門與衛政部門陸續自 1980 年訂頒的法令規範（參見表 5），發現衛政單位訂定護理之家的相關法規僅有寥寥三項，且並未規範機構必須設立財團法人、也未規範機構的規模，甚至亦對財團法人機構

表 5　機構式長期照顧服務之相關法規及辦法

社政體系			衛政體系		
法源依據	制定	修訂	法源依據	制定	修訂
老人福利法及施行細則	1980	1997 2007	護理人員法及施行細則	1991	2007
老人福利機構設立標準	1981	1998 2007	護理機構分類設置標準	1993	2008
老人福利機構設立許可及管理辦法	1998	2007	99 年度獎勵補助護理之家功能改造補助計畫作業規定	2009	
私立老人福利機構評鑑及獎勵辦法	1997	2009			
私立老人福利機構接管辦法	1999	2007			
老人福利專業人員資格及訓練辦法	2007				
老人福利機構投保公共意外責任保險保險範圍及保險金額	2007				
養護（長期照護）定型化契約範本	2007				
處理老人福利機構違反老人福利法案件裁罰參考原則	2010				
內政部推展社會福利補助作業要點	2009				

資料來源：本研究自行整理。

與獨立型護理之家一視同仁地補助。誠如一位護理之家的主管機關受訪者表示：「護理之家本來就是自費市場，以營利為主……以床數來講，並沒有說一定要設幾床以上，自己（業者）評估自己的能耐可以做多少床，就依照他自己的需要申請設立許可……補助部分，我們開放所有的護理之家都可以申請，我們比較傾向認定這是一個自由市場，就是只要能夠做得到，衛生署就會鼓勵，所以即使是自由市場，政府還是扮演一定的鼓勵者

角色。」另一位地方政府衛政部門的主管亦表示：「我們這邊比較不像社政單位有補助人事費，都是硬體設備（住）。我覺得是主管機關在業務上的認知差異，衛政認為照顧人力本來就是基本資源，而設施設備有需要改善才會補助，但社政比較站在福利的角度……。」

而社政部門係將機構式長期照顧服務組織視為福利機構，不僅訂定設立標準，亦透過補助、評鑑、接管及專業人員資格訓練辦法，積極規範所屬老人福利機構，一位中央社政主管受訪時表示：「社會福利裡面還是要先扶植所謂法人的，不管是社團法人或財團法人，就認為好像法人是正宗的這一途啦，這樣的思考邏輯是建立在不同的福利思維上。」

2. 中央政府訂定標準，地方政府執行力有未逮

如上所述，不論社政或衛政體系，皆由中央主管機關訂頒機構設置標準、評鑑及獎勵辦法，社政主管機關歷年來承擔大多數的評鑑業務（包括評鑑標準的訂頒與修正，以及全國性財團法人機構的評鑑），地方政府僅負責轄區照顧機構評鑑。然而，護理之家多年來事實上都是僅由地方政府對轄內護理機構業務定期實施考核，行政院衛生署方於 2009 年第一次針對所屬護理家進行評鑑。護理之家的中央主管機關受訪時表示：「（護理之家）立案的時候就應該要符合相關設置標準，但為了住民的照護品質，所以地方應該透過督考監督……中央第一次做評鑑，其實是因應未來要與長照保險與給付掛勾而預做準備。」

相對於衛政主管對地方政府的高度授權，中央社政主管表示：「我個人是希望由中央全部評鑑，不要放給地方……因為不應該一個老人住在不同的機構就有不同的待遇，但（機構）數量真的太多……所以後來才會把小型機構的部分讓地方政府來評鑑。地方政府評出來的差距真的很大……為什麼評鑑地方會差距很大，如果你（地方政府）評鑑（機構）丙等、丁等，就必須要做很多的處理，那地方政府就會覺得說這樣太麻煩了，乾脆都讓他在乙等以上就好了，而且又怕地方小型機構去找縣議員再去施壓……。」

　　另依據一位長期參與及觀察老人福利機構評鑑的財團法人老人福利機構主任表示：「地方評鑑差距很大，某市管得很嚴，而且甚至還有夜間檢查的……但我們評鑑時也常常會碰到一個問題，（地方同仁）不要那麼嚴啦……意思就是說他們還要去做輔導，很麻煩、很難看……。」全國性非營利組織秘書長亦表示：「地方政府同仁的流動性高是一個很大的原因，第二是他的管理有難度，難度是地方的小型機構勢力蠻龐大的……就我過去的經驗，不是刻意要抹黑，他們有一些地方的派系，也可以說是政治力，他們對政府部門是很容易施壓的，只要他們去稽查，立刻電話就來了，議員的電話來了，干擾他們去辦。」

　　檢視社政與衛政主管單位對機構式長期照顧服務的性質定位，似乎都認為長期照顧服務具備資訊不對稱的特性，故促使政府對長期照顧服務市場採取干預措施；惟其干預的策略卻顯著不同，衛政體系藉由服務設施標準與專業證照管控（僅授權醫院附設型態或資深護理人員經營）來確保照顧服務品質的提供，以期降低消費者面臨的不確定性。而社政體系則始終認為老人照顧市場存在市場失靈現象，社政主管機關即使開放小型營利機構進入老人照顧產業，但仍嘗試透過各項法規規範基本照顧品質，企圖修正市場失靈現象。

　　中央與地方政府分工面向，顯然衛政部門係將護理之家的管理全權授權地方政府，主張既已在立案時設立相關規範，護理專業人員即應依法執行，地方政府扮演的是監督角色。而社政部門則是希望透過政府管制規範及授權地方政府監督服務，但受限於地方政府人力不足，以及其他干擾因素，致使各地方的機構管理標準落實程度顯有差距。綜言之，衛政單位的機構式照顧服務已朝向實質分權化方式發展，但社政體系的分權化仍有待落實。

三、從「制度結構」指標檢視公立、非營利及私立服務組織版圖的變動趨勢

　　圖 1 呈現的是我國機構式長期照顧服務服務組織的發展趨勢，自《老人福利法》於 1997 年修訂，特許小型老人福利機構在三不原則下得不設立財團法人後，私立長期照顧機構家數自 1999 年快速成長，與其他屬性的照顧機構呈現極大的差距。其次，財團法人護理之家與獨立型護理之家的家數亦自 1999 年穩定成長，成為第二位及第三位的服務提供者。第三，社政體系的公立及公設民營機構則始終維持與 1995 年相近的比例，並無顯著成長。第四，財團法人福利機構的家數 1995 年至 2003 年維持一定比例[6]，但自 2004 年起有小幅成長，惟成長趨勢遠低於小型老人福利機構及護理之家。

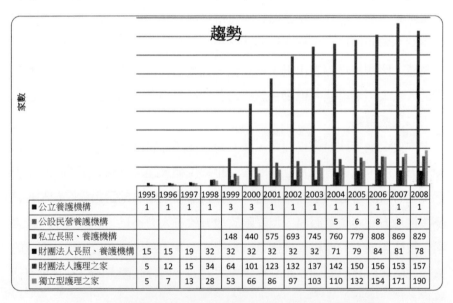

	1995	1996	1997	1998	1999	2000	2001	2002	2003	2004	2005	2006	2007	2008
■公立養護機構	1	1	1	1	3	3	1	1	1	1	1	1	1	1
■公設民營養護機構										5	6	8	8	7
■私立長照、養護機構					148	440	575	693	745	760	779	808	869	829
■財團法人長照、養護機構	15	15	19	32	32	32	32	32	32	71	79	84	81	78
■財團法人護理之家	5	12	15	34	64	101	123	132	137	142	150	156	153	157
■獨立型護理之家	5	7	13	28	53	66	86	97	103	110	132	154	171	190

圖 1　我國機構式長期照顧服務服務組織的發展趨勢

---

[6] 內政部統計資料自 1999 年到 2003 年，將「私立財團法人」與「私立（小型）」機構合併計算，直至 2004 年方分別統計，故本研究對於財團法人老人機構的家數都以 1998 年的 32 間為基準。

　　圖 2 則以老人福利機構設立標準修訂後的 1998 年為基準，比較十年後機構式長期照顧服務屬性的變化。1998 年可謂是小型老人福利機構從未立案狀態申請合法化[7]的關鍵時期，換言之，當年度因老人福利機構設立標準尚未配套實施，所以還沒有小型老人福利機構。因之，檢視當年度機構型長期照顧組織的屬性，呈現三分天下的狀態，分別由財團法人養護機構（占 33.7%）、財團法人護理之家（占 35.8%）及獨立型護理之家（占 29.5%）提供服務，公立養護機構僅占極少數（1.1%）。

　　然而，機構型長期照顧機構屬性在 2008 年卻呈現截然不同的樣貌，私立小型長期照顧及養護機構的家數超過機構總量的半數（占 65.7%），原本三分天下的財團法人養護機構、財團法人護理之家及獨立型護理之家合計家數僅維持約三成比例（占 33.4%）。另一方面，從主管機關層面檢視機構式長期照顧機構屬性（參見圖 3），1998 年時，衛政體系護理之家的家數大於社政體系的財團法人家數，比例約為 3：2，但當社政體系開放小型老人福利機構進入提供服務後，情勢完全逆轉，社政體系提供了七成以上的服務量。

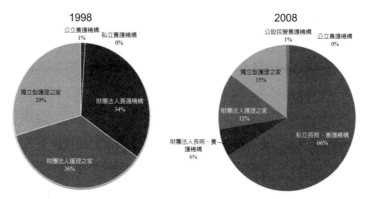

圖 2　我國機構式長期照顧服務服務組織屬性的比較（1998 年 vs. 2008 年）

---

[7]　依據 1997 年修訂《老人福利法》第 28 條規定：「未經依法申請許可而成立的老人福利機構者，處其負責人新台幣三萬元以上十五萬元以下罰鍰，其經限期申請設立許可或辦理財團法人登記，逾期仍未辦理者，得按次連續處罰，並公告其名稱，且得令其停辦。前項規定於本法修正公布日起二年實施。」

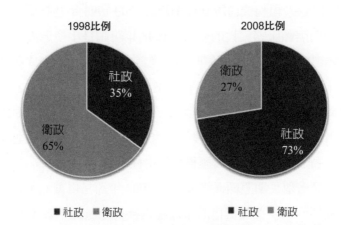

圖 3　從主管機關檢視我國機構式長期照顧服務服務組織結構
（1998 年 vs. 2008 年）

　　圖 4 則是從區域 [8] 比較機構型長期照顧服務的組織屬性，發現各區域的服務組織屬性分布狀態呈現顯著差異。1998 年時，北部區域與東部區域呈現對比狀態，北部的財團法人養護機構與財團法人護理之家將市場一分為二，其比例約為七比三，而東部雖然也是由上述兩類機構提供服務，但其服務比例卻正好相反，中部則是由財團法人護理之家提供近半數的服務量（占 46.7%），而南部服務的主體則是獨立型護理之家（占 60.5%）。

　　然而，各區域內服務組織的屬性在 2008 年時皆有顯著改變，北部、中部及南部的服務組織都轉變成以私立小型老人機構為主體，其家數皆超過當地的半數，其中又以都市化程度最高的北部地區居冠（占 76.6%），依序為南部（占 62.1%）及中部（占 51.3%），東部是唯一小型私立機構家數未過半數的區域，亦是財團法人機構比例最高的區域（包括財團法人老人福利機構及財團法人護理之家）。

　　綜言之，《老人福利法》未修法放寬私立小型老人機構進入提供服務

---

[8] 區域定義參考經建會「都市及區域發展統計彙編 97 年版」的定義，北部縣市包括：臺北市、臺北縣、基隆市、桃園縣、新竹市、新竹縣及宜蘭縣；中部縣市包括：臺中市、臺中縣、南投縣、苗栗縣、彰化縣及雲林縣；南部縣市包括：高雄市、高雄縣、臺南市、臺南縣、嘉義市、屏東縣及澎湖縣；東部縣市則是花蓮縣及臺東縣。

前，我國機構式長期照顧服務組織係以主管機關區分服務屬性，衛政體系照顧機構家數大於社政體系；反之，在私立小型老人機構加入服務行列後，我國機構式長期照顧服務組織的結構即呈現多元樣貌，但其結構又因區域的都市化程度不同而有差異。

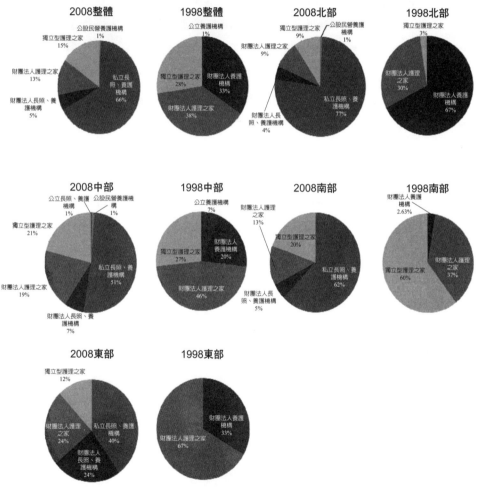

圖 4　從區域檢視我國機構式長期照顧服務服務組織屬性
（1998 年 vs. 2008 年）

　　比較衛政體系與社政體系對機構式長期照顧服務組織規模的管制機制，衛政部門係將此領域視為開放市場，誠如某縣市衛生局主管表示：「目前人口老化快速，以目前的供給量而言，確實還有空間，所以還沒有必要做床位的總量管制。」而社政體系的管控機制僅針對財團法人機構，中央主管科長解釋：「現在法規規定財團法人基金會如果要附設機構，必須經過主管機關兩次評鑑甲等你才可以附設機構；但全國性的基金會評鑑，內政部要三年才（辦）一次，所以要等六年才能設立附設機構……而現在很多縣市還沒有辦（基金會）評鑑，所以有些基金會根本永遠設不了附設機構……。」惟相對於財團法人機構設立許可的管制，現行老人福利機構設立及管理辦法並未對小型機構家數進行總量管制。

　　政策誘因部分，中央社政主管機關的補助對象雖僅限於具備財團法人資格老人福利機構，但據地方社政主管表示，購買式服務契約亦可作為管控小型老人機構的政策工具[9]；惟又因地方政府常將「老人福利」與「社會救助」科室分立，當該縣市符合甲等機構的床位數不足時，社會救助科採取與鄰近縣市達到評鑑等級的機構簽約提供服務，致使地方老人福利主管機關無法應用購買式服務契約的訂定作為提升當地老人福利機構品質的政策誘因，僅能放任機構品質由市場機制決定，亦即當地民眾購買機構式服務的消費水準取決於其購買能力，若當地民眾付費能力越低，卻越可能導致機構之間低價競爭的情勢，致使當地老人福利機構的服務品質難以提升。

　　再者，依據研究者訪談結果，發現醫院附設護理之家、獨立型護理之家、財團法人老人福利機構及小型機構之間的競爭關係並非處於同一水準，前三者係以照顧品質或附加價值為競爭關鍵，但小型老人福利機構彼此之間卻是削價競爭。誠如某醫院附設護理之家表示：「當家屬只要聽到價錢（收費全市價格最高），就會說：妳們這裡怎麼這麼貴，有些機構都

9　地方社政老人科主管表示：「我們跟社會救助科是有相關……他（照顧機構）就是要甲等才能取得合約，他們在乎的是合約（社會救助與身心障礙部門購買其照顧床位）。」

一萬八、一萬五都全包……我分析給他們聽，一分錢一分貨，你一萬八她包是包什麼，沒有錯，可能包吃包住包尿布，你去聞看看他們（老人）有沒有味道，看看住民身上的清潔度，有沒有傷口？有沒有表情？那些老人是不是都呆坐在那邊……其實當他們去參考回來後，他們會再回來選擇我們……。」中部某財團法人老人機構主任亦表示：「有的機構（小型）他一萬元初頭就收了，有些民眾就會來跟我們講，為甚麼你們還要收到一萬九千五？我就會反問，你有沒有考慮到夜間的護理人員，那夜間的照服人員是外聘的還是本國籍，他們的比率是多少，這些都要考慮的。」然而誠如大多數受訪者表示，很多家屬無法辨識服務品質，而即使部分家屬瞭解價格與照顧品質的相關，仍受限於經濟因素，選擇價格相對便宜的小型機構，致使我國機構式照顧服務市場呈現兩極化的服務屬性，而這亦是學者如 Merrett（2001）與 Suda（2006）擔憂分權化及民營化導致的不良後果。換言之，如果沒有政府或保險分擔財務上的風險，大多數民眾選擇機構係以價格為主要考量，長期照顧服務特性導致的市場功能與效率不彰的現象將無法避免。

肆、討論與意涵

　　從上文的理論觀點檢視中，吾人首先從長期照顧服務特性去論述長期照顧服務組織屬性時，採用經濟學理論的供給／需求觀點，從市場失靈與政府失靈理論切入，解釋我國機構型長期照顧服務領域內非營利組織興起的原因及理由。發現不論是社政或衛政主管單位，確實都認為長期照顧服務具備若干市場失靈現象，故促使政府對長期照顧服務市場採取干預措施。惟其干預的策略卻顯著不同，衛政體系藉由服務設施標準與專業證照管控（僅授權醫院附設型態或資深護理人員經營）來確保照顧服務品質的提供，以期降低消費者面臨的不確定性；另一方面，社政體系卻始終認為老人照顧市場存在市場失靈現象，一方面企圖運用具備「不分配盈餘限

制」特性的非營利組織修正市場失靈，即使開放小型營利機構進入老人照顧產業，仍企圖透過各項法規規範基本照顧品質，修正市場失靈現象。

更進一步瞭解我國機構式長期照顧服務領域裡，不同層級政府之間彼此的分工互動關係的轉變，以及政府部門與私部門（營利與非營利）之間互動關係的轉變。本研究運用 Wagner（2000）提出的概念架構，檢視我國機構式長期照顧服務體系，研究發現：

一、社政與衛政是屬於分立狀態，衛政體系的服務結構應用民營化策略和市場原理，且公共領域屬於分權結構，應歸類為以社區為基礎的福利體制；而社政體系雖已開放非營利與營利服務組織共同進入服務場域，但公共領域仍屬中央集權結構，應歸類於組合主義的福利體制，換言之，即使在同一機構式長期照顧服務體系，亦因政府規範及分權化程度之差異劃分為不同的福利體制。

二、長期照顧服務的非營利部門之發展明顯受到其他部門（尤其是公部門施行的相關公共政策）的影響，難以「獨善其身」。譬如，《老人福利法》在未修法放寬私立小型老人機構進入提供服務前，就我國機構式長期照顧服務組織數觀之，衛政體系照顧機構家數大於社政體系；反之，在私立小型老人機構加入服務行列後，我國機構式長期照顧服務組織的結構即呈現多元樣貌。

三、我國的機構式長期照顧服務體系目前的運作特質之一即是，醫院附設護理之家、獨立型護理之家、財團法人老人福利機構及小型機構之間的競爭關係並非處於同一水準，前三者係以照顧品質或附加價值為競爭關鍵，但小型老人福利機構彼此之間卻是削價競爭。然而，從社會制度的組織之間的互動觀點檢視，不可否認的事實是，這些非營利及營利的長期照顧機構在此類公共服務提供的角色扮演上，其實相當程度是既競爭又互相依賴。

由上述三點重要發現可知，長期照顧服務組織的屬性一方面深受制度環境的影響，尤其是政府公共政策的形塑；另一方面，政府政策的改變也會使得非營利組織與營利組織之間在此一公共服務範疇、規模、服務內涵

的勢力形成推拉，即其互動變化絕對是受到政策環境的形塑，而當政府執行政策的人力與資源不足，營利與非營利存在的模糊空間相對愈大。

回顧社政中央主管機關與地方政府的分工，顯然係依據機構屬性與規模而定；但隨著小型老人福利機構家數迅速成長，在中央政府授權卻有限，地方政府人力與政策工具亦不足狀況下，致使小型機構成為機構式長期照顧服務的主體，大幅擠壓具非營利性質的財團法人老人福利機構生存空間，導致必須削價競爭。另一方面，我們的研究也發現，財團法人機構在獲得補助情況下，雖能提供相對較高的照顧品質給機構的住民，但其價格也相對較高。然而，當初政府補助財團法人機構的本意應是提供民眾在市場失靈狀況下較佳的選項，但現今卻因價格因素而無法選用該類機構的服務，究竟財團法人機構在獲得政府補助情況下，其公益性質應如何彰顯，恐是中央社政主管機關必須思考的重要課題。

再者，隨著政府宣示長期照顧保險即將開辦，未來機構式長期照顧服務屬性與結構勢必隨保險機制的介入而產生變化，政府應維持現行的補助策略，抑或是重新省思財團法人機構的角色與功能，亦是政策環境轉變前必須審慎評估的方向。此外，隨著小型老人福利機構家數越來越多，要求政府部門鬆綁三不原則的聲音也越來越大，未來居家及社區式照顧服務體系是否要開放營利機構進入經營，應是中央與地方政府必須省思政策法規與工具能否因應之關鍵議題，否則重蹈未立案機構強勢要求政府部門開放經營之覆轍。

接下來，吾人應審慎檢視衛政部門的護理之家的相關規範。依據《護理人員法》第 17 條規範，護理之家分為公立、財團法人與私立護理機構三類，但衛政部門相關統計數據以及政府主管單位都將公立與財團法人視為同一類（醫院附設），但回顧當初衛生署協助公立醫院將閒置病床轉型為護理之家之初衷，原是期待政府設立之公立醫院附設護理之家的收費能夠低於私立養護機構，藉以減輕病患及家屬之經濟負擔（楊漢湶、孫碧

雲，1999），但是事實上醫院附設護理之家的服務價格不僅高於獨立型護理之家，亦高於小型老人養護機構。雖然護理機構評鑑標準中 [10] 納入機構的公益面向，究竟衛政部門要如何彰顯公立醫院附設與財團法人醫院附設護理之家的角色與功能，抑或放任其與獨立型護理之家競爭，應是衛政部門必須省思的政策課題。

　　而面對社政與衛政服務體系分屬組合主義與以社區為基礎的福利體制樣貌，政策規劃者應重新省思多元福利體系之間的連結、互動與平衡關係，著重特定服務範疇內服務供給部門的互動密度與強度應達成一種融合效果，而非毫無結構地加總，因為服務供給若是在無計劃性的介入與營利機構強制削價競爭的狀態下，多元福利組合不見得會發揮「乘數效果」。據此，本研究主張政府應扮演「服務整合、規範與創新者」的角色，以提供更多樣的服務選擇，一則鼓勵財團法人機構多元化發展，另一則重新定位財團法人機構的角色與功能，此種既創新又彈性的模式方能符合服務使用者的多樣性需求，同時也創造出市場機制的競爭效率。

---

[10] 依據九十八年度一般護理之家評鑑基準及操作指引，機構訂有救助辦法或免費收留制度，確實執行且有紀錄者得以加分。

參考文獻

王仕圖、官有垣、李宜興（2009）。〈非營利組織的相關理論〉，收錄於蕭新煌、官有垣、陸宛蘋（編著），《非營利部門：組織與運作（第二版）》。臺北：巨流。

臺灣經濟永續發展會議秘書處（2006）。《臺灣經濟永續發展會議實錄》。臺北。

永和良之助（2008）。〈日本的長期介護制度之現況與問題點〉，發表於「長期照顧」國際學術研討會。花蓮：慈濟大學。

行政院（2007）。《我國長期照顧十年計畫——大溫暖社會福利套案之旗艦計畫》。

行政院經濟建設委員會（2008）。《中華民國臺灣地區民國 97 至 145 年人口推計》。

吳淑瓊、陳正芬（2000）。〈長期照護資源的過去、現在與未來〉，《社區發展季刊》，92: 19-31。

吳聖良、張瑛昭（1995）。〈臺灣省十二縣市未立案療養機構數量及其服務現況之調查研究〉，《公共衛生》，3(22): 147-161。

李士豪（2009）。《績優老人福利機構資源網絡形成歷程及經營發展之研究》。元智大學資訊社會學研究所碩士論文。

李克怡、王榮俊、周勵志（1990）。〈士林、北投、內湖區二十家老人安養中心之評估〉，《公共衛生》，16(4): 416-423。

邱月季（1999）。《臺北都會區長期照護機構營運之研究》。大葉大學事業經營研究所碩士論文。

徐立忠（1989）。《老人問題與對策》。臺北：桂冠。

張和然、邱文志、林晉照、陳文琦（2007）。〈非營利長期照護機構經營績效之探討：以宜蘭地區小型養護機構為例〉，《績效與策略研究》，4(1): 17-48。

莊秀美（2007）。〈臺灣地區老人福利服務的供給與營運——照顧服務民營化的政策方向與實施現況之探討〉，發表於「少子高齡社會之福祉政策之實踐與發展——臺灣與日本的比較研究國際研討會」。臺北：東吳大學社會工作學系。

許世凱（2006）。《臺北市私立小型老人養護機構競爭優勢及策略聯盟之運用——資源基礎理論的觀點》。國立臺灣大學國家發展研究所碩士論文。

郭登聰（2005）。〈再論營利性組織參與老人安養護機構經營的可行性探討〉，《社區發展季刊》，110: 95-110。

陳正芬（2002）。〈老人福利推動聯盟在未立案養護機構法制化過程中的倡導角色分析〉，《社會政策與社會工作學刊》，6(2): 223-267。

陳正芬（2009）。〈非營利組織與健康服務〉，收錄於蕭新煌、官有垣與陸宛蘋（編著），《非營利部門：組織與運作（第二版）》。臺北：巨流。

陳玉蒼（2006）。〈從準市場機制看日本介護保險制度下介護市場的現況——以訪問照護服務為中心〉，《社區發展季刊》，*115*: 392-407。

游麗裡（2000）。《臺灣地區小型養護機構服務品質之探討》。國立中正大學社會福利研究所碩士論文。

黃德舜、蔡麗華（2001）。〈老人長期照護、養護機構經營管理問題及對策〉，《醫院》，*34*(6): 22-33。

楊漢湶、孫碧雲（1999）。〈公立醫院附設護理之家之探討〉，《護理行政》，*32*(2): 56-65。

劉麗雯（2000）。《老人長期照護機構網絡建立評估之研究》。內政部社會司委託研究。

蔡麗華（2003）。《老人福利機構治理機制及其績效之研究——以老人養護機構為例》。南華大學非營利事業管理研究所碩士論文。

鄭讚源（2000）。〈提升長期照護機構服務品質：從美國醫療護理機構服務品質與英國照顧標準談起〉，《社區發展季刊》，*92*: 160-194。

盧瑞芬、謝啟瑞（2003）。〈臺灣醫院產業的市場結構與發展趨勢分析〉，《經濟論文叢刊》，*31*(1): 107-153。

謝儒賢（2005）。《福利混合模式部門互動關係之研究——以老人安養機構為例》。國立暨南國際大學社會政策與社會工作學研究所博士論文。

蘇淑真（2001）。《臺灣地區護理之家服務現況之探討》。臺北醫學大學護理學研究所碩士論文。

Gibson, M. J., Gregory, S. R., & Pandya, S. M. (2003). *LongTterm Care in Developed Nations: A Brief Overview*. Washington, D. C.: AARP.

Kane, R. A., & Kane, L. K. (1987). "What is Long-Tern Care ?" In L. K. Kanel (Ed.), *Long-Term Care: Principles, Programs, and Policies*. New York: Springer.

Kroger, T. (2008). "Long-Term Care for Older People in the Nordic Countries: Recent Trends." Paper presented at the International Symposium on Long-term Care（長期照顧國際學術研討會），花蓮，慈濟大學社會工作學系。

Marmor, T. R., Schlesinger, M., & Smithey, R. W. (1987). "Nonprofit Organizations and Health Care." In W. W. Powell (Ed.), *The Nonprofit Sector: A Research Handbook*. New Haven & London: Yale University Press.

Merrett, D. (2001). "Declining Scial Capital and Nonprofit Organizations: Consequences for Small Towns after Welfare Reform." *Urban Geography, 22*(5): 407-423.

Pavolini, E. & Ranci, C. (2008). "Restructuring the Welfare State: Reforming in Long-Term Care in Western European Countries." *Journal of European Social Policy,*

18(3): 246-259.

Salamon, L. M. & Anheier, H. K. (1998). "Social Origins of Civil Society: Explaining the Nonprofit Sector Cross-Nationally." *Vountas: International of Voltuntary and Nonprofit Organizations, 9*(3): 213-260.

Suda, Y. (2006). "Devolution and Privatization Proceed and Centralized System: Twisted Reality Faced by Japanese Organizations." *Nonprofit and Voluntary Sector Quarterly, 35*(3): 430-452.

Wagner, A. (2000). "Reframing 'Social Origins Theory': The Structural Transformation of the Public Sphere." *Nonprofit and Voluntary Sector Quarterly, 29*(4): 541-553.

Young, D. R. (2001). "Nonprofit Entrepreneurship." In S. J. Ott (Ed.), *Understanding Nonprofit Organizations: Governance, Leadership, and Management.* Boulder, CD: Westview Press.

第三章

局內人或局外人有關係嗎？
外籍看護工在臺灣長期照顧體系的
處境與政策課題

陳正芬

* 本文曾發表於 *Ageing & Society*, 2016, 36, pp. 2090-2116。經修訂增刪始成此文。

壹、前言

　　長期照顧服務人力依據服務地點區分為三大類，第一類是受聘於照顧機構，由護理人員督導的照顧服務員；第二類是由地方政府或非營利組織聘僱，為失能者提供日常生活協助的居家照顧人員；第三類則是由個別消費者直接聘用的照顧者。當工業化先進國家於 1990 年代將「在地老化」確立為長期照顧政策的目標後，居家式服務和社區式服務即成為優先規劃推動的項目，此種趨勢造成對居家服務需求量的劇增，受過充分訓練且合格的工作人力被視為是提升社會照顧品質的關鍵因素，照顧服務員之進用和訓練亦是長期照顧領域的重要議題之一。然而，面對照顧工作人力短缺的問題，如何尋覓有效的人力供給與訓練策略乃是老化國家共同的困境，其中一項立即有效的策略即是引進外籍照顧人力。

　　回顧以移工為主題的相關研究，主要可分為幾個方面。首先，政策面的探討不僅關注移工在該國長期照顧政策的定位，亦探討移工引進後對該國長期照顧需求、供給與服務輸送方式產生的影響，如 Cangiano 等人（2009）研究指出英國長期照顧體系中約有 28% 是移工，愛爾蘭移工佔長期照顧部門人數的比例則是 32%；其次，被照顧者、照顧者（雇主）與移工互動狀況，其提供的照顧品質與照顧負荷亦是研究焦點，如 Ayalon 長期專注移工與被照顧者、雇主（成年子女）之間關係與照顧品質之議題，一方面主張居住於家戶內的移工與被照顧者之間會發展出「類家人」（family-like）關係，移工被賦予「虛擬家人」（fictive kin）的角色，另一方面也不諱言，移工在長時間的工作時間與壓力負荷之下，對被照顧者出現的虐待問題有待重視！Degiuli（2007）藉由詳實紀錄移工（包括 line-in and live-out）從起床到夜間這 24 小時工作內容，突顯其承擔的工作時間與工作內容之身體與情緒高度負荷。第三，外籍與台籍照顧服務人員之間的互動模式與人數增減趨勢亦開始受到關注，外籍勞工不僅是補充正式照顧部門欠缺的勞動缺口，亦透過直接受聘於個別家戶（有時候是「非法」）方式補充或替代家庭之非正式照顧

　　雖然這麼多國家引進外籍勞工來補充欠缺的照顧人力，但各國開放外籍勞工進入長期照顧體系的腳步與策略不一。有些國家同時開放機構與個別家戶皆可申請外籍勞工擔任照顧人力，有些國家限定照顧機構才可以引進外籍照顧人力，有些國家未將外籍勞工依據服務對象區分為照顧兒童、老人或處理家務；常見狀況是當該國長期照顧需求高於勞動政策核准的法定人數時，外籍勞工透過非法方式被個別家戶聘僱則是成為檯面下不能說的秘密，相對也導致此類個人照顧的外籍勞工人數難以正確估計；解釋已發展國家引進外國勞動力的理論當中，初始以新古典市場觀點提出的勞力引進國經濟循環與勞動力短缺之相關性最常被引述。但雙元勞動市場闡釋國際遷移不強調輸出國的推力因素（低薪或高失業率），而是主張輸入國經濟發展與社會變遷不可避免的外籍勞工需求；也就是勞工意欲擠身於穩定、專業化與職業聲望高的主要部門，但經濟結構中的次級部門卻無法因此而消失，一種簡單與廉價的解決策略就是引進外籍低階勞動力，也就是將外籍勞工當作台籍勞工欠缺時的產業預備軍，隨時可透過外籍勞工數量的管制彈性調整。因此，隨著已發展國家向經濟相對發展落後國家招募低階勞工之後，單一國家的「職業階層」演變為跨國際經濟體系之「職業（或種族）階層化」模式。

　　值得關注的是，長期照顧主要部門（primary sector）由醫師、護理人員、職能治療、物理治療與社會工作等專業人員組成，提供專業之技術性服務；次要部門則是泛指所有直接提供照顧服務者的低技術照顧者，慣用的名稱包括護佐、護士助理或照顧服務員，工作內容是協助被照顧者進食、大小便處理、家務照顧、清潔、身體照顧等活動，僅要求極少的正式教育或者相關知識及技能，大多數情況並不要求具備相關工作經驗，薪資不但偏低、缺乏職業升遷管道，職業福利等相關保障亦付之闕如，致使從業人員以中高齡、女性及教育程度相對較低者居多，流動率亦高居不下。因此，雙元的長期照顧市場被 Redfoot & Houser（2005）運用來解釋外籍勞動力補充該國欠缺的次級勞動需求的原因，也就是源自次級勞動部門的勞動條件欠佳，該國民眾越來越不願意投入此一行列，導致多數已發展國

家引進外籍勞工來彌補此一短缺的勞動人力。

　　即使是次級勞動市場，受聘於照顧機構之照顧工作者享有的薪資與職業福利高於居家服務機構或個別家戶聘僱者，致使次級勞動市場又依服務場域區分為兩個層次；以健康保險涵蓋範圍為例，由雇主加保的比例雖呈現上升趨勢，但工作場域為居家的照顧服務員納保率遠低於機構聘僱的照顧服務員；薪資結構方面，居家服務機構的照服員以時薪為主，多數未能獲得基本工資的保障，且工作地點是在個案的生活領域，工作範圍之界定較為廣泛而模糊。當該國透過引進外勞方式填補次級勞動市場中欠缺的勞動力後，目前研究發現外籍勞工填補的往往是最缺乏薪資與權益保障的個別照顧者，例如新加坡、馬來西亞、臺灣與香港等亞洲國家，外籍家務與照顧勞動者的聘僱方式多都是採取進住（stay-in）家庭、隸屬於個別雇主且僅能在單一家戶工作的模式，雇主得以獲致外籍看護工一週七天24小時的彈性運用機會，也導致外籍看護工深陷高度剝削的工作場域。Ungerson（2004）分析奧地利、法國、義大利、荷蘭與英國五個歐洲國家採用現金給付方案，讓失能者可直接或經由照顧機構聘僱照服員的政策影響，發現當失能者可以選用直接聘僱照顧者方式時，其聘用的照顧者以外籍勞工為主，且來自灰色（gray）勞動市場比例最高，此情況在義大利最為顯著。照顧產業「移民女性化」、「有色化」與「居家化」現象，負面效果就是照顧者的薪資與工作時間完全仰賴其與被照顧之間的協議，缺乏工作權利的保障，更導致擔任照顧人員的外籍勞工被剝削的風險顯著提升。

　　照顧外籍勞工被放置在輸入國次級勞動市場固然已是毋庸置疑的現象，然而，大多數引進外勞的國家仍將照顧外籍勞工定位為補充照顧人力的短期策略，長期仍期待透過各種勞動政策來提升薪資與福利待遇，藉以吸引與留任本國籍照顧人力；惟該照顧次級部門是否因外籍勞工的加入而產生種族職業區隔的現象，也就是本國籍照顧服務員與外籍照顧服務員在照顧勞動市場是否存在市場隔離現象？如果出現職業隔離，其現象是垂直抑或是水平隔離？再者，當該國多年來持續引進外籍勞工後，其對該國人力供給的影響是會符合政策制定者的期待，維持補充模式？抑或是會

以鯨吞蠶食的方式，逐步替代本國籍照顧服務員的工作機會？如果逐步取代本國籍照服員工作，取代的模式又是如何？雖然目前雙元勞動理論已修正過去理論假設，將主要（primary）勞動市場再區分為高層主要勞動市場（upper primary labor market）與基層主要勞動市場（lower primary labor market），將雙元勞動市場修正為三元化勞動市場區隔現象，針對外籍勞工進入輸入國的勞動現象則以「種族區隔化」加以描述。因此，本研究企圖補充現有理論與研究的限制。首先，研究者主張次級勞動市場因外籍照顧勞工的引進而出現職業區隔現象；再者，其職業區隔現象因工作場域又分為垂直區隔（vertical occupational segregation）與水平區隔（horizontal occupational segregation）兩種不平等現象，前者係指本國籍照服員相對外籍照服員佔職業結構中較佳位置，外勞被區隔至職業結構中較不利的位置；後者則是指當本國籍與外籍照顧員在同一場域工作時，外籍總是處於較低職位的現象。

　　臺灣自 1992 年開放家庭看護工，1999 年再開放照顧機構聘僱外籍照服員，政策演變至今已超過 20 年的發展歷史；實有必要瞭解外籍照顧員與台籍照服員在照顧市場的樣貌，分析次級勞動照顧市場與內部分工是否因外籍勞工的進入而產生差異化，進而捕捉本勞與外勞替代的基礎與兩者出現的職業隔離現象。另就長期照顧政策而言，唯有正視外籍照顧外籍勞工引進之後對於次級勞動市場人力供需產生的變化與影響因素，方能提出具體有效的長期照顧人力規劃與留任策略。

貳、臺灣引進外籍看護工的沿革與相關政策

　　依據臺灣政府 1992 年制定的《就業服務法》第五章外國人之聘僱與管理辦法，這是臺灣管理所有外國勞動力人口的法令，該法對不同職業的勞動者制定相異的聘僱與管理辦法，展現一種階級區隔原則；因此，雖然所有在臺灣的外國勞動者都應通稱「外籍勞工」，但臺灣政府、大眾媒體

與社會民眾都以「外籍勞工」此詞來指《就業服務法》中引進的低階勞工，因為低階勞工在下列幾個面向上遭受與白領外勞的差別待遇：來臺工作時間被限制、從事的產業受到限制、依照該產業的配額引進，以及不得任意更換雇主與工作地點。而白領高階外勞雖然不是以長期的移民簽證在臺灣工作，但他們的居留與工作時間可以彈性延長，構成實質的長期居留，明顯呈現臺灣對雙元勞動市場中不同部門的外國勞動者實行「一國兩制」政策。

然而，臺灣次級勞動市場又因勞動力輸出國與產業而呈現水平職業區隔，電子業或精密工業等高科技產業目前多由菲律賓女性擔任，因為臺灣雇主與仲介認為菲律賓女性學歷高且熟悉英語的作業環境；而營造工與一般體力工則由泰國勞工取得工作，因為臺灣雇主與仲介判定泰國男性勞工體力佳與勤奮之特質適合辛苦、骯髒與危險的行業；照顧部門則因照顧對象而又有區隔，臺灣雇主偏好由嫻熟英語且活潑的菲傭照顧學齡兒童，選擇吃苦耐勞的印傭照顧老人或失能者。為何臺灣的外勞市場會出現雇主偏好的現象，且成為外勞市場運作邏輯之一，係因臺灣仲介業者與雇主有系統的進行外勞職業的國籍劃界與性別隔離。相較於關注跨國遷移的研究慣將所有次級勞動產業納入研究範圍的方式，本研究立基於長期照顧體系的視野，瞭解外籍勞工進入次級勞動照顧產業的職業區隔現象與障礙，以及本籍與外籍勞工的職業區隔現象與變遷。

主要規範次級照顧勞動部門引進外勞的法規為臺灣政府於 1992 年公告的《因應家庭照顧殘障人力短缺暫行措施》，其公告目的旨在協助重度殘障者或中風癱瘓者的家庭解決照顧問題。而其公告內容如下：（1）加強辦理看護人員職業訓練；（2）加強看護工就業機會宣導；（3）基於國內社會需要及監護工人力供需失衡現象，得專案申請聘僱海外補充照顧機構或家戶內的看護人力。檢閱上述三項目的，顯示外籍看護工的主要目的是以「補充」國內家庭中殘障者、中風或慢性病患的照顧人力以原則。外籍看護工依工作場域分為「機構外籍看護工」與「家庭外籍看護工」兩類；機構看護工從事機構被收容之身心障礙者或病患日常生活照顧等相關事務

工作，其所定義的機構以收容養護中度以上身心障礙者、精神病患及失智症患者之長期照顧機構、養護機構、安養機構或財團法人社會福利機構為限；工作內容方面，外國照顧服務員僅可執行機構住民的生活起居等照顧任務，不能涉及醫療或法定護理行為的工作。家庭看護工作係指「在私人家庭從事身心障礙者或病患日常生活照顧等相關事務工作」，被看護者應具下列條件之一者：（1）特定身心障礙重度等級項目之一者，（2）經醫療機構以團隊方式所作專業評估，認定需全日 24 小時照護者。同一被看護者以一人為限，若被照顧者為身心障礙手冊記載為植物人或經醫療專業診斷巴氏量表評為零分，且於 6 個月內病情無法改善者得增加一人，工作項目界定如下：「應照顧受看護者的日常生活起居為範圍，如：幫病患清洗身體、更換衣物協助進食、處理排泄物，但不得涉及其他醫療行為或料理家務的幫傭工作」；但「日常生活起居的照顧」有時往往難以和「家務工作」間清楚劃分，爾後的規範皆只針對「不得從事任何醫療及法定護理工作」或以排除方式來加以規範。

如前所述，臺灣雖開放外籍勞工同時皆可進入機構或家戶內工作，但兩個工作場域的薪資待遇、工作內容與勞動保障差距極大。依據雙元勞動市場理論，勞動市場被區隔為「主要」與「次要」勞動兩個很少相互流動的部門所組成，主要勞動市場特徵為高工作所得、良好的工作條件、工作穩定且安全、工作規則制度化且有升遷機會；次級勞動市場的特質為低勞動所得、不良的工作條件、工作不穩定、惡劣的工作規則、較少升遷機會與高流動率。隨著職業階層再分化，主要勞動市場依據工作屬性可再區分為高層主要勞動市場與基層主要勞動市場，前者的職業型態為專業技術性工作與管理行政工作，工作特徵具創造性、自主性、高職業聲望與較高的職業流動機會；後者則是以事務性與技術性工作為主，工作特徵是強調服從性，工作穩定但收入較低，勞動市場因此呈現三元化勞動市場區隔現象。探討外籍看護工的相關研究大多指出外籍勞工進入輸入國的勞動市場以次要勞動市場為主，補充該國欠缺的勞動人力。然而，當越來越多外籍看護工進入次級勞動照顧市場之後，該市場是否已經如主要勞動市場一

樣，出現市場區隔現象是有待檢視的議題。本研究參考勞動雙元市場與兩性職業區隔理論架構，運用臺灣 20 年的長期資料，主張外籍看護工進入的次級勞動市場已出現市場區隔之群體差異現象，區隔的結構化指標是以納入《勞動基準法》為界線，分為**次級內部勞動市場與次級外部勞動市場**（**研究架構請見圖 1**），而台籍看護工與外籍看護工兩者在次級內部勞動市場又出現水平職業區隔不平等現象，進而討論臺灣的次級勞動照顧市場因引進外籍勞工對臺灣長期照顧體系的影響。

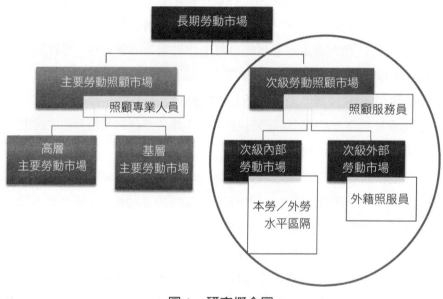

圖 1　研究概念圖

參、分析資料與方法

　　有鑑於臺灣引進外籍勞工進入長期照顧體系的職缺分為照顧機構與家戶看護工兩類，但目前缺乏具備詳細個人特徵與工作場所結構資訊的完整資料，且又受限於此議題涉及法律灰色地帶，因此本研究運用多元的研究資料，分析策略先就勞動場域所建構的職業區隔加以分類，再進一步導入

個人層次的分析。首先是運用政府部門的文件資料來呈現不同國籍照顧者在次級勞動照顧市場的狀況，資料來自兩部分，第一部分是採用次級資料分析法分析政府部門公布的照顧機構與家庭看護工的人數與變遷趨勢，即外籍看護工從 1992 年開放至 2012 年這 20 年間的職業區隔現象與及變遷程度；另採用文獻分析法探討勞動法規如何在次級照顧部門不同場域創造職業區隔現象。

　　其次，考量臺灣的照顧機構依據主管機關於 2007 年修訂《老人福利機構設立標準》第 2 條規定區分為四類：醫院附設財團法人護理之家、獨立型護理之家、財團法人長期照顧機構與私立長期照顧機構；前兩類機構的主管機關為衛政單位，後兩類機構則由社政單位主管[1]，這四類機構都可以聘僱外籍看護工補充機構不足的照顧人力。為瞭解看護工在不同屬性照顧機構實際工作的狀況，本研究採用問卷調查法，選擇臺北市與新北市，其中新北市目前是全臺灣照顧機構家數最密集的縣市，母群體為臺北市與新北市於 2011 年 5 月立案的所有機構，依據機構主管機構與屬性將機構分為四類機構（表 1），前三類機構因機構家數不多，將所有照顧機構皆列為樣本，第四類機構共有 316 家，採取簡單隨機抽樣方式，抽取 50%機構（159 家）進行訪問。調查訪問方式為面訪，於 2011 年 8 月至 2013年 3 月期間訪問兩個縣市共 199 家照顧機構，總完訪率為 83.3%，各類機構的完訪率請見表 1。

---

[1] 臺灣的衛生署與內政部之社會司已於 2013 年 7 月 23 日合併為衛生福利部，但四類機構實質上尚未整併。

表 1　各類照顧機構的調查情形

	財團醫院附設護理之家	獨立型護理之家	財團法人長期照顧機構	私立長期照顧機構	總數
臺北市	5/6 83.3%	2/3 66.7%	8/9 88.9%	55/67 82.1%	70/85 82.4%
新北市	8/9 88.9%	41/46 89.1%	7/7 100.0%	73/92 79.4%	129/154 83.8%
總數	13/15 86.7%	43/49 87.8%	15/16 93.8%	128/159 80.5%	198/239 83.3%

　　個人層次的分析則是採用深度訪談法蒐集兩部分資料，第一部分是上述訪談照顧機構主管的質性資料，另針對家戶內外籍看護工實際工作的部分，係採取立意抽樣方式，選擇聘僱外籍看護工照顧失能長輩的成年子女為訪談對象，進行半結構式的面訪，共訪談 14 位雇主，採取質性研究中的深度訪談法進行資料蒐集，並運用可根據訪談情境及受訪者談話脈絡而彈性調整的半結構式訪談大綱引導訪談之進行，訪談重點為家庭成員聘僱外籍看護工的動機與過程，以及外籍看護工工作內容。另為瞭解家庭外籍看護工聘僱流程，亦訪談二位負責開立診斷證明書的醫師（分別是復健科及神經內科醫師）、二位人力仲介公司的主管及專員，以及三位現任或曾任職於勞委會職訓局負責外籍看護工政策的官員，藉以勾勒出臺灣外籍看護工勞動區隔的政策演變與職業隔離現象的影響因素。

　　資料分析方法方面，針對問卷調查法蒐集到照顧機構內照顧服務員勞動狀況，本研究假設照顧機構的屬性與照顧機構聘僱外籍看護工人數相關，以描述性統計與卡方檢定呈現不同屬性機構聘僱台籍與外籍照顧服務員的差異。另針對訪談照顧機構主管與家庭外籍看護工雇主勞動情況的質性資料，資料分析方式係以主題分析法進行。

肆、研究發現

一、次級照顧勞動市場之外籍看護工職業區隔現象與變遷

　　勞動市場的職業區隔不只是一個社會總體勞動市場現象，亦可能出現在產業或組織內部；影響勞動市場區隔的因素不僅是個人擁有的人力資本，就業結構的規模與法規規範更是關鍵。臺灣外籍看護工依工作場域分為機構外籍看護工與家庭外籍看護工，但兩者之間最大的差異是，照顧機構的外籍勞工已於 1998 年 7 月 1 日被納入《勞動基準法》適用範圍，得享有與台籍勞工一樣工資、工時、休假與保險等勞動保障，而家戶內的外籍看護工始終未能被納入勞基法保障範圍，不僅薪資低於機構聘僱的外籍看護工[2]，僅有健康保險保障[3]；工時方面，相較於照顧機構之外籍勞工外籍看護工每月平均工時為 220 小時，其中每月正常工時為 180 小時，40 小時為加班[4]；休息與休假方面，依據臺灣勞委會與外勞來源國共同簽訂的勞動契約規定，雇主應免費提供受僱者適當休息空間，受僱者應居住於前述地點並不得外宿，意謂看護工的工作場域及時間都由雇主所規範，而與雇主同住的情境因素，提供雇主一個「機會」得以要求受僱者於任何時間從事其指派的任何工作，也致使外勞工作時間被自動延長為 24 小時隨時待命；但當照顧機構看護工已被納入勞基法後，不僅工作時間不得因雇主要求而無限制延長，雇主也需提供受僱者與工作場所區隔的休息空間，保障

---

[2] 家庭外籍看護工月薪為 15,840 台幣（約美金 536 元），照顧機構的移工月薪為 19,780 元台幣（約美金 670 元），差距約為 134 元美金，且當臺灣調整基本工資時，照顧機構的移工月薪亦可隨之調漲。

[3] 照顧機構的看護工享有健康保險與勞工保險雙重保障。

[4] 受聘於照顧機構的移工之工作時間受到勞基法保障，每日正常工作時間不得超過 8 小時，每週工作總時數不得超過 40 小時。如果加班，加班費得以 1.33 倍計算；而家戶內外籍看護工與被照顧者同住，工作型態是每週七天，每天 24 小時，加班費係以天數計算（月薪 15,840/30 天，一天 528 元，約美金 17 元）。依據勞委會統計報告，照顧機構外籍看護工的平均月薪（24,231 元）較家庭看護工平均月薪（18,587 元）高出 5,644 元（188 元美金）。

勞動者充分休息的權利。而家庭外籍看護工的被看護者為重度失能者，也就是應具下列條件之一者：（1）特定身心障礙重度等級項目之一者，（2）經醫療機構以團隊方式所作專業評估，認定需全日24小時照護者，上述聘僱標準卻成為許多雇主要求外籍看護工提供與被照顧者同居一室的24小時貼身照顧。依據 Chen（2011b）調查研究，臺灣聘有外籍看護工的家庭內看護工的居住狀況，看護工幾乎皆與被看護者同居一室，因為這樣的居住安排有助於看護工隨時提供照顧。

　　勞動部的調查報告顯示，超過八成的雇主未規定家戶外籍看護工每日工作時間。但不論雇主是否規定工時，依據 Wu（2006）之調查研究顯示，家庭看護工每日工作時間在13小時以上者，突顯看護工超長的工作時數與工作「場域」密切相關。當看護工與被看護者同居一室，夜間除非被看護者無須協助如廁或灌食，否則看護工難以獲得足夠的休息；雖然部分雇主會體諒看護工半夜看顧的疲累，允許看護工於被看護者日間午睡時，得以陪同休息，但其休息品質與數量是否足以讓從事勞力密集工作的看護工恢復體力，顯然有待商榷。

　　雖然臺灣的外籍勞工權益倡導團體[5]極力爭取將外籍看護工納入勞基法範疇或另立《家事服務法》保障勞動條件，但該項政策建議不但未獲勞工主管機關認可，同時也引致許多雇主反對；檢視勞委會職訓局相關資訊，外勞機場關懷服務計畫與外籍勞工諮詢保護專線雖已建立，盡可能提供看護工申訴的多元管道；另一方面，依據我國外籍看護工聘僱許可流程，我國與外勞來源國共同簽訂的勞動契約在看護工到雇主家報到時，仲介業者都會將勞動契約附錄於雇主手冊之內，讓雇主瞭解勞雇雙方的權益義務，仲介業者亦會定期訪視雇主及看護工，瞭解看護工提供服務的情況。但除人身侵害等「嚴重犯罪」[6]行為，極少聽到看護工申訴工作時間及工作內容超過負荷的案件。事實上，依據我對仲介公司的訪問，許多外勞

---

[5]　臺灣國際勞工協會（Taiwan International Workers Association）。

[6]　「嚴重」犯罪主要是指攻擊性、暴力性和竊盜性的行為，上述行為在所有歷史和社會裡，均受到傳統、道德規範和正式法律所譴責（許春金，2006）。

確實不願超時工作，但雇主卻以此為藉口，認為外勞不合格，希望仲介公司換人。一名仲介業者表示：

> 我們真的有菲律賓女傭，她就跟她的太太（雇主）說，我今天工作 8 個小時到了，然後太太傻眼，因為接下來換她抽痰，她上了一天班，晚上竟還要照顧她公公，幫她公公抽痰，氣到爆炸！說我可不可以換人？

以上顯示受雇者雖然可以主張其勞動權益，但雇主卻可以藉由「換人」手段來突顯其雇主的優勢地位與看護工的弱勢。依據《就業服務法》第 59 條的規範，受雇的看護工之工作機會來自個別家戶雇主的申請，除非雇主移民或被看護者死亡，或雇主不依勞動契約給付報酬等例外情況，否則家庭看護工並沒有轉換雇主的自由，勞雇雙方地位上的不對等致使看護工對工作環境選擇之自主性被大幅限縮，相對亦增加雇主要脅籌碼，致使看護工陷入被害且難以求援的劣勢情境。然而，負責外籍勞工行政檢查的勞委會雖於 2006 年起以就業安定基金補助各縣市政府聘僱外勞查察人力，但全國僅編列 240 名的外籍勞工查察員人力，卻要負責稽查工廠廠工及家戶內勞動者超過 40 萬名外籍勞工的勞動狀況，查獲違法件數極低[7]的現象也就獲得合理解釋。

面對外籍看護工被超時與超量使用的情況，即使是一位數年來都被勞委會職訓局評核為優等的仲介公司業者都主張，政府行政檢查的未能落實，確實導致民眾相互模仿外籍看護工的運用行為，她無奈地說：

> 大部分的雇主都是把一個人（看護工）用到最大量，有時候會有
> 很累很累的勞工會希望換雇主，所以像這種情況，我們就要出來

---

[7] 例如 2005 年查獲違法件數為 2,453 人，佔外勞看護工查察案件 4.6%；2006 年查獲違法件數為 1,896 人，佔查察案件 3.4%；2006 年查獲違法件數為 1,293 人，佔查察案件 1.3%（經建會、內政部，2008）。

協調阿，協調第一個任務就是希望可以減輕勞工的工作量。我都
會跟雇主講，我說臺灣現在已經不是那個 20 年前的就業市場，
勞工可以這樣子被予取予求，你一定要考慮到她體力的極限，我
說她今天只要去勞委會告說她一天工作超過 8 小時，你就會沒得
玩了！但我常常被雇主挑戰，他說你到底站哪邊？別人家還不都
是這樣……到後來我只好跟雇主講，不要太明目張膽，然後勸我
們勞工姊妹忍耐……。

　　另一方面，勞雇雙方「合意交換」協議亦促使看護工違法運用的情勢
被掩蓋淹沒。一位雇主回憶與其他家庭成員討論看護工因半夜照顧而出現
過度疲累的現象時，另一位家庭成員建議加發 3,000 元津貼給看護工，受
訪者雖主張津貼無法減輕看護工的身體負荷，但主張者卻認為「看護工來
臺灣就是要賺錢，你給她多一點錢賺，她就不會抱怨了！」顯示部分雇主
提出的經濟誘因，亦促使原本被害的看護工轉而與雇主共同從事合意的交
換行為，進而讓看護工選擇以噤聲沉默替代權益的聲張。此外，仲介業者
認為臺灣這幾年已累積聘僱外籍勞工的豐富經驗，現在還會留在臺灣市場
的外籍勞工都是「堅忍性極高」的代表[8]，仲介家戶內勞工的仲介業者都會
事先告訴外籍勞工，家戶內的工作時間與項目都需配合雇主要求，例如一
位仲介業者表示：

我都叫勞工姊妹不要跟阿嬤計較那麼多，所以我的勞工姐妹現在
都有一個這樣的 common sense，就是要忍耐！你來這邊，收入
是當地的 10 倍或 20 倍耶，為什麼不聽（雇主的話）呢？為什麼
不忍耐呢？所以我的勞工姐妹這個部分會比較聽得下去！

　　以上情況顯示，即使外籍看護被超時超量與違法運用，但臺灣勞動法

---

[8] 仲介業者受訪時表示：「蒙古外勞來第一批就沒有了，那批都是高幹子女，大學畢
業，來之後看要幫阿公阿嬤把屎把尿，通通都不做了，不是不肯做，就是逃跑。」

令限制家庭看護工不得自由更換雇主，且許多雇主面對外籍勞工企圖透過轉換雇主或向仲介公司申訴時，常認為自己為外籍看護工提供工作機會及相對高於母國的薪資，藉以否認被害人的存在，合理化自己對看護工的工時剝奪，或主張透過薪資補償足以降低傷害；另一方面，即使主管機關企圖查緝外籍看護工的違法使用，但極度有限的外勞稽查人力顯然無法發揮制止犯罪的監督作用；即使看護工利用仲介業者訪視時間表達工作時間與項目負荷過重，仲介業者仍以經濟或其他誘因 [9] 促使看護工繼續從事此一兩相情願的合意犯罪行為，打造看護工願意負擔多重任務及忍耐長時工作的順從形象。據此，當臺灣的次級勞動照顧市場引進外籍看護工，家庭外籍看護工卻因工作場域而出現職業垂直區隔的樣貌；區隔的關鍵就是納入勞基法與否，得以進入次級內部勞動市場的照顧機構外籍看護工，得享有與台籍看護工一樣的薪資待遇、工時與福利保障，而家庭外籍看護工的薪資待遇、工時與福利待遇則以管理之名被嚴重剝削。

　　但如前所述，職業區隔的要件之一是產業規模，即使外籍看護工得知臺灣的次級勞動市場因《勞動基準法》被區分為「內部」與「外部」勞動市場，為何不選擇次級內部勞動市場呢？圖 2 呈現的家庭看護工與照顧機構看護工兩條線的斜率不僅有極大差距，亦顯示臺灣次級勞動照顧產業的職缺集中於家庭類。

　　事實上，臺灣政府對於次級勞動照顧市場的外籍看護工皆制定相當嚴格的控管策略。照顧機構聘僱外籍看護工核配比率係依據各機構實際收容人數，每 3 人聘僱外籍看護工 1 人，上限合計不得超過本國看護工之人數，也就是兩者人數不一致時，以人數少者為原則；再者，相較於家庭外籍看護工於雇主處所逃逸滿 6 個月後，雇主即可以申請遞補勞動人力，但若照顧機構的外勞逃逸，則必須在逃逸外籍勞工尋獲且遣返出境後，機構才能再申請勞動人力，因此相對有效的控管照顧機構外勞人數的成長趨勢。另一方面，亦因照顧機構所有看護工皆已被納入勞基法，照顧

---

[9] 部分仲介業者會視情況請雇主酌量加薪或提供日常生活用品，例如洗髮精、衣物或食物等，讓看護工願意繼續留任工作。

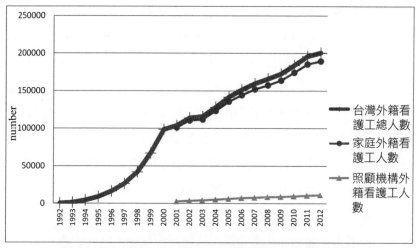

圖 2　外籍看護工在家戶與照顧機構人數變遷趨勢

機構經營者不僅無法持續要求看護工無上限的加班，因應臺灣於 2007 年開始，每兩年調整基本薪資，外籍看護工的月薪不僅與台籍勞工的基本薪資連動，加班費亦可隨之調整，但影響的就是雇主降低聘僱外籍看護工之意願，例如某照顧機構主管直言：「外勞還沒納入勞基法之前，本勞與外勞價差是 15,000 元，而且不用付加班費……那現在薪資差距不僅逐年縮小，如果叫她們加班，他們還不一定願意……即使強迫加班，他們還會打電話投訴（勞動部），人事成本越來越高！」再者，機構主管機關進行機構評鑑時，亦將外籍看護工的排班與住宿等狀況納入評鑑指標之列，相對於家戶內勞動狀況難以檢查狀況，照顧機構被監督的法規與頻率較多，相當程度都影響照顧機構之雇主聘僱意願，進而影響次級內部勞動市場的規模，致使有意願進入次級內部勞動市場的外勞需付出的時間成本變高；另一方面，由於次級內部市場薪資高於家戶外勞，仲介業者要求外勞負擔的仲介費用亦有顯著差異[10]，致使來臺的外籍勞工只能退而求其次進入次級外部勞動市場。

　　次級外部勞動市場的規模之所以年年擴大，一方面係因家庭看護工並

---

[10] 以菲律賓照顧勞工為例，進入次級內部市場需負擔的仲介費高達 15 萬台幣，而家戶外勞仲介費僅需半數，外籍勞工需負擔的仲介費因國家與產業而有差異。

不適用勞基法，雇主這 20 年來需負擔勞動成本始終維持在 15,840 元。但另一關鍵因素乃是家庭看護工的申請聘僱原則相對「主觀」。檢視勞委會職訓局歷年來訂定的外籍看護工的聘僱標準，即使歷經多次修正，核心概念有二項，一是企圖藉由「病症嚴重程度」與「失能程度」彈性調控看護工引進人數，並以巴氏量表作為照顧需求程度之評估工具，另一則是由醫事專業人員負責評估工作之執行者。然而，病人在非自然情境的醫療院所呈現的身體功能可能與日常生活表現有所落差，再者，個人身體功能可能隨時會改變，亦會因被照顧者個人動機而影響其日常生活功能的表現，特別是當個人無法完成某些項目的身體功能時，觀察者事實上難以區辨是因個人沒有動機去完成該項任務、身體確實無力完成、或是環境或輔具無法提供支持，抑或是結合上述因素致使身體功能無法發揮。一位復健科醫師如此描述她進行評估的為難與尷尬：

> 我想對醫生而言，那個（巴氏量表）有很多的項目很難實際評估，譬如說上廁所的表現，我在診間大概只能問他說你會不會？那他既然要求要開（診斷書），他一定跟你說我不會，例如說他這裡（指雙腿）沒力氣……當你說阿伯！阿伯！你站起來，他就回說：「阿我都沒辦法阿（台語）！，你怎麼可以這麼殘忍呢？」

另一位神經內科醫師亦是如此形容在醫療院所診間執行巴氏量表的限制，她無奈地說：

> 門診是非常 rush（繁忙），外面病人一直想進來，（這個）談久一點，外面的就會來看你……而且當病人被推來診間，你雖然一直努力想評估，但家屬講說他不能自己吃飯，他不能自己怎麼樣……那我怎麼會知道他有沒有辦法吃？實際狀況就是在門診是沒有辦法知道，除非他住院……我們有時候就會就先讓病人先住院一兩個禮拜觀察，可是不管怎樣，就是很難啦！

　　上述訪談資料顯示，當醫師在醫療院所內運用巴氏量表進行照顧需求的評估，由於其執行照顧需求評估的「場域」原本就與日常生活環境差距極大，著重日常生活能力的身體評估項目亦不適宜在診間執行；另一方面，不論是直接觀察法、代答或自評之間，身體功能的評估原本就可能出現評估不一致的現象，特別是當評估要作為服務申請的依據時，被照顧者低估或不願執行身體功能的結果亦可預期；例如許多違法聘僱的雇主都是自認確有照顧需求，不少受訪者如此解釋當時選擇聘僱外籍看護工的決定：「我們想說在家請一個外籍勞工，至少她看得到（人）她放心，那我們也放心！」「我覺得還是有人看著會比較安全」，也就是訴諸「安全性看護」的理由來擺脫法律規範的約束。因此，相對於照顧機構嚴格人數控管機制，家庭外籍看護因評估方式相對較具主觀與彈性，以及始終未納入勞基法等的因素，致使雇主願意聘僱外勞的意願逐年升高，促使次級外部市場的規模持續增長。

　　然而，臺灣社會將外籍看護工排除於次級勞動內部市場的代價之一就是家庭看護工不堪照顧負荷逃逸狀況時有所聞[11]；另一方面，雇主濫用外籍看護工的結果即是照顧品質的下降，看護工睡眠不足導致被照顧者跌倒的狀況，是研究者訪談雇主時常聽聞的狀況！另一方面，依據官方訂頒的《外籍看護工聘僱標準》，被看護者幾乎皆是完全依賴的臥床個案，該類九成以上多有留置胃管或尿管，此類個案照護之品質仰賴照顧者良好的照顧技能；若照顧者的照顧知能或技能不足時，容易導致被看護者發生壓瘡、泌尿道感染及肺炎等合併症，增加被看護者再住院情形，甚至導致個案死亡。受訪的居家護理師也常發現看護工可能在擔心被指責的狀況下，出現自行置換胃管的動作，胃管正確放置位置須經食道再放置至胃，常見的錯置是將管路放置到氣管，致使個案的氣管因吸入異物而罹患侵入性肺炎，或因導尿管未消毒完全而致使泌尿道感染。針對看護工從事管路照護或更換的情況，我曾詢問仲介業者，雇主是否知道自己的行為違法？一名仲介業者表示：

---

[11] 受聘於照顧機構的外勞有會逃跑，但兩者逃跑原因不同，下一節詳述。

你知道嗎？我覺得我很心疼的是，我們的外勞要被訓練到要能夠
獨立作業（處理管路），不然都叫做不合格的外勞！他們（雇主）
會責罵外勞「你為什麼又讓阿嬤拔掉鼻胃管！」因為每根管子
五百元，然後又要打電話叫人（居家護理師）來換！」雖然我一
再的告誡雇主，我說你不要做那麼大膽的事，叫外勞抽痰，還換
鼻胃管！我說這個鼻胃管是有固定的長度，在腸胃裡你要卡到什
麼地方怎麼辦！然後那個抽痰那是侵入性的治療，這個不是一般
人能做，連臺灣籍看護都不能做耶……但雇主就是聘外勞在家照
顧。

　　這顯示官方雖然一再禁止外勞從事醫療相關行為，但當看護工進入家
庭場域後，即在家庭成員的監督下概括承受所有照顧工作，甚至是技術性
護理行為，家庭成員的角色則相對轉為照顧監督者。綜合上述，外籍勞工
進入的次級勞動照顧產業係因勞基法的實施與否，區隔為內部與外部兩個
市場，兩者形成垂直隔離的樣貌，具備「局內人」身分的照顧機構外籍看
護工的薪資、工時與福利待遇獲得保障，被排除在勞基法保障的家庭看護
工僅能完全依據雇主指示執行業務。顯示勞基法的實施不僅影響雇主聘僱
意願與產業規模，更是對外籍看護工的勞動狀況產生實質影響力。

二、次級照顧勞動市場之台籍與外籍看護職業區隔現象與
變遷

　　但當本國籍與外籍照顧服務員同時在次級勞動內部照顧市場，臺灣政
府亦規範兩者的人數分配比應該均等比例時，兩者的勞動狀況是否平等？
另一方面，若依據服務提供的地點將外籍看護工進行歸類，由外籍看護工
進駐家戶的照顧服務毫無疑問應被列為居家式服務；但臺灣政府多年始終
卻禁止居家服務機構聘任外籍照服員，顯示其企圖在居家場域建立台籍與
外籍勞工明確的市場區隔，致使臺灣的次級勞動居家照顧市場呈現本籍與

外籍勞工職業垂直區隔以及雙軌分立的樣貌。但即使如此，真能保障台籍居家照顧服務員的工作機會嗎？其對臺灣長期照顧體系的影響又會是如何？本節將從照顧機構內部與居家服務產業兩個勞動市場來討論台籍與外籍看護的職業區隔現象。

（一）照顧機構內部之台籍與外籍看護職業區隔現象

　　回顧臺灣照顧機構服務發展脈絡，最大特色即是分屬社政與衛政體系主管，法源依據也各不相同。《老人福利法》自 1980 年制定以來，明文規定所有老人福利機構皆需依非營利性質之財團法人方式設立，即是要求社政單位主管的老人照顧機構業者需將經營之私人產業捐為公益法人之用途。但這對因應社會需求而存在的營利取向小型養護機構而言，缺乏申請立案的動機，再加上當時的《老人福利法》並未對未立案機構訂定罰責，主管機關亦未強制取締，致使未立案老人照顧機構在 1990 年代初期大量成立。為保障照顧機構內失能老人住民的基本生活權益，老人福利倡導團體在倡議《老人福利法》修法歷程中，提案要求所有未立案機構需在《老人福利法》修法一年內立案。經過政府部門、老人照顧機構業者聯盟及老人福利倡導團體的協商後，特別融通允許 50 人以下的小型機構在不對外募捐、不接受補助及不享受租稅減免的原則下得免辦理財團法人登記。換言之，臺灣小型私立老人長期照顧機構自 1990 年代末期實質上已被特許進入機構式長期照顧服務領域，而其服務提供角色逐年迅速增長。而衛生署主管的「護理之家」的設置，始於《護理人員法》1991 年公布施行，目的是因應連續性醫療照護的需求，並發揮護理人員之執業功能，開立執照分為公立醫院附設、財團法人醫院附設與私立護理之家三類。

　　檢視臺灣機構式照顧服務從 1995 年至 2008 年發展趨勢，自從《老人福利法》於 1997 年特許小型老人福利機構設立，私立小型長期照顧機構家數自 1999 年後快速成長，成為機構式服務主要提供者；財團法人醫院附設護理之家與獨立型護理之家的家數亦自 1999 年後穩定成長，成為第二位及第三位的服務提供者；財團法人老人福利機構的家數在 1995 年至

2003 年維持一定比例，惟成長趨勢遠低於小型老人福利機構及護理之家（圖 3）。而臺灣的照顧機構另一特質是，醫院附設護理之家、獨立型護理之家、財團法人老人福利機構及私立小型機構之間的競爭關係並非處於同一水準，前三者係以照顧品質或附加價值為競爭關鍵，但小型老人福利機構[12]彼此之間卻是削價競爭，而得以削價競爭背後的基礎就是降低照顧成本。本節將分兩部分來討論照顧機構因外籍看護工的引進而得以降低照顧成本的現象：外籍與本籍照顧員的薪資差異與工作分工，以及增聘外籍照顧員降低人事成本之策略運用及其影響。

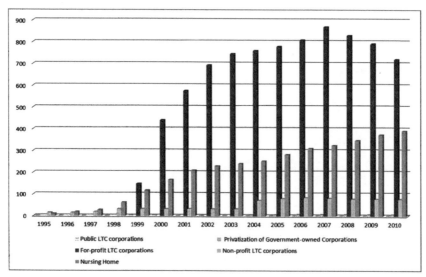

圖 3　臺灣機構式長期照顧服務服務組織的發展趨勢

資料來源：臺灣地區老人福利機構資源分布表。

---

[12] 依據《老人福利機構設立標準》第 7 條明定，小型機構規模為 5 人以上，未滿 50 人。但一位負責人可能透過家屬或找其他工作人員掛名負責人等方式，同時經營多家小型照顧機構，本研究訪問的 128 家私立小型機構當中，單一機構僅佔 21.6%，其他機構呈現「假小型，真連鎖」現象。

表3　不同屬性照顧機構降低人事成本的方式（n=199）

照顧人力	財團法人 照顧機構	私立 照顧機構	總數
採取人事成本節省措施 ***	11(7.5%) (39.3%)	135(92.5%) (78.9%)	146(100.0%) (73.4%)
降低人事成本的方式			
限制專職員工加薪	0(0.0%) (0.0%)	9(100.0%) (5.3%)	9(100.0%) (4.5%)
增聘外籍看護工 *	2(3.9%) (7.1%)	49(96.1%) (28.7%)	51(100.0%) (25.6%)
借用人員證照 **	0(0.0%) (0.0%)	43(100.0%) (25.1%)	43(100.0%) (21.6%)
允許本籍照服員兼職	2(11.8%) (3.9%)	15(88.2%) (8.8%)	17(100.0%) (8.5%)
人員兼辦業務 *	4(7.0%) (14.3%)	53(93.0%) (30.9%)	57(100.0%) (28.6%)
親人擔任照服員	0(0.0%) (0.0%)	15(100.0%) (8.8%)	15(100.0%) (7.5%)
要求照服員加班	0(0.0%) (0.0%)	12(100.0%) (7.0%)	12(100.0%) (6.0%)
未聘滿人力 **	0(0.0%) (0.0%)	38(100.0%) (22.2%)	38(100.0%) (19.1%)
	28	171	199

註1：*p<0.05　** p<0.01　*** p<0.001
註2：「財團法人照顧機構」是表1「財團法人醫院附設護理之家」與「財團法人長期照顧機構」之合計，「私立照顧機構」是表1「獨立型護理之家」與「私立長期照顧機構」合計。

　　依據各類照顧機構照顧對象失能程度的差異，主管機關規範各類機構的照服員編制雖有不同 [13]。因應照顧機構長期反應台籍照顧員聘請不易且高流動率的狀況，臺灣政府於1999年開放照顧機構得以聘僱外籍看護工補充照顧人力，惟人數上限合計不得超過台籍看護工之人數。一位受訪的

---

[13] 照顧對象為插三管者的重度失能者，照服員比例為1：5，照顧對象為二管以下者的中度失能者照服員比例是1：8。

小型照顧機構業者如此教我計算照顧機構經營成本：「成本分為固定與變動成本，房租與水電費都是固定成本，變動成本主要是人事費與餐飲費，其中最可以變動的就是人事成本」；表 3 呈現照顧機構採取人事成本的狀況，坦承採取人事成本節省措施的照顧機構比例高達 73.4%，其中約有四成的財團法人照顧機構採取人事成本節約措施，而採取人事成本節約措施的私立機構則將近八成，兩類機構呈現統計上顯著差異。降低人事成本措施包括：限制專職員工加薪、借用人員證照、允許本籍照服員兼職、親人擔任照服員、要求照服員加班，以及未聘滿照顧人力等八項。兩類機構在下列變項上呈現顯著差異：私立機構增聘外籍看護工比例、借用人員證照、人員兼辦業務以及未聘滿人力。

　　臺灣政府雖然規範外籍看護工聘僱人數上限合計不得超過台籍看護工之人數，但依據本研究調查資料（表 4），外籍照服員人數少於或相等於台籍照服員的狀況僅佔 33.1%，近七成照顧機構坦言外籍照服員人數多於台籍照服員，財團法人與私立機構在此變項的差異達統計上的顯著差異。弔詭的是，本研究依據機構照服員法定標準計算受訪機構自述的照服員人數，聘僱人數與法定人數相符者僅有一成，自承照服員人數低於法定人數的機構數約三成，超過六成的機構自述照顧人員比例超過法定應聘人數，財團法人與私立照顧機構之間的差異雖未達顯著差異，但對應表 3 呈現的機構降低人事成本相關措施顯有相關；換言之，人事成本既然是照顧機構企圖節約的關鍵，為何會出現照服員人數超過法定人數的現象？再者，政府規範台籍與外籍照護工人數分配比應該均等比例，但為何還會出現外籍看護工超過台籍看護工的情形？依據規定，照顧機構要聘僱外籍看護工時，必須出示已聘用台籍看護工的證明文件，證明文件包括雇主替台籍看護工投勞健保資料，以及該位台籍看護工的照服員結業證明書或證照，一份台籍看護工的相關證明文獻可以換得一位外籍刊看護工的申請許可，換句話說，照顧機構聘僱的台籍看護工越多，相對可以申請的外籍看護工人數就越多，因此就出現照服員人數超過法定人數的弔詭現象，以及外籍看護工人數實際超過本籍看護工的情形。再者，依據臺灣政府規定，如果

表 4 不同屬性照顧機構與照顧人力聘僱狀況（n=199）

照顧人力	財團法人 照顧機構	私立 照顧機構	總數
外籍照顧員與台籍照服員之比例 **			
外籍照服員人數少於台籍照服員	13(26.0%)	37(74.0%)	50(100.0%)
	(46.4%)	(21.6%)	(25.1%)
兩者相等	2(12.5%)	14(87.5%)	16(100.0%)
	(7.2%)	(8.2%)	(8.0%)
外籍照服員人數多於台籍照服員	13(0.9%)	120(90.2%)	133(100.0%)
	(46.4%)	(70.2%)	(66.8%)
實際照服員人數與法定照服員人數比例			
照服員人數低於法定人數	6(10.7%)	50(89.3%)	56(100.0%)
	(21.4%)	(29.2%)	(28.1%)
兩者相等	4(19.0%)	17(80.9%)	21(100.0%)
	(14.3%)	(9.9%)	(10.6%)
照服員人數高於法定人數	18(14.7%)	104(85.2%)	122(100.0%)
	(64.3%)	(60.8%)	(61.3%)
	28	171	199

註：*p<0.05 ** p<0.01 *** p<0.001

外籍看護工逃逸，應負管理之責的雇主遭受的懲罰就是「凍結配額」，在該名逃逸外勞被查獲出境之前，該名雇主不能使用同一配合僱用替代的勞動力；但對需要密集勞動人力的機構而言，對應方法就是「聘僱」更多的台籍勞工來換取外籍看護工的申請資格，例如某受訪機構老闆坦言，全家（包括二個兒子與二位媳婦）都必須去接受照顧服務員訓練取得結業證書，這樣才能申請夠用的外籍看護工配額。

上述資料顯示外籍看護工在照顧機構被超額聘用，研究者進一步透過薪資差異與職務分析來呈現本籍與外籍看護工的職業隔離現象。從薪資結構顯示，照顧機構外勞雖具備局內人身分，獲得臺灣基本工資的保障，基本薪資的保障亦成為臺灣吸引東南亞移工的重要因素之一，因為外勞在賺取的薪資略高於其他亞洲勞力輸出國；然而，臺灣的基本薪資卻變成外籍勞工的「最高薪資」。一位照顧機構負責人坦言，她將照顧服務員分為三

等級，薪資最高的是本國籍勞工，其次是擁有居留身分的外籍配偶，最低的就是外籍勞工，三者之間的月薪差距各約是五千元。工作內容方面，照顧機構卻會希望外籍看護工物盡其用。訪談機構過程當中，最常見外勞兼廚工的狀況；雖然依據照顧機構設立標準，廚房負責膳食廚工應有丙級以上餐飲技術士執照，且每年至少接受 8 小時營養及衛生之教育訓練，但照顧機構為節省人事成本，卻採取由外籍看護兼任廚工。再者，有鑑於臺灣看護工年齡層偏高，照顧機構即依據兩者各自優勢進行分工：台籍照顧員的工作偏向體力負荷低、需要語言表達工作的工作，例如：餵食與帶住民到醫院看病；而外籍照顧員年輕力壯，工作以直接照顧為主：包括定時翻身拍背與洗澡高體力負荷工作。某次當我訪問一位照顧機構主管，請她說明外勞與本勞的工作分配原則時，她忽然要我注意聽，問我是否發現該機構有何特色？原來她要我聽得是當時機構內此起彼落的拍背聲，那個聲音從我進入機構始終持續，機構主管驕傲的說：「這就是我們機構品質好的原因，我都要求她們（外勞）每天一定要固定幫住民翻身拍背四次，每次30 分鐘！如果是臺灣人，你根本沒辦法這樣要求她……」，工作時間長達12 小時更是排班表上的常態。

　　相較於外籍看護被超額運用，且需忍受工作時間與職務分配不合理的對待，台籍照服員的就業機會不僅未像產業界勞工一樣被排擠，照顧機構為了節約人事成本，就會與台籍照服員商議，由雇主代為負擔勞健保的方式換取臺灣看護的證照，但事實上台籍看護未到機構上班，卻是到醫院照顧病患，賺取一天 2,000 元的日薪。即使與外籍照服員同時工作，也得以要求雇主分配體力負荷相對較少，以及時段較佳的班表，藉以兼顧家庭與工作；面對台籍與外籍看護不同工不同酬的現象，雇主也坦言：「不這樣！根本請不到台籍看護！」然而，人力配置不足，且要求外籍看護工執行高體力負荷的工作，不僅是外籍看護工逃跑的主因之一；亦導致照顧機構品質的下降，以及住民權益的受損。某照顧機構業者私下坦言，當照顧服務員工作太累，或是想家等情緒波動時，常出現的發洩策略就是打住民或捏住民等虐待狀況；雖然機構會採用罰錢或寫悔過書等方式企圖禁止上

述行為，但這卻顯示照顧機構超額運用外籍看護工付出的代價。

　　值得注意的是，相對於私立小型照顧機構，財團法人屬性的照顧機構違法與超額聘僱外籍看護工情形較少，其次，即使基於降低人事成本而聘僱外籍看護工，看護工也是依據相關法規執行；研究者實際進入某一財團法人照顧機構觀察兩者互動狀況，雙方交班時是坐在同一桌討論個案狀況；受訪的台籍看護工表示雙方開會時，雖然一開始會有語言隔閡，但久了之後就沒問題了！再者，相對於私立照顧機構要求外籍看護值班12小時的常態，財團法人照顧機構原則上都是排三班輪班（8小時換班一次）。當我看著照顧機構聘僱的外籍看護工準時下班，面對微笑的跟我說「再見」！對照私立照顧機構內外籍看護工面無表情持續不停拍背的身影，不同屬性照顧機構運用不同國籍看護工的狀況顯然有待進一步探究。上述分析亦顯示，雖然臺灣政府規範台籍與外籍看護工的名額需一致，但如果未深入瞭解機構運用看護工的機制與職務設計原則，或許會因此高估制度企圖用聘僱配額「保障」本籍看護工的功用，低估外籍看護工在此配額制度下遭受的職業水平隔離現象，以及台籍看護工因此獲致的潛在利益。

（二）居家服務場域之台籍與外籍看護職業區隔現象

　　檢視臺灣政府開放外籍看護工引進策略，居家服務照顧服務產業因外籍看護工而被區隔兩個勞動市場，外籍看護工進駐家戶（in-home）的照顧服務未受《勞動基準法》保障，本研究將之歸為「次級勞動外部照顧市場的局外人」。相較於家庭外籍看護工勞動條件未受保障且受到雇主剝削勞力的情況，受聘於居家服務機構的台籍照服員不僅是由政府負擔職前訓練的90小時學習成本，居家服務員亦於2009年納入勞基法，與機構照服員同享有勞基法保障薪資、工時與福利待遇，且因工作型態為鐘點派遣制，時薪為180元[14]，工作內容係由督導與雇主簽訂服務契約並確認工作內容，遭遇工作項目難以釐清或與雇主出現爭議時，亦由居家服務督導出

---

[14] 台籍勞工時薪為109元。

面協商，工作條件與工作內容相對明確與獲得保障；且為「懲罰」家庭外籍看護工的雇主將居家就業機會釋放給外國籍照顧服務人力，臺灣政府嚴格排除聘僱外勞家庭獲得居家式服務的補助[15]；換言之，原本由台籍居服員提供服務的個案，一旦申請外勞，臺灣政府就會終止居家服務的補助。期待透過居家服務雙軌分立的制度制裁聘請外勞的家庭，藉此保障台籍居服員的工作機會。

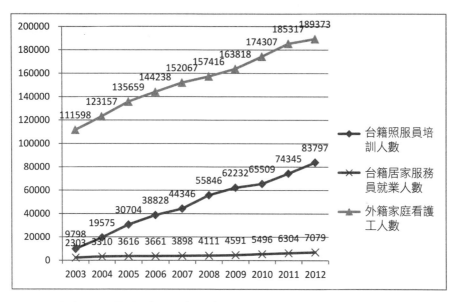

圖4　台籍照服員培訓、居家服務員就業人數與外籍家庭看護工人數之比較

　　然而，圖4顯示，即使臺灣每年積極培訓照顧服務員，但實際上擔任居家服務員者實屬少數。以2012年為例，當年已累計培訓83,797人，但投入居家服務行列者僅有7,079人，僅佔培訓人數的8.4%，且不到當年度家庭外籍看護工人數的3.7%。顯示臺灣政府針對台籍與外籍居家服務員

---

[15] 當時臺灣民眾得依失能程度申請台籍照服員提供的居家服務，輕度失能者可申請25小時，中度失能者可申請50小時，重度失能者可申請90小時，申請者每小時自付30%，政府負擔70%。

設計的職業區隔制度不僅沒有發揮預期勞動機會保障的效果，家庭外籍看護工反而取代台籍居服員工作機會。

　　事實上，等待外籍看護工入境的期間，許多雇主都有聘僱本國籍居服務員經驗，當研究者透過訪談機會介紹勞委會推動的本國籍照顧服務員就業方案，試圖說服雇主聘僱本國籍服務員，還可獲得每月一萬元的津貼補助時，多數雇主表示，相較於目前以鐘點計算，且大多僅在日間時段提供的居家服務，可與被照顧者同居一室提供 24 小時貼身照顧的外籍監護工，無疑是具備服務時間高度彈性的優點，也具有喘息意涵；特別是對許多有職照顧者而言，若下班後還需承擔照顧責任，甚至晚上起來數次照料失能的父母，其體力往往不堪負荷。一位與丈夫合開印刷廠的黃小姐，解釋她放棄本國籍照顧服務員，改聘外籍看護工的過程：

> 那時候我請台籍看護，可是畢竟她不是我家的人，我不能把所有的責任都推給她，而且台籍的就只有照顧病人，她沒有辦法幫你做家事喔！我因為真的已經下班很累了，你還要去接小孩，還要看小孩的功課，你真的沒有時間跟那個精力再去做這麼多（照顧）了……

　　且相較於本國籍居家服務員依據勞基法與居家服務相關法規來明確地訂定工作疆域，外籍看護工的 24 小時貼身照顧及無法對抗雇主的劣勢地位，都促使雇主再三肯定外籍看護工的順服，陳太太如此描述公公要求看護工照顧的場景：

> 台籍再怎麼樣喔，她都沒有外籍這麼任勞任怨，真的！而且台籍的她就只有照顧病人……她沒辦法幫你洗衣、燒飯、拖地，沒有喔！她就是只做病人的工作而已。看我家現在這個外籍，她一天要照 3 餐加宵夜按摩我公公 4 次，因為他的腳不按摩會萎縮，就是要這樣按摩，那我公公當然，他就舒服了阿，對不對？台籍怎

麼會這樣幫你按！而且那老人家病的人，心情不好，就會把你
臭罵一頓，台籍的你有辦法忍受嗎？尤其你又遇到一個像這種阿
公，開口閉口就是三字經，這樣罵你的時候，你有辦法承受？你
沒辦法嘛！

另依據臺灣勞動主管機關的規定 [16]，雇主可以逕行調派所聘僱之外籍
工作者隨被照顧者至醫療院所照料該被看護者；倘若調派所聘僱之外籍工
作者至照顧機構內從事家庭看護工作，則須事先由雇主檢附相關文件向勞
委會申請許可後始得調派，每次申請調派期間原則「不得超過二個月，期
滿後，雇主得申請延長，惟一年內累計調派期間不得超過六個月」。由此
可知，主管機關允許雇主彈性運用家庭外籍看護工填補醫療體系人力不足
移轉至家屬的照顧責任，即使是已配置照顧服務員的長期照顧機構，非正
式照顧體系的家屬亦同樣可調派其所屬的家庭外籍看護工補充機構式照顧
的功能，突顯臺灣政府賦予家庭看護工雇主極大程度的指揮權。

事實上，次級勞動市場的特徵之一是高流動率，但當次級勞動市場引
進外勞之後，臺灣政府卻藉由剝奪外勞在臺灣勞動市場流動的權利，將其
處於最弱勢與最底層的位置；如前所述，依據《就業服務法》規定，外籍
勞工僅能為契約中記載的特定雇主服務，除非有特定狀況否則無法轉換雇
主；當台面上轉換雇主不成，外籍勞工僅能選擇繼續忍耐或逃跑；禁止轉
換雇主的規定，不僅幫助雇主穩定勞動關係，強化勞雇關係的不平等，也
藉此降低次級勞動市場的高流動率。相對於照顧機構面對外勞逃跑而被凍
結配額的懲罰，家庭雇主僅需再等待六個月後即可再申請家庭看護工，更
彰顯家庭看護工被當作用完即丟勞動力的政策定位。

納入《勞動基準法》有助於保障次級產業勞工的勞動條件。但以臺灣
居家服務產業而言，政策目標是即使引進外籍看護工，也要避免外籍看護
工取代本籍看護工的工作機會；因此，政策的具體策略係依據照顧服務員

---

[16] 雇主指派所聘僱從事《就業服務法》第 46 條第 1 項第 8 款至第 10 款規定工作之外
籍工作者變更工作場所認定基準（民國 105 年 01 月 29 日修正）。

的國籍將次級勞動市場切割為兩個場域，期待藉由提供免費的職前教育、納入《勞動基準法》與督導等制度將台籍居服員放置於職業結構中較佳位置，而將外籍看護工區隔到職業結構中最不利的位置，再透過縮減服務給付的方式「懲罰」聘僱家庭外籍看護工的雇主。然而，此種以國籍將居家次級勞動照顧市場一分為二的作法，不僅導致家庭看護工淪為廉價且非常好用的勞動商品，也讓獲得勞基法保障與工作內容有明確界線的台籍居服員難以抗衡。

伍、結論與政策意涵

臺灣的長期照顧政策主軸是將家庭外籍看護工的引進界定為補充性人力，期待透過台籍照顧人力勞動條件的提升，吸引更多台籍人力投入照顧市場。然而，2012 年超過 20 萬名的外籍看護的人數顯示，外籍看護不僅已褪去邊陲與補充的功能，其對我國現有長期照顧服務產生強烈的替代效果。相對於目前探討次級勞動照顧市場的文獻主張應透過各種政策誘導本國籍人力進入，但這些研究照顧人力培訓與留任的文獻鮮少從雇主的角度出發，分析雇主面對不同勞動條件的照顧人力的選擇策略。本文回顧外籍照顧人力逐步取代台籍照顧人力的歷史軌跡，主張家庭外籍看護工變成臺灣次級照顧勞動市場中最受雇主青睞的原因，乃是立基於兩種職業區隔現象：國家政策首先依據服務地點，將次級勞動市場區分為「機構」與「居家」兩個場域，排除外籍看護工成為居家場域內獲得勞基法保障的局內人，刻意建構居家照顧場域垂直區隔樣貌，加上政策賦予家庭外籍看護工高度的控制權力，以及外勞逃跑六個月後可再申請的遞補措施，都讓家庭外籍看護成為次級勞動照顧市場中最廉價、最配合以及最人性的勞動商品，導致強調照顧品質與工作職務疆界的台籍居服員成為同一市場中不具競爭力的服務選項；而在照顧機構場域，雖然允許外籍看護工與本籍看護可在同一場域工作，但藉由人數配額企圖管控照顧機構的產業規模，在未

深入瞭解機構運用看護工的機制與職務設計原則下，顯然高估制度足以「保障」本籍看護工配額的功用，低估外籍看護工在此配額制度下遭受的水平隔離現象，以及台籍看護工因此獲致的潛在利益。

與其控訴臺灣民眾何以超時與超量聘僱外籍看護工，我們應面對並理解照顧者與被照顧者對各項長期照顧服務使用的掙扎與矛盾情緒，特別當服務使用者站在雙軌分立的長期照顧體系之前，是國家政策強迫她們面對照顧服務員國籍與品質的抉擇叉路；長期照顧政策制定者不應一直侷限在「外勞搶走本勞的工作，應該被減少」的傳統窠臼，而應正視家庭外籍監護工在現有長期照顧體系已經成為主要居家式照顧服務的提供者，臺灣20年的政策軌跡顯示國籍的職場區隔策略不僅無法提升雇主聘僱台籍照服員的動力，反而誘導雇主選擇更便宜與更符合自己需求的勞動人力，後果就是檯面上的逃逸外籍看護工人數不斷攀升，更讓人擔憂的是檯面下照顧品質難以監督的事實。

具體而言，與其維持雙軌分立的長期照顧政策，本研究主張家庭外籍看護工成為《勞動基準法》保障的「局內人」，相關配套策略包括：規範人力仲介公司的業務侷限於外籍看護工的人力媒合，外籍看護工進入家庭場域後的管理與指導成本，應由服務場域原本就是在家庭內的居家服務單位進行，也讓外籍看護工在遭受勞動剝削時得以獲得長期照顧體系的奧援。換言之，唯有家庭外籍看護工的管理訓練與勞動條件逐漸與本國籍居家服務員趨於一致，才有可能讓外籍看護工的勞動條件在長期照顧服務體系的監督機制獲得保障，也才有機會促使服務使用者在相同的基礎選擇照顧服務員，而非立基於剝削家庭外籍看護工而導致本籍照服員工作機會的消失。照顧機構方面，本研究的調查資料顯示，如果不能瞭解照顧機構水平隔離的內部運作策略，或許就會高估制度「保障」台籍照服員配合的功用，忽略人為操作的影響。

「我是局內人或局外人」現象對於長期照顧政策人力發展方向具有重要的省思效果，職業區隔的政策結構不僅阻礙外籍看護工自由轉換雇主的權力，亦導致雇主得以選擇對自己最有利的勞動商品，一方面間接導致居

家場域內不同國籍的照顧服務員之間工作機會的競合效應，另一方面亦讓照顧機構內的台籍照服員從中獲益。移除次級勞動照顧市場中明確區隔的不平等現象，不僅有待法令制度層次的修訂來改變外籍看護工被剝削的狀態，更有賴臺灣政府從「外籍勞工是補充性人力」的傳統窠臼中破繭而出。

參考文獻

許春金（2006）。〈犯罪的本質與犯罪的系統動態學〉，收錄於《人本犯罪學——控制理論與修復式主義》。臺北市：三民。

經建會、內政部（2008）。《照顧服務福利及產業發展方案第二期計畫總結報告》。

Althauser, R. P. & Kalleberg, A. L. (1981). "Firms, Occupations and the Structure of Labor Markets: A Conceptual Analysis." In I. Berg (Ed.), *Sociological Perspectives on Labor Markets*. New York: Academic Press.

Anderson, B. (2007). "A Very Private Business: Exploring the demand for Migrant Domestic Workers." *European Journal of Women's Studies, 14*(3), 247-264.

Ayalon, L. (2009). "Family and family-like interactions in households with round-the-clock paid foreign carers in Israel." *Aging & Society, 29*, 671-686.

Barbabella, F., Lamura, G., Di Rosa, M., Chiatti, C. J., & Melchiorre, G. (2013). "Opportunities and Challenges of Migrant Work in the Italian Long-Term Care System." Paper presented at the The 20TH IAGG World Congress of Gerontology and Geriatrics (2013, June 23-27), Seoul, Korea.

Berdes, C. & Eckert, J. M. (2001). "Race relations and caregiving relations: A qualitative examination of perspectives from residents and nurse'saides in three nursing homes." *Research on Aging, 23*(1), 109-126.

Berdes, C. & Eckert, J. M. (2007). "The Language of Careing: Nurse's Aides' use of family metaphors conveys affective care." *The Gerontologist, 47*(3), 340-349.

Brannon, D., Barry, T., Kemper, P., Schreiner, A., & Vasey, J. (2007). "Job Perceptions and Intent to Leave among Direct Care Workers: Evidence from the Better Jobs Care Demonstrations." *The Gerontologist, 47*(6), 820-829.

Browne, C. V. & Braun, K. L. (2008). "Globalization, Women's Migration, and the Long-Term Care Workforce." *The Gerontologist, 48*(1), 16-24.

Cangiano, A., Shutes, I., Spencer, S., & Leeson, G. (2009). *Migrant care workers in aging societies: Research Findings in the United Kingdom*. Oxford: Centre on Migration, Policy and Society, University of Oxford.

Chen, C. F. (2002). "A Case Study Focusing on the Role of Policy Advocacy Played by the LWIOP in the Legalization of Unregistered Caring and Recuperating Agencies." *Social Policy & Social Work, 6*(2), 223-267.

Chen, C. F. (2011a). "Dual Long-Term Care System: The Dilemma Choice between Ethnicity and Service Quality." *Taiwan: A Radical Quarterly in Social Studies, 85*,

381-386.

Chen, C. F. (2011b). "Management or Exploitation? The Survival Strategy of Employer of Family Foreign Care Workers." *Taiwan: A Radical Quarterly in Social Studies, 85*, 89-156.

Chen, C. F. & Kuan, Y. Y. (2011). "An Empirical Study on the Organizational Attribution of the Long-Term Care Providers and the Transformation of the Government's Related Policies in Taiwan." *Social Policy & Social Work, 15*(1), 91-135.

Chung, Y. E. (2010). *The Study on the Utilization of Dual Care Resources for the Disabled Elderly: Combine Institutional Care with Foreign Care Workers*. (MA Thesis), Chinese Culture University.

Colombo, F., Llena-Nozal, A., Mercier, J., & Tjadens, F. (2011). *Help Wanted? Providing and Paying for Long-Term Care*. Paris: OECD.

Control Yuan (2012). "Report of Fire Investigation for Former Department Health, the Noth Gate Branch Hopital Affilliated Nursing Gome." (In Chinese), Control Yuan, Republic of China (Taiwan).

Degiuli, F. (2017). "A Job with No Boundaries: Home Eldercare work in Italy." *European Journal of Women's Studies, 14*(3): 193-207.

Doeringer, P. B. & Piore, M. J. (1971). *Internal Labor Markets and Manpower Analysis*. Lexington, MA: Health.

Doyle, M. & Timonen, V. (2009). "The different faces of care work: understanging the experiences of the multi-cultural care workforce." *Aging & Society, 29*, 337-350.

Edwards, R. (1979). *Contested Terrain: The Transformation of the Workplace in the twentieth Century*. New York: Basic Books.

Fan, Y. K. (2005). *Who is qualified as a migrant worker? mapping the configuration of migrant labor market in Taiwan*. (MA Thesis, In Chinese), National Taiwan University.

Gibson, M. J. & Redfoor, D. L. (2007). "Comparing long-term care in Germany and the United States." Washington, DC: AARP Pubic Policy Institute.

Hakim, C. (2000). *Work-Lifestyle Choice in the 21st Centry: Preference Theory*. New York: Oxford University Press.

Harris-Kojetin, L., Lipson, D., Fielding, J., Kiefer, K., & Stone, R. I. (2004). "Recent Finding on Frontline Long-Term Care Workers: A Research Synthesis 1999-2003." Institute for the Future of Aging Services, Association of Homes and

Services for the Aged.

Holt, T. (2002). *The Problem of Race in the 21st Century*. Cambridge: Havard University Press.

Hsueh, I., Wang, C., Sheu, C., & Hsieh, C. (2003). "Comparison of psychometric properties of three mobility measures for parents with stroke." *Stroke, 34*(7), 1741-1745.

Huang, W. C., Chau, T.-T., Hsiao, T. M., Huang, C. F., Wang, P. M., Tseng, S. C., ..., & Chen, S. C. (2003). "Prognostic Factors Related to Stroke Patients with Home Health Care: A Chart Review of 202 Cases." *Taiwan Journal of Family Medicine, 16*(4), 251-259.

Institute for the Future of Aging Services (2007). "The Long-Term Care Workforce: Can the Crisis be Fixed? Problems, Causes and Options." New York: IFAS prepared for the National Commission for Quality Long-Term Care.

Kane, R. A., Kane, L. R., & Ladd, C. R. (1998). "Nature and Purpose of Long-Term Care." In R. A. Kane, L. R. Kane, & C. R. Ladd (Eds.), *The Heart of Long Term Care*. New York: Oxford University.

Kemper, P., Heier, B., Barry, T., Brannon, D., Angelelli, J., Vasey, J., & Anderson-Knott, M. (2008). "What Do Direct Care Workers Say Would Improve Their Job? Differences Across Settings." *The Gerontologist, 48*(Special Issues 1), 17-25.

Lan, P. C. (2005). "Stratified Otherizations: Recruitment, Training and racialization of Migrant Domestic Workers." *Taiwanese Journal of Sociology, 34*, 1-57.

Lan, P. C. (2006). "Legal Servitude and Free Illegality: Control and Exit of Migrant Workers." *Taiwan: A Radical Quarterly in Social Studies, 64*, 107-149.

Lichtenberg, J. (1998). "Racism in the Head, racism in the World." In N. Zack, L. Shrage, & C. Sartwell (Eds.), *Race, Class, Gender and Sexuality: The Big Questions*. Malden: Blackwell Publishers.

Liu, M. C. (2000). "A Critique from Marxist Political Economy on the 'Cheap Foreign Labor' Discourse." *Taiwan: A Radical Quarterly in Social Studies, 38*, 59-90.

Lu, P. C. & Chen, C. F. (2009). "Issues and Options in Vocational Qualifications and Training Requirements for Home Care Workers in Taiwan: Lessons Learned from Britain and Japan." *Social Policy & Social Work, 13*(1), 185-233.

Ma, T. C. & Tu, P. Y. (2010). "Labour Rights in Globalization: The Import of Foreign Welfare Workers in Taiwan." *Hong-Kong Journal of Social Sciences, 38*(Spring/Summer), 121-139.

Massey, D., Arango, J., Hugo, G., Kouaouci, A., Pellegrino, A., & Taylor, E. J. (1998). *Worlds in Motion: Understanding International Migration at the End of Millennium*. New York: Oxford University Press.

Massey, D. S., Arango, J., Hugo, G., Kouaouci, A., Pellegrino, A., & Taylor, E. J. (1993). "Theories of International Migration: Review and Appraisal." *Population and Development Review, 19*(3), 431-466.

McFarlane, L. & McLean, J. (2003). "Education and Training for Direct Care Workers." *Social Work Education, 22*(4), 385-399.

Miles, R. (1989). *Racism*. New York: Routledge.

Miles, R. (2000). "Apropos the Idea of 'Race'...again." In L. Back & J. Solomos (Eds.), *Theories of Race and Racism: A Reader*. New York: Routledge.

OECD (2005). *The OECD Health Project: Long-Term Care for Older People*. Paris: OECD.

Pearson, V. I. (2000). "Assessment of Function in Older Adults." In R. L. Kane & R. A. Kane (Eds.), *Assessing Older Persons*. New York: Oxford University Press.

Piore, M. J. (1975). "Notes for a Theory of Labor Market Segregation." In R. Edwards, M. R. Reich, & D. Gordon (Eds.), *Labor Market Segregation*. Lexington, MA: Health.

Piore, M. J. (1980). *Birds of Passage: Migrant labor and Industrial Societies*. London: Cambridge University Press.

Potter, S., J., Churilla, A., & Smith, K. (2006). "An Examination of Full-Time Employment in the Direct-Care Workforce." *The Journal of Applied Gerontology, 25*(5), 356-374.

Redfoot, D. L. & Houser, A. N. (2005). "We shall travel on : Quality of care, economic development, and the international migration of long-term care workers." Washington, DC: American Association of Retired Persons Public Policy Institute.

Smith, K. & Baughman, R. (2007). "Caring for America's aging population: a profit of the direct-care workforce." *Monthly Labor Review, September*, 20-26.

Stone, R. I. (2004). "Long-Term Care for the Elderly with Disabilities: Current Policy, Emerging Trends, and Implications for the 21st Centry." New York: Milbank Memorial Fund.

Stone, R. I. & Wiener, J. M. (2001). "Who Will Care for Us? Addressing the Long-Term Care Workforce Crisis." Washington, D. C.: The Urban Institute American Association of Homes and Services for the Aging.

Timonen, V. & Doyle, M. (2010). "Caring and Collaborating across Cultures? Migrant Care Workers' Relationships with Care Recipients, Colleagues and Employers." *European Journal of Women's Studies, 17*(1), 25-41.

Tseng, Y. F. (2004). "Expressing Nationalist Politics in Guestworker Program: Taiwan's recruitment of foreign labor." *Taiwanese Journal of Sociology, 32*, 1-58.

Ungerson, C. (2004). "Whose employment and Independence? A cross-national perspective on 'cash for care' schemes." *Aging & Society, 24*, 189-212.

Walsh, K. & Shutes, I. (2013). "Care Relationships, quality of care and migrant workers caring for older people." *Aging & Society, 33*, 393-420.

Wang, C. Y. (2012). "A Study of Language Teaching for the Foreign Care Givers in the Taiwnese Long Term Care facilities." *The Journal of Long-Term Care, 16*(2), 159-176.

Wu, S. C. (2006). The Trapped Labor: "An Analysis of the Working Conditions and Employee-Employer Relations of Foreign Domestic Workers and the Examination of Foreign Labor Policies in Taiwan." *Social Policy & Social Work, 10*(2), 1-48.

Yang, P. S. & Wu, Y. C. (2003). "NGOs and Elder Care in Taiwan." *Soochow Journal of Social Work, 9*, 45-74.

Yeoh, B. S. A. & Huang, S. (2010). "Foreign Domestic Workers and Home-Based Care for Elders in Singapore." *Journal of Aging &Social Policy, 22*, 69-88.

第四章

管理或剝削？
家庭外籍看護工的聘僱與管理

陳正芬

* 本文曾發表於《台灣社會研究季刊》，2011 年，85 期，頁 89-155。經修訂增刪始成
此文。

壹、研究問題的提出

2010 年六月份，媒體報導多名立委於立院社福及衛環委員會反映，家裡有 90 多歲的長輩，申請家庭外籍看護工遭駁回；也有立委認為，高齡者一跌倒很多病就來了，需要特別關照，應該讓他們都能申請外傭（中國時報、自由時報，2010/06/01）；同一時期，補教名師及藝人自爆僱用家庭外籍看護工做家事引起軒然大波。針對上述兩起關於家庭外籍看護工聘僱與管理的新聞報導，行政院勞委會職訓局均審慎回應，特別邀集專家學者研商討論是否開放高齡者（80 歲或 90 以上老人）申請聘僱外籍看護工之資格，會議決議外籍看護工的聘僱應仍以失能程度為衡量標準，不應以年齡為依據[1]；另一方面，亦積極運用媒體報導機會積極宣導，期待社會大眾勿違法聘僱或使用外籍家庭看護工，宣示上述行為係違反《就業服務法》相關規定，違法事實明確者將依法重罰；再者，依據臺北市勞工局實際到補教名師家稽查結果，雇主與補教名師本人雖都不承認指派看護工從事掃地、洗浴缸、照顧狗等許可外的工作，回應外勞工作內容「都是其自由調配」；該名外籍看護工本人雖未否認從事額外的居家打掃工作，但表達是自願從事，經臺北市勞工局確認雇主違反《就業服務法》，要求外勞看護從事非看護工作，開罰 3 萬元並要求即刻改善（自由時報，2010/06/11）。

回顧行政院勞委會自 1992 年訂頒的《因應家庭照顧殘障者人力短缺暫行措施》、《就業服務法》、《外國人聘僱許可及管理辦法》、《受理政府重大公共工程得標業者申請聘僱外籍營造工暨家庭申請聘僱外籍監護工》等法規辦法，家庭外籍看護工向來被定位為我國長期照顧服務的補充人力；而為促使我國長期照顧服務的發展與普及，行政院自 2002 年推行「照顧服務產業發展方案」，將居家服務之對象從低收入老人擴及一般戶之功能障礙者，2007 年核定「大溫暖社會福利套案旗艦計畫──我國長期照顧

---

[1] 參見行政院勞委會 99 年 5 月 31 日召開「研商現行外籍看護工之增聘資格等相關議題」會議紀錄。

十年計畫」，全面推動 11 項社區式及居家式服務方案，期能加強我國照顧服務的發展與普及。然而，家庭外籍看護工的人數從 1992 年的 306 人攀升至 2009 年的 172,647 人（行政院勞委會職訓局，2010），比較工作場域同是家戶的居家服務使用人數，截至 2008 年底，居家服務個案為 22,305 人（行政院經濟建設委員會、行政院衛生署、內政部，2009），僅佔聘僱家庭外籍看護工人數的 13%，顯示家庭外籍看護工已是我國長期照顧服務最大宗的服務人力。負責審查內政部及衛生署預算的衛環委員會的立法委員竟在國會殿堂要求放寬外籍看護工的聘僱標準，究竟長期照顧政策與民眾照顧需求之間出現何等重大的斷裂，致使立法委員以為長期照顧需求的滿足途徑只有聘僱家庭外籍看護工一途？再者，歷經 2005 年高雄捷運泰勞抗暴事件至今，媒體對外籍勞工權益與管理的專題報導屢見不鮮，為何公眾人物對自身違法運用家庭外籍看護工仍無自覺？甚至應邀到大眾媒體主動暴露自己與外籍看護工的互動情形，致使自身行為因觸犯《就業服務法》相關規範而被懲處；再者，醫師開立不實診斷證明情勢亦時有所聞[2]，在在顯示我國家庭外籍看護工政策定位有待重新檢視。

　　外籍看護工的引進一直是個具高度爭議性的議題，針對家庭外籍看工在長期照顧政策定位與實際聘僱人數的落差現象，國內已有許多研究專文討論，其中最常見的論述係主張建立我國完整的照顧服務體系，藉以降低對外籍看護工的依賴（王增勇等人，2006；李庚霈，2006；陳亮汝、吳淑瓊，2008；廖淑彩，2009），但亦有學者認為，若不改善外籍看護工的聘僱流程及就業條件，即使我國訓練足夠的照顧服務人力，不僅無法吸引本國籍照顧服務人員投入家戶內就業環境，雇主仍會偏好使用成本相對偏低且自主性高度受限的外籍看護工（王增勇，2006；王增勇等人，2006；辛炳隆，2004）。雖然，政府相關部門已意識到外勞政策與長期照顧政策之斷裂與矛盾，行政院經建會於 2003 年推動的「照顧服務福利及產業發展方案」第一期方案，即以調高就業安定費的方式來平衡本勞與外

---

[2]　參見聯合報「開假診斷聘外勞　醫師列黑名單」（2005/01/27）；天下雜誌 451 期「大家都在演一齣戲！」（2010/07/14 出刊）。

勞的薪資差距，並宣示加強查核外籍看護工違法使用情形，惟外籍看護工
人數仍持續成長，並未達成減少僱用外籍看護工改聘本國照顧服務員之預
期目標（行政院經濟建設委員會，2005）。有鑑於上述政策目標未能順利
達成，「照顧服務福利及產業發展方案」第二期計畫自 2006 年起實施「外
籍看護工審核機制與國內照顧服務體系接軌方案」（以下簡稱接軌方案），
由勞委會職訓局委請各縣市政府長期照顧管理中心辦理就業媒合業務，納
入長期照顧管理中心媒合國內照顧服務員的先行程序，以及增訂補助僱用
本國服務員的獎勵辦法等新措施[3]，目的便是要能夠促進照顧服務產業的發
展，減少對外籍看護工的依賴，並使得家庭外籍看護工審核機制階段性與
國內照顧服務體系接軌；但該方案執行四年，每年各縣市由長照中心推介
且受僱用的本國籍照顧服務員都是個位數，合計每年被聘用的本國籍照服
員僅佔當年度聘用外籍看護工人數的千分之一[4]（行政院經濟建設委員會，
2008）。雖然「照顧服務福利及產業發展方案」第二期計畫已於 2007 年底
終止，但接軌方案仍持續辦理當中，政府相關部門近期出版的長期照護保
險規劃報告雖對現行外籍看護工轉銜策略提出若干規劃建議，期待透過將
外籍看護工的需求評估納入長期照護保險整體規劃，逐步減少引進人數
（行政院經濟建設委員會等，2009），但能否因此降低家庭外籍看護工人
數，仍備受質疑。

　　外籍看護工之聘僱法源為《就業服務法》第 46 條第 10 項「為因應國
家重要建設工程或經濟社會發展需要，經中央主管機關指定之工作」，依
據《外國人從事就業服務法》第 46 條第 1 項第 8 款至第 11 款工作資格及
審查標準第 4 條規定，家庭看護工作係指「在私人家庭從事身心障礙者或

---

[3] 若民眾所需為長時數照顧服務，則提供本國照顧服務員人力介紹及媒合服務，推介
成功（聘僱本國照顧服務員）則可轉送至行政院勞工委員會就業服務站核發僱用獎助
津貼（第一年每月一萬元補助）。
[4] 徐中雄立法委員國會辦公室提供資訊，95 年申請外籍看護工者共有 49,605 件，媒合
成功件數為 115 件；96 年申請外籍看護工者有 73,954 件，媒合成功件數為 118 件；97
年申請外籍看護工者共有 74,700 件，媒合成功件數為 66 件；98 年申請外籍看護工者
共有 68,681 件，媒合成功件數為 99 件。

病患日常生活照顧等相關事務工作」，該法第 22 條規範家庭外籍看護工照顧之被看護者應具下列條件之一者：（1）特定身心障礙重度等級項目之一者，（2）經醫療機構以團隊方式所作專業評估，認定需全日 24 小時照護者，但上述聘僱標準卻似乎成為許多雇主要求外籍看護工 24 小時待命的準則，也成為外籍看護工之所以「便宜」的關鍵；事實上，依據勞僱雙方簽訂的勞動契約，雇主應提供給外籍看護足夠休息時間（不得低於 8 小時）[5]，但因與雇主同住的情境因素，致使其工作時間被自動延長為 24 小時隨時待命。再者，諸多媒體報導及實證研究報告均指出（Loveband, 2004；王增勇等人，2006；成之約、戴肇洋，2008；吳秀照，2006）外籍看護工實際上從事諸多許可外的工作，諸多雇主申請的「外籍看護工」實際上應歸屬於《就業服務法》第 46 條第 9 項的「家庭幫傭」，工作內容為「在私人家庭從事房舍清理、食物烹調、家庭成員起居照料或其他與家事服務有關工作」，意謂許多雇主從事違反《就業服務法》的違法行為，而這亦是導致家庭外籍看護工之所以「好用」的另一關鍵。雖然依據《就業服務法》第 5 條規定，雇主若在辦理聘僱外籍看護工之申請許可、招募、引進或管理事項，提供不實資料，依法皆可處新臺幣 30 萬元以上 150 萬元以下罰鍰；另依據《就業服務法》第 57 條規定，若指派所聘僱的家庭外籍看護工從事許可以外的工作，依法得處新臺幣 3 萬元以上 15 萬元以下罰鍰，並由主管機關限期改善，其仍而未改善者，將廢止其招募許可及聘僱許可。然而，依據勞委會職訓局資料顯示，98 年地方政府勞工局依據《就業服務法》第 57 條裁罰案件卻僅有 410 件，裁罰案件數明顯低於過去研究調查狀況（王增勇等人，2006；吳秀照，2006；劉玉蘭、謝佳宜，2004）[6]。

　　回顧 Ayalon（2009a）、王增勇（2006）或吳秀照等人的研究雖一再

---

[5]　參見行政院勞委會職訓局提供的勞動契約範本。

[6]　媒體報導引述來自公共電視《有話好說──新聞論壇》，主題為「外勞遭剝削！臺灣更是血汗工廠！虐待性侵逼吃豬肉 貴婦奴隸全年無休 臺灣醜聞名揚國際！」（2010 年 5 月 27 日播出）。

指出外籍看護工超時與超額工作的現象，但主管機關裁罰比例遠低於學者的研究調查。潘淑滿（2007）試圖從家庭暴力的觀點討論外籍家事工納入家庭成員的適切性，但卻因外籍看護工不適用《家庭暴力防治法》對家庭成員之界定而被排除在保障範圍之外。本文主張外籍看護工的違法僱用與超時超量既已是法律明文規範的犯罪行為，借用犯罪學對犯罪型態之界定，將外籍看護工的違法聘用與管理行為視為「無被害者犯罪」（Crimes without Victims or Victimless Crime），就無被害者犯罪此一名詞而言，字面上的意義係指某一類的犯罪行為並無被害人存在，或是指此一行為是該行為人自願參與，本身並不覺得自己是所謂的被害人；我國外籍看護工的違法聘僱與管理事實上符合「無被害人」犯罪型態的諸多特徵，不僅犯罪人本身不認為自身犯罪，被害者則基於某些理由而未暴露犯罪者的行為，致使該類犯罪罪行被揭發的比例遠低於實際犯刑案件數；再者，我將討論在長期照顧議題此一議題上，國家政策與無被害人犯罪型態結合社會學習途徑之後所呈現的「在地老化」模式，試圖指出家庭外籍看護工人數在近18年的時間迅速成長為本國籍居家服務員的400倍左右[7]，實與外籍看護工的聘僱管理與其他長期照顧服務模式的脫勾高度相關。

　　本章分析焦點是政府相關單位、仲介與雇主三方如何共同將家庭外籍看護工的違法聘用與管理建構為無被害人犯罪型態，亦運用解釋犯罪行為的社會學習理論（Social Learning Theory）來討論上述犯罪型態在臺灣的社會建構歷程，說明上述犯罪型態的模仿與複製為何難以杜絕；另一方面則從長期照顧政策的視野出發，探討外籍看護工與其他服務模式之競合關係。首先，本文闡釋無被害人犯罪形成與家庭外籍看護工的違法運用與場域的相關性，其次審視「家庭外籍看護工」聘僱政策設計，政府相關單位、仲介與雇主三方如何將外籍看護工的聘僱發展為無被害者犯罪型態；再者，檢視我國居家服務員與家庭外籍看護工人數的相對懸殊比例，釐清本研究一個重要出發點：我們要如何解釋兩類照顧服務人員在人數上的懸

---

[7] 截至 2009 年底，外籍看護工人數為 172,647 人，內政部雖已培訓 44,346 名照顧服務員，但實際提供服務人數僅有 3,898 人（經建會、內政部，2008）。

殊比例，長期照顧政策將家庭外籍看護工與居家服務員並列的政策預設是否背離民眾的選擇？在結論中，我將討論長期照顧需求者與照顧者如何在現行的制度框架下尋找符合自身利益的定位，而民眾對於各項長期照顧服務的選擇歷程能為長期照顧政策規劃與制定者帶來怎樣的啟示？並探討長期照顧制度應如何跨越本國籍與外籍照顧服務員的疆界，讓家庭照顧者、被照顧者與來自正式體系的照顧服務員得以跳脫權益衝突之困境。

貳、研究方法與田野經驗

　　本文資料來源為筆者於 2008 年 9 月至 2010 年 7 月期間進行的田野調查與訪談。原本設定的研究主題為聘僱外籍看護工的本國籍媳婦及照顧責任等議題，訪問對象為聘僱外籍看護工的本國籍媳婦[8]，以及與此議題相關的社會行動者，包括長期照護管理中心負責外籍看護工申請作業的專員、人力仲介業者、負責開立診斷證明書的醫師與長期照顧服務單位（包括居家服務及居家護理）。訪談重點為家庭成員聘僱外籍看護工的動機與過程，以及聘僱外籍看護工之後，照顧工作的改變、與受雇者的關係，以及如何監督「外籍看護工」問題。訪談方法採開放式，由受訪者自由陳述，並針對主要研究對象加以追問。社會行動者面向的訪談主軸則以田野觀察之心得來詢問其立場與意見，以求釐清各方論述。

　　尋找受訪者的路徑一開始是期待透過負責外籍看護工申審作業的長期照顧管理中心轉介，但訪談時發現負責外籍看護工申審作業的專員與聘僱者的接觸十分短暫，難以代為發掘受訪者；專員亦表示該方案讓他們十分受挫，雖然發現許多經醫師評估需 24 小時照護的個案實際上外出工作，

---

[8] 研究對象的受訪條件是以公公或婆婆因疾病或年老體弱造成日常生活無法自理，家庭中有聘僱外籍看護工照顧公婆的本籍媳婦為訪談對象。基於當代家庭形式的變遷與女性的就業模式，研究對象不一定要與失能公婆同住一戶，該媳婦也不一定是聘僱者的身分或直接參與照顧公婆照顧勞動，本身並也不一定需有全職或兼職的職業，聘僱外籍看護亦不限於合法或非法的看護工。

明顯與評估結果不符，但他們卻無力改變現況，另一方面，申請聘僱外籍看護工者亦嚴詞拒絕專員轉介本國籍照顧服務員，政策規劃與實務執行的高度落差促使我開始關心外籍看護工違法聘僱與管理的現象。訪談對象為聘有外籍看護工的十位媳婦照顧者，社會行動者面向，則訪談南部及北部縣市長期照顧管理中心合計四位負責外籍看護工申審作業流程的專員，南部一家以及北部二家居家服務單位主管，北部二家居家護理單位的督導、二位負責開立診斷證明書的醫師（分別是復健科及神經內科醫師）、二位人力仲介公司的主管及專員，以及三位現任或曾任職於勞委會職訓局負責外籍看護工政策的官員。除上述訪談資料，我亦將蒐集到的各種法規、官方資料、期刊論文及報章雜誌對家庭外籍看護工相關論述加以整理分析，作為本文之分析的輔助資料來源。

　　具體言之，本研究運用多元檢測（triangulation），即透過訪談多種社會行動者的方法同時探究相同的社會現象，期待對所探究的社會現象產生較為精確深入的瞭解。誠如「無被害人犯罪」觀點強調，無被害犯罪具有合意參與的特徵，也就是犯罪者與被害人及在共同合意下從事違反行為；另對社會大眾而言，此類犯罪類型中有些是合法社會所需要的，致使社會對此型態犯罪行為反應強度不一致，犯罪者只有少部分會受到逮捕。故本研究訪問此一犯罪型態的多個關係人，包括雇主、人力仲介業者、勞政主管機關、醫師與長期照照管理中心專員，期能瞭解不同關係人對外籍看護工非法運用的詮釋觀點，並對此一社會現象進行厚實的描述。

參、無被害人犯罪：家庭外籍看護工的聘僱與運用

一、無被害人犯罪：外籍看護工的違法運用與場域的相關性

　　回顧犯罪學古典理論對犯罪的定義，其是將犯罪定義為以力量或詐欺滿足個人利益的行為，主張犯罪乃法律上加以刑罰制裁之不法行為，也就

是只有從刑法觀點才確認犯罪之意義，如果一個人未違反刑法，則不能稱為犯罪人，屬於狹義的犯罪定義。但從社會層面而言，犯罪是一種社會偏差行為，它是與社會公認一致的行為規範相衝突，且侵害到社會公眾利益，而為社會否定且主張應加以制裁的反社會行為，社會學觀點的論述受到犯罪實證學派的支持，主張犯罪係指個體違反當時社會大眾一致認同的公益（包括：道德規範、風俗習慣及法律）而受到社會大眾譴責的行為，即採取廣義的犯罪定義（許春金，2006；蔡德揮、楊士隆，2008）。從刑法觀點出發，無被害人犯罪即是指犯罪行為不會造成刑法法益的侵害或危險，但卻存在極大的非法交易市場，故近年來在犯罪學研究上受到相當程度的重視。

　　事實上，目前犯罪學學者對無被害人犯罪的定義尚無一致共識，該犯罪型態當初係由蘇爾（Edwin M. Schur）於 1965 年在其出版的《無被害者犯罪》中，將墮胎、同性戀與毒品濫用等當時社會界定的偏差行為與無被害者犯罪加以結合，主張「無被害者犯罪是藉由立法程序去禁止彼此相互同意所從事之物品或服務之交易而被創造出來」；Bedau 進一步論述，主張「若行為是刑罰法律所禁止並具有可罰責性，且涉及成人間相互同意進行財貨或服務上的交易，他們自認未被該行為所侵害，因此不願向有關機關報告其涉及該行為，則該行為即稱為無被害人犯罪」（高金桂，1996；許春金，2006；許福生，2004）。近年來，無被害人犯罪類型一直陸續被擴充，例如：販賣或閱讀色情書刊、賭博、高利貸、配戴安全帽及侵犯智慧財產權等（Meier & Geis, 1997; Muehlenberg, 2005; Stylianou, 2010；張旭東，2009）。

　　針對最常被列為無被害人犯罪的四種行為，墮胎、藥物濫用、性交易及同性戀，Meier 與 Geis（1997）從法律及有效的社會控制兩個層面進行討論，主張法律是否將某一行為宣告為犯罪行為，其關鍵因素有三，一是社會大眾認可該行為牴觸共同的道德規範，其次是該行為必須藉由法律來抑制，第三則是損害或傷害（harm）的確認；無被害人犯罪類型則常因無法確認損害對象或是進行有效的社會控制，致使大眾認為法律保障的道

德規範得以挑戰，或是因社會大眾認可的道德規範已隨時代變遷，法律有隨之修改之必要，凸顯無被害人犯罪界定的複雜程度；例如多數國家現在雖已將墮胎列為合法行為，但許多人仍主張胎兒為該行為的受害人，卻因該受害人無法主張自己的權益而被忽視；而藥物濫用雖被視為違法行為，但對於誰是藥物濫用的受害者仍有爭議；另外，雖然大多數國家將性交易列為犯罪行為，但其法律體系卻始終缺乏顯著有效且足以控制該行為的工具；再者，目前許多國家已將同性戀除罪化，也就是法律與社會控制兩個層面都不再認為此一行為違法。

綜上所述，意謂有些犯罪人雖明顯未對自身或他人造成損害（例如同性戀者），但卻因違反當時的社會規範而被視為違法；有些行為確實造成他人或自身損害，但卻因受害人本身無法（例如胎兒）或受限於部分因素不願求援（從事性交易而遭受損害者）。藉由 Meier 與 Geis（1997）對上述最常見的無被害人犯罪型態的分析，突顯無被害人犯罪行為界定的複雜程度，有時國家為行社會控制之實，刻意將社會沒有共識的行為宣定為違法；而有些行為雖明顯違背社會規範，國家亦已制定法律禁止之，但該犯罪行為卻未因法律禁止而受到限制；損害或傷害的認定更是此一犯罪型態是否成立的核心概念，特別是當受損害的一方無法或不願說明被傷害程度時，犯罪事實更難以被界定。

再者，無被害犯罪類型的特徵可從犯罪者、被害人及社會層面進行檢視；對大部分犯罪者而言，其本身並不將其行為視為犯罪，他們也沒有明確的犯罪生涯；此種犯罪通常有特定次文化加以支持，犯罪人間交往密切；然而，無被害犯罪具有合意參與的特徵，也就是關係人在共同合意下從事違法的財貨或服務行為，「自願交換」（willing exchange）要素的存在，排除被害者存在的可能性；但事實上，一個人同意從事某種行為，並不能確定他就不會因其同意而不會受到該行為的傷害；但被害者可能基於某些理由不願控訴犯罪人，致使很少被害人願意主動向執法單位訴求保護，亦由於此一特性，致使該類犯罪黑數特別高，且造成執法上的困難；直言之，被害人與犯罪人之間具有種程度的交換關係。從社會層面而

言，相較於傷害身體，或致使他人財產損失的嚴重犯罪，此種犯罪型態的嚴重程度相對較輕，另一方面，此類犯罪類型中有些是合法社會所需要的，且大多與合法行為型態相一致，致使社會對此型態犯罪行為反應強度不一致，犯罪者只有少部分會受到逮捕，刑罰也只對少數犯罪較為嚴厲；該類犯罪型態亦常被歸為輕微犯罪（Stylianou, 2010；蔡德輝、楊士隆，2008）。

　　審視我國「家庭外籍看護工」聘僱標準模式及管理原則，勞委會界定外籍看護工的工作內容是在私人家庭從事身心障礙者或病患日常生活照顧等相關事務工作[9]。然而，雖然相關單位一再重申，外籍看護工的工作不僅排除醫療行為，亦不包括料理家務的幫傭工作，依據我國勞委會與外勞來源國共同簽訂的勞動契約第 6 條第 6 點亦明文規定，雇主若要求受雇者從事許可外的工作，看護工得終止勞動契約。矛盾的是，同一份勞動契約第 2 條規範，受雇者的義務為接受雇主監督指揮，擔任其指定工作範圍內及其能力所及的工作，且第 3 條規定雇主應免費提供受雇者適當休息空間，乙方應居住於前述地點並不得外宿，再者，雇主須提供受雇者足夠休息時間（不得低於 8 小時）以保持受雇者的工作品質，意謂看護工的工作場域及時間都由雇主所規範，而這也提供雇主一個「機會」得以要求受雇者於任何時間從事其指派的任何工作。我歸納臺灣雇主僱用外籍看護工出現的三項違法行為：被看護者有醫療照顧需求，家庭成員會要求看護工學習管路照護或更換等技術性護理行為；而當被看護者休息或無須隨侍在側時，雇主會要求看護工從事家務或其他照顧工作；且基於被看護者有 24 小時的照顧需求，雇主並未提供看護工適當的休息時間與空間，多是與被照顧者同居一室，由看護工擔任 24 小時貼身的照顧者，以下本節將分成三部分來討論外籍看護工被違法運用的情況。

（一）技術性護理行為之介入

　　依據官方訂頒的外籍看護工聘僱標準，被看護者幾乎皆是完全依賴的

---

[9] 見《外國人從事就業服務法》第 46 條第 1 項第 8 款至第 11 款工作資格及審查標準。

臥床個案，該類九成以上多有留置胃管或尿管，此類個案照護之品質仰賴照顧者良好的照顧技能；若照顧者的照顧知能或技能不足時，容易導致被看護者發生壓瘡、泌尿道感染及肺炎等合併症，增加被看護者再住院情形，甚至導致個案死亡（黃偉城等人，2006）。針對留置胃管或尿管的被看護者，照顧者應瞭解管路放置目的、學會檢查管路正確位置、正確灌食、正確固定方法、管路阻塞原因及處理方法、預防管路自拔或感染方法等問題及技巧；然而，外籍看護工來臺之前雖皆於當地接受職前護理訓練課程，但授課者的教育程度僅相當於臺灣護理職校畢業的外籍護士，且口頭教課方式多於實際技術的反覆練習（許雅娟、王靜枝，2003）。依據何宜蓁等人（2009）調查居家護理個案非計劃性再住院原因，以泌尿道感染為首，非計劃性管路重新置換以胃管最多，進一步分析因泌尿道感染再住院個案之主要照顧者，發現照顧者為外籍看護工的比例高達 75.9%，該研究雖然無法證實外勞聘僱比例與個案泌尿道感染與非計劃性胃管重複置換的絕對關係，但已發現兩者之間的高度相關性。

　　事實上，管路更換屬於護理人員執行的技術性護理行為，家屬及照顧服務員負責的項目為管路照護，當我請雇主描述看護工一天的工作項目，發現管路照護行為多由看護工執行，以一位媳婦照顧者如此描述她僱用的看護工一天的工作項目如下：

　　　　早上起來先作鼻胃管的清潔，因為我婆婆有插管……還有要餵牛
　　　　奶，然後可能有時候要伺候一下大便。之後就用輪椅推我婆婆到
　　　　樓下去，上來就是讓我婆婆休息，因為坐太久了不行，那段時間
　　　　她就是打掃家裡，我的房間她是絕對不可以進去！然後就是小孩
　　　　房間，還有公用的地方。

　　上述訪談顯示管路照護已成為家庭外籍看護工例行工作之一，依據我對居家護理師的訪問，居家護理師雖然是希望家屬先學會管路照護，再由家屬指導或監督外籍看護工。但實際上許多家屬並不瞭解管路照護的重要

性及可能發生的後遺症，而當病患因肺炎或尿道感染住院時卻強烈指責看護工照顧不周；受訪的居家護理師也常發現看護工可能在擔心被指責的狀況下，出現自行置換胃管的動作，胃管正確放置位置須經食道再放置至胃，常見的錯置是將管路放置到氣管，致使個案的氣管因吸入異物而罹患侵入性肺炎，或因導尿管未消毒完全而致使泌尿道感染[10]。這顯示官方雖然一再禁止外勞從事醫療相關行為，但本研究的發現與現有文獻的發現相當一致，當看護工進入家庭場域後，即在家庭成員的監督下概括承受所有照顧工作，甚至是技術性護理行為，家庭成員的角色則相對轉為照顧監督者（Ayalon, 2009b；曹毓珊，2001）。

（二）工作範疇延伸為家戶內所有家務工作

再者，雖然勞委會禁止看護工從事家庭幫傭的工作，但由於看護工與雇主同住一場域，日常生活照顧的範疇就似乎非常自動地從被看護者自動延伸至家戶內所有成員，甚至成為妯娌或婆媳之間相互爭奪看護工所帶來的附加利益。一位媳婦照顧者回憶，當初決定要聘僱外籍看護工時，從未與公婆同住的大嫂即表示要接長輩同住，理由是其居住的大樓附有電梯，方便行動不便的公公外出就醫；但她發現大嫂要求該位看護工的工作時間是從早上四點到晚上十點，她描述該位看護工的工作流程如下：

> 早上四五點羊奶按門鈴她（外籍看護工）就下去拿，後來鄰居起來慢跑看到她，問她怎麼會那麼早起來？她說我要去樓下拿羊奶，鄰居說不是有羊奶罐嗎？……反正我大嫂就覺得有人可以使喚……起床後然後就沒辦法睡啦！就要準備小朋友上學，幫忙弄早餐，然後就換我哥哥嫂嫂要弄早餐，哥哥嫂嫂又吃的跟我公婆不一樣……然後就洗衣服啊，我嫂嫂又是那種早上要再洗一次澡

---

[10] 留置導尿管的病人若因飲水供給不足，將因攝水量偏低而促使排尿頻率相對降低，延長細菌滯留尿道時間；若又因尿管消毒不全，細菌即可能沿著管壁繁殖上行導致泌尿道感染（謝淑芬、梁蕙芳，2008）。

的人，要求她（看護工）一定要把所有浴室的牆都擦乾，不然會
發霉。所以她說光要處理那個浴室就要花一點時間，疊個棉被、
整理大人跟小孩的房間，她說弄好差不多就要中午了，再曬個衣
服就要做中飯了。做完中飯就要擦地板，每天都要擦而且早晚都
要擦一次！

　　後來該位受訪者將公婆接回自己家照顧，大嫂仍希望看護工可以到她
家擔任清潔工作，經受訪者嚴詞婉拒而作罷！但受訪者回憶大嫂平日執行
家務整理工作並未達到上述標準，但卻會要求看護工必須依據其指示進行
家務工作，甚至清潔天花板與牆外的玻璃窗，致使看護工的工作項目以家
務清潔為主，而非照顧被看護者。
　　但也有雇主試圖完全切割看護工與幫傭的工作界線，王小姐是居家服
務中心的主任，她為罹患細菌性腦膜炎而全身癱瘓的婆婆聘請外籍看護工
隨伺照顧，與公婆相鄰而住的她絕不要求看護工到隔壁打掃，她也時時提
醒女兒：「看護工是來照顧奶奶，不是幫你洗碗或洗衣服！」，但她也如此
描述描述家務工作的難以切割：

我要求她（看護工）家務部分很少，環境不用天天整理，只要維
持一個乾淨程度就可以了……因為都是大人嘛！兩三天就掃地拖
地一次就好了，最主要是要煮給阿嬤吃飯，晚上也就煮給阿公吃
飯，因為他們這樣子只有三個人，當時阿公就跟她講說要多煮我
一份！因為我住隔壁，也只有一個人，下班後都會先去公婆家探
望……洗碗也是阿！究竟是她洗她自己跟我婆婆的碗，還是我們
各洗各的碗？！（苦笑）

　　上述三段訪談顯示照顧與家務處理之間工作分野亦極為模糊與複雜，
看護工不僅成為可能被照顧者與家庭成員之間爭奪的標的物，雇主也會視
被照顧者需要照顧的時間與項目安排看護工一天的工作流程。依據我實際

觀察上述受訪者家裡被照顧者的失能程度，各項生活自理能力確實皆需要協助，但需協助的頻率與密度則依被照顧者失能程度而異，被看護者僅有安全性看視的需求時，看護工則較易出現從事許可外項目的現象；再者，居住安排亦與外籍看護工的居住場域高度相關，當被照顧者、看護工及其雇主（其他家庭成員）共居同一場域時，違法使用的現象相對較為明確，但當被照顧者與其看護工單獨居住時，例如居住於隔壁大樓或鄰近巷弄時，看護工被違法使用的狀況及頻率相對降低許多。

（三）同居一室的 24 小時貼身照顧

實際觀察聘有外籍看護工的家庭內看護工的居住狀況，看護工幾乎與被看護者同居一室。當我詢問居住安排的考量時，雇主都表示受看護者有 24 小時看護需求，上述居住安排有助於看護工隨時提供照顧。一位媳婦照顧者回憶外勞聘僱前後的狀況：

> 當初白天幾乎都我一個人，因為小孩都不在家，我先生也不在！但他（先生）也要分攤啦！可是因為他工作真的是太累了，晚上連我婆婆從床上摔下來都沒聽到，我婆婆這樣摔了這樣子滿頭包真的不行，我在（自己房間）裡面有聽到都……他太累了真的沒辦法……所以我是覺得說我白天讓妳（看護工）休息，還是說讓妳睡覺什麼我都 ok！因為我感覺是妳都晚上半夜還要再起來一次（灌食），因為中間讓她空（腹）太長時間的話，那個血糖阿會低了阿！讓她午睡什麼的那是一定要的，能讓我們一覺到天亮，真的我們超幸福……

另一位擔任居家服務中心主任的王小姐則認為讓外籍看護工擔任 24 小時的照顧工作是項不合理的要求，故另聘請一位居住於附近的外籍媳婦分擔夜間的照顧工作，她描述聘僱外籍看護工之前與之後照顧安排的調整如下：

我本身從事這方面的業務，我是覺得 24 小時照顧，對任何一個人來說，其實都是滿殘忍的……如果今天我婆婆晚上她能夠說睡滿 8 個小時，那讓照顧她的人也有充分休息的時間，我覺得這是 OK！可是她（婆婆）幾乎晚上都不睡覺，所以當初我公公首當其衝，他體諒子女白天要上班，就說晚上他負責，不斷的被我婆婆唱名叫名，就是叫名字就過來幫她按摩了這樣……她又有頻尿的狀況，妳 40 分鐘前才尿尿，40 分鐘之後也要尿尿，然後半個小時之後，她又要尿尿，所以經常要從床上移位到便盆椅，再移回來這樣子，又不肯穿尿布……然後每天早上碰到我公公的時候，我公公就跟我抱怨說我婆婆昨天怎麼樣怎麼樣，或是一些事情，後來我們也考慮到我公公年紀慢慢大了，如果讓他一直顧下去的話，可能兩個老人家都生病……

聘看護工後，是由看護工陪我婆婆睡，半夜發生兩次她幫我婆婆扶起來尿尿的時候，兩個人同時跌倒！我不曉得是她累還是說因為她真的是那種不容易清醒的人？但這樣半年後，她（看護工）會說她牙齒痛，然後那個手變痛阿，就是身體會不舒服，我覺得那是因為她沒有得到充分的休息，以致一些狀況都出來了……所以我另外又請一位住在附近的外籍媳婦，就是陪我婆婆睡覺，就從晚上 9 點到隔天早上 7 點，她大概做兩天三天，就跟我講說她可能沒有辦法支持，因為晚上幾乎沒有辦法睡，那我在心裡想說：哇！妳專門在做晚上工作的人，妳都受不了，那個 24 小時的怎麼辦？

近年來，勞工權益倡導團體極力爭取將外籍看護工納入勞基法範疇，且讓外籍看護工每天晚上能有連續 8 小時休息時間，但該項政策建議不但未獲勞工主管機關認可，同時也引致許多雇主反彈（潘淑滿，2007）；針對本研究歸納上述三項明顯違反《就業服務法》及勞動契約的情事，以及

許多研究皆已指出家庭外籍看護工的工作時間與內容都已超過法規及雙方議定的勞動契約之現象（王增勇等人，2006；吳秀照，2006；藍佩嘉，2005, 2006），然而，身為被害人的看護工為何極少出面控訴雇主？相較於以「犯罪者」為討論核心的犯罪學理論，被害者理論發展論述有二，第一是犯罪機會理論（Theory of Criminal Opportunity），主張被害者提供犯罪人犯罪機會的行為，是犯罪被害程式中不可或缺之要素；另一則是被害者與犯罪者互動理論，該派理論主張被害者在他們所涉及的犯罪中，並非只是被動的參與者，即強調被害者與犯罪加害者之間的社會交換關係（黃富源，2002）。日常生活理論（Routine Activity Theory）進一步整合上述犯罪機會與被害者與犯罪者互動理論之論述，主張大部分犯罪發生一個有利於犯罪的「場域」，當有三個要素聚合後就產生化學作用，形成另一物質（犯罪），三項要素包括：可能的加害者（probable offenders）、合適的標的物／被害人（suitable target/person）、缺乏可制止犯罪的監督者（absence of capable guardians），具體言之，只要三個元素同時出現，犯罪率將會遞增，但若其中有一項元素被改變，犯罪率都會受其影響而改變。Cohen & Felson（1979）（引自周愫嫻、曹立群，2007c）進一步闡述，有動機及有能力的犯罪者可以是任何一個普通人，為了任何理由從事犯罪活動，這個元素在任何社區都存在，因此若要解釋犯罪行為，應把分析重點置於社會活動發生的時空結構，研究特定的時空結構如何促使一個人的犯罪性，使之轉化為實際的犯罪行為（周愫嫻、曹立群，2007c；高金桂，1996）。以下依據此一概念架構分析「外籍看護工」的管理在臺灣社會如何被建構為一無被害人的犯罪型態。

二、被害人無法或不願求援的真相

（一）否認被害人的存在——雇主違法運用外籍看護工之合理化認知

　　相較於工廠外勞所處的公開勞動場域，執行家內勞動照顧的外籍看

護工面對的雇主監督強度與工作場域的私密性都易形成所謂的「法外空間」，特別容易導致雇主相互模仿外籍看護工違法使用的情形；例如以下兩位雇主分享他們運用及管理看護工的情況，顯示其並非不知其管理模式違法，但卻會引述他人的行為模式，藉以合理化自己犯罪行為。

> 我覺得政府喔……這外勞要給人家請啦！因為人家大家都有工作阿！也不要說這違法的啦，有的人請一請，可以幫忙做生意還可以照顧老人，實在是沒關係啦！像我媳婦那個小孩就比較小，有時候比較忙喔，阿有時候就想說叫我幫忙顧，相互幫忙阿！……

> 我聽朋友說太多例子了！反正你一定要剛開始就要訂很多（規矩），也不是說嚴苛啦！你就是要有自己的堅持，例如一定要 24 小時照顧我婆婆，不能放假！雖然我先生罵我說我沒有人性，質問我說你照顧你要不要休息？阿你沒有休息你就不會把媽媽照顧的很好！但我是說人家要來的時候也要有心理建設，我也先講好條件，你就是不能休息，你來之前也已經知道了，我就付費這樣就好了……

上述現象符合 Akers 提出的社會學習理論（Social Learning Theory）觀點，即個人與其參考團體的互動將會影響其行為模式及其認同的社會規範，此一論點是立基於 Sutherland 提出的差別結合理論（Theory of Differential Association），差別結合論主張個人之所以犯罪只不過是服從所屬團體的社會規範，而這規範卻不為大社會團體所接納；再者，人們會透過日常生活中與有意義的他人或團體的互動而評估自己的行為，當人們界定自己的行為是好的或可以被合理化之後，其越可能表現出該行為，該理論認為理性認知因素在行為發生過程中確實具有行為增強的機制（Akers, 1998；周愫嫻、曹立群，2007a；霍夫曼・約翰、楊士隆，1992）。

此外，正如社會學習理論的分支，中立化理論（Neutralization

Theory）主張，個人是否遵守社會規範完全在於他們是否具有為自己違法行為進行辯解的能力；Sykes 發現「個人會潛意識扭曲事實真相來為自己的犯罪行為辯護，如此便可保護自我形象遭受損害，或使其免受自責」；依據中立化理論的主張，犯罪人常用五種技巧來暫時擺脫社會規範的約束，分別是：否認自己的責任、否認造成傷害、否認有被害人、責備掌權者及訴諸更高的情操與權威。Sykes & Matza 認為上述技巧是法律上可被接受犯罪藉口的延伸，這些技巧讓犯罪人有所心理準備，將自己的行為想像為社會風氣的自然延伸（Akers, 2000；周愫嫻、曹立群，2007b）。誠然，許多雇主否認自己應對其行為負責，他們自認亦是社會環境下的受害者，因為社會中到處都可以看到看護工執行各項任務，他們不過是相互模仿；其次，許多雇主面對被害人企圖透過轉換雇主或向仲介公司申訴時，常認為自己為外籍看護工提供工作機會及相對高於母國的薪資，藉以否認被害人的存在，合理化自己對看護工的工時剝奪，或主張透過薪資補償足以降低傷害，另一方面亦認為政府部門不應查緝外籍看護工的違法使用；即使少數仲介公司利用家戶訪視機會說明勞委會制定若干外籍看護工違法使用的相關罰則，受訪者卻常會運用情緒性的字眼表達其不滿感受，例如「你們到底是保護我們臺灣人，還是我們勞工局是保護外國人？」或是「勞委會到底是誰請的，我繳稅金到底繳給誰？」顯示責備掌權者的偏頗亦是本類型犯罪行為人常運用的辯護技巧。

（二）缺乏可有效制止犯罪的監督機制

　　犯罪的形成除了犯罪人與被害人之間互動模式，工作場域中缺乏一個可制止犯罪的監督者亦是無被害者犯罪形成的關鍵因素。鄰近新加坡與香港均承認家戶勞動者工作場域的特殊性與執行保障的必要性，採取法律介入程度極高的方式，包括強制性定型化契約的採取、授予受雇者提前終止契約的權利與嚴厲的刑事處罰不法行為等措施，禁止雇主以任意的契約自由為由侵犯外勞的合法勞動權益，另一方面亦透過形式面向形成對雇主威嚇的社會氛圍（林佳和，2003）。然而，受訪的勞委會前承辦人員私下表

示，雖然主管機關都已知道家庭外籍看護工的工作時數超過 8 小時或經常
從事許可外的工作，但卻不能主動查核；勞委會制式的說法是說：「公權
力不應進入家庭，所以我們不能侵門踏戶的說要看你們家外勞使用的狀
況，除非有人主動檢舉。」[11] 就此點而言，我國《憲法》為保障人民之居住
自由確實設有違法搜索罪（參見《刑法》307），但政府相關單位進入人民
私有處所時，依進入目的之不同，可區分為以搜查犯罪證據、實現刑罰權
為目的的「刑事搜索」，以及行政機關為了預防公共危害，增進大眾健康、
安全與福利的行政目的所為之「行政檢查」（洪文玲，2005），勞委會職訓
局為確認勞動契約之履行而進入私人處所應被歸為上述行政檢查範疇，也
就是即使沒有搜索票，行政機關所為之行政檢查，當事人仍有配合檢查之
義務，不得規避、妨礙或拒絕，否則行政機關得處以罰鍰，並得連續處
罰，甚至強制執行檢查。行政檢查的有效性因素包括：能否積極進行查
察、被查獲者能否確實遭受處理，以及處罰內容的痛苦程度是否夠大；相
對而言，民眾違法運用看護工的預期成本亦取決於上述三項關鍵因素（藍
科正，2006）。然而，負責外籍勞工行政檢查的勞委會雖於 2006 年起以就
業安定基金補助各縣市聘僱外勞查察人力 [12]，但全國僅編列 240 名的外籍
勞工查察員人力，卻要負責包括工廠廠工及家戶內勞動者各項業務 [13] 的查
察，各縣市查獲違法件數極低 [14] 的現象也就獲得合理解釋。

---

[11] 勞委會職訓局前官員訪談紀錄。

[12] 勞委會參考各縣市政府外籍勞工在臺人數 40% 及雇主家數 60% 之加權所得數，於
每年度就業安定基金編列經費補助各直轄市及縣（市）政府配置外籍勞工。

[13] 依《就業服務法》第 62 條及勞委會訂頒之《外籍勞工業務檢查員執行查察業務實施
要點》規定，外籍勞工查察員執行業務項目包括：(1) 辦理例行訪查案件（合法雇主
僱用外籍勞工案件）；(2) 受理查處民眾檢舉非法外籍勞工案件；(3) 至疑有非法外籍
勞工工作場所，協調會同警政等相關單位進行實地查察；(4) 查察雇主有無依「外國
人生活管理計畫」妥善處理外籍勞工膳宿、生活設施等事宜；(5) 私立就業服務機構
查察。

[14] 例如 94 年查察外勞看護工件數為 53,544 件，查獲違法件數為 2,453 人，佔外勞看
護工查察案件 4.6%；95 年查察外勞看護工件數為 56,190 件，查獲違法件數為 1,896
人，佔外勞看護工查察案件 3.4%；96 年查察外勞看護工件數為 96,640 件，查獲違法
件數為 1,293 人，佔外勞看護工查察案件 1.3%（經建會、內政部，2008）。

三、無被害人犯罪：外籍看護工的違法聘僱與社會學習

以上，作者已從犯罪人、被害人與缺乏可制止犯罪的監督機制三個面向，指出家庭外籍看護工的管理在臺灣社會如何被建構為一無被害人的犯罪型態，上述犯罪型態中的被害人並非不存在，而是雇主透過合理化的方式策略否認被害人的存在，被害人也在政策法規、雇主及仲介公司制約下被迫放棄對外求援或申訴的機會。這一部分要論述的是外籍看護工的違法聘僱，違法聘僱的需求因素可分為兩類：第一類是因家庭幫傭配額的緊縮，致使其聘僱需求移轉至申請資格相對可操作的外籍看護工類別；另一類則是被看護者確實出現照顧需求，惟其照顧需求不符勞委會訂頒的聘僱標準，而當上述情況操作成功，雇主得以聘僱外籍看護工後，正因被照顧者的照顧需求密度與強度相對降低，致使上述二類的違法聘僱者常因此衍生第一節所稱的第二類型的無被害人犯罪類型，即看護工的工作範疇延伸至家戶內所有家戶工作，看護工被視為家庭幫傭運用。

（一）家庭外籍看護工遞補外籍幫傭的聘僱需求

第一類看護工的違法聘僱需求正如本研究上一節的分析顯示，家庭外籍看護工的工作項目實與家庭幫傭高度重疊，檢視《就業服務法》對外籍家庭幫傭工作項目的界定，「在私人家庭從事家庭成員起居照料」即可視為日常生活事物的協助。行政院勞委會於外籍幫傭的開放政策初期採取配額制，於 1992 年及 1995 年開放配額各 8,000 名；惟受到各界反應外籍幫傭引進對兒童發展及國內家事服務產業發展之影響，基於聘僱外國人工作不得妨礙本國人之就業機會，勞委會自 2001 年起限縮外籍幫傭申請資格，避免外籍幫傭引進影響國人（尤以中高齡婦女）就業 [15]。檢視限縮

---

[15] 依據《外國人從事就業服務法》第 46 條第 1 項第 8 款至第 11 款工作資格及審查標準，外國人受聘僱從事第 3 條第 2 款之家庭幫傭工作，雇主申請初次招募或重新招募、遞補或承接外國人時，應具下列條件之一：（1）有年齡三歲以下之三胞胎以上之多胞子女。（2）累計點數滿十六點者。且當外國人受聘僱從事第 3 條第 2 款之家庭幫傭工作，雇主申請展延聘僱許可時，應有年滿 75 歲以上之直系血親尊親屬或一親等

後的家庭幫傭聘僱資格主要以需照顧者的年齡及人數為計算標準,「年齡」
與「人數」無須專業人員介入評估,相關證明文件亦難以造假,該政策轉
向措施原本確實可有效降低外籍家庭幫傭的聘僱人數,但由於家庭照顧需
求涵蓋兒童及老人照顧兩個面向,可能致使無法申請家庭幫傭的潛在受雇
者轉向尋求外籍看護工;過去的文獻研究亦指出,由於家庭幫傭的配額高
度緊縮,只有監護工持續開放,許多家庭是以偽造醫療診斷書申請看護工
來負責家務與照顧小孩(蔡孟良,2001;藍佩嘉,2005;羅紀琼、尤素
娟、吳淑芬,2007)。

表 1　外籍看護工與家庭幫傭人數異動狀況(2000-2009 年)

年度	看護工	家庭幫傭
2000 年底	98,508 人	7,823 人
2001 年底	103,780 人	9,154 人
2002 年底	113,755 人	6,956 人
2003 年底	115,724 人	4,874 人
2004 年底	128,223 人	2,844 人
2005 年底	141,752 人	2,263 人
2006 年底	151,391 人	2,394 人
2007 年底	159,702 人	2,526 人
2008 年底	165,898 人	2,529 人
2009 年底	172,647 人	2,296 人

資料來源:行政院勞委會職訓局網站資料,
http://statdb.cla.gov.tw/statis/webproxy.aspx?sys=210&kind=21&type=1&funid=q1301
1&rdm=rbrTvrh8。

　　依據吳淑瓊等人(2004)比對各縣市失能人數與各縣市長期照護資
源,其將各縣市重度失能人數扣除各類長期照護機構居住人數,發現部分
縣市聘僱外籍看護工人數竟高於當地推估的失能人數;另一方面,陳惠姿
等人(2005)檢視我國各項長期照顧服務模式的使用狀況,發現 2004 年

_____

姻親尊親屬,或 6 歲以下之孩童。與雇主不同戶籍、或已申請家庭看護工或已列計為
申請家庭幫傭之人員者,其點數不予列計。

國內機構式照顧服務量為 56,038 床，實際使用量為 42,263 床，而使用居家服務者則有 28,138 人，合計約為七萬人，但對照當年度外籍看護工數已高達 128,223 人，即外籍看護工聘僱人數已近機構式與居家式服務使用人數的兩倍之多，在在顯示外籍看護工的聘僱合法性有待商榷。再者，檢視勞委會自 2000 年至 2009 年看護工與家庭幫傭人數兩個項目的人數異動趨勢（參見表 1），推論看護工人數的急劇增長除受到我國人口老化致使長期照護需求增加因素影響之外，亦可能與家庭幫傭配額的總量管制與資格不易造假高度相關。

　　針對外籍看護工被當作家庭幫傭使用的現象，從事仲介業務多年的黃小姐即如此表示：

> 像那種比較富裕的地區，北投阿、大安、士林區那種，你說那個在門口接小孩那種，99.9% 是不合（外籍家庭）幫傭資格的，因為這些地區的家庭，家裡唯一的小孩就只有一個，怎麼夠條件請幫傭？這個用膝蓋想都知道，所以我可以大膽的預測，會出現在學校門口帶小孩的，那絕對是非法聘僱與使用！還有阿！就算當初是老人跟小孩一起計算，75 歲以上的老人，說實在他一定會有一些慢性疾病，或什麼的，常常遇到阿，阿公阿嬤是併在幫傭，阿公阿嬤走了之後資格就不存在了，因為分數不到了⋯⋯

　　這顯示看護工人數的逐年增長確與家庭幫傭額度的緊縮，以及聘僱資格不易造假高度相關，一位仲介業者直言，依據勞委會訂頒的聘僱標準，臺灣根本不會出現近 18 萬名外籍看護工；一般而言，仲介公司業務分為家庭類與工廠兩類，為避免家庭類外籍勞工市場受到勞委會政策緊縮影響，仲介公司多半建議雇主改聘聘僱標準相對主觀的外籍看護工，下一節將詳細分析仲介業者如何指導雇主獲得外籍看護工聘僱資格。

（二）看護工的被照顧對象擴充至僅需保護性看視者

　　依據《外國人從事就業服務法》對家庭看護工作的定義，被看護者必須是符合特定身心障礙重度等級項目之一者，或是經醫療機構以團隊方式所做專業評估，認定需全日 24 小時照護者；然而，長期照顧需要的認定或需照顧的密集程度卻可能因看護者或被照顧者的期待不同而有差異，特別是照顧者可能因對自己責任和義務的認知、以及與被照顧者間的情感影響，傾向於低估被照顧者的生活自理能力（呂寶靜，2004）；本研究分析受訪者聘僱外籍看護工的動機，發現許多家屬是因不放心長者白天獨居，或是長者因喪偶或罹患慢性疾病等因素缺乏安全感，例如外出買菜或運動的媳婦受不了婆婆一直打電話催回家的壓力，或是擔心因喪偶而憂鬱消沉的婆婆單獨在家，致使照顧者自評的照顧需求與主管機關訂定的聘僱標準出現落差。

　　回顧外籍看護工聘僱標準雖歷經五次修正與調整，其核心概念有二項，一是企圖藉由「病症嚴重程度」與「失能程度」彈性調控看護工引進人數，並以巴氏量表為照顧需求程度之評估工具，另一則是由醫事專業人員負責評估工作之執行者，但第五階段的評估人數由一人增至二人。相較於運用受照顧者「人數」與「年齡」管控外籍幫傭的引進人數，「病症嚴重程度」與「失能程度」可能因被照顧者身體狀況好轉而變動，再者，評量身體功能之失能程度的方法可概分為三類：自評、代答（proxy-respondent）及直接觀察法，由被照顧者自評身體功能的成本最低，但被照顧者本身對身體功能的改變可能相對較缺乏敏感度；其次，被照顧者本身的認知狀況亦會影響評估結果；更重要的是，被照顧者與照顧者的評估結果可能出現不一致的狀況，如果被照顧者希望維持獨立與自主性，或是避免入住照顧機構，常傾向於高估自己的身體功能；但若被照顧者期待獲得家庭成員較多的協助，或藉此獲取服務資格時，亦常會出現低估自己身體功能的情況。

　　我國由醫師擔任照顧需求評估者的作法可歸為直接觀察法，即由受過專業訓驗者進行觀察評估，但病人在非自然情境的醫療院所呈現的身體功

能可能與日常生活表現有所落差，再者，身體功能會隨個人身體狀況隨時改變，亦會因上述被照顧者個人動機而影響其日常生活功能的表現，特別是當個人無法完成某些項目的身體功能時，觀察者事實上難以區辨是因個人沒有動機去完成該項任務、身體確實無力完成、環境或輔具無法提供支持，抑或是結合上述因素而致使身體功能無法發揮。此外，巴氏量表的優點是每個項目都有標準化的評分方法，評估省時、方便，即項目及給分標準明確，凡是經過訓練者經可進行評估（Pearson, 2000），故許多調查研究都將巴氏量表列為問卷調查項目之一，我國長期照顧管理中心的評估量表亦將巴氏量表納入其中，由護理、物理治療、職能治療、營養或社會工作背景的照顧管理人員擔任長期照顧需求的評估者（行政院，2007）。

事實上，直接觀察法原本就是三類評估方法中成本最高者（Pearson, 2000），特別是由醫療體系內職業聲望最高的醫師擔任評估工作（張苙雲，2005）更是大幅提高評估行政成本與申請者的負擔，而且各家醫院評估價格差距高達10倍[16]。再者，醫療院所內對身體功能的評估與進入家戶實際觀察身體功能在日常生活的表現確有差距[17]。另一方面，不論是直接觀察法、代答或自評之間，身體功能的評估原本就可能出現評估不一致的現象，特別是當評估要作為服務申請的依據時，被照顧者低估或不願執行身體功能的結果亦可預期；例如許多違法聘僱的雇主都是自認確有照顧需求，不少受訪者如此解釋當時選擇聘僱外籍看護工的決定：「我們想說在家請一個外籍勞工，至少她看得到（人）她放心，那我們也放心！」「我覺得還是有人看著會比較安全」，也就是訴諸「安全性看護」的理由來擺脫法律規範的約束，另一方面也藉由「譴責掌權者」的技巧，主張主管機關訂定的聘僱標準不符需求，致使他們必須藉由低估被照顧者身體功能的方式通過照顧需求；換言之，外籍看護工的違法聘用亦可視為「無被害者犯罪」，也就是行為人自願參與此一行為，本身並不覺得自己是所謂的犯罪人。

---

[16] 家庭申請聘僱外籍監護工診斷書費用的價格由各醫院自行訂定，從中國醫藥學院附設醫院訂定的100元至新光吳火獅醫院紀念醫院訂定1000元，價格落差高達10倍。
[17] 醫師評估的困境請參見第三章第81-82頁。

　　相較於雇主將「違法聘僱」解釋為「無被害者犯罪」，擔任照顧需求評估的醫師卻明確地將此一行為定義為犯罪行為，對醫師而言，開立不實診斷證明書意謂觸犯《刑法》[18]及《醫師法》[19]相關規定，若醫師本身具備公務人員身分，更會因為違反上述規定而加重其刑，致使許多醫師盡量避免開立診斷證明書[20][21]，或依據評估結果告知病人或家屬無法開立診斷證明書，這也導致醫師與診斷證明書的申請者之間衝突不斷，一位醫師氣憤的回憶與申請者之間不愉快的場景：

　　上次有一個 80 歲的病人說他需要人家照顧，叫我一定要幫他開
　　（診斷證明書），我看他狀況還好，但當我跟他講不能開的時候，
　　他就講說，他萬一如果有一天死掉的話怎麼辦？死掉難道是我不
　　開（診斷證明書）的責任嗎？

[18]《刑法》第 210 條：「偽造、變造私文書，足以生損害於公眾或他人者，處五年以下有期徒刑。」、第 215 條：「從事業務之人，明知為不實之事項，而登載於其業務上作成之文書，足以生損害於公眾或他人者，處三年以下有期徒刑、拘役或五百元以下罰金。」以及第 342 條：「為他人處理事務，意圖為自己或第三人不法之利益，或損害本人之利益，而為違背其任務之行為，致生損害於本人之財產或其他利益者，處五年以下有期徒刑、拘役或科或併科一千元以下罰金。」

[19]《醫師法》第 28-4 條：「醫師有下列情事之一者，處新臺幣十萬元以上五十萬元以下罰鍰，得併處限制執業範圍、停業處分一個月以上一年以下或廢止其執業執照；情節重大者，並得廢止其醫師證書：一、執行中央主管機關規定不得執行之醫療行為。二、使用中央主管機關規定禁止使用之藥物。三、聘僱或容留違反第二十八條規定之人員執行醫療業務。四、將醫師證書、專科醫師證書租借他人使用。五、出具與事實不符之診斷書、出生證明書、死亡證明書或死產證明書。」

[20]仲介業者訪談紀錄：「有些醫生他很怕麻煩，他寧可不開，我就曾經有遇到，那個已經是植物人了喔，就是已經躺在那邊，沒有自我行為能力，但醫生說，我們醫院裡面很多醫生，你又看那麼多科，你請他們開，因為我怕我開錯一張，以後我的 License 會有問題，問題是他住院他是主治耶，也有的醫生就是說，沒關係呀，反正你都掛那個多科，你還有泌尿科呀，你還有心臟科呀，你還有骨科呀！他不開就是不開，那你怎麼辦？」

[21]神經內科醫師訪談紀錄：「我覺得很困難的就是說所有科都會推給你神經內科，其實申請外勞根本不是只有神經內科可以看，心臟內科也可以看呀，什麼皮膚科都可以看呀，可是呢就是他們都會推給神經科開，因為他們不想開呀！」

四、無被害人犯罪：聘僱許可的雙重策略

Akers（2002）發展的社會學習理論借用行為主義學習理論觀念，著重於犯罪的「學習機制」，主張犯罪行為係根據操作制約原理而習得，亦是與他人，特別是親密團體的溝通過程中發生交互作用學習得來；再者，犯罪行為學習的過程主要視個人與犯罪團體接觸所發生的學習效果而定，即犯罪行為之學習不僅限於模仿，尚有接觸關係。檢視潛在雇主最常運用的策略就是「購買診斷證明書」或是「欺騙醫師」，而這兩種策略即是透過差別結合途徑而習得，以下檢視雇主與仲介業者如何透過「購買」與「欺騙」兩種策略獲得不實診斷證明書。

（一）購買診斷證明書

正如 Akers 所指出，個人可以透過直接增強作用學會特定行為，例如只要當場觀察另一個人的犯罪行為或透過他人指導，就可以增強犯罪人想要犯罪之動機和行為，林津如（2000）的研究指出仲介公司不會一開始就因申請者資格不符而要他打退堂鼓。而是想盡辦法讓顧客可以申請成功。我訪談的受訪者中亦表示，雖然家中被照顧者的失能程度明顯不符看護工的聘僱標準，但透過詢問其他類似狀況的親朋好友介紹，仲介業者會以代辦名義收取費用，指定潛在雇主帶領被照顧者至某醫院掛某位特定醫師的門診，即可獲得診斷證明書，或是負責代辦申請程序的仲介業者明知被照顧者失能程度未達聘僱標準，即會主動提議「購買」證明，價格從三萬至五萬不等，顯示運用不實診斷書而得以聘僱外籍看護工的親密團體不僅是個人觀察與模仿的對象，與仲介業者的接觸亦是犯罪行為習得的關鍵機制之一。

受訪的一位仲介業者私下表示，雖然大多數醫師不願開立診斷證明書，但「醫生通常都有這方面的代表」。另一方面，一位曾任職於教學醫院、市立醫院及地區醫院的復健科醫師即表示，每到一單位就會有仲介來試探，例如詢問醫師是否可以提供協助。將家屬與仲介業者告知的診斷證

明書「購買」費用對照醫院訂頒的規費收取標準，兩者價差至少 30 倍以上，顯示違法聘僱外籍看護工確實可被歸類為無被害人犯罪行為之列，此類犯罪型態與賭博或藥物濫用等類型極為類似，即上述犯罪型態雖無明顯侵害法律利益，亦無明確的犯罪被害人，但卻存在極大的非法交易市場。仲介業者直言，若非診斷證明書造假，依據勞委會訂頒的聘僱標準，臺灣根本不會出現近 18 萬名外籍看護工，但亦認為付給醫師購買診斷證明書的費用是雇主「額外」的支出。綜言之，若不積極與負責開立診斷證明書的醫師「建立關係」，公司營業額亦無法開拓。

（二）欺騙醫師與架空長期照顧管理中心

　　除了與醫師建立合作關係之外，仲介業者另外常用的策略即是「欺騙醫師」。誠然，犯罪行為的習得不僅可透過直接增強，亦可依據操作制約原理，藉由間接或替代性增加，即給予犯罪的暗示或線索習得犯罪行為。正如受訪醫師歸納病人常見的「欺騙」策略，包括：故意不執行身體功能[22]或假裝認知功能障礙[23]、由他人假裝病人[24]、仲介業者假扮家屬「指導」病人如何回應醫師的評估[25]。即使醫師們透過各種程序試圖確認被照顧者的照顧需求，例如：規範複診病人才能要求開立診斷證明書、要求病人先復健三個月再評估、要求沒有住院需求的病人住院觀察其身體功能、透過雙證件（身分證與健保卡）確認病人身分、將非家屬等閒雜人物請出診間

---

[22] 醫師訪談紀錄：「譬如說他這裡沒力氣，那你說你（病人）起來走走看，他就說我就不會走，你還叫我走……」

[23] 醫師訪談紀錄：「他們（病人）常常裝他有失智症這樣，問題是失智症比你手腳（功能）更難評估，你怎麼知道他是不是騙你？」

[24] 醫師訪談紀錄：「當時候我們覺得那個本人怎麼看起來跟（健保卡）照片不太像，那他跟你講說因為老了嘛！憔悴、這是幾年前拍的，那當時我不願意開的情況之下，那個號稱是他的家屬，就把病歷往你臉上這樣丟……這些事情經過半年之後，我收到（法院）傳單，後來才發現那個人其實是仲介。」

[25] 醫師訪談紀錄：「病人、太太或女兒都不太講話，可是有一個人就會主導說這個（指上廁所）就是不行阿，這個（指吃飯）怎樣阿，然後就是怎樣，拜託啦！有時候就是會軟硬兼施這樣子，然後就是一直給你弄（施壓）……。」

等，但醫師們都發現申請者與仲介業者的欺騙手法日新月異，讓醫師防不勝防[26]。神經內科的曾醫師如此形容醫師之間如何透過資訊交換以避免開立不實診斷證明書：

> 我們非常痛苦的就是被污名化，電視都嘛在報（指醫師開立不實診斷證明書），我告訴妳，當他（病人）有這種需要的時候，我們醫院外面就有發傳單阿，他就去找仲介嘛，那仲介就會教他怎麼假阿，就會告訴你說這要怎麼（假）裝，反正他們（仲介業者）都會有教戰手冊；那當你知道他是假的時候，倫理來講我們是不可以，你越假我越要防你，所以我就讓他越嚴格嘛！其實我如果覺得他（病人）需要的時候，他真的完全臥床不起來，我自己就會主動跟家屬講說妳帶他來開。

事實上，被照顧者明知身體功能虛偽不實的陳述是一違法行為，但即使個人對犯罪行為產生疑慮，也會在仲介業者的引導下逐步學習，一位仲介業者就以「演戲」來形容他們教導雇主欺騙醫師的行為：

> 很多阿公阿嬤都說，我真的要有人照顧，我為什麼要假裝更嚴重一點？跟我的醫生演戲？阿長輩就說，我真的要人照顧，阿你就叫我去裝得傻傻（失智症），或假裝病得很嚴重，他們說我一輩子也沒有騙過人，居然第一次就叫我去騙醫生！

再者，針對外籍看護工聘僱標準以巴氏量表作為照顧需求衡量指標衍生的客觀性問題，主管機關確實採取因應措施，但其因應措施之一卻仍是

---

[26] 醫師訪談紀錄：「我跟你講現在仲介也很精明，他一開始也不跟你講說他要開（診斷證明書），他要先跟你建立一點醫病關係，看兩三次之後，然後再來跟你說拜託，就是讓你覺得他是比較那個的……」「雖然我要求非家屬者離開診間，但他們（指仲介業者）現在都會說是親戚，因為親戚都沒有辦法（藉由證件）分辨，特別像是遠親之類的。」

要求被看護者應至勞委會指定醫院辦理專業評估，由醫院成立之醫療團隊（由二位以上醫事人員進行綜合評估）認定是否屬 24 小時照顧需求，規定原巴氏量表評分之分數僅作為判別之參考（經建會、內政部，2008）。檢視上述因應措施，顯示主管機關仍忽略身體功能項目並不適宜在醫療院所評估，以及長期照顧需求亦因病況變動之事實，而是期待透過醫療專業人員的同儕壓力達成評估結果的客觀與公正。然而，依據我訪談醫師瞭解評估制度前後的改變，評估人數的增加不僅未提升評估的公正性，反而導致他人介入的空間與申請者的舟車勞頓；例如醫院組成的評估團隊涵蓋不同科別醫師，但病人卻需依不同科別的醫師診療時間赴醫院進行評估[27]，另一方面則導致重度失能病人耗費體力，甚至導致院內感染[28]。對醫師而言，兩位評估者意謂自己的專業評量權空間因此而被介入：

> 那時在離島的時候，因為醫師相對人數更少，所以是由復健科醫師與治療師共同評估，你的專業告訴你這個真的不符合巴氏量表，但是長官電話關切上來了……所以我覺得這個措施不會讓它更公正或者是更確實，只會增加一些困擾而已。

> 如果你今天是唯一一個負責評估者，你當然會依照你的專業，對不對？那假設你是第二個要簽名的人，就會遇到一個問題，你的同事都 say yes 了，你敢 say no 嗎？

> 我不知道增加醫事團隊有什麼差別？我當住院醫師時，就是叫主治醫師簽名，反正程序上就是要多一個人簽名，也有醫院是叫護

---

[27] 醫師訪談紀錄：「事實上這個我覺得（兩位醫師評估）成效有限啦！反而我覺得對病人而言是最麻煩的，因為他要跑兩次，特別是個案是真的需要幫助的時候，你叫他跑兩次有點辛苦。舉例來說，我們醫院要由復健科與精神科負責評估，那可能今天這個門診只有復健科醫師，精神科醫師今天下午沒有診阿！」

[28] 參見聯合報「巴氏量表鑑定 醫師只看一眼 到宅鑑定不行嗎？」（2010/05/16）；聯合報「今起到竹市巴氏量表收 4500 元」（2010/06/01）；中國時報「巴氏量表評估 提供到宅服務」（2010/06/01）。

理人員簽字，其實護理人員他怎麼可能會去評這個，而且他也不
想評，但他如果要待在這裡，他就要簽名！

仲介業者也表示：

每個醫院所謂醫療團隊的鑑定成員不一樣，有的是醫生加主任，
有的是醫生加護理長，有的是醫生加復健師，看醫院配置而定，
有的醫院還會有時候變動一下，就是說現在其實我們的政府一直
有在做這樣的一個防弊呀！但說真的，你買通了一個醫生之後，
你就輕鬆取得這樣一個資格，多一個人（評估）只是增加雇主多
餘的支出……。

　　另一方面，勞政主管機關在 2006 年初實施「外籍看護工申審機制與
國內照顧服務接軌方案」（後簡稱接軌方案），除上述由醫療團隊評估被照
顧者是否具有 24 小時照顧需求，國內照顧服務體系的接軌機制主要是經
過各縣市長期照護管理中心之媒合程序，推介本國籍照顧服務員予具有照
顧需求的雇主，並提供一個月一萬元為期一年的補助津貼，經由介紹國內
照顧服務員仍未能滿足照顧需求情況下，方得引進外籍看護工。依據接軌
方案的運作流程，申請民眾獲得診斷證明書後，醫院即會在 2 日內將診
斷證明書正本寄給雇主，副本則通知雇主所在地的長期照顧管理中心（後
簡稱長照中心），長照中心就從現有人力資料庫中搜尋有就業意願的本國
籍照顧服務員，透過電話確認後即辦理媒合；每位雇主推介的作業次數至
少需 2 次，每次以推介 3 人為原則，並於 6 個工作天完成推介手續。倘若
雇主具有正當理由無法僱用長照中心推介人員，勞委會並將其雇主資料建
檔，民眾即可於醫療團隊進行評估日起，14 至 60 天內向勞委會職業訓練
局申請招募外籍看護工，並由職訓局依相關規定審核，作成申請案件能否
通過的最後准駁 [29]。各中心執行接軌方案的人力由勞委會編列預算，全國

[29] 受訪長照中心提供的外籍看護工申請流程簡介。

共編列 66 名專員執行接軌方案（經建會、內政部，2008）。

　　檢視上述業務與人力編制，長照中心的專員需於二周內完成本國籍照顧服務員人力之媒合，但案量遠超乎個人負荷程度，北部某長照中心專員平均一人每月需處理案件數高達 1,200 件，均採用電話方式進行人力媒合。然而，依據我訪談雇主的紀錄，極少雇主知道勞委會推動的聘僱本國籍居家服務員補助計畫，以及長期照顧管理中心的存在。甚至一位擔任居家服務中心主任的王小姐受訪時表示：

> 當時仲介是先讓我們填表格，然後到醫院裡面去做評檢，後來我就接到一個長照中心就說叫我們去登記，我就請我公公去登記，但之後其實沒有任何的回應，我說回應就是說他（長照中心）沒有告訴我說有人來應徵這個工作，都沒有！後來仲介才告訴我說這個是嗯……文件已經送到勞委會去了……

　　然而，面對勞政主管機關交付的人力媒合業務，長期照顧管理中心專員執行時最大的困境就是沒有居服員可供推薦；多數的居服員培訓單位亦是服務提供單位，受訓期間表現佳者多數被培訓單位留任，其他學員則轉至醫院或長期照顧機構工作；再者，雖然各縣市政府均已建立居家服務人員資料庫，但該資料庫卻未能呈現居服員工作的動態[30]，長照中心媒合人力的作法是以電話方式逐一尋找符合雇主條件且仍賦閒在家的居服員[31]，致使歷年來媒合成功的比例僅為千分之一。再者，依據流程，申請者既已取得醫師開立的診斷證明書，意謂其已決定聘僱外籍看護工[32]，長照中心的專員即使發現醫師診斷與個案現實狀況出現落差，亦無權力更正醫師開立的診斷證明書，主管機關亦未賦予長照中心複審診斷證明書的權限，致

[30] 例如任職中、待業中或已轉業。

[31] 北部某長照中心負責接軌方案專員訪談紀錄。

[32] 北部長照中心負責接軌方案專員訪談紀錄：「民眾都拿了診斷書，擺明就是要申請外勞，就是會跟你說不需要本勞，而且打過去電訪時，常會被認為詐騙，再加上外勞便宜，你說的那麼多，我還是要申請外勞！」

使家屬反而告知長照中心的專員聘僱外籍監護工的附加利益[33]，甚至仲介公司也開始無視長照中心的功能[34]。顯示即使主管機關企圖透過補助增強雇主聘僱本國籍居家服務員的動機，然而，在權責不明狀況下執行業務的長照專員僅能淪為公文上的橡皮圖章[35]。

綜言之，外籍看護工的聘僱人數之所以在 2002 年後迅速增加，一則來自於家庭幫傭配合的緊縮，致使其聘僱需求移轉至申請資格相對較具彈性的外籍看護工類別；另一方面則是來自家庭成員老化的壓力，雖然照顧者主觀評估家庭成員確有照顧需求，但卻不符勞委會訂頒的聘僱標準。檢視上述違法聘僱行為的執行者與歷程，都出自於行為人自願參與，最常運用的策略就是「購買診斷證明書」或是「欺騙醫師」，而這兩種策略即是透過行為人與其他具有聘僱經驗的親友或是仲介公司經由差別結合途徑而習得，再加上未能發揮預期媒合本勞功能的長期照顧管理中心，提供已取得診斷證明書的潛在雇主一個極佳犯罪機會，也導致上述接軌方案不僅未能達成減少外籍看護工改變本國籍居服員就業機會的政策目標，部分縣市外籍看護工的聘僱人數甚至高於當地推估的失能人數，顯示外籍看護工聘僱此一無被害者犯罪型態，與性交易無被害人犯罪類型極為類似，即法律雖明文規範禁止上述行為，但在缺乏有效犯罪監督機制的時空結構下，行為人透過社會學習途徑習得犯罪手法，例如欺騙醫師，或是購買診斷證明書，顯示部分行為者彼此之間相互同意進行服務上的交易，而主要行為者

---

[33] 南部長照中心負責接軌方案專員訪談紀錄：「民眾會跟我們說請這個外勞便宜又好用，可以幫忙煮飯洗衣，也可以去種菜，即使跟他們說不能從事照顧以外的工作，他們都知道，但是沒有在相信的……。」

[34] 仲介業者訪談紀錄：「實施至今，我們還沒遇過有人因為長照中心的介入，而改變雇主原來的意願，所以我們後來也很放心這塊，我們就很大方的告訴雇主說，你不要擔心！你只要不要做到歧視，你就過關了！那個長照打電話在講什麼，你只要不要說，『我就是要請外勞呀，你幹嘛給我本勞，我也是有仲介公司呀！』你只要不要講這些話，就過關了，放心！百分之九十九點九不會有人應徵，所以你只要把它填出去，過幾天長照中心，就會告訴你說那個某某先生、某某小姐，你可以請你的仲介公司跟勞委會提出申請了，所以那等於無效的一個流程，可是在那邊要卡兩個禮拜。」

[35] 南部與北部長期長照中心負責接管方案專員訪談紀錄。

（雇主）自認為未被該行為侵害；然而，雖然上述犯罪型態無明顯侵害法律利益，亦無明確的犯罪被害人，但診斷書的的開立卻顯然存在極大的非法交易市場，本國籍居家服務員亦因此而欠缺求職與面試的機會。

肆、從污名（stigma）到殊榮（privilege）：聘僱家庭外籍看護工的社會學習歷程

　　本文檢視家庭外籍看護工的聘僱與管理，顯示外籍看護工的雇主、人力仲介公司與相關主管單位三方聯手建構了一新型態的無被害人犯罪類型。但究竟要如何解釋同在家庭場域內，外籍看護工與本國籍居家服務員兩類照顧服務人員人數上的懸殊比例，以及長期照顧政策將家庭外籍看護工與居家服務員並列的政策預設是否背離民眾的選擇之課題，則必須將研究軸線拉回至長期照顧政策的脈絡之下，特別是民眾對各類長期照顧服務模式的選擇。

　　陳正芬與吳淑瓊（2006）運用 Andersen 模式，分析家庭照顧者對各類長期照護服務模式的使用意願，研究結果描繪出家庭照顧者對各項長期照護服務的選擇乃是一理性選擇的過程，即服務模式的選擇會尊重被照顧者的意願，也就是當老人本身不願意接受機構式照顧時，家庭並不會尋求該類服務，許多符合機構式照顧條件的重度失能老人仍由家庭成員持續提供照顧；該研究結果與 Piercy 等人（1999）探討成年子女如何在照顧責任與服務使用間取得平衡的研究結果一致，成年子女固然盡可能將失能父母留在家中照顧，並將此一照顧視為他們的責任，但其面對照顧本身子女及功能障礙父母之雙重壓力，仍傾向尋求正式服務方案舒緩照顧壓力，特別是具信賴感、服務時間彈性且能讓父母接受的照顧模式。值得注意的是，照顧者對某項服務賦予的意涵亦會隨社會變遷而改變，例如過去中國成年子女因擔心使用機構式服務而被貼上不孝標籤，但現在機構式服務卻成為照顧品質的保障，甚至是子女經濟地位的象徵，機構式服務的使用量亦

隨著服務意涵的變遷（從污名〔stigma〕到殊榮〔privilege〕）而顯著提升（Heying, Feng, & Luo, 2008）。

　　以下本節試圖呈現照顧者在外籍看護工聘僱決策過程中衡量折衝哪些不同的考量，我歸納出他們僱用外籍看護工有二個主要因素：家庭看護工是照顧者與被照顧者雙方都可以接受的服務模式，以及外籍看護工此一服務可近性與可獲得性皆高於其他長期照護服務項目。我特別要強調的是，照顧者與被照顧者在服務選擇的過程中深受其參考團體的影響，特別是當其參考團體將外籍看護工的聘僱視為一種殊榮，也就是有經濟能力的子女才有能力為失能父母聘僱專人 24 小時貼身照顧時，此種深層社會學習的效果更具有增強聘僱行為（不論是合法或非法）的誘導機制。

一、外籍看護工是照顧者與被照顧者雙方都可以接受的服務模式

　　長期照顧服務依據服務提供的地點可分為機構式、社區式及居家式三類長期照護服務模式；相較於機構式與社區式服務，居家式服務的特性是將功能障礙者所需的服務輸送到家，被照顧者仍可居住在原來熟悉的居家環境中，是被照顧者最不受束縛的一種服務（Kane & Kane, 1987；吳淑瓊、陳正芬，2000）。若依據服務提供的地點將外籍看護工進行歸類，由外籍看護工進駐家裡（in-home）的照顧服務毫無疑問應被列為居家式服務，但為何照顧者未選擇同樣可至家中提供服務且受過專業訓練的本國籍居家服務員？答案正如前所述，相較於目前我國以鐘點計算，且大多僅在日間時段提供的居家服務[36]，可與被照顧者同居一室提供 24 小時貼身照顧的外籍監護工無疑是具備服務時間高度彈性的優點，也具有喘息（respite）的意涵；特別是對許多有職照顧者而言，若下班後還需承擔照顧責任，甚至晚上起來數次照料失能的父母，其體力負荷往往不堪負荷。一位與丈夫

---

[36] 依據作者與助理在網路蒐集臺北市及新北市政府簽約委託提供服務的居家服務單位之服務時段，多數單位為週一至週五上午七點至下午六點，少數單位服務時間可延至晚間九點，針對週末時段，部分單位註明需事先調配。

合開印刷廠的黃小姐，解釋她放棄本國籍照顧服務員，改聘外籍看護工的過程：

> 那時候我請台籍看護，可是畢竟她不是我家的人，我不能把所有的責任都推給她，而且台籍的就只有照顧病人，她沒有辦法幫你做家事喔！我覺得你也不能去怪一般的媳婦，如果說今天即使我是一個正常的上班族，我都沒有辦法去做這麼多的事情，因為真的已經下班很累了，你還要去接小孩，還要看小孩的功課，你真的沒有時間跟那個精力再去做這麼多了……

再者，大多數失能老人並不願意離開家裡進入機構，例如訪談中數位媳婦照顧者如此表達家中對機構式服務討論的禁忌：「我們家是不可能這樣（使用機構式服務）！」「你不可能跟公公婆婆談說，要不要住機構喔？不會不會！那個對他們來講是大不孝！」，擔任人力仲介的徐小姐如此形容她觀察到的雇主居家環境：「很多家屬都是購買全套的氧氣機跟抽痰機，我就是覺得這就是要去住呼吸治療中心，怎麼會在家裡？但雇主就是聘外勞在家照顧」，顯然失能父母的意願確實被成年子女納入考量，因此即使是重度失能，符合機構式照顧需管路照顧的失能父母，成年子女權衡機構式服務與外籍看護工服務兩項服務特性之後，仍決定聘僱外籍看護工在家提供照顧，例如一位 55 歲的媳婦照顧者向我解釋為何選擇外籍看護工的理由：

> 其實也要考慮她本人意願啦！因為其實你們剛過來的時候也有看到我們隔壁就是養老院（受訪者苦笑），她一直很抗拒在那樣的環境裡面，就是長期做一個被人家照顧的人……那我們想說在家裡請一個外籍勞工，至少她看得到我們會比較放心，那我們也放心！

伍、結論

　　我國的長期照顧政策主軸原是將家庭外籍看護工的引進界定為補充性人力，但現今高達 24 萬名的人數顯示其不僅已褪去邊陲與補充的功能，對我國現有長期照顧服務方案更產生強烈的替代性效果；本文的論述重點就是將外籍看護工的研究軸線拉回至長期照顧政策的脈絡之下，從被照顧者與照顧者雙方的需求檢視長期照顧服務模式的選擇歷程，並呈現外籍看護工的聘僱與運用如何被建構為無被害人犯罪型態。本文首先依據被照顧者的失能程度將外籍看護工的雇主類型分為二類，第一類是被照顧者患有慢性疾病，但生活仍可自理，也就是不符合外籍看護工的聘僱標準；惟被照顧者的心理上或照顧者不放心其白天獨居，因此想辦法透過「欺騙」或「購買」策略取得醫師診斷證明書，此一類型的雇主明顯違反勞政主管機關訂定的聘僱標準；雖然他們明知違法，但行為人本身並不認為自己犯罪，而是認為診斷證明書的取得不過是家屬與醫師彼此相互同意而進行的一種服務上的交易；即使欺騙醫師，亦認為聘僱外籍看護工原本就是大多數照顧者的強烈需求，但卻因勞政主管機關緊縮聘僱標準而高度受到限制。第二類則是被照顧者確實符合外籍看護工的聘僱標準，但外籍看護工卻被超時超量與違法運用，照顧者並非不知道自己從事違法，但她們彼此認為其行為來自相互模仿學習，另一方面也認為自己為外籍看護工提供工作機會及相對高於母國的薪資，藉以否認被害人的存在，合理化自己對看護工的工時剝奪，或主張透過薪資補償足以降低傷害；再者，即使主管機關企圖查緝外籍看護工的違法使用，但極度有限的外勞稽查人力顯然無法發揮制止犯罪的監督作用；即使受訪的人力仲介公司利用家戶訪視機會說明勞委會制定若干外籍看護工違法使用的相關罰則，雇主卻仍採取責備掌權者的辯護技巧為自身脫責。

　　誠然，在缺乏可有效制止犯罪的監督機制之下，雇主透過否認被害人存在的策略合理化自己超時與超量及違法運用外籍看護工的犯罪行為；但是，多數雇主濫用的結果即是照顧品質的下降，例如外籍看護工因身體與

情緒負荷，以致工作時打瞌睡或精神不濟，致使被照顧者跌倒受傷；或當被照顧者出現管路脫落當下，因擔心被責罵而隱瞞事實，致使被照顧者出現侵入性肺炎或尿道感染，上述情況都意謂犯罪行為人自身的行為傷害家人與自身利益，特別當被照顧者因外籍看護工的疏失而需入院治療甚至死亡時，照顧者可能需耗費更多時間與精力照顧，並因此而感到內疚與自責。

　　我們是否據以指責外籍看護工的雇主？事實上，我認為，外籍看護工的聘僱者乃是現行支離破碎長期照顧政策的受害者。從整合性（integration）與權責性（accountability）兩個指標檢視外籍看護工聘僱與管理機制，其問題成因可歸納為下列三項：服務不連續性（discontinuity）、無權責性（unaccountability）與分割性（fragmentation）。從服務體系的整合性觀之，雖然外籍看護工的服務對象多數為急性後期病人，但訪談資料顯示，幾乎沒有個案是從醫院的出院準備服務獲取長期照顧相關訊息，其所獲得各項長期照顧服務訊息的認知都是破碎與不連續的資訊，顯示急性醫療與長期照護服務體系之間出現重大斷裂與縫隙，致使政府提供的各項居家式與社區式服務的可獲得性與可近性遠不及人力仲介業者。再者，雖然勞委會委託長期照顧中心的專員為外籍看護工申請者進行本國籍照顧服務員的人力媒合，企圖銜接外籍看護工的審核機制與國內照顧服務體系，卻因長期照護管理中心未被賦予複審診斷證明書的權限，權責不符的機制致使每年經由長照中心推介且獲聘的本國籍照顧服務員都是個位數，僅佔當年外籍看護工聘僱人數的千分之一。另一方面，外籍看護工此項服務雖是由醫療團隊進行需求評估，但其進入家戶場域後的照顧品質完全放任家屬與人力仲介公司監督，主責人力資源的勞委會並未針對後續服務提供進行監控，導致外籍看護工的照顧品質飽受抨擊，特別是符合勞委會聘僱標準的被照顧者，都是屬於長期照顧的重度失能者，其所需照顧項目與照顧密集程度往往造成照顧者高度的身體與精神負荷，即使場域為機構式服務，機構內的照顧服務員亦是經由輪班方式舒緩體力；但家戶內的雇主卻依據診斷證明書呈現的「需24小時照顧」要求看護工貼身提供24小時全

年無休的照顧服務，不僅是對外籍看護工高度的勞動剝削，也讓外籍看護工的聘僱者與被照顧者成為本身行為的受害者而無自覺。

雖然我國長期照顧政策主軸多年一直企圖將外籍看護工視為補充人力，但當外籍看護工已成為長期照顧服務的主要選項，透露不同階級的照顧者在臺灣社會中共同的弱勢處境，身為照顧者，不論是否有全職工作或其他照顧年幼子女的負荷，失能老人及社會期待他們必須承擔照顧責任；是以經濟能力較佳的中高收入照顧者，自費僱用外籍看護工來移轉照顧責任，但移轉過程卻以違反相關勞動法規與剝削外籍看護工的形式執行，缺乏照顧知能指導與督導的外籍看護工卻可能因此在非自願的狀況下致使被照顧者遭受傷害，但國家一方面不斷宣示不得超時超量與違法使用外籍看護工，卻又將外籍看護工聘僱者排除在各項照顧服務之外，不允許外籍看護工聘僱者使用居家服務、日間照顧或喘息服務，不僅進一步強化了雇主與相對弱勢看護工之間的階級利益衝突，甚至因此創造診斷證明書偽造與販賣的非法交易市場。中高收入照顧者的照顧責任在外籍看護工聘僱後看來得到解決，但其解決途徑卻是透過壓迫外籍看護工與漠視照顧品質而獲取；不僅外籍看護工在這樣的無被害人犯罪類型中無法發聲與受到重視，每年接受照顧服務課程培訓的本國籍照顧服務員的工作機會亦無法有效增加。

與其控訴臺灣民眾何以超時與超量聘僱外籍看護工，我們應面對並理解照顧者與被照顧者對各項長期照顧服務使用的掙扎與矛盾情緒，然後在支離破碎的長期照顧服務網絡中，試圖摸索出外籍看護工、本國籍照顧服務員與雇主三方可以彼此共融的基礎與議題結盟的行動可能。對外籍看護工與本國籍照顧服務員而言，確認兩者的工作機會與勞動條件乃是可行途徑，例如規範雇主不得要求外籍看護工選擇不放假，落實每工作六天給予一天休假日的勞動條件[37]，藉以創造本國籍照顧服務員大量的就業機會[38]，或是委託居家服務單位擔任外籍看護工的在職訓練與監督業務都是

[37] 參見香港外籍幫傭的勞動條件（陳惠姿、張振成，2009）。

[38] 此為 2010 年 10 月 27 日成立的長期照顧監督聯盟重點訴求之一，發起單位包括：婦

可行途徑；既然外勞稽查員對於進入家庭場域進行查察有所顧忌，基於照顧品質的維護與外籍看護工勞動權益的保障，建議人力仲介公司的業務應局限於外籍看護工的人力媒合，外籍看護工進入家庭場域後的管理與指導成本，應由勞政主管機關善用雇主繳納的就業安定金，委託服務場域原本就是在家庭內的居家服務單位進行外籍看護工的管理與在職教育訓練，亦可透過居家服務單位協助雇主媒合看護工休假或返國期間的人力需求，而非將人力媒合重責委託無法掌握本國籍照顧服務員動態的長期照顧管理中心。惟有鑑於提供照顧服務的可近性與可獲得性，政府相關單位與居家服務單位亦應研議夜間與週末時段的服務策略，據以提升居家服務的可近性與可獲得性。

　　根本問題乃是外籍看護工的「需求評估」與後續「照顧計畫」的脫勾，現行體制是由醫療團隊擔任需求評估者，但誠如受訪醫師陳述在「非自然」環境的醫療診間進行身體功能評估確有執行上的困難，且醫師屬於急性服務體系，不應扮演長期照顧服務建議的角色（建議家屬找專人照顧，但家屬卻直接將專人照顧化約為聘僱外籍看護工），另一方面，既然評估工具是巴氏量表，即應發揮此一評估工具的優點，由長期照顧中心的照顧管理專員到家評估，一方面可以在居家自然的環境下直接觀察被照顧者的生活自理能力，亦能依據其生活自理能力缺損程度與所需照顧密集程度規劃適切照顧計畫，納入多元且配套的各項長期照顧服務方案；針對確實不符合生活自理能力缺損但有保護性看視的老人的服務需求，則應建議使用短時數的居家服務，或是積極鼓勵托兒所或幼稚園附設托老方案，亦可將有保護性看視需求的老人與六歲以下幼兒的照顧需求合併檢討，省思外籍幫傭聘僱條件的合理性。外籍看護工不應被貼上「唯一」且「子女孝順」的標籤，而是被納入長期照顧政策整體架構下考量，透過本國籍照顧服務員與外籍看護工的銜接與配合，以及需求評估與照顧計畫的連結，建構民眾認識各項長期服務的社會學習管道；也唯有當外籍看護工違法聘僱

女新知基金會、家庭照顧者關懷總會、臺灣國際勞工協會、臺灣社區照顧協會與中華民國殘障聯盟。

與違法運用的事實被社會大眾皆確認是壓迫行為，且將外籍看護工的聘僱與管理確實整併進入長期照顧體系，讓外籍看護工的勞動條件在它監督機制的制衡下獲得保障，才有可能讓雇主與外籍看護工之間的關係，不再是支配與剝削的衝突對象，而可能透過其他服務模式的引進，有機會發展為互賴與互信的結盟關係，亦讓被照顧者得以透過制度獲致照顧品質的保障。

參考文獻

王增勇（2006）。〈外籍看護工政策省思與芻議〉，《就業安全》，5(1)，96-102。

王增勇等人（2006）。〈放寬外籍看護工申請之後呢？以「照顧公共化」破除解構「外勞 vs. 本勞」與「外勞 vs. 雇主」利益衝突的迷思〉，《臺灣社會研究季刊》，61，283-317。

成之約、戴肇洋（2008）。〈在台女性外籍勞工工作條件調查與分析之探討〉，《臺灣勞工季刊》，16，48-57。

行政院（2007）。《我國長期照顧十年計畫──大溫暖社會福利套案之旗艦計畫》。

行政院勞委會職訓局（2010）。《統計速報》。臺北：行政院勞委會職訓局。

行政院經濟建設委員會（2005）。《照顧服務福利及產業發展方案第一期計畫執行情形總檢討報告》。

行政院經濟建設委員會（2008）。《照顧服務福利及產業發展方案第二期計畫總結報告》。

行政院經濟建設委員會、行政院衛生署、內政部（2009）。《長期照護保險規劃報告》。

何宜蓁、徐菊容（2009）。〈提升外籍看護工執行居家個案照顧技能正確率之方案〉，《長期照護雜誌》，14(1)，75-87。

吳秀照（2006）。〈層層控制下不自由的勞動者：外籍家戶勞動者勞動條件、勞雇關係及管理政策析論〉，《社會政策與社會工作學刊》，10(2)，1-48。

吳淑瓊、呂寶靜、林惠生、胡名霞、張明正、張媚（2004）。《全國長期照護需要評估第三年計畫》。行政院衛生署 92 年度委託研究計畫。

吳淑瓊、陳正芬（2000）。〈長期照護資源的過去、現在與未來〉，《社區發展》，92，19-31。

呂寶靜（1999）。〈老人使用日間照護服務的決定過程：誰的需求？誰的決定？〉，《臺大社會工作學刊》，1，81-229。

呂寶靜（2004）。〈身體功能評量之比較──失能者與其家庭照顧者看法之比較〉，《臺灣衛誌》，23(3)，188-196。

李元昌（2007）。《「外籍看護工申審機制與國內照顧服務體系接軌」之實施現況與成效初探──以臺北縣為例》。國立政治大學社會學研究所碩士論文。

李庚霈（2006）。〈運用國內勞動力推動照顧服務產業之探討〉，《臺灣勞工雙月刊》，4，79-86。

辛炳隆（2004）。〈外籍家事勞動之經濟分析與法律規範〉，《就業安全》，3(2)，98-102。

周愫嫻、曹立群（2007a）。〈差別接觸理論和社會學習理論〉，收錄於《犯罪學理論其及實證》。臺北：五南。

周愫嫻、曹立群（2007b）。〈犯罪生物理論、心理理論和中立化理論〉，收錄於《犯罪學理論及其實證》。臺北：五南。

周愫嫻、曹立群（2007c）。〈理性選擇理論和日常生活活動〉，收錄於《犯罪學理論及其實證》。臺北：五南。

林佳和（2003）。《外勞人權與行政管制──建立外勞保護體系之初步研究》。臺北：行政院勞工委員會職業訓練局委託研究。

林津如（2000）。〈「外傭政策」與女人之戰：女性主義策略再思考〉，《臺灣社會研究季刊》，39，93-135。

洪文玲（2005）。〈行政調查制度之研究〉，《警察法學》，4，403-455。

高金桂（1996）。〈刑事政策上關於犯罪化與除罪化問題〉。《東海大學法學研究》，10，177-204。

張旭東（2009）。《侵害智慧財產權案件犯罪之研究──以盜版電視遊樂器（TV GAME）遊戲光碟實體通路業者為例》。國立臺北大學犯罪學研究所碩士論文。

張苙雲（2005）。〈醫療：職業與專業〉，收錄於《醫療與社會：醫療社會學的探索》。臺北：巨流。

曹毓珊（2001）。《老人家庭照顧者雇用外籍看護工對照顧關係影響之研究》。國立政治大學社會學研究所碩士論文。

許春金（2006）。〈犯罪的本質與犯罪的系統動態學〉，收錄於《人本犯罪學──控制理論與修復式主義》。臺北市：三民。

許雅娟、王靜枝（2003）。〈越勞職前護理教育課程之設計及實施成效〉，《長期照護雜誌》，8(1)，79-88。

許福生（2004）。〈犯罪化與除罪化之探討〉，《中央警察大學學報》，41，169-202。

陳正芬、吳淑瓊（2006）。〈家庭照顧者對長期照護服務使用意願之探討〉，《人口學刊》，32，83-121。

陳亮汝、吳淑瓊（2008）。〈居家失能老人使用外籍監護工之相關因素分析〉，《臺灣衛誌》，27(1)，32-43。

陳惠姿、張振成（2009）。《外籍看護工僱用及管理模式》。行政院勞委會職訓局委託研究計畫。

陳惠姿、黃源協、李世代、胡名霞、蔡欣玲（2005）。《我國長期照顧資源開發規劃研究》。內政部委託規劃報告。

曾淑芬（2005）。《機構式長期照護服務使用之相關因素探討：社區環境與個人背

景因素之分析》。國立臺灣大學衛生政策與管理研究所博士論文。

黃偉城、周騰達、蕭添木、黃志芳、王培銘、曾嵩智（2006）。〈腦中風居家護理個案預後因素的探討── 202 例個案病例之回顧〉，《臺灣家庭醫學雜誌》，*16*(4)，251-259。

黃富源（2002）。〈被害者學理論的再建構〉，《中央警察大學犯罪防治學報》，*3*，1-24。

經建會、內政部（2008）。《照顧服務福利及產業發展方案第二期計畫總結報告》。

廖淑彩（2009）。《我國外籍看護工政策與管理措施之研究──以居家照顧模式為例》。元智大學管理學研究所碩士論文。

劉玉蘭、謝佳宜（2004）。〈外籍看護工之引進及國內照顧服務體系之建立〉，收錄於《外籍勞工政策研討會論文集》。臺北：中研院經濟所。

潘淑滿（2007）。〈外籍家事工受暴現象的社會意義〉，《社區發展季刊》，*119*，103-117。

蔡孟良（2001）。〈外籍監護工開放政策與問題初探〉，《就業與訓練》，*19*(3)，8-13。

蔡德輝、楊士隆（2008）。〈無被害者犯罪〉，收錄於《犯罪學》。臺北：五南。

霍夫曼‧約翰、楊士隆（1992）。〈差別接觸理論之發展與評判〉，《警學叢刊》，*21*(1)，98-107。

謝淑芬、梁蕙芳（2008）。〈協助失能老人及其外籍看護工的護理經驗〉，《長庚護理》，*19*(3)，389-399。

藍佩嘉（2004）。〈女人何苦為難女人？雇用家務移工的三角關係〉，《臺灣社會學》，*8*，43-97。

藍佩嘉（2005）。〈階層化的他者：家務移工的招募、訓練與種族化〉，《臺灣社會學刊》，*34*，1-57。

藍佩嘉（2006）。〈合法的奴工，法外的自由：外籍勞工的控制與出走〉。《臺灣社會研究季刊》，*64*，107-150。

藍科正（2006）。〈談聘僱外國專業人員行為的查察與建議〉，《就業安全》，*5*(1)，106-110。

羅紀琼、尤素娟、吳淑芬（2007）。〈外籍看護工照護對象初探〉，收錄於《臺灣外籍勞工研究》。臺北：中央研究院經濟研究所。

Akers, R. L. (1998). *Social Learning and Social Structure: A Gerenal Theory of Griminal and Deviance*. Boston: Northeastern University Press.

Akers, R. L. (2000). *Criminological Theories: Introduction, Evaluation, and Application*. Los Angeles: Roxbury.

Andersen, R. M. (1995). "Revisting the behavioral model and access to medical care: Does it matter?" *Journal of Health and Social Behavior, 36*(1), 1-10.

Andersen, R. M., & Aday, L. (1978). "Access to medical care in the U. S.: Realized and potential." *Medical Care, 16*, 533-546.

Ayalon, L. (2009a). "Evaluating the working conditions and exposure to abuse of Filipino home care workers in Israel: charateristics and clinical correlates." *International Psychogeriatrics, 21*(1), 40-49.

Ayalon, L. (2009b). "Family and family-like interactions in households with round-the-clock paid foreign carers in Israel." *Aging & Society, 29*, 671-686.

Cohen, L. E. & Felson, M. (1979). "Social change and crime rate trends: A routine activity approach." *American Sociological Review, 44*, 588-608.

Guberman, N. (2006). "Formal service practitioners' views of family caregivers' responsibilities and difficulties." *Canadian journal on aging, 25*(1), 43-54.

Heying, J. Z., Feng, X. F., & Luo, B. (2008). "Placing Elderly Parents in Institutions in Urban China：A Reinterpretation of Filial Piety." *Research on Aging, 30*(5), 543-571.

Hsueh, I., Wang, C., Sheu, C., & Hsieh, C. (2003). "Comparison of psychometric properties of three mobility measures for parents with stroke." *Stroke, 34*(7), 1741-1745.

Kane, R. A. & Kane, L. K. (1987). "What is long-tern care?" *Long-term care: principles, programs, and policies*. New York: Springer.

Keysor, J. J., Desai, T., & Mutran, E. J. (1999). "Elders' Preferences for Care Setting in Short-and Long-Term Disability Scenarios." *The Gerontologist, 39*(3), 334-344.

Loveband, A. (2004). "Positioning the Product: Indonesian Migrant Women Workers in Taiwan." *Journal of Contemporary Asia, 34*(3), 336-348.

Meier, R. F. & Geis, G. (1997). "Morality, harm, and criminal law." *Victimless Crime? Prostitution, Drugs, Homosexuality, Abortion*. Los Angeles, California: Roxbury publishing Company.

Miller, E. & Weissert, W. G. (2000). "Predicting elderly people's risk for nursing home placement, hospitalization, functional impairment and morality: A synthesis." *Medical Care Research and Review, 57*(3), 259-297.

Muehlenberg, B. (2005). "Pornigraphy: is it a victimless crime? *Australian Family, 26*(3), 11-15.

O'Conner, D. L. (1995). "Supporting Spousal Caregivers: Exploring the meaning of service use." *Famlies in Society: The Journal of Contemporary Human Service,* *76*(5): 296-305.

Pearson, V. I. (2000). "Assessment of Function in Older Adults." In R. L. Kane & R. A. Kane (Eds.), *Assessing Older Persons.* New York: Oxford University Press.

Piercy, K. W. & Blieszner, R. (1999). "Balancing family life: How adult children link elder-responsibility to service utilization." *Journal of Applied Gerontology, 18,* 440-459.

Stylianou, S. (2010). "Victimless Deviance: Toward a Classification of Opposition Justifications." *Western Criminology Review, 11*(2), 43-56.

Wan, T. T. H. (1989). "Effect of manged care on health services use by dually eligible elders." *Medical Care, 27*(11), 983-1000.

Wolinsky, F. D. & Johnson, R. J. (1991). "Use of health services by older adults." *Journal of Gerontology, 46*(6), S345-S357.

第二篇
新興照顧服務與第三部門

第五章
社會福利界的游牧民族？
非營利組織承接社區照顧關懷據點之
策略

劉昱慶、陳正芬

* 本章曾發表於《臺大社會工作學刊》，2015，33 期，頁 43-88。經修訂增刪始成此文。

壹、研究背景與目的

　　自《老人福利法》1997 年第一次修法，第 18 條規定地方政府應提供或結合民間資源提供居家服務，至 2007 年的修正後即增加社區式與機構式照顧；政府為達成多元的長期照顧服務政策施行，開始結合民間團體以「購買服務」提供老人照顧服務。本研究聚焦於行政院 2005 年推動「臺灣健康社區六星計畫」中，以社區營造及社區自主參與為基本精神，鼓勵民間單位建立的「社區照顧關懷據點」（以下簡稱「關懷據點」）服務方案。研究者檢視關懷據點的承接模式、承辦單位與服務項目等規定，分析出三大特色：（1）「鼓勵社區提案或在既有老人服務單位成立據點」：依據關懷據點運作模式，承辦單位資格為兩大類型，一為「社區團體自行創立」，即運用社區在地資源，如村里辦公室、農漁會與社區自願服務隊等力量成立據點；二為「具老人服務基礎團體」，包括立案社團與財團法人基金會等，在既有服務基礎上辦理關懷據點；（2）「承辦單位具有選擇關懷據點類型的決定權」：依據關懷據點評鑑指標規定，若通過考核或經輔導而達辦理標準之據點，皆可持續申請補助，此一即為「經費型[1]」關懷據點；而臺北市規定，若承辦單位未提出經費申請或原為經費型因評鑑績效優良而轉型，即是「功能型[2]」關懷據點。因此，依據「評鑑考核」與「申請經費」兩面向將據點定義為「功能型」與「經費型」兩類；（3）「辦理服務項目之選擇權」：每一關懷據點可從關懷訪視、電話問安、餐飲服務與健康促進活動四項活動中，任選三項提供服務。

　　有別於過去購買服務委託的「以價制量」或「以價格標」等方式，關懷據點的委託方式具多元性與選擇性，不但鼓勵各類型單位開辦關懷據點服務，且允許承辦單位依據本身服務能量與特色自行選擇服務項目。本研

---

[1] 經費型關懷據點：（A）評鑑績效達優等或甲等，可持續申請補助；（B）評鑑績效不佳但經輔導後仍可繼續提出申請。

[2] 功能型關懷據點：（A）已具備據點功能，但未申請經費；（B）原為經費型，若評鑑績效優良可申請轉型為功能型，不申請經費且不須再接受評鑑。

究選取臺北市關懷據點作為研究範圍之原因在於，承辦單位包括村里辦公處和社區發展協會、人民團體、福利部門等屬性，其村里與社區發展協會超過半數（占 54.4%），宗教性質的團體占 16.2%，福利部門約占三成（29.4%），據點屬性十分多樣化（羅秀華、黃林惠，2009），且臺北市為全臺唯一各區皆設立老人服務中心城市，定位為社區資源開發與整合者的角色（師豫玲、鄭文惠、蘇英足、李宜衡，2009）。據此，本研究立基於資源交換理論，選取臺北市辦理功能型與經費型據點的非營利組織，以個案研究方式，選擇四個辦理據點時間長且承辦多項服務的非營利組織；以非營利組織在委託服務中的資源取得與自主性為主軸，分析非營利組織承接政府委託服務的動機，以及辦理關懷據點的選擇性策略，探討非營利組織接受委託服務獲得政府資源同時，如何維持使命與自主性。

貳、文獻探討

政府透過購買服務方式發展老人福利服務已行之多年，而關懷據點為新型服務方案，委託與受託單位雙方在此新型服務模式的關係與過去委託模式明顯有異。本節就臺灣社會福利民營化政策、老人福利服務與購買服務契約運作之關係，以及長期照顧方案之轉變三方面進行文獻回顧。

一、福利國家與臺灣社會福利民營化政策

社會福利民營化可以追溯到 1970 年代，西方國家的社會安全制度經過多年的蓬勃發展，人民對社會福利經費的擴張與服務效果之間的關係產生懷疑與反省，而 1980 年代新保守主義與福利多元主義興起，強調福利與服務的提供，不僅需增加民眾使用的便捷性與選擇性，更應鼓勵民間志願部門參與並賦予更大的福利責任，掀起社會福利民營化的思潮（唐啟明，1997；劉淑瓊，1997）。Kent（1987）認為民營化是由市場機制或

完全價格來引導生產；Bailey（1987）則將民營化視為由「市場誘因」控制，藉以解除公共組織無誘因現象；在不同的詮釋之下，現今最廣泛的定義是指在公共服務、公共資產、公共基本設施等公共事務上，透過改革行動將政府的功能部分或全部的移轉至民間部門，降低政府角色及增加社會機構角色的行為。換言之，政府部門和民間部門都承擔著重要的角色，形成「公私合夥關係」（public-private partnerships）（Savas, 2000；黃源協，2001）。

「社會福利民營化」的策略可透過政府與民間團體合夥生產、委託外包與購買服務等方式，將生產服務的角色及部分的財務負擔向民間移轉，其中「購買契約服務」即是社會福利民營化具體的措施之一（孫健忠，1991；劉淑瓊，1997；應國福，2006）。

「購買服務」（Purchase of Service Contracting, POSC）係委託單位（政府）與受託單位（非營利組織）之間的互動行為，Salamon 與 Anheier（1998）將非營利組織稱為「公共服務的夥伴」，Smith 與 Lipsky（1993）等人探討美國非營利組織提供公共服務的角色定位，甚至以「浮士德的交易」（Faustian Bargain）來比喻，憂慮志願組織在接受政府補助或委託過程中，會交出自己的靈魂，改變原有非營利組織經營的身分認同，成為所謂的「影子國家」（Shadow State），儘管名義上是志願性的，但實則已成為國家所宰制的對象；Van Slyke（2009）認為，委託單位在購買服務中的角色是促使一個以上的組織競爭同個對組織具有價值的標的，即是重視購買「環境」中受託單位的專業及自主性；而受託單位則是讓公部門競爭性的市場中，挑選出最專業、最低價格，提供高品質服務的提供者，重視政府提供的「資源」可依賴的程度。

雖然參與委託服務可能導致組織宗旨的混淆與挑戰服務目標的方向，但即使在委託契約規制之下，受託單位也可能採取「與服務使用不符」的方式拒絕服務複雜問題或服務成本較高的個案（Van Slyke, 2002；劉淑瓊，2007）。再者，政府雖企圖提供優厚的委託條件與降低投標資格來吸引民間潛在的組織加入競爭，但競爭市場仍存在「大型成熟組織獨大」的

現象（劉淑瓊，2008）。資源交換理論（resource interdependency model）是探討政府與非營利組織在購買服務的互動關係（Saidel, 1991；官有垣、陳正芬，2002；劉淑瓊，2001, 2011）；此模型主張雙方關係是建立在相互交換生存與發展重要的資源，雙方之間的依賴關係將依據三個向度呈現不同風貌：一是「資源的重要性」，是指組織運作、功能與方案推動所需者，越重要者依賴程度越高，其程度依資源的可取代性有所不同，若一方捨棄該資源仍可正常運作，表示其資源重要性不高；委託關係中，政府與非營利組織的依賴程度即可用此檢視。二是「其他替代資源的可及性」，可及性越低則依賴程度越高，反之，若資源可從雙方之外的另一組織獲得，依賴程度就會下降；非營利組織可在眾多服務方案中選擇從其他管道獲得相同資源，而減少對政府的依賴程度。三是「驅使對方提供資源的能力」，越能對另一方施加壓力使之遵從者依賴程度越低，政府可以透過方案評估或績效考核等契約規範性制訂獎懲方式，非營利組織則須配合社會政策的施行。

　　又如 Van Slyke（2006）運用代理人理論（Agency Theory）與管家理論（Stewardship Theory）檢視紐約州社會服務委託後，政府與委託單位雙方行為的類型與影響因素；代理人理論的目標是尋求在一定的約束機制下，能維持所有權和經營權的分離狀態，但一方面可實現委託人價值的最大化，又可激勵代理人為實現委託目標而努力（Jensen & Meckling, 1996）。相對於代理理論，管家理論認為不應只考慮委託層面的自利動機和受託過程中的防弊制衡設計，而忽略委託關係亦有社會動機的驅使；換言之，管家理論將受託者視為善盡職責、可被信任和高度承諾的管家，當受託單位相信個別的組織利益與委託者的利益息息相關，自然會竭盡所能地執行委託業務；惟當委託單位與受託單位利益或立場不一致時，受託單位寧可放棄合作關係，也不會再接下委託關係，自然也不會出現代理成本（Davis, Donaldson, & Schoorman, 1997）。但可惜的是，依據 Van Slyke（2006）的研究發現，政府部門並未充分信任非營利組織，制定防弊制衡設計致使某些珍惜聲譽的非營利組織撤離服務行列。

　　誠然，過去在民營化風潮影響下，公共服務契約委外的市場理性遭受到質疑，同時在實務運作上也出現一些迷思（劉淑瓊，2001），但就資源交換理論而言，雖然非營利組織身處於服務經濟利益相對有限且服務委託價格通常低於市場價格的社會服務契約之中（Johnston & Romzek, 1999；劉淑瓊，2007），能否從有限的資源中「選擇」出對組織發展有助益的決策方是關鍵；再者，透過代理關係檢視委託雙方的信任關係，是否會影響非營利組織持續或是退場委託服務當中的決策，將有助於探討現今社會福利民營化的轉變。

二、社區照顧關懷據點的發展與模式

　　長期照顧（long-term care）已成為各國因應高齡化社會的重要社會政策，Kane 等人（1998）認為：「長期照顧是對具有長期功能失常或困難的人之照顧，提供他們一段時間的持續性協助。」政府為節省照顧老人的龐大的醫療財政負擔，以家庭照顧者、非營利組織、企業、鄰里等，及以「社區」為照顧基礎，運用社區之力照顧社區之老人，來達到服務接收者所需的照顧資源（陳燕禎、林義盛，2010）。

　　回顧臺灣長期照顧的發展，初期對於失能老人的照顧責任劃分仍以家庭為重，直到 1980 年之《老人福利法》的制定實施，政府鼓勵私人設立扶養、療養、休養及服務等老人福利機構（王卓聖、鄭讚源，2012）。1996 年內政部頒訂的《推動社會福利社區化實施要點》，開始強調社區照顧與家庭和社區的資源網絡在提供老人照顧上具有相輔相成的重要性（內政部，1996）。衛政部門也於 1998 年開始推動「老人長期照護三年計畫」，發展居家及社區式照護為主，機構式照護為輔（王卓聖等人，2012；陳正芬，2011），確立我國長照發展走向居家與社區的照顧模式。

　　所謂居家與社區為基礎的照顧服務（Home and Community-Based Services, HCBS）便是協助社區中功能障礙的老人，提供非醫療性質的照顧服務（Kane et al., 1998）；研究者歸納出居家與社區為基礎服務的主要

的特色在於：（1）控制照顧服務成本，以居家與社區式服務作為長期照顧的首選項目；（2）運用既有的社區福利團體提供服務；（3）增加失能者的社會互動機會，獲得正式支持服務；（4）初級預防照顧管理作為長照服務網絡的守門人角色。而關懷據點服務即是建立居家與社區為基礎的照顧服務，透過志願或是民間團體擔任主要的服務提供者，連結開發社區內相關資源，加強在地化資源之運用，提供社區老人無距離、無障礙、完整、連續性的初級預防照顧服務（邱泯科、傅秀秀，2014）。

　　行政院於 2005 年訂定「健康社區六星計畫」中的「社福醫療」項目，為發展社區照顧服務的主要策略，更是為我國長期照顧政策最新型的服務方案之一。關懷據點源起為 2002 年臺南縣辦理的「村里關懷中心」，其規劃與服務包含：提供十萬元開辦費及每月一萬元之作業費用、舉辦老人及身心障礙者保健休閒活動，並提供獨居長者與身心障礙者定期關懷以及送餐服務；而政府在 2004 年將此模型的辦理經驗納入中央長期照顧政策籌畫目標（羅秀華，2009）。檢視行政院 2005 年核定的「關懷據點實施計畫」，主要提供「在地初級預防服務」，而其整體政策規劃[3]的主軸皆朝向以臺南縣村里關懷中心進行延伸，並將服務廣度加以整合，同時拓展至全國共同辦理。因此，以下將針對現行的關懷據點服務的模式進行討論。

（一）「多元化」的承辦單位與「彈性化」的服務項目

　　依據關懷據點計畫訂定的承辦單位資格，可歸納為以下六項（內政部，2005；黃源協，2011）：立案社會團體、財團法人組織、地方組織、社區發展協會、村里辦公室、政府部門，無論是專業的社會服務組織或社區自願團體皆可承辦關懷據點；另外，關懷據點服務項目包括：關懷訪視、電話問安、餐飲服務與健康促進四項，而承辦單位可「選擇至少辦理三項」，賦予承辦單位服務項目選擇的彈性。

---

[3] 社區照顧關懷據點的補助項目包括：開辦費 10 萬元、業務費每月 1 萬元、志工交通費與人力培訓費每年 25,000 元等；服務項目設定為：關懷訪視、電話問安、餐飲服務與健康促進四項。

（二）整合長期照顧體系的引導服務方案

　　歐美的長期照顧推動以消費者為導向的居家照顧發展，且政策規劃皆在平衡「機構式」與「居家、社區為基礎」的照顧服務（Joshua, 2004），在地老化所強調的重要觀念除了在政策上的意涵之外，最重要是強調如何讓老人從機構的照顧束縛中，能回歸家庭與社區（郭登聰，2014）。關懷據點之推動，在於「鼓勵社區自主參與初級預防照護服務，並希望透過初級預防功能，延緩人口老化外，將有需正式照顧資源協助的個案轉介至長照管理中心接受專業協助」（內政部，2005）。顯示關懷據點整合了機構式、居家式與社區式三種服務模式，並作為社區需求者使用正式照顧服務前的守門人角色。

　　臺灣人口老化速度加快，如何滿足日益增加的照顧服務問題是長期照顧政策重點，策略之一即是鼓勵非營利組織加入服務提供的行列。然而，雙方的合作關係並非僅限於政府單方面的給予穩定的「民營化飯票」，以資源依賴的角度檢視，契約委託看似穩定的資源管道，卻考驗著組織本身使命能否維繫的關鍵，故對社會福利民營化的討論應檢視嘗試跳脫對政府的依賴，建立新的合作模式。因此，本研究以關懷據點方案為例，採用資源交換理論來探討非營利組織承接關懷據點的考量因素，以及非營利組織參與委託服務後，維繫組織的自主性之策略與資源依賴程度。

參、研究設計與資料來源

一、資料蒐集方法

　　本研究以非營利組織經營角度為主要觀點，透過其承辦關懷據點探討與政府間的委託服務關係，涉及組織內部管理決策與資源結構，故本研究採取質性研究中的「個案研究法」（Case study research）來回答研究問題。

　　個案研究是針對一個有界限的系統，如方案、機構、個體、家庭、

社區等，進行全貌式的描述和分析，並可運用多元資料來源，深入探討真實生活情境的社會現象，瞭解其獨特性與複雜性（Merriam, 1998；林佩璇，2000），會採用有系統的訪談或直接觀察兩種資料蒐集方法，其長處在於處理不同資料來源的能力，包括文件、訪談以及觀察（尚榮安譯，2001）。資料蒐集方面，結合多種質性與量化的資料蒐集及分析方法，以提供案例敘述充分而可信的素材與證據（湯京平，2012）；故本研究所運用的資料分析除檢視相關的關懷據點實證研究資料外，主要以「深度訪談法」進行資料蒐集，運用半結構式訪談大綱引導訪談之進行。

二、研究對象

由於質性研究樣本數少，藉由小數額的樣本看出極大的異質性，瞭解不同非營利組織承接關懷據點的策略，故本研究以立意抽樣中的「最大變異抽樣」使研究資料能達飽和（簡春安、鄒平儀，2004）。依據臺北市提供的 2013 年據點資料，功能型據點共有 8 個，且皆為臺北市公設民營老服中心，而經費型據點共有 15 個，為瞭解非營利組織與政府方案的資源依賴關係，研究者各選取兩類據點當中，承辦的服務方案數量最多，且開辦關懷據點時即為該類型的四個非營利組織為個案研究對象；個案研究之基本資料請見表 1。

研究受訪者皆為該單位之主管，研究者於訪談前向受訪者說明研究目的、內容與保密原則，並在受訪者同意參與研究後簽署訪談同意書，受訪者可以決定資料呈現的方式及於研究中途隨時退出研究的權利。本研究考量個案研究法之獨特性與選樣標準將導致受訪單位較易受辨識，故於訪談前已告知受訪單位；受訪單位皆表示毋須刻意保密。但研究者考量個案研究分析的面向包括組織的策略、財務與補助來源等涉及較為敏感性議題，故仍然以匿名方式呈現。

表 1　本研究個案研究名單

組織類型	組織背景	母機構[4]代碼	據點代碼	關懷據點屬性	據點成立年	母機構受委託服務量	受訪者服務年資	訪談時間
財團法人	宗教	NPO-A	A1	功能型（公設民營老服中心）	2006	服務方案 (4)公設民營 (3)	約 7 年	2013.09.14 2013.11.14
財團法人	醫療	NPO-B	B1	功能型（公設民營老服中心）	2012	服務方案 (3)公設民營 (4)	約 3 年	2013.11.13
財團法人	宗教	NPO-C	C1	經費型	2007	服務方案 (1)	約 14 年	2013.09.30 2013.11.21 2013.11.28
社團法人	宗教	NPO-D	D1	經費型	2007	服務方案 (1)	約 8 年	2013.10.02 2013.11.15

三、資料分析

　　資料分析方式係以主題分析法（thematic analysis）進行，著重概念與主題的萃取，不僅與過去累積的民營化文獻相對比較與反思，以持續比較的方式發展並檢驗各項論證：此處所指的持續比較不僅是訪談個案之間的比較，也會注意相反例證（negative cases）帶來的概念刺激（Patton, 2001）。本研究的嚴謹性乃根據 Lincolon 和 Guba 提出的研究可信性五項指標（高淑清，2008）：可信賴性（credibility）方面，研究者以真誠的態度與參與者建立良好的關係，讓受訪者能暢所欲言；並由第一作者進行觀察、記錄、逐字繕寫訪談內容及參與性觀察。可轉換性方面（transferability），經由研究對象所陳述的感受與經驗，將資料的脈絡、意義，有效地轉換成文字陳述。可靠性（dependability），資料的取得都是由第一作者進行，並與研究團隊共同進行驗證。確認性（confirmability）方面，則透過反思並藉由反覆聽錄音帶及讀逐字稿與參與者所強調的意涵相結合，運用詮釋循環的方式，找出具連貫性的新知識，並透過同儕驗證和自省檢視資料，以免落入個人主觀。解釋有效性（validation）方面，藉由結果所揭露的主題命名，檢視是否有捕捉到研究個案的經營策略以及評估要件。

---

[4] NPO-A 與 NPO-B 為研究緣起中定義之功能型 A 型（已具備據點功能，但未申請經費）；NPO-C 與 NPO-D 則為經費型 A 型（評鑑續效達優等或甲等，可再申請補助）。

肆、非營利組織的背景與脈絡分析

本研究應用個案研究法探討非營利組織的發展緣起、服務辦理沿革與服務模式等，資料的分析採用三角驗證方法提高研究的效度，並就獲得的組織資料與官方文本進行整理，再度與受訪者討論，確保資料準確性。以下簡述四個受訪單位的背景與承接地方政府的服務項目之考量因素。

一、NPO-A 的背景與脈絡分析

由教會組織所成立的財團法人「NPO-A」成立於 1995 年，1999 年開始承接地方政府委託的社會福利方案。組織特色為：

（一）結合宗教與社會工作

NPO-A 與北部三個地方政府合作的項目包括：公設民營的老人服務中心（以下簡稱老服中心）、團體家屋、居家服務以及兩個日間照顧中心。承接這五個委託業務的原因與宗教層面有極大關聯：「當初設定要做這個（老人領域）服務型態，是當初牧師禱告的時候（決定的）……。」事實上，母機構是希望 NPO-A 結合教會公益服務與政府服務，並藉此管道達到教會傳達宗教的目標。

NPO-A 將公益結合社會服務的作法是承接公設民營單位——老服中心（以下簡稱 A1）。該行政區原先的承辦單位自願退出老服中心的續約招標，成為 NPO-A 承接 A1 的契機。檢視 A1 其組織編制可發現教會參與社會服務的過程相當密切：「它（NPO-A）其實成立老人事工委員會，來監督輔導這一個組織（A1）的建立，一開始只有主任（擔任主管一職），主任等於是像派任一樣的……來管理○○（A1）。」換言之，NPO-A 運用的管理模式是以教會中的老人事工委員會為主，中心主任具備教會的教友身分，作為 NPO-A 與 A1 之間的互動橋樑，以及肩負人才培訓、行政管理與制度建立之責。

（二）建立從「社區為基礎之支持服務」至「機構式」的連續型服務網絡

　　承接老服中心之後，NPO-A 陸續承接團體家屋、日照中心與居家服務，是立基於雪中送炭的想法，循社區中老人服務的「未來發展性」與「服務資源缺乏區域」兩項因素決策。就未來發展性而言，NPO-A 於 2008年始開始辦理團體家屋，受訪者表示：「老人裡面更晚進（受注重）的就是失智症需求阿，然後這個影響他（失智症者）的家庭程度劇烈，那值得我們去投注高一點的人力跟資源在裡面。」因此，NPO-A 一方面藉由辦理A1 時所建立的日間照顧與居家服務，穩固組織在社區照顧的網絡，另一方面亦看見社會未來對失智症者的照顧需求，進一步將服務領域衍生至機構式服務。

　　第二，就選擇服務資源缺乏區域來說，受訪者表達：「為什麼要去○○市（辦理日照中心），（因為）沒人做，就是服務需求跟資源落差高的地方，（如果）沒有什麼資源，那有需求，我們（NPO-A）就去做（提供服務）。」；NPO-A 首度跨縣市承辦日間照顧服務，選擇競標對手較少的縣市，不但可以減少同行的競爭壓力，並可將組織服務疆域擴大。

　　陸宛蘋、何明城（2011）認為好的非營利組織經營策略，是能夠界定組織生存發展空間，並排定未來發展重點，最終達到長期的競爭優勢。NPO-A 期望能結合社區服務的方式達到傳遞宗教的目的，發展初期選擇承接老服中心作為耕耘的區域與範圍，長期經營後，由社區的服務經驗衍生到失智症者服務需求，並將經營疆域跨出原服務區域，不僅明確展現服務獨特性，亦使組織免於同業競爭的狀況。

二、NPO-B 的背景與脈絡分析

　　NPO-B 的創辦人為退休的行政官員，希望能以愛與暖意創立長期照顧機構，加上子女皆具有醫學背景，負責人本身亦具備護理背景，組織特色歸納如下：

（一）醫療專業為主軸

　　NPO-B 坐落於新北市深山區域，服務對象除了自費安養護老人以外，亦接受臺北市與新北市社會局委託收容之低收入戶及中低收入戶。NPO-B 不僅是涵蓋基本的老人日常照顧服務、休閒活動與護理照顧等外，其特色在於設立專任的「物理治療門診」，機構內提供老人復健服務，並且成立「長期照顧病房」與「失智症專區」，提供特殊的空間規劃、硬體設備與專業人力訓練等。

（二）建立由「機構式」至「社區式」的跨區域服務體系

　　NPO-B 成立初期便與兩縣市政府建立「個案委託安置服務」的合作關係，開啟 NPO-B 往後豐富的承辦服務經驗，與地方政府的合作項目包括：新北市的兩個日間照顧中心，以及臺北市的兩個老服中心。

　　Van Slyke（2009）認為委託服務關係中，委託單位（政府）重視委託環境中的制度規範、受託方案的性質及受託單位的專業自主性。從訪談得知，NPO-B 承接的第一間日照中心係因當時地方政府將推行新型態服務模式，而服務績效優等且位於新北市的 NPO-B 雀屏中選，成為新服務的首辦單位。

　　分析 NPO-B 承接政府委託服務的脈絡，就應討論承接臺北市的老服中心。受訪者提及承接老服中心的契機為：「日照（中心）是 NPO-B 還蠻熟悉的（服務模式），那第二個就是說我們的服務當初一直都在臺北縣，那都沒有跨到臺北市來，所以他們就覺得這是一個機會（跨縣市）。」顯示出 NPO-B 的經營策略與 NPO-A 類似，皆是經過長時間的在地服務經營後，再以跨出原服務區域的方式拓展服務版圖；但相較於 NPO-A 刻意選擇競爭對手較少的區域，NPO-B 則是選擇進入全國服務單位競爭最激烈的區域。

　　檢視同為公設民營老服中心承辦單位的 NPO-A 與 NPO-B（表 2），兩者皆是「企圖建立長期照顧連續性照顧」，讓服務版圖涵蓋機構式、居家式與社區式的服務模式。差異在 NPO-A 掌握未來社會需求，由社區獨老

服務延伸至機構式服務，且服務版圖以某一地理區域為主，並企圖將服務對象從健康老人延伸到重度失智失能者；NPO-B 立基於母機構優勢，從深山偏遠地區進入市區，雖未像 NPO-A 有明確地理服務區域，但將母機構的醫療專業融入各個服務據點當中。

表 2　NPO-A 與 NPO-B 的服務經營策略一覽表

母機構	NPO-A	NPO-B
目標	建立長期照顧連續性照顧	
服務模式	社區式→機構式	機構式→社區式
區域概念	明確的服務地理區域	沒有明確的區域版圖
服務區域	**臺北市 A 區**（老服中心、日照中心 I、失智症服務模式、居家服務）→ **臺北某區**日照中心 II → **某縣市**日間照顧	**新北市 B 區**（NPO-B）→ **某縣市**日照中心 I → **某縣市**日照中心 II → **臺北市**老服中心 I → **臺北市**老服中心 II → **某縣市**日照中心 III
組織特色	宗教、社會工作服務	醫療團隊資源

資料來源：研究者自行整理。

三、NPO-C 的背景與脈絡分析

NPO-C 的成立秉持基督宗教氣息，「扶持」在地有意願提供社會福利服務之教會建立社區工作。組織特色歸納如下：

（一）與教會密切結合（行政與專業協助）

NPO-C 與教會的結合在於對有意願辦理服務之教會進行評估，瞭解教會投入社會服務的動機、人力與經費結構、場地與硬體設備資源等：「我（NPO-C 主管）會幫它們（教會）做先前評估，評估不過的話我會請它們（教會）改（計畫），除非是真的是 OK（動機、人力、物力與經費），（不然）我就不會讓它合作（辦理社會服務）。」若評估結果有助於提升雙方組織服務成效，NPO-C 便開始提供專業協助，包括協助方案撰寫、財務管理與核銷行政等，但相對的也需要教會給予回饋：「因為業務拓展需要，所以我反而需要這些教會的據點來奉獻（捐款）給我們。」故

教會藉以獲得專業協助來補足本身缺乏的服務能力外，也定期捐款回饋
NPO-C 作為服務拓展的「顧問費」。

　　因此，NPO-C 的服務使命為「著重發展社區工作，針對各領域之需
求提供社會服務」，但實際執行是由 NPO-C 先承接政府委託的社會福利服
務，再以「轉包」方式，委託當地教會提供服務，服務走向以教會意願為
主。

（二）多元服務項目

　　NPO-C 共有臺北市與其他兩縣市的辦事處，各有不同的主責事務。
本研究主要探討臺北辦事處，以社區型社會服務事工為主。NPO-C 除
2006 年開辦的關懷據點，亦包括 2007 年開始辦理的「單親暨弱勢子女據
點」、「老人活動據點」，以及近期成立的「外籍配偶據點」。受訪者認為在
全國設立據點，可逐漸增強組織結合政策與實務能力：「優勢就是因為我
是全國跑，所以看到的面會比較廣，那麼當政府、各縣市政府或中央它有
一些政策上面的發想或創新，我就會落實。」另外，據點運作上強調「充
分授權」理念，表示：「我之所以能夠發展是因為董事會讓我這樣做，我
們執行長、董事長也讓我這樣做。」

四、NPO-D 的背景與脈絡分析

　　NPO-D 成立於 2000 年，為財團法人教會組織所成立的全國性社會服
務機構。自 1999 年投入 921 地震的救災行動，藉由非營利組織的模式，
聯結政府、企業與社會資源，既讓社區民眾獲得服務，亦不忘傳遞教會最
初的基督理念。

（一）政府引導的服務策略

　　NPO-D 於 2003 年起自行辦理送餐服務，一開始未申請政府補助，
由○○醫院營養課負責餐食的提供，而 NPO-D 運用志工送餐。NPO-D

於 2007 年開始辦理關懷據點，辦理動機係希望讓服務需求更加明確：「畢竟我們要自己摸索社會的需求，有時候也是需要透過社會（需求的產生）……就是說有什麼是它們（政府）覺得可以做的，然後也有資源，然後我們也可以透過我們自己的參與服務來看見。」然而，NPO-D 所謂結合政府的作法，事實上是仰賴「政府政策」，獲得政府補助經費為 NPO-D 的目標，藉由配合現行的社會政策發展，一來能看見社會需求，二來能將資源投入正確的地方。

（二）自行媒合社區資源降低經費依賴

關懷據點除了組織本身的專業社工與志願服務人力外，亦連結外部資源。擴大與眾多非營利組織或學校的合作，包括：瑞智學堂的課程、健康中心辦理健康評估、理髮服務等：「我們跟○○區健康中心有合作三合一健檢……每個月有一次，針對 65 歲長者免費的剪髮社區服務，但服務的數量有其限制。」另外，NPO-D 藉由教會背景的優勢，可減少服務供給時的困難，如受訪者表示，辦理據點服務時借用教會空間以避免場地租借支出與行政程序：「我們開放的這個空間（關懷據點活動空間），其實就是○○（教會）……開放了一個空間。」

NPO-D 自 2011 年開始嘗試辦理居家服務，除居服員教育訓練向社會局申請講師費用外，其餘的辦公室設施設備、辦公室租金、人事費等皆由組織自行支出：「居家服務也是我們這兩年才開始的……目前這個部分是由○○（教會）支持，也是我們自行在嘗試跟摸索。」只申請居服教育訓練費的原因在於「補助經費」與「績效考核」之間的衡量，NPO-D 雖期待能透過政府的引導，提供符合社會需求中的服務項目，但考量申請委託方案後來自政府的責信與約束，特別是需符合政府評鑑或績效考核要求，故捨去政府的經費補助，減低組織行政工作的負擔。

表 3　NPO-C 與 NPO-D 的服務經營策略一覽表

母機構	NPO-C	NPO-D
目標	成為關懷據點領導者	獨立拓展社區服務
服務模式	社區式	社區式→居家式
區域概念	社區不定點式	明確的服務地理區域
服務模式	辦理社區型家庭服務方案： 關懷據點→單親暨弱勢子女據點 →老人活動據點→外籍配偶據點	專辦老人福利業務： 自行辦理送餐→辦理關懷據點→ 居家服務→籌備日間照顧中心
組織特色	串連地方教會	宗教、社會工作服務

資料來源：研究者自行整理。

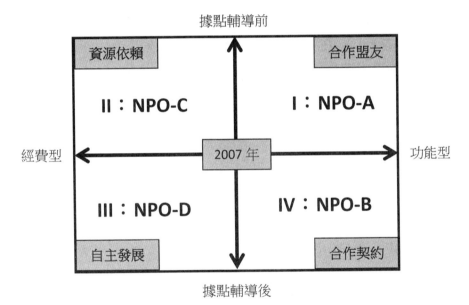

圖 1　本研究之研究組織與政府委託服務關係

　　非營利組織的運作與政府之間存在著緊密關係，研究者分析關懷據點
申請方式與評鑑標準定義出關懷據點類型——「功能型與經費型」；而透
過個案研究發現據點演變過程的重要轉戾點——「2007 年開始的輔導策
略」，依據組織與政府的委託服務互動方式定義出兩者的關係，並將四個
受訪組織的特性呈現於圖 1 象限中。根據鄭讚源（1997）提出政府與民

間非營利組織之間是一種「既競爭又合作、既依賴又自主」的關係,說明政府與非營利組織具有相輔相成,且兩者應相互截長補短,以及應相互分工與支援的關係(黃慶讚,2000)。研究者透過「競爭」與「合作」、「依賴」與「自主」的相互關係,檢視四個受訪單位與政府的方案委託過程。首先,從 NPO-A 的服務發展看來,輔導的制度在臺北市政府未於契約中要求前便已自行開發,故當 2007 年開始的契約式的輔導制度後,秉持著與政府維持「合作盟友」關係(I 象限);反之以 NPO-B 單位而言,與政府之間是建立於契約關係上,兩者之間存在規範與服務的競爭關係,研究者定義為「合作契約」關係(IV 象限)。檢視 NPO-C 的服務辦理方式,雖以協助教會為目的,但尋找資源是其第一目標,研究者將其定義為「資源依賴」關係(II 象限);最後的 INPO-D 組織較屬於「自主發展」的委託過程,強調不應一昧為了獲得經費而增加行政成本,注重組織獨立發展(III 象限)。

伍、研究發現

本研究的第一個關鍵發現為:社會福利界的「游牧民族」?表面上,承接政府委託方案的非營利組織看來沒有主體性,僅是「逐水草(資源)而居」;實際上,非營利組織申請政府委託方案之真正目的,係因現有方案出現零散化趨勢,致使非營利組織不得不承接多項方案來整合服務,但也因此獲得政府與服務使用者對組織認可(聲譽),即是第二個研究發現──名利雙收;第三為「區域型加盟店之建構」,將政府強迫功能型據點的輔導業務,轉化為社區的加盟關係,與經費型據點共同建立社區服務聯盟。

一、社會福利界的「游牧民族」？逐水草（政府資源）而居之背景

「資源」是維繫非營利組織營運重要因素，四個非營利組織結合資源模式就猶如游牧民族特性，依據政府政策的走向尋找組織所需要資源；但組織並非將政府視為不可或缺的資源，而是作為組織茁壯所需的養分。資源不單是有形財力、物力及人力等資源，亦包括無形資源如專業技術與組織聲譽等，並掌握外界的機會與需要（官有垣，2000；林淑馨，2011）。

探討社會福利民營化現象，政府經費無疑是財源相對不穩定的非營利組織首要且最實質的來源之一，互動中亦可產出額外的無形資源；而經費型與功能型據點對資源有不同的需求。兩者皆重視無形資源——「管道」（access），經費型據點更加注重組織營運的有形資源——「經費」。

功能型據點被賦予「輔導工作」的角色，是基於「中央對地方的績效考核機制」，且根據老人中心公設民營委託契約中的社區服務項目第五點「輔導與拓展老人活動據點」。另外，老服中心評鑑指標第二類第三項第一點「社區服務據點開發成效」即可說明社會局明定其具有輔導據點之業務，並一同被列為關懷據點名單中：

> 臺北市政府面對內政部的時候……硬把我們（老服中心）拗進
> 去，它（臺北市社會局）這樣才可以多十四個點（關懷據點）出
> 來，臺北市是可以多十四個據點，它們（臺北市社會局）也有社
> 福考核（的壓力）耶。（A1）

這顯示老服中心之所以承擔功能型據點之角色與任務，是地方政府為避免非營利組織出現「規避取巧」（cream-skimming）現象，故採用「契約約束」方式，讓非營利組織為獲得某一委託方案不得不提供「不情願」項目（何芳純，2009）；加上2007年長期照顧十年計畫的推動促使衛政與社政單位之整合，臺北市將原為老服中心的失能評估業務移轉至長照管理

中心主責，致使老服中心的角色需要重新定位，而老服中心亦因此獲得社區經營的「管道」：

> 那既然你（社會局）移掉（失能評估）這些……諮詢委員會學者
> （老福科諮詢委員會）也一直建議老服中心應該有一個轉型跟定
> 位，定位成你是每一個區的區資源的中心的時候……才加了社區
> 輔導、據點輔導的業務。（B1）

比較「公設民營老服中心」與「關懷據點」的經費及規範，前者有人事費及場地可運用，後者則完全沒有經費補助，且是因契約規範而被附加在老服中心的業務之內；因此，研究者以資源依賴理論中，組織對資源的「重要性」及「驅使對方提供資源的能力」檢視功能型據點對資源的重視程度，即使辦理關懷據點沒有經費補助，但老服中心還是必須依契約規範而承辦，否則就會喪失公辦民營的受託權利，而政府也可依評鑑制度制定獎懲方式進行約束。

相較於上述功能型據點必須承辦「強迫附加」的關懷據點來維持原有服務版圖，經費型據點則認為「跟著政府找尋資源」就可獲得服務進場的管道與經費。檢視黃源協（2011）進行全臺關懷據點調查，超過八成的據點主要經費來源為政府補助，王仕圖（2013）也指出據點的財務規模小且政府仍為據點經費的主要「援助者」。誠如經費型據點受訪主管表示，配合政府提供的社會服務措施是獲得經費的關鍵：

> 有時候也是需要透過社會（社會需求），比如說政府單位的看
> 見，就是說有什麼是它們（政府）覺得可以做的，然後也有資源
> （經費補助），然後我們（NPO-D）也可以透過自己的參與服務來
> 看見。（D1）

因此，經費型據點仰賴補助經費程度仍相當高，並且為求申請一項以

上之方案來穩定據點的服務執行：

> （如果）政府的經費它沒有支持⋯⋯的情況之下，要教會再去以
> 原先同樣的經費再去找老師（講師）那是不可能的。（C1）

劉淑瓊（2011）詮釋非營利組織在委託服務中可獲得的效益，認為政府的經費挹注對實現組織使命與發展是最實質且首要的資源。對承辦單位而言，辦理關懷據點每年最多只可申請 145,000 元的補助，但仍為據點營運的重要資源；但依補助規定，單位應編列 20% 以上之自籌款，表示承辦單位實際上需支出 181,250 元[5] 才可申請到全額 145,000 元的全額補助；另外，依黃源協（2011）檢視據點「承辦單位」的經費來源，除了關懷據點補助外，約占 63.7% 的承辦單位同時承接其他政府補助。研究者認為，組織藉申請 B 方案以平衡 A 方案之差額的方式，無形中卻加深組織對方案經費依賴的「堆疊效應」，此現象可由訪談中發現的實例進行討論：

> 我們做（提供）送餐業務嘛，那它（政府）既然補助也是做這一
> 塊，那我們之所以有能力長到現在，其實也是因為說政府的資源
> （長照十年──老人餐食服務）有一直挹注在這個方向，我們才
> 有辦法一直做（提供）。（D1）

現行提供餐食服務的方案分別為「關懷據點」與「長期照顧十年計劃」之老人餐食服務。兩項服務差異在於前者未提供餐食補助，而後者可申請餐食、志工、專業人事費等補助。依據陳正芬等（2014）整理臺北市 11 個提供餐食模式的關懷據點，有 9 個單位同時申請長照十年餐食補助，顯示超過半數組織辦理據點送餐服務的同時亦額外申請長照十年餐食補助。

---

[5] 依據補助 80% 與自籌 20% 計算，最低支出需達 181,250 元才可符合 145,000 元補助費用，而額外的 36,250 元為單位自籌 20%。

　　誘使組織額外申請老人餐食服務補助原因在於，關懷據點的餐食服務實際上未提供相關的餐食補助[6]，若從資源多寡角度檢視，陳燕禎等（2005）由資源角度探討非營利組織辦理送餐服務的原因，發現資源投入的多寡是組織決定是否提供服務的首要條件；D1 的受訪單位依據政府釋出的資源管道決定是否申請送餐補助與提供服務的決策角度，可視為受「政府補助的鼓動」而附加在既有的服務之上，但鼓動之下可能導致組織使命逐漸模糊，並增加政府委託服務約束與管控。因此，看似透過長照十年餐食補助補充關懷據點餐食經費的作法，可間接增強組織的服務成效與規模，但經費堆疊現象是否只是資源依賴而導致的結果？

　　政府制定補助標準來避免社會福利經費過度集中於少數團體，促使經費平均分散（陳正芬等人，2014）；但關懷據點經費補助規範，只針對開辦費作控管，且只限於已辦理日間照顧之單位。受訪單位在委託服務過程中，亦可規避經費控管的規範：

　　它（社會局）給不給我錢（關懷據點中的餐食服務補助）那是一回事，反正我的錢是從你另外社會局的一個口袋（長照十年餐食補助）來的話……它（社會局）的送餐方案也沒有說你針對送餐方案報出去的數字不能重複報在關懷據點。（D1）

　　此現象亦可以資源依賴理論之「其他資源替代可行性」作解釋，在組織的資源選擇層面，申請長照十年補助不但能補足關懷據點未提供的餐食經費，另外可同時作為兩方案的成果資料，維持關懷據點的辦理績效，組織透過其他管道獲得所需資源，相對減少對於政府之依賴；但從政策層面思考餐食服務的本質，美國老人福利法 1973 年增訂的老人營養方案，以

---

[6] 本研究以 103 年作為研究期間，且參考之關懷據點計畫亦以 103 年為主。而自 104 年起，臺北市關懷據點補助標準中增加「政策性補助——辦理共餐」，其中補助項目與標準為：共餐——每案計畫至多補助新台幣 50 萬元整；食堂幫手—— 65 歲以上志工每次額外補助長青加給 50 元；食材費——每案至多補助 12 萬元。故本研究的資料未分析 104 年新增的補助項目。

定點、送餐與社會服務間接提供老人轉介服務、健康與福利諮詢等服務，兼具餐食與社會心理支持的整合型餐食服務（引自呂寶靜，2012），表示送餐已具備關懷訪視、電話問安等功能；而我國的餐食服務雖希望協助居家失能老人午間備餐服務之不足，但依據陳燕禎等（2005）提出我國餐食服務模式之檢視，現今仍以單一型[7]居多，若資源有充足之虞，才會考慮提供社會心理層面之服務。

　　臺灣現今的餐食服務設計內涵，是將其拆解為「溫飽性的長照十年餐食」與「社會心理支持性的關懷據點」，兩項的服務方案為求建構餐食服務的周延性，卻間接默許非營利組織成為追求經費的游牧民族，但經費堆疊現象的背後，何嘗不是將溫飽性與社會支持性的餐食服務加以整合的關鍵角色；而面對仍然分裂的餐食服務，政府部門應加以思考如何將拆解的餐食服務加以整合，以達到服務輸送時的完整性。

二、「名利雙收」的經營策略——非營利組織自我意識的　　提升

　　依據關懷據點計畫的補助項目[8]規定，承辦單位可申請之補助經費包括開辦費、業務費及志工相關費用等；然而，檢視四個受訪單位的訪談分析，非營利組織辦理或輔導關懷據點既可以獲得經費，也企圖透過據點的承辦或輔導提升組織聲譽與實踐組織宗旨。

　　「把據點當作我的資源」是老服中心透過輔導的過程可獲得的效益之一，不但達到社會局的據點業務要求，也間接增強本身服務成效，與社區據點建立永續發展關係：

---

[7] 陳燕禎等人（2005）分析送餐服務主要具有三種類型，「單一型」：純以餐食維持人的基本生存；「加值型」：餐飲生存的照護，再輔以社會心理照顧功能；「整合型」：以社會心理照顧為主要目標，餐飲是次要。

[8] 開辦費：最高補助新臺幣 10 萬元；業務費：每月最高補助新臺幣 1 萬元；志工費：申請單位若有志工保險費、志工誤餐費、志工交通費（限外勤服務）等需求，可提出申請。

我把據點當作我的資源……我讓輔導的工作讓據點一起來做，我
讓辦理訓練的工作讓據點也一起來做，那我的能力就增加了。
（A1）

非營利組織認為，辦理關懷據點能提升服務的正當性之外，亦可得到
政府的認同，對於「非經費」的資源取得相對較有優勢。對結合教會共同
成立關懷據點的 NPO-C 而言，為了使民眾降低對宗教的抗拒，透過「政
府招牌」的光環可提升服務正當性：

利用教會這個空間的平台……來辦理政府的活動……主要是說讓
一般的社區民眾來講……他（關懷據點）不會因為是你教會辦
的，我不想要信主我就不來，而是他看到是政府辦的，他就會
來。（C1）

長期投入送餐服務的 NPO-D 也提出辦理關懷據點可獲得的效益，除
了同樣可以政府招牌獲得服務正當性外，同時也提升家屬對組織提供服務
的「信任關係」：

當我們默默在做送餐業務的時候，其實看到說長輩實際上的需
要，的確也是政府看見社會問題中的一個項目，那就會覺得說那
做久了，也做出了一個……家屬對你的單位（NPO-D）送餐業務
的信任。（D1）

吳竹芸、羅秀華（2010）分析關懷據點餐食服務的財力資源發現，當
接受餐食服務之老人或家屬肯定餐食品質時，有些家屬願意自動樂捐以表
達謝意。這表示關懷據點可作為取得政府、服務使用者與家屬之信任，且
建立「組織形象」的有力資源。

另外，非營利組織辦理關懷據點的另一個效益為──「回應組織宗

旨」。許多探討社會福利民營化的文獻皆提出，非營利組織可能會因獲得
政府委託資源而喪失本身的服務使命（江亮演、應福國，2005；陳政智，
2009；劉淑瓊，2011）；但本研究發現，非營利組織雖辦理多項公設民營
或方案委託服務，但其背後皆期望透過委託服務的過程間接傳遞本身的使
命。

　　以研究對象 NPO-A、NPO-C 與 NPO-D 而言皆以「宗教」作為服務宗
旨，無論經營理念與策略的作法與轉變過程，其共通點皆運用成立非營利
組織的方式，達到「基督傳遞愛的精神」。以組織成立之初便決定以社會
服務的方式傳遞宗教精神的 NPO-A 來說：

> 我們因著一份愛，看到我們的使命與價值，愛需要使命就是我們
> 的這一個服務宗旨，在真實的需要（社會福利服務）上面，然後
> 因為基督仁愛的精神，所以我投注在非營利組織的工作裡面。
> （A1）

　　而先透過單純的社會服務獲得社區信任，再間接注入宗教精神之
NPO-D 來說：

> 當然有時候可以單獨服務就好，但有些時候可以就是說配合的穿
> 插一起參與⋯⋯我們覺得說可以把心靈這個部分、信仰這個部分
> （加入），他們（服務對象）不排斥，那我們也會覺得說怎麼樣可
> 以一起合作。（D1）

　　另外，位於新北市的 NPO-B 已意識到地屬偏遠，成為有長照需求之
長者或家屬在服務選擇上的一大阻礙，而以「建立醫療為首的照顧服務機
構」為目標，期望運用醫療特色與照顧兼具的長期照顧機構，建立連續照
顧服務網絡：

　　因為它在深山，所以就一個品牌，打 NPO-B 這個品牌來講，它
　　確實需要在市區裡面比較多元的經營跟運用。（B1）

　　NPO-B 藉由獲得政府的信任與本身具有的醫療專業，將長期照顧服
務逐漸向市區交通便利、需求多元與資源豐富拓展；由其拓展的過程也發
現，隨著區域的轉變，其服務體系也由機構式照顧衍生至建立社區式照
顧。

　　Wolch（1990）、Smith & Lipsky（1993）在探討美國民間志願部門
在生產公共服務的角色定位論述中，以「浮士德式的交易」（Faustian
bargain）譬喻志願機構在接受政府補助或委託的過程中，逐漸交出自己
的靈魂，改變原有非營利機構的身分認同，成為「影子國家」（引自劉淑
瓊，2000）；本研究卻發現，非營利組織表面上雖然追逐社會福利資源的
委託，成為社會福利界的游牧民族，但事實上在服務提供的過程當中，卻
是透過整合各項服務來滿足服務提供者的需求，進而傳達服務宗旨，或讓
服務的理念與使命得以結合與實踐。

三、「區域型加盟店」之建構──功能型據點的版圖拓展

　　本研究之所以選取臺北市作為研究範圍的原因之一為「全臺灣唯一
設置各行政區皆一所老服中心之縣市」，且透過老服中心的可及性與便利
性鼓勵其發展輔導工作或拓展社區服務據點。林蘭因、羅秀華、王潔媛
（2004）指出老服中心外展服務可達到動員社區資源建立社區網絡連結的
目標，其中包括「提升老服中心對於社區資源的統整」、「增進各資源部門
對老人的認識」、「老人預防性服務的深耕」、「緊急個案的發現與處遇」與
「提供老人服務資訊並減少獲取障礙」等五個影響力。研究者發現政府賦
予老服中心的輔導工作雖是以契約為前提而強迫納入，但在資源交換的過
程中，老服中心在有限、甚至是無提供資源的情況下，選擇出對組織發展
有助益的決策，並非只是履行契約規定的工作項目，而是透過輔導的方

式，使該區建立社會服務之「區域加盟」之過程。

因此，研究者透過上述五個影響力討論功能型據點所建構的社區資源網絡。首先，就屬於「合作契約」關係的 B1 而言，據點輔導工作雖然立基於契約委託約束，但卻可在輔導工作中建立老人中心對於社區資源的發掘、聯繫及統整優勢：

> 我們（老服中心）的志工訓練我們都會定期辦，如果你據點也需
> 要的話，我們也會過去一起給你們，有一些（新成立）據點它不
> 知道怎麼運作，它想要聽其他據點的一個想法跟作法⋯⋯那我們
> 就可以當這個橋梁。（B1）

檢視關懷據點計畫的預期效益為「發揚社區營造之精神」，其過程在於這股民間自發的社區力量，建立社區共同體及對社區事務的參與意識（蘇景輝，2009）；臺北市社會局賦予老服中心輔導社區據點的工作，即是期望以老服中心作為行政區的在地化資源中心，誘發與推動關懷據點的建立，達到社區營造及社區參與目標。因此，首要的社區關係建立著重於社區資源的整合、聯繫與發掘為目標。

再者，對於長期投入社區據點輔導的 A1 而言，掌握與政府、社區單位的「合作盟友」關係，有助於社區各資源部門對老服中心的認識，建立彼此間的良好信任關係：

> 我們那個時候辦的據點志工訓練，就可以辦這個東西，我們真的
> 可以輔導他們⋯⋯那我們（A1 與社區據點）關係也可以變好，
> 「ㄟ，你們（A1）真的對我們不錯，真的給我們福利耶（教育訓
> 練）。」（A1）

接續與社區據點建立的良好關係，並提升社區服務據點的能力，老服中心便達到社區老人服務資源的提升，而不是單打獨鬥，更可加強老人預

防性服務的深耕：

> 一開始的時候是它（社區據點）案子轉介給我們（A1），我們現
> 在轉介回去給它們，像送餐服務，我們可以跟○○（據點）合作
> 之外，我們還有○○（據點），○○（據點）也是關懷據點喔，
> 電話問安關懷訪視我們還可以跟……我們除了跟原本的那個幾個
> 認領單位合作之外，我們還現在可以跟據點合作。（A1）

　　據此，研究者視老服中心與據點之間的關係為「區域性加盟店」的概念；加盟總部（老服中心）與加盟者（社區關懷據點）之間建立信任基礎的規範，由老服中心提供社區關懷據點所需的技術與教育訓練，而社區關懷據點則回饋老服中心個案服務的協助。

陸、討論與建議

一、討論

　　本研究探討非營利組織承接關懷據點的動機、經費型與功能型據點之間的互動過程，以及於委託服務過程中的決策內涵。以下針對「服務進場」、「資源」、「社區網絡建構」與「組織使命宗旨」四個選擇性策略進行討論，並提出研究限制及建議。

（一）服務進場的選擇性策略──「辦理」與「輔導」

　　本研究依據關懷據點的運作模式。分為「功能型」與「經費型」。老服中心是受臺北市社會局的公設民營委託契約內容制定，被賦予「輔導」社區服務據點之功能，被列入為功能型據點；然而，實際申請補助經費且未辦理公設民營老服中心之單位，才是關懷據點業務之執行者。

（二）資源的選擇性策略──「經費」與「管道」

對關懷據點來說，政府補助是經營上最重要的供應者，甚至是母機構也需依賴政府部門的委託經費。但關懷據點所提倡的是期待透過少量的經費補助誘使社區網絡的萌芽，成為社區中有力的服務據點。

然而，研究者發現兩類型的關懷據點在受委託初期皆存在資源依賴之現象，但對資源的選擇有不同的策略。首先，政府所提供的「經費」有引導經費型據點進場之作用，再者，功能型據點對獲得服務進場的「管道」相當重視，藉由輔導經費型據點工作間接掌握社區中潛在的長期照顧需求者，提早建立組織的案主來源與未來創新發展發展的趨勢。

（三）社區網絡建構的選擇性策略──「社區認可」與「社區盟主」

誠如資源依賴理論之主張，「與政府保持良好關係」是非營利組織非常重視的無形資源，且主動或被動接受政府積極發展的服務方案，成為表面上追逐資源的游牧民族。事實上，非營利組織係企圖透過此一無形資源達到組織經營的目標。

經費型據點期望透過承接政府方案（如：送餐服務）、增加專業社工等媒介逐漸提升社區的認可與組織知名度；而對功能型據點來說，可藉由已建立的社區知名度建立「長期照顧加盟店」型態的服務中心，建立該組織與社區範圍內各類型服務組織的橫向與垂直聯繫關係；由訪談得知，兩個功能型據點之承辦單位皆企圖建立連續性長期照顧服務體系，承接輔導經費型據點，可藉由垂直的輔導關係建立被輔導據點對老服中心（功能型據點）的信任，進而達成橫向服務整合。

（四）組織使命與宗旨的選擇性策略

本研究發現非營利組織承接方案的關鍵因素為維繫「組織使命與宗旨」。雖然表面行為如同逐水草（資源）而居的游牧民族；但相較於過去資源依賴理論指出非營利組織接受委託服務後產生的「扭曲使命目標」、

「組織自主性受限」、「財務依賴」等阻礙因素，本研究卻發現非營利組織將追求資源視為一種手段，目的是「傳達宗旨」與「整合資源」，顯示係有目的性的選擇政府委託方案。換言之，本研究主張政府與非營利組織之間的關係較符合管家理論的主張，即承接服務方案的非營利組織可被比擬為善盡職責、可被信任和高度承諾的管家，當受託單位相信個別的組織利益與委託者的利益息息相關，自然會竭盡所能地執行委託業務，促使整體利益最大化。

二、研究建議

（一）整合社區與居家式的服務資源──以餐食服務為例

　　檢視臺灣長期照顧的發展，已由機構式的重心轉移至社區、居家式的服務，近十年間大量的照顧政策如雨後春筍般一一浮現；然而，政府設計出有失周延性的服務方案，看似只能透過申請各種方案經費，促使非營利組織成為經費堆疊的游牧民族，但對餐食服務使用者而言，非營利組織卻是將「拆夥式的照顧服務」的設計，整併成完整的服務項目的關鍵者。因此，長程建議是主張政府委託服務應立基於服務使用者需求進行修訂，短期間仍可鞏固既有服務受託忠實組織與吸引新興團體加入服務行列。

（二）建立據點間「同儕輔導」之功能

　　本研究探討臺北市的據點推展經驗發現，藉由老服中心的社區資源角色輔導方式扶持經營困難的關懷據點建立服務基礎，是建構關懷據點永續發展的重要關鍵。雖然老服中心為臺北市獨特行政機關，但其他縣市應善加利用關懷據點計畫中功能型與經費型兩類之特色，鞏固功能型據點的社會服務基礎，賦予輔導工作，進一步協助與扶持經費型據點的成立，如同王仕圖（2013）主張，承辦單位的資源連結豐富性有助於提升關懷據點的資源建構，增加據點之間的互動、社會資源及支持網絡，對於關懷據點服務資源的提供，將有正向成長的作用。故建議應結合兩類型據點不同的資

源優勢形成互補制度，以「母雞帶小雞」的方式發揮關懷據點間同儕輔導之功能。

三、研究限制與對未來研究之建議

本研究僅選擇臺北市辦理關懷據點之非營利組織進行經驗討論。身為直轄市的臺北市，除了具有老服中心的獨特行政機關外，福利資源與其他縣市亦有差異，而研究發現的「輔導」與「辦理」兩種模式屬於臺北市的獨有特色，其中的發展經驗與操作模式仍可作為其他縣市推動關懷據點或相關服務之參考；但研究單位取樣上，受限於「據點辦理時間長」此一標準，根據陳正芬等（2014）分析資料及研究者自行整理臺北市據點名單，宗教性質非營利組織承辦的據點相對穩定而辦理時間較長，使得研究單位選取上偏向於宗教背景的組織；然而本研究之目的在探討組織維持使命與自主性之作法，確實也發現組織皆積極確保使命不因接受政府委託方案而喪失。

另外，關懷據點的承辦單位相當多元，但本研究選取立案之非營利組織，且只著重於「已辦理老人服務之非營利組織」，故僅能以此類型之非營利組織的委託經驗進行呈現研究結果，未能探究與新興團體間之差異性。

參考文獻

內政部（1996）。《推動社會福利社區化實施要點》。

內政部（2005）。《建立社區照顧關懷據點實施計畫》。

內政部（2013）。《102 年度中央對直轄市與縣（市）政府執行社會福利績效實地
　　考核實施計畫》。

王卓聖、鄭讚源（2012）。〈臺灣長期照顧制度之發展脈絡與借鑒——歷史制度
　　論〉，《社會科學學報》，*19*，90-125。

王仕圖（2013）。〈非營利組織在社區照顧服務的協調合作：以社區照顧關懷據點
　　為例〉，《臺大社會工作學刊》，*27*，185-228。

江亮演、應福國（2005）。〈社會福利與公設民營化制度之探討〉，《社區發展季刊》
　　108，54-72。

國家發展委員會（2014）。《中華民國人口推估（103 至 150 年）》。

吳竹芸、羅秀華（2010）。〈新竹關西地區的社區照顧關懷網絡〉，《社區發展季
　　刊》，*130*，184-208。

何芳純（2009）。《公部門臨時人員適用勞基法與勞務採購之研究——兼論國立臺
　　灣體育大學桃園校區清潔工外包事件》。國立政治大學勞工研究所碩士論文。

呂寶靜（2012）。《老人福利服務》。臺北：五南。

官有垣（2000）。〈非營利組織的決策與領導〉，收錄於蕭新煌、林國明（編著），
　　《臺灣社會福利運動》。高雄：巨流。

林佩璇（2000）。〈個案研究在教育研究上的應用〉，收錄於中正大學教育研究所
　　（編），《質的研究方法》。高雄：麗文。

林淑馨（2011）。《非營利組織管理》。臺北市：三民。

林蘭因、羅秀華、王潔媛（2004）。〈動員社區資源照顧社區老人——以龍山老服
　　中心下午茶外展服務方案為例〉，《社區發展季刊》，*106*，186-199。

邱泯科、傅秀秀（2014）。〈初探高齡者使用社區照顧關懷據點服務之經驗——以
　　臺北市關渡關懷據點為例〉，《臺灣社區工作與社區研究學刊》，*4*(1)，1-40。

唐啟明（1997）。〈臺灣省推動社會福利事業民營化的現況及展望〉，《社區發展季
　　刊》，*80*，10-16。

師豫玲、鄭文惠、蘇英足、李宜衡（2009）。〈臺北市老人服務中心的發展與變革
　　——從文康休閒到區域整合服務〉，《社區發展季刊》，*125*，20-30。

孫健忠（1991）。〈私有化與社會服務：執行面的理念探討〉，《人文及社會科學集
　　刊》，*4*(1)，197-230。

高淑清（2008）。《質性研究的 18 堂課：揚帆再訪之旅》。高雄：麗文文化。

官有垣、陳正芬（2002）。〈我國居家服務購買服務契約體系運作之初探〉，《社區發展季刊》，98，170-182。

陳正芬（2011）。〈我國長期照顧政策之規劃與發展〉，《社區發展季刊》，133，197-208。

陳正芬、劉昱慶（2014）。〈檢視臺北市非營利組織承接小區照顧關懷據點之選擇性策略〉，《中國非營利評論》，13(1)，102-133。

陳政智（2009）。〈公私協力下政府部門如何協助非營利組織生存〉，《社區發展季刊》，128，181-190。

陳燕禎、林義盛（2010）。〈社區照顧關懷據點之實踐經驗——社會工作者的田野觀察〉，《社區發展季刊》，132，385-403。

陳燕禎、謝儒賢、施教裕（2005）。〈社區照顧：老人餐食服務模式之探討與建構〉，《社會政策與社會工作學刊》，9(1)，121-161。

陸宛蘋、何明城（2011）。〈非營利組織之使命與策略〉，收錄於蕭新煌、官有垣、陸宛蘋（主編），《非營利部門：組織與運作（精簡本）》。高雄：巨流。

郭登聰（2014）。〈建構「高齡友善城市」：從活躍老化到在地老化的重要課題——以社區照顧關懷據點為例〉，《輔仁社會研究》，4，1-42。

湯京平（2012）。〈個案研究〉，收錄於瞿海源等（編），《社會及行為科學研究法（二）：質性研究法》。臺北：東華。

黃源協（2001）。《社會福利民營化——發展脈絡、實踐省思與新出路》。南投：內政部社會福利工作人員研習中心。

黃源協（2011）。《邁向整合性之老人照顧服務社區化的永續經營》。臺北：內政部委託規劃報告。

黃慶讚（2000）。〈從社會福利的發展看非營利機構與政府之間的關係〉，收錄於蕭新煌（主編），《非營利部門：組織與運作》。高雄：巨流。

劉淑瓊（1997）。〈依賴與對抗——論社會服務契約委託下政府與民間受託單位間的關係〉，《社區發展季刊》，80，113-129。

劉淑瓊（2000）。〈浮士德的交易？論政府福利機構契約對志願組織之衝擊〉，收錄於蕭新煌、林國明（編著），《臺灣的社會福利運動》。高雄：巨流。

劉淑瓊（2001）。〈社會服務「民營化」再探：迷失與現實〉，《社會政策與社會工作學刊》，5(2)，7-56。

劉淑瓊（2007）。〈專業自主？組織自利？論少年安置機構契約委託的篩案問題〉，《臺大社會工作學刊》，14，61-122。

劉淑瓊（2008）。〈競爭？選擇？論臺灣社會服務契約委託之市場理性〉，《東吳社會工作學報》，18，67-104。

劉淑瓊（2011）。〈非營利組織與政府的互動關係〉，收錄於蕭新煌、官有垣、陸宛
　　蘋（主編），《非營利部門：組織與運作（精簡本）》。高雄：巨流。

鄭讚源（1997）。〈既競爭又合作、既依賴又自主：社會福利民營化過程中政府與
　　民間非營利組織之角色與定位〉，《社區發展季刊》，*80*，79-87。

應國福（2006）。《社會福利民營化政策下承辦居家照顧業務的非營利組織所面臨
　　之困境》。玄奘大學社會福利研究所碩士論文。

簡春安、鄒平儀（2004）。《社會工作研究法》。高雄：巨流。

顏如雪（2012）。《士林牧愛堂經營社區照顧關懷據點的個案研究》。東吳大學社會
　　工作研究所碩士論文。

羅秀華（2009）。〈從臺北都會關懷據點出發〉，收錄於羅秀華、黃琳惠（編），《臺
　　北都會的社區關懷據點──社區、宗教與專業力的結合實踐》。臺北：松慧。

羅秀華、黃林惠（2009）。《臺北都會的社區關懷據點──社區、宗教與專業力的
　　結合實踐》。臺北：松慧。

蘇景輝（2009）。《社區工作：理論與實務》。臺北：巨流。

蕭啟慶（1987）。〈北亞游牧民族南侵各種原因的檢討〉，收錄於氏著（編），《元代
　　史新探》。臺北：新文豐出版公司出版。

Bailey, R. W. (1987). *Uses and Misuses of Privatization*. New York, NY: The Academy
　　of Political Science.

Bass, D. M. & Noelker, L. S. (1987). "The influence of family caregiving on elder's use
　　of in-home services: An expanded conceptual framework." *Journal of Health and
　　Social Behavior, 28*(2), 194-196.

Davis, J. H., Donaldson, L., & Schoorman, F. D. (1997). "Toward a stewardship theory
　　of managemnet." *Academy of Management Review, 22*, 20-47.

Jensen, M. C. & Meckling, W. H. (1996). "Theory of the Firm: Managerial Behavior,
　　Agency Costs, and Ownership Structure." In P. J. Buckley & J. Michie (Eds.),
　　Firms, Organizations and Contracts: A Reader in Industrial Organization. Oxford:
　　Oxford University Press

Johnston, Jocelyn M. & Romzek, Barbara S. (1999). "Contracting and Accountability in
　　State Medicaid Reform: Rhetoric, Theories, and Reality." *Public Administration
　　Review, 59*(5), 383-399.

Joshua, W. (2004). "Home and community-based services in the United States." In
　　M. Knapp, D. Challis, J. L. Fernández, & A. Netten (Eds.), *Long-Term Care:
　　Matching Resources and Needs*. Burlington, VT: Ashgate.

Kane, R. A., Kane, R. L., & Ladd, R. C. (1998). *The heart of long term care*. New York,

NY: Oxford University.

Kent, C. A. (1987). *Entrepreneurship and the Privatizing of Government*. New York, NY: Quorum Books.

Merriam, S. B. (1998). *Qualitative Research and Case Study Applications in Education*. San Francisco, CA: Jossey-Bass.

Patton, M. Q. (2001). *Qualitative Research and Evaluation Methods*. Thousand oaks, CA: Sage Publications.

Saidel, R. J. (1991). "Resource Interdependence: The Relationship Between State Agencies and Nonprofit Organizations." *Public Administration Review, 51*(5), 543-553.

Salamon, Lester M. & Anheier, Helmut K. (1998). "Social origins of civil society: Explaining the nonprofit sector cross-nationally." *Vountas: International of Voltuntary and Nonprofit Organizations, 9*(3), 213-260.

Savas, E. S. (2000). *Privatization and Public-Private Partnerships*. New York, NY: Chatham House.

Smith, S. R. & Lipsky, M. (1993). *Nonprofits for Hire: The Welfare State in the Age of Contracting*. Cambridge: Harvard University Press.

Starr, Paul (1989). "The Meaning of Privatization." In S. Kamerman & A. Kahn (Eds.), *Privatization and the Welfare State*. Princeton, NJ: Princeton University Press.

Van Slyke, David M.(2002). "The Public Management Challenges of Contracting with Nonprofits for Social Services." *International Journal of Public Administration, 23*(4), 489-517.

Van Slyke, David M. (2006). "Agents or Stewards: Using Theory to Understanding the Government-Nonprofit Social Service Contracting Relationship." *Journal of Public Administration Research and Theory, 14*, 157-187.

Van Slyke, David M.(2009). "Agents or Stewards: Using Theory to Understand the Government-Nonprofit Social Service Contracting Relationship." *Public Administration Research and Theory, 17*, 157-187.

Yin, Robert K. 原著，尚榮安（譯）（2001）。《個案研究法》。臺北：弘智文化。

第六章
傾斜的天秤：
身心障礙者家庭托顧服務發展困境

陳正芬 、林幸君

* 本章曾發表於《社區發展季刊》，166 期，頁 145-158，經修訂增刪始成此文。

壹、前言

　　國際社會因為 1960 年代人權運動興起引發對替代家庭功能之家戶外安置（即機構安置）服務的反省，因而在正常化呼聲中形成去機構化運動（de-institutionalization），並繼而形成替代的社區生活協助服務（如英國的社區照顧）及以家庭或社區為中心的服務（如美國）（2004）。為提供居住於社區中的照顧需求者更多的服務選擇，於一小規模住宿單位創造似家的支持服務模式即成為各國照顧政策發展的重點之一。美國 Oregon 與 Washinton 兩州於 30 年前開始推展成人托顧服務（Adult Foster Care, AFC）（Mollica, Simms-Kastelein, Cheek, Baldwin, & Farmham, 2009; Nyman, Finch, Kane, Kane, & Illston, 1997）；該服務模式首度出現於臺灣，係在行政院社會福利委員會於 2000 年核定，由衛生署與內政部委託臺灣大學執行的「建構長期照護體系先導計畫」之新型服務模式之一（吳淑瓊等人，2004）。

　　行政院於 2007 核定的「我國長期照顧十年計畫」將家庭托顧列為新型服務方案之一，《老人福利法》第 18 條將家庭托顧服務列為社區式服務項目之一，《身心障礙者權益保障法》第 50 條亦將家庭托顧列為個人支持及照顧服務項目之一。截至 2017 年底，開辦老人家庭托顧的縣市共有 15 個縣市，服務單位共計 30 家，實際服務計 196 人。身心障礙領域方面，除新竹縣、嘉義市、金門縣與連江縣之外，各縣市皆開辦家托服務，共計 138 個托顧家庭，實際服務計 295 人（衛生福利部，2018）。回顧家庭托顧發展研究（林依瑩、施堯啟，2006；陳正芬，2011；曾莉婷，2013；潘怜燕、邱淑堤，2011；鄭雅文、莊秀美，2010），多以老人家庭托顧為主，少有研究檢視身心障礙家庭托顧（以下簡稱身障家托）服務發展狀況，本研究回顧美國與英國發展家庭托顧服務模式之相關文獻，瞭解家托服務發展的背景及現況，進而探討我國身障家托承辦單位以及服務員投入服務的影響因素，以及服務提供的過程經驗，進而從服務供給與服務需求兩方進行過程評估，期能針對身障家托未來發展提出具體政策與實務建議。

貳、文獻探討

一、家庭托顧模式的發展回顧

直到現在，家庭托顧服務仍是一項新型且發展中的照顧服務模式。回顧英國與美國發展家庭托顧服務的脈絡，該服務模式於 30 年前即開始發展，且檢視美國與英國發展至今的家庭托顧型態，服務內容包括住宿與生活照顧，共同理念都是支持這些願意開放自己家庭與他人共享的托顧家庭（陳正芬，2011）。美國各州政府使用名詞分歧，包括：成人家庭照顧（adult family care）、成人家庭照顧之家（adult family care home）與住宅照顧（domiciliary care），但共通規範包括：（1）服務內容涵蓋保護性看視、住宿與個人照顧；（2）多數州政府都規範服務人數不得超過五人；（3）家庭托顧管理者多為社團組織；（4）州政府並未將家庭托顧人員納入護理人員法規範，但也致使托顧家庭無法為有服藥需求者提供藥物服務與諮詢；（5）托顧家庭多數沒有能力為出現破壞性行為者提供服務；（6）積極招募與訓練服務提供者來滿足需求與維持照顧品質（Folkemer, Jensen, Lipson, Stauffer, & Fox-Grage, 1996）。值得注意的是，多數州政府並未針對托顧家庭的硬體設施設備明確規範，而是採取敘述式的規範方式，例如 Indiana 州與 Wisconsin 州對托顧家庭的規範是要求服務提供者必須支持與促使服務使用者獨立性與決策權的行使；但多數托顧家庭仍依據服務提供者修改住家環境，最常見的修改項目包括：增加臥室或浴室、拓寬出入口、增加輪椅斜坡道、增設生命安全相關設施（例如安裝消防設備）等（Mollica et al., 2009）。Mollica 等人（2009）進行的調查報告指出，家庭托顧服務模式確實為長期照顧服務需求者提供更多元的服務選項，這些托顧家庭大多對此工作都滿懷熱忱，但期待州政府提供喘息服務與在職教育服務。再者，因家庭托顧服務規模極小，一旦服務人數縮減就會影響托顧家庭所得領取的服務給付，因此建議政府應積極發展服務媒合策略；另一方面，有鑑於獨立型態的托顧家庭容易於服務提供過程中遭遇人力輪派與在職教育

等面向的困境，故建議政府部門應限制獨立執行的托顧家庭，轉以由一服務單位管理與協調數個托顧家庭為佳。

　　發展歷史同樣超過 30 年的英國家庭托顧服務亦是強調家庭環境與小規模的照顧服務模式，目前約有 10,000 個托顧家庭。但家庭托顧在英國是以成人安置服務（adult placement services）此一名詞為主，服務對象為18 歲以上的成人（包含身體或感官障礙、學習障礙、心理健康問題，以及失智症患者），服務對象年齡層相對較廣，服務內容以個人照顧與支持性服務為主（Scottish Executive, 2005）。主要服務模式分為三種：（1）長期服務（Long Term Placements）：長時間住在家庭托顧員家，如同寄養（fostering）。（2）短期服務（Short Term Placements）：短時間的與家庭托顧員共同居住，類似喘息服務（respite care），但強調必須是家庭（family home）而非機構式環境。值得注意的是，上述兩類服務對象在家庭環境中會擁有自己的臥室，並與家庭托顧員共享家內其他空間。（3）日間或活動為機會為主的服務（Day or Activity Based Opportunities ）：家庭托顧員者陪同服務對象一起做他們喜歡的事物，例如看電影、外出用餐或是任何他們想要嘗試但需要有人提供協助的活動（Shared Lives Plus, 2016）。

　　至今英國的家庭托顧已有新的名詞——「共同生活服務」（Shared Lives Service），提供人們支持性需求的照顧服務與住宿服務，使人們可以共同生活在家庭與社區中，是一項以家庭為基礎的照顧，而不需要在護理之家（care home）中接受照顧（Shared Lives Plus, 2016），相較於之前的成人安置名詞而言，共同生活服務此一名詞更為貼近該服務的理念與目的，使用該服務的人們也可以和他們的照顧者共同分享活動及生活經驗，並且減少使用醫院或是機構式照顧（residential care）的需求。相較於美國將服務對象侷限失能老人的模式，英國托顧家庭服務對象的年齡更加廣泛，服務時間可依對象需求提供長期或短期服務，從數小時至數週皆可。該服務模式於 30 年前即開始發展，但直至 1992 年才開始訂定設立的相關規範；而之所以長期未訂定設立與管理規範，即擔心法律規範附加的官僚體制將限制該服務模式的彈性，甚至導致托顧家庭流失。

二、我國身障家庭托顧服務方案之發展與現況

　　依據《104 年身心障礙者個人照顧服務辦法》中對身障家庭托顧服務的規定，家庭托顧服務指於家庭托顧服務員住所內，提供身心障礙者身體照顧、日常生活照顧與安全性照顧服務，及依受照顧者之意願及能力協助參與社區活動。家庭托顧服務員需健康檢查合格，且具有身心障礙福利機構教保員或生活服務員資格者或接受相關訓練達 110 小時以上者，及每年至少接受 20 小時之在職訓練；服務規模與時間方面，家庭托顧服務人數含本人之身心障礙家屬不得超過 3 人；除本人之身心障礙家屬外，每日收托時間以 8 小時為限，並不得提供夜間住宿服務，並需接受家庭托顧服務提供單位之督導。然而，依據 2017 年訂頒的《長期照顧服務機構設立標準》第 4 條，家庭托顧業務負責人應具 500 小時以上照顧服務經驗，有關家庭托顧業務負責人所稱照顧服務經驗，係指擔任照顧服務員提供失能老人身體照顧及日常生活照顧外，尚包含《身心障礙者個人照顧服務辦法》所稱教保員、訓練員、生活服務員或家庭托顧服務員，所提供之身心障礙者照顧服務。服務內容與人數是在其居家環境中提供一至四位長照使用者照顧服務。每日服務時間以 10 小時為原則，至多 12 小時：對照身障與老人家托服務員資格、服務人數上限與服務時間皆有差異，但兩者都是社區式服務，兩者的競合關係實有必要進一步分析。

參、研究方法

　　本研究為一過程評估研究，主要目的是針對身障家托家庭托顧服務方案的發展經驗進行探討，以瞭解該方案實施過程以及執行障礙。

一、研究設計與研究問題

　　方案評估係用來分析方案從形成到進入執行階段，以及執行結束後的

成果與影響，具體而言，評估研究可用以檢視目標與執行的妥適性與合理性、釐清方案制定責任之歸屬，並提供方案修訂以及資源分配所需之資訊。以方案實施階段來看，身障家托方案仍在實施中。自推動以來，2012年成立 72 個身障家托點，2017 擴增至 138 個身障家托點。雖然部分縣市政府企圖透過增加委託單位的方式促使身障家托積極發展，家托點與服務個案確實也呈現擴增趨勢，但供給與需求兩端仍持續不平衡狀態。本研究希望探討身障家托方案實施過程，瞭解該方案實施的障礙，作為方案修正之參考。參考 Rossi 等人（2004）、Posavac 等人（2006）與 Stufflebeam 等人（2003）提出的過程評估指標，並考量家庭托顧服務現有之資料，分別從供給面與需求面瞭解身障家托在服務程序中執行的障礙，並評估身障家托服務單位在接受並實踐其角色的程度，進而協助克服方案執行之困難。

二、資料蒐集與分析方法

方案的過程評估就是要評估方案執行情形，以及方案是否達成目標，可運用的評估途徑包括方案資料的蒐集與方案參與者的訪談等（Rossi, et al., 2004；李允傑、丘昌泰，2009）。本研究資料部分來自衛生福利部2012 年委託中華民國智障者家長總會的「身心障礙者家庭托顧模式規劃暨試辦成效評估計畫」（執行時間為 2012 年 6 月至 2012 年 3 月），以及2013 年委託的「身心障礙者家庭托顧模式規劃檢視暨訪視輔導計畫」（執行時間為 2013 年 10 月至 2013 年 12 月）。研究方法包括「檔案分析法」、「問卷調查」、「實地訪視」與「焦點團體」，首先運用檔案分析法，檢視中央與縣市政府歷年訂定及修正的家庭托顧相關法規與補助機制。其次，2012 年透過問卷調查方式蒐集 123 名受訓的家托員基本資料與家托環境。第三，研究者 2012 年實地訪視 6 個實際開辦並提供身障家托服務的據點，並與家托服務單位對談，2013 年實地訪視 9 個身障家托據點。焦點團體的對象著重於服務提供者，即負責開發家庭托顧服務提供單位，抽樣準則採取非機率抽樣中的「目的性抽樣」（purposive sampling），也就是

依據研究目的選擇能夠為研究問題提供最大資訊量的研究對象，於 2013 年分別針對「已成功開辦身障家托點」與「未開案單位」召開焦點團體，前者討論焦點為已開案供需配對考量因素與服務員教育訓練參訓成效，與會人數 25 人，後者討論焦點為未開案原因分析與服務宣導策略運用成效，參與人數 15 人；2014 年至 2017 年間以參與觀察者角色持續瞭解身障家托服務發展。

肆、方案推動結果之分析

本研究目的係對家庭托顧服務模式發展狀況進行過程評估，以深度訪談法蒐集服務委託單位與服務受託單位推動家庭托顧服務之背景脈絡與過程經驗，以及家托員及服務使用者的資料，分析方案發展的成果與執行障礙。以下依據方案推動與分析結果分述如下：一、分析身障服務家托員與服務使用者基本資料；二、歸納身障家托服務在供給與需求端的障礙；三、球員兼裁判：身障家托服務單位的角色兩難；四、傾斜的天秤：身障與老人家托的競合作用。

一、身障服務家托員與服務使用者基本資料

檢視 13 個單位協助回報 2012 年接受訓練的身障家托員基本資料與服務概況，女性為主（佔 89%），平均年齡為 46 歲，最年輕的家托員是 19 歲，最年長者 69 歲。證照方面，擁有照顧服務員證照者[1] 佔多數（78 位，佔 63%），同時具備個案家長身分者將近三成（34 位，佔 28%），顯示身障家庭托顧服務的確可讓擁有照顧經驗的家人藉此進入服務行列。然而，123 位結訓家托員中，僅有不到三成者（29 位，佔 24%）提供服務。家托

---

[1] 證照的定義有待釐清，未來可進一步釐清證照等級與內容，例如居家照顧服務員的丙級證照、家托員結業證書等。

員的房舍型態以透天厝（包括平房）為主（86 位，佔 70%），自有房屋者為 105 位（85%），其他 18 位採取租屋方式提供服務，超過九成家托員沒有使用無障礙改善經費。服務收入面向，極少數家托員可同時收滿三位個案。

　　分析身障家托個案的基本資料，男性有 31 位（佔 53%），女性 27 位（47%），平均年齡 37.5 歲，最年輕的個案是 17 歲，最年長是 78 歲，顯示身障家托服務對象包括具有身心障礙證明的老人。服務對象障別以智能障礙最多（23 位，佔 40%），依序為多重障礙（16 位，佔 28%）、肢體障礙（9 位，佔 15%）、自閉症（6 位，佔 10%）與精神障礙（4 位，佔 7%），障礙等級的分布依序為中度障礙（55%）、重度障礙（36%）與極重度障礙（9%），沒有輕度障礙等級的個案使用身障家托服務，行動自主或能生活自理能力尚可，對於無障礙環境的修繕改善需求不高。值得注意的是，過去未曾使用服務的個案比例將近六成（33 位），顯示家庭托顧確實提供服務個案一項新的服務選擇。分析個案的身分別分布，經濟條件以低收及中低收入戶佔多數，具備低收入戶資格者有 17 位（佔 29%），中低收入戶資格為 21 位（佔 36%），其他 20 位為一般戶（佔 35%）。服務經費的負擔方面，個案依據身分別、地方政府補助天數與本身使用天數而有不同的經費負擔，來自桃園縣一位個案自付額最高（7,700 元），其他縣市個案平均自付額約在 3,000 元左右。

表1　2012年13單位123位托員背景與服務狀況分析

編號	性別	年齡	證照 照服員 其他	是否具備個案家長身分	已提供服務	個案數 最多 最少	每月平均收入 最多 最少	房舍擁有權 自有 租屋	房舍型態 透天 電梯	有無使用無障礙改善經費 有 無
A單位 18人	男：4 女：14	平均：44 最年輕：22 最年長：60	照服員：0 其他：0	是：6 否：12	是：2 否：16	最多：2 最少：0	最多：22,400 最少：11,200	自有：17 租屋：1	透天樓屋：8 電梯：1 兩者皆非的公寓：9	有：2 無：4
B單位 6人	男：1 女：5	平均：47 最年輕：24 最年長：58	照服員：4 其他：0	是：0 否：6	有：2 無：4	最多：3 最少：0	最多：33,600 最少：9,520	自有：6 租屋：0	透天樓屋：3 電梯：3	有：2 無：4
C單位 13人	男：0 女：13	平均：43 最年輕：25 最年長：59	照服員：3 其他：2	是：8 否：5	有：4 無：9	最多：3 最少：0	最多：30,800 最少：22,400	自有：12 租屋：1	透天樓屋：12 電梯：1	有：1 無：12
D單位 11人	男：1 女：10	平均：44 最年輕：33 最年長：59	照服員：11 其他：0	是：5 否：6	有：8 無：3	最多：3 最少：0	最多：52,800 最少：6,400	自有：9 租屋：2	透天樓屋：3 電梯：4 兩者皆非的公寓：4	有：8 無：3
E單位 1人	女：1	54歲	照服員：0 其他：1	是：0 否：1	有：1 無：0	最多：1	最多：15,400	自有：0 租屋：1	公寓一樓	有：0 無：1
F單位 2人	男：0 女：2	平均：57 最年輕：48 最年長：66	照服員：2 其他：0	是：0 否：2	有：2 無：0	最多：2 最少：1	最多：30,800 最少：13,300	自有：2 租屋：0	透天樓屋：1 電梯：1	有：0 無：1

編號	性別	年齡	證照 照服員／其他	是否具備個案家長身分	已提供服務	個案數 最多／最少	每月平均收入 最多／最少	房舍擁有權 自有／租屋	房舍型態 透天／電梯	有無使用無障礙改善經費 有／無
G單位 5人	男：1 女：4	平均：41 最年輕：20 最年長：52	照服員：5 其他：0	是：1 否：4	有：4 無：1	最多：4 最少：1	最多：33,800 最少：12,600	自有：4 租屋：1	透天樓厝：3 電梯：2	有：0 無：5
H單位 10人	男：0 女：10	平均：49 最年輕：37 最年長：57	照服員：3 其他：1	是：4 否：6	有：0 無：10	全部皆未 開始服務	全部皆未 開始服務	自有：9 租屋：1	透天樓厝：5 電梯：2 兩者皆非的公寓：3	有：1 無：10
I單位 9人	男：1 女：8	平均：47 最年輕：36 最年長：55	照服員：9 其他：0	是：1 否：8	有：1 無：8	最多：3 最少：0	最多：38,500 最少：14,000	自有：9 租屋：0	透天樓厝：4 電梯：5	有：1 無：8
J單位 9人	男：1 女：8	平均：33 最年輕：19 最年長：50	照服員：2 其他：2	是：4 否：5	有：1 無：8	最多：2 最少：0	最多：16,800 最少：8,400	自有：8 租屋：1	透天樓厝：9 電梯：0	有：0 無：9
K單位 39人	男：4 女：35	平均：48 最年輕：21 最年長：69	照服員：39 其他：0	是：5 否：34	有：4 無：35	最多：2 最少：0	最多：22,400 最少：11,200	自有：29 租屋：10	透天樓厝：34 電梯：4 兩者皆非的公寓：1	有：8 無：31
總計 123人	男：13 女：110	平均：46 最年輕：19 最年長：69	照服員：78 其他：7 無：38	是：34 否：89	有：29 無：94	最多：4 最少：0	最多：52,800 最少：6,400	自有：105 租屋：18	透天樓厝：86 電梯：20 兩者皆非的公寓：17	有：23 無：100

備註：G單位同時承接老人與身障家托、家托員服務對象包括老人與身障者，故服務人數最多時出現4人。

二、傾斜的天秤：供給與需求端的失衡

依據《身心障礙者權益保障法》第 50 條，與家庭托顧服務同為日間時段提供服務的項目包括居家照顧與日間照顧，生活重建之社區式日常生活能力培養之服務場所服務時段亦以日間為主，以下從服務對象、內容、人力比與照顧需求，以及收費標準等四個面向進行比較異同：

（一）服務對象、內容、人力比與照顧需求之分析

小型作業設施係以無法進入庇護性就業服務場所者為主，服務內容著重團體生活訓練以及作業活動為主；居家照顧與機構式日間照顧並未界定服務對象年齡，家庭托顧以年滿 18 歲的身心障礙者為主，惟三者提供內容皆以照顧服務為主，顯示社區式（小型作業設施）的服務對象自主程度應相對較高。

再比較四類服務項目的照顧人員比例，居家照顧是照顧員到家提供服務，採一對一服務模式，家庭托顧為一對三服務模式，機構式日間照顧為一對三至一對七服務模式，社區式（小型作業設施）按服務對象障礙程度，採一對五至一對十五服務模式，顯示居家照顧服務接受者需要的照顧密集程度最高，依序為家庭托顧、機構式日間照顧與小型作業設施。換言之，對照四類服務之內容與人力比，小型作業所設定的服務對象不僅是需要照顧密集程度最低者，亦應是適合團體生活且具作業能力者，機構式日間照顧服務對象與家庭托顧服務對象皆是照顧密集程度略高於小型作業所者，但前者需為適合團體生活且可參與作業訓練者，後者則是需要人際互動，但又不太適合大團體生活者，居家照顧服務接受者需要的照顧密集程度不僅最高，亦是外出相對困難者。

（二）服務地點之比較

依據 104 年訂定的《身心障礙者個人照顧服務辦法》，家庭托顧服務員住所內提供受照顧者使用之樓地板面積，平均每人應有 6.6 平方公尺以

上，玄關及門淨寬度應在 80 公分以上，衛浴設備應有防滑措施、扶手等裝備。但實地訪視卻發現多數縣市政府將家庭托顧住所的要求提高至「無障礙環境」的等級。訪談服務提供單位協助托顧家庭改善環境最常遭遇的問題包括：住所為租屋，因屋主不同意而無法進行無障礙環境修繕；公寓房屋無電梯設置，輪椅無法進出，以及房舍過於老舊，無法取得使用執照等。

　　有鑑於家托托顧服務使用者多為具行動能力的心智障礙者，對無障礙環境要求低，但對居家安全要求高；立基於家庭托顧強調似家（home-like）理念，且服務人力比是一對三，建議地方政府對家托環境的要求避免「機構」化，而是應鼓勵家托員協助、訓練或指導服務對象克服居家環境現有的障礙，以及保護自身安全。再者，依據社家署公益彩券回饋金主軸項目及基準之規定，每一家托住所設施設備改善費最高補助 5 萬元。訪談結果顯示，5 萬元最常用於玄關與門淨寬的改善、增加衛浴防滑措施與扶手等設備；但即使衛浴防滑措施與扶手改善，亦很難一次花用 5 萬元，致使經費執行率相對偏低。建議設施設備費的改善項目放寬至身心障礙個案活動安全維護項目，且可保留本項目執行期限為三年，讓家托員得依媒合個案狀況逐案申請改善費用。

（三）使用者經濟負擔之比較

　　從服務使用者的面向分析，為促使服務對象使用適切的服務，身障者照顧服務的自付額應該同時考量到受照顧者個別需求差異以及家庭照顧者資產條件。但目前僅有機構式服務有同時考量到使用者個人以及家庭照顧者資產條件，小型社區作業所則是分個人障礙程度與家庭經濟條件，所有對象皆只有一套自付標準；一般戶的身心障礙者使用社區式日間照顧服務或小型作業設施，自付金額都約是 3,000 元，居家照顧服務與家庭托顧服務的補助標準依身分別分為三類：低收入、中低收入與一般戶，除低收入戶都是政府全額補助，中低收入戶使用居家照顧（自付 10%）優於家庭托顧服務（自付 25%），但一般戶使用家庭托顧（自付 25%）則優於居家照

顧（自付 30%）。若以同樣重度障礙程度使用同量照顧服務換算一般戶自付金額，小型作業設施與居家式日間照顧的經濟負擔程度最低，依序為社區式家庭托顧服務，最高則為機構式日間照顧服務。依據研究者實地訪視身障家托與分析焦點團體討論的結果，發現部分非都會區身障個案家長基於減少經濟支出的前提下，轉用身障家托服務，促使身障家托服務在部分非都會縣市發展迅速；但檢視身障家托發展相對較緩的縣市，係因家庭托顧服務自付額高於小型作業所與機構式日間照顧；而都會區且經濟條件相對較為優勢的身障個案，即使個案不適合團體生活或參與作業訓練，適合選用照顧密集程度較高的服務項目，卻因對新型服務模式的不瞭解而抗拒使用。

　　具體言之，比較身障家托與其他同在日間時段提供身心障礙服務的方案，身障家托確實提供服務使用者一項新的服務選擇，但其服務定位與其他服務模式的競合關係是該項服務能否適切發展的關鍵。建議政府部門進一步瞭解；特別是日間照顧服務項目補助標準的差異易誘使民眾依據補助標準選擇服務模式，而非依據個案需求選擇服務。同是日間照顧服務模式，不同的服務內容與人力比係依據不同類服務模式預設服務對象所需照顧密集程度而訂。據此，對使用端的個案及其家屬而言，政府對個案使用服務的補助標準應該齊一，方能促使個案及其家屬確實依據需求選擇適切的服務模式。

（四）家托員收入之比較

　　再比較老人及身障家托的照顧服務費，老人家托目前已被納入長期照顧給付及支付基準，全日型的給（支）付價格從長照需要等級 2 級的 625 元（原住民區或離島支付價格為 750）至長照需要等級 8 級的 1,040 元（原住民區或離島支付價格為 1,250 元）；對照社家署 107 年度公益彩券回饋金對身障家托的照顧服務費，全日托以 700 元計，兩類服務提供者所能獲得的服務費差異甚大，再加上身障家托的服務人數上限為三人，較老人家托少一人，恐將促使身障家托員往老人家托移動。

　　老人與身障家托都是鼓勵服務提供者開放自家提供服務，政府規範條件上的差異勢必直接影響服務提供者的所得差異；如此一來，可能造成同性質服務提供者可能流向服務需求量大、收入穩定且比較高的市場移動，不利於身障家庭托顧需求者的服務供給。換言之，身障與老人家托的服務上限與給（支）付標準實有調整之必要，促使這種家托模式的付費標準能夠趨向一致、避免放任過度市場機制造成同樣是家托服務者卻有差異經濟結果、影響弱勢者受照顧權益。

　　再者，有鑑於家托員與服務單位非為僱傭關係，係為自營作業者，其報酬非純係受僱支領勞務報酬之薪資所得，財政部賦稅署認定其所得為《所得稅法》第14條第1項第10款之其他所得，成本費用雖可檢據合法憑證予以扣除，惟因與家庭混合使用，成本費用列舉扣除相對困難。依據本研究實地訪視，家托員最大的支出係電費，特別是夏日電費。建議家托服務單位可協助家托員蒐集與比對家中電費因服務對象增加而變動的電費支出，提供財政部作為家庭托顧服務的成本核實認定的舉證資料，讓家托員的所得可參照薪資特別扣除額概念訂定成本費用率，降低家托員因收入的不穩定性而在受訓後離開此一新興服務模式。

三、球員兼裁判：身障家托服務單位的角色兩難

　　為落實《身心障礙者權益保障法》的推動，衛生福利部社會及家庭署已正式將家庭托顧服務視為法定照顧服務的一種。2012年正式列為社會福利績效考核身心障礙福利組的指標項目，明訂各縣市應依據推動家庭托顧實施計畫進行預算編列並進行服務輔導管理機制、提升服務人力專業品質、考量服務對象的普及與效益，以及進行服務品質回饋調查與處理列為重點項目。縣市政府似乎是為了取得社福績效考核分數[2]，2012年同時將身

---

[2] 身障家托的社福考核總分為3分，配分方式如下：（1）有推動家庭托顧實施計畫並依計畫編列預算提供服務且有輔導管理機制占1分，但又分為兩個項目：縣市有依需求調查或需求評估結果擬定實施計畫，並編列預算執行，申請公益彩券回饋金視為未自行編列，以及縣市訂有輔導管理機制並有運作執行，兩項皆符合核給1分，符合一

障家托服務委託兩家單位以上的縣市政府多達六個，分別是高雄市、新北市、臺中市、南投縣、雲林縣與臺南市，其他縣市僅只委託一個單位發展家庭托顧服務。惟，26 個接受縣市政府委託的單位當中，半數以上尚未開始服務。檢視衛生福利部社家署 2018 年公益彩券回饋金申請主軸項目及基準，對於身心障礙家庭托顧的補助項目，包括：專業服務費、照顧服務費、教育訓練費、交通補助費、辦公設施設備費、業務費、家庭托顧住所設施設備改善費與家庭托顧住所公共意外責任險共八項，承辦家庭托顧服務的單位可獲得之項目實質上有五項，專業服務費、設施設備費與公共意外責任險三項是提供給托顧家庭。進一步分析各補助項目之金額，除新北市與臺中市之外，各縣市政府委託的承辦單位均獲得 44,500 元的專業人事服務費用之補助，教育訓練費是排名補助金額第二高的項目，差異較大的是辦公設施設備費與業務費。依據研究者實地訪視瞭解，提供執行單位進行服務推展宣導、資源管理開發與服務人力品質提升所需之社工專責人力，成為影響家托服務單位投入承攬服務與是否能有效發揮服務管理角色任務的主要誘因。

　　進一步分析服務提供單位與家托員雙方權利義務關係，服務提供單位被委託之職責顯然過於龐雜。檢視縣市政府委託或招標家庭托顧服務的相關文件，服務提供單位的責任可歸納為以下六項：（1）招募遴選合格之照顧服務員，評估托顧家庭之合適性並協助改善；（2）建立合格之家庭托顧照顧服務員資料庫，媒合照顧服務員與需托顧服務之家庭，並提供諮詢、轉介服務；（3）協助照顧服務員與失能者家屬雙方有效溝通，維持良好托顧關係；（4）協助照顧服務員與替代照顧服務員之人力調配；（5）每週訪視托顧家庭、每月召開家庭托顧服務工作會報，以掌握照顧服務員提供服

項核給 0.5 分；（2）服務人力專業品質 0.5 分，亦再細分為兩個項目：服務人力應符合專業標準，以及專業服務人員接受在職訓練時數，每人每年至少 20 小時，兩項皆符合核給 0.5 分；（3）服務規劃及宣導時應將服務對象涵蓋各生涯階段有照顧需求者占 0.5 分；（4）服務品質回饋機制及處理占 1 分，但又分為兩個項目：有進行滿意度調查，且針對調查結果有進行問題解決、回饋處理，以及建立服務申訴管道，並讓使用者充分瞭解服務使用權益，兩項皆符合核給 1 分，符合一項核給 0.5 分。

務現況，適時給予輔導與協助，並定期辦理照顧服務員個別督導、團體督導、個案研討會與服務滿意度調查，以保障家庭托顧服務品質；（6）辦理照顧服務員職前、在職訓練與支持服務，增進照顧服務專業知能，使身心障礙者獲得妥善照顧，提升照顧服務品質。這意謂家庭托顧服務單位不僅需扮演身障家托點開發角色，亦須承擔個案媒合與品質監督面向的功能。

　　檢視身障家托此一新型服務推展經驗，服務單位開發托顧家庭與媒合個案過程極為艱困，服務單位投入輔導的人力單位成本極高。再者，服務單位在服務發展過程中，需要多次往返於托顧家庭與潛在服務使用者之間，即使服務媒合成功，亦須耗費極多輔導與服務溝通時間，甚至投入交通車接送與支援照顧人力等。但不論身障家托單位開拓幾個家托點，獲得的人事費與業務費都與未開辦家托點的單位一致。當地方政府依據社會福利考核指標要求服務提供單位開辦身障家托服務，卻發現超過半數以上的服務提供單位僅狹義地將「服務開辦」解釋為「招募或訓練服務員」，致使 2012 年即有 123 位完成訓練的家托服務員，但實際提供服務者不到三成。依據研究者實地訪視瞭解，身障家托服務單位為達成地方政府要的開案壓力，一方面是開放所有願意投入服務者皆參與訓練，但卻未在人員參訓前確認其居家環境的空間是否符合需求、環境的限制可否透過改善方案修正，以及同住家人是否支持服務的開辦等。另一方面，即使發現受訓學員居家環境不符規定，部分服務提供單位卻允許家托員藉由租屋方式提供服務，於租屋處進行無障礙環境改善，但家托員本身未實際居住在該處。顯示當身障家托單位面對縣市政府規範的六項責任，但補助費用卻未依責任而有差異時，同時身兼球員與裁判的身障家托單位資源管理者就出現選擇相對容易達成的服務項目，或是跳脫裁判身分協助家托員租屋以達成服務開辦的目標。然而，依據美國與英國推動家庭托顧之經驗，家庭托顧服務最核心的精神就是托顧員提供自家居住環境與個案共享，不應另租房舍提供家庭托顧服務，這不僅喪失家庭托顧服務之初衷，也有可能因家托員搬遷而致使補助經費浪費。

　　家庭托顧服務員為直接服務提供者，而服務提供單位是本項新型服務

模式的輔導監督角色，家托員並不隸屬於服務提供單位；家托員與服務提供單位之間的關係，不是僱傭關係或承攬關係，而是類似社區保母系統中，服務提供單位為政府委託辦理家托服務業務之輔導、媒合及培訓之角色。只有當家托員與服務提供單位雙方角色定位明確化，才能有效發揮品質把關與服務開發媒合工作，如此一來無論在補助經費的有效運用以及資源公平正義分配的實踐下身障家托服務方能順利發展。

伍、結論與建議

　　本研究運用過程評估方法，分別從供給面與需求面瞭解身障家托在服務程序中執行的障礙，並評估身障家托服務單位在承攬專業服務並運用社工專業實踐其角色的程度，進而協助克服方案執行之困難。

　　首先分析身障家托服務數量出現的地理區域，都會區的身障家托服務數量遠低於非都會區，原因有二，一是都會區服務提供者從事居家式托育服務的預期可能收入明顯高於非都會區，吸引願意開放自家環境者大多從事居家式托育服務；而非都會區民眾對於居家式托育服務需求低，願意開放自家環境者轉向身障家托服務行列，促使家庭托顧服務的彈性與小規模足以補充當地正式照顧資源欠缺之處，導致身障家托在中南部區域的發展優於北部區域。但值得注意的是，不應透過價格因素誘導個案或家屬使用家托服務，或因此延後其他正式照顧服務的推展，這些身心障礙服務定位的問題都有待下一階段透過追蹤個案的服務使用行為進一步檢視。

　　其次，檢視身障家托與同樣在日間照顧服務的對象與內容，同為日間照顧服務，政府補助標準與收費標準不一，致使部分個案家長基於減少經濟支出的考量，轉用身障家托服務。本研究認為同是日間照顧服務模式，政府對於個案使用服務的補助標準應該齊一，促使個案及其家屬確實依據需求選擇適切的服務模式。就補助對象與補助標準而言，建議政府應對有意願承接新型服務模式的服務提供單位提高財務誘因，但對使用端的個案

及其家屬而言，政府對個案的補助標準不應有所差異，避免新興服務的開辦導致現有服務模式服務人數的萎縮。再者，本研究比較身障家托與其他身心障礙服務方案的對象與內容，發現身障家托確實提供服務使用者一項新的服務選擇，但其服務定位與其他服務模式的競合關係（包括服務地點、服務對象與內容）需進一步瞭解；有鑑於身心障礙各項服務模式逐漸趨於穩定發展，建議各地方政府可採用地理資訊系統，瞭解當地各項服務模式的服務容量與實際服務使用狀況。

　　最後，檢視目前身障家托服務發展狀況，最大困境就是服務提供單位與家托員權利義務關係不明確，且服務提供單位職責過於龐雜，不僅需扮演資源開發展角色，亦須承擔個案媒合與品質監督面向的功能；加上多數委託服務的地方政府又要求服務提供單位必須保障服務順利開始，致使現有多數服務提供單位多數人力與時間皆運用於培訓與開發家托人力與據點，導致已接受培訓人力遠超過需求，但又因家托員居家環境要求無法滿足委託單位之要求而難以開辦服務。為避免服務提供單位同時扮演「開拓家托服務據點」與「個案媒合與品質維護」等雙重角色，建議中央政府與地方政府另委託單位進行家托員的訓練（包括職前與在職訓練）與家托地點的評估與改善工作，另將服務提供單位的角色單純化，強化其照顧計畫訂定與照顧品質監督的服務輔導角色，補助費用亦應依據實際輔導身障家托服務點而有區隔。

參考文獻

中華民國智障者家長總會（2004）。《家庭支持服務試辦計畫成果發表會手冊》。

行政院（2007）。《我國長期照顧十年計畫——大溫暖社會福利套案之旗艦計畫》。

呂寶靜（2002）。〈老人福利服務〉，收錄於呂寶靜（主編），《社會工作與臺灣社會》。臺北：巨流。

李允傑、丘昌泰（2009）。《政策與評估》。臺北：元照。

林依瑩、施堯啟（2006）。《建立家庭托顧發展機制之研究》。臺北：內政部委託研究報告。

曹愛蘭、吳淑瓊（2003）。《家庭托顧服務營運手冊》。臺北：行政院社會福利推動委員會長期照護專案小組。

陳正芬（2011）。〈家庭托顧服務發展狀況及其評估〉，《社區發展季刊》，*136*，381-401。

曾莉婷（2013）。《從服務使用者觀點探討使用家庭托顧經驗之研究》。中國文化大學社會福利研究所碩士論文。

曾莉婷、陳正芬（2014）。〈從服務使用者觀點探討家庭托顧服務使用經驗之研究〉，發表於「臺灣社會福利學會 2014 年年會暨國際學術研討會」。嘉義縣。

吳淑瓊、戴玉慈、莊坤洋等人（2004）。〈建構長期照護體先導計畫——理念與實踐〉，《臺灣衛誌》，*23*(3): 249-58。

衛生福利部（2018）。「長照政策專區」。網址：http://www.mohw.gov.tw/cht/ltc/M。

黃源協（2000）。〈社區照顧之「社區」與「照顧」〉，收錄於黃源協（主編），《社區照顧：臺灣與英國經驗的檢視》。臺北市：揚智文化。

潘怜燕、邱淑媞（2011）。〈臺灣地區 1991-2007 年男女性之健康差距：以平均餘命、死亡率及潛在生命年數損失為指標〉，《臺灣公共衛生雜誌》，*30*(2)，135-149。

鄭雅文、莊秀美（2010）。〈老人家庭托顧服務——「非自宅的居家照顧」之實踐〉，《社區發展季刊》，*131*，385-396。

葉文忠（2013）。〈麥當勞，告訴你為何你不可原諒！〉。網址：http://www.ettoday.net/news/20130625/230021.htm 。

Curtis, M. P., Kiyak, A., & Hendrick, S. (2000). "Resident and Faculity Characteristics of Adult Family Home, Adult Residntial Care, and Living Setting in Washington State." *Journal of Gerontological Social Work, 34*(1), 25-41.

Folkemer, D., Jensen, A., Lipson, L., Stauffer, M., & Fox-Grage, W. (1996). *Adult Foster Care for the Elderly: A Review of State Regulatory and Funding Strategies.*

Washington, DC: AARP Public Policy Institute.

Kane, R. A., Kane, L. R., & Ladd, C. R. (1998). "Nature and Purpose of Long-Term Care." In R. A. Kane, L. R. Kane, & C. R. Ladd (Eds.), *The Heart of Long Term Care*. New York: Oxford University.

Mollica, R. L., Simms-Kastelein, K., Cheek, M., Baldwin, C., & Farmham, J. (2009). *Building Adult Foster Care: What States Can Do*. Washington, DC: AARP Public Policy Institute.

Nyman, J. A., Finch, M., Kane, R. A., Kane, R. L., & Illston, L. H. (1997). "The substitutability of adult foster care for nursing home care in Oregon." *Medical Care, 35*(8), 801-813.

Posavac, E. J. & Carey, R. G. (2006). *Program Evaluation: Methods and Case Studies*. Upper Saddle River, NJ: Prentice Hall.

Rossi, P. H., Lipsey, M. W., & Freeman, H. E. (2004). *Evaluation: A Ststematic Approach*. London: Sage.

Scottish Executive (2005). *National Care Standards-Adult Placement Services*. Edinburgh: Scottish Executive.

Shared Lives Plus (2016). *The State of Shared Lives in England*. Liverpool: Shared Lives Plus.

Stufflebeam, D. L. & Shinkfield, A. J. 原著，黃光國譯（2005）。《系統的評鑑：理論與實務的自我教學指引》。臺北：師大書苑。

第七章

我國長期照顧體系欠缺的一角：
照顧者支持服務

陳正芬

* 本章曾發表於《社區發展季刊》，2013，141 期，頁 203-213。經修訂增刪始成此文。

壹、前言

　　檢視目前長期照顧政策的發展途徑，雖然許多國家將長期照顧視為健康照顧體系的一環，但醫療專業強調急性病症的治療及照顧，而非長期照顧服務之選擇及其品質評估；更重要的是，醫療照顧面對的是生死關頭（life-or-death）的抉擇，而長期照顧注重的議題卻是生死關頭之外生活層面的安適程度；換言之，長期照顧關注的面向即是日常生活的本質（Ikegami & cambell, 2002）。相對於醫師於醫療體系中的角色，家庭成員在功能障礙者日常生活中所提供的支持與照顧亦不可忽視；如 Piercy 及 Blieszner（1999）的研究顯示功能障礙者與照顧者彼此需要的連結乃是家庭使用正式服務的關鍵因素；McCullough 等人（1993）之研究發現功能障礙者對長期照顧安排的選擇，不僅是本人的決定，其家人往往也是重要的決策參與者。上述研究均顯示長期照顧的安排與使用因素比醫療照顧更易受個人或家庭成員使用意願的影響，昭示家庭照顧者相關研究於長期照顧服務議題中不可或缺的重要性。

　　事實上，老人、家庭和正式照顧體系三者間的關係一直是家庭社會學、老人學及社會福利等學科領域中被關注之焦點，早期的研究大多將家庭視為老人的資源，故探討的重點側重在家庭對老人的直接照顧，亦即是成年子女奉養老年父母的相關議題；近期家庭照顧者被視為是偕同工作者（co-client），所以研究主題移轉到照顧者的困境（壓力與負荷）與福利需求（Cohen et al., 1993; Pearlin et al., 1990；邱啟潤等人，2002）。回顧家庭照顧者在正式照顧體系被界定之角色，大致以下列兩類為主：（1）照顧者是一項資源（resources）；（2）將照顧者視為需要協助的案主之一（co-clients）（呂寶靜，2005）。檢視各國發展家庭照顧支持方案之歷史脈絡，顯然將照顧者視為一項資源係政策訂定之主軸；事實上，自「就地老化」之政策目標被提出後，各國開始重視社區與居家服務的發展，透過各項服務方案的提供，讓老人儘可能留在社區內生活；但實務上若沒有家庭照顧者的參與，社區照顧就無法推行。而長期照顧政策的焦點之所以放置在支持

照顧者面向，最主要是立基於成本效益的考量，即期望善用家庭照顧的資源來降低政府的公共支出（Gibson, 1998）。

然而，對於一個照顧者而言，其角色可能是因被照顧者逐漸年邁而意識到這個角色的存在，也可能是在一夕之間就必須接受它的來臨（如中風或意外事件引起的失能者照顧者）。但每位照顧者都需要經過一段的角色承擔過渡期，他／她常會考量許多的因素，包括對照顧者這個角色內容的期望、賦予的意義與照顧技巧與知識的準備度等。這些因素已經知道與日後照顧品質高度相關，尤其是照顧者的知識與技巧準備程度；也就是照顧者對未來將提供的照顧準備越充分，在整個照顧過程中對於面臨的照顧問題與相對產生的壓力應付會朝向正向結果（吳瓊滿，2010）。因此，本章從照顧者的觀點檢視我國長期照顧體系之內涵：論述內容主要分為三部分：首先分析照顧者角色執行及其需求；其次回顧國內外之照顧支持服務；第三部分則針對我國照顧支持服務提出建議，以供未來政策制定之參考。

貳、照顧者角色之執行及其需求

誠如 Hardy 與 Conway（1988）所著的《角色理論》一書強調，任何一個角色皆需經過適當的學習與準備，方能成功扮演角色與發揮角色功能；此一概念已被許多領域加以應用，例如為人父母的角色準備、初入學校的新生訓練，以及進入工作職場前的職前教育。然而，長期照顧失能者的工作內容繁瑣複雜，從一般的日常生活照顧到執行許多專業的技巧，如給藥、注射和更換敷料等，沒有那一位照顧者是天生會執行這些照顧技巧（吳瓊滿，2010）；再者，面對不同的被照顧者，照顧工作本質與照顧關係的不同，都將致使照顧者對照顧工作的認知詮釋、感受情緒與角色履行壓力程度皆有差異。兒童照顧與老人照顧雖然都同屬照顧工作，遭遇問題雖然看來類似，包括：社會孤立、所得中斷及缺乏睡眠，但其最大差異在於

時間時列（time-scale），兒童會逐漸成長獨立，此即是對照顧者提供愛與照顧的酬賞；但照顧一個老人或障礙者卻只能看著他的功能逐漸退化與日益依賴（Lindgren, 1993）。陳景寧（1996）亦曾歸納兩種照顧責任與經驗的差異之處，提出欣慰與滿足感、可預測性、照顧責任分擔性、權力關係明確性、自由選擇權等五個面向的區隔之處，具體而言，相較於照顧兒童可獲致的欣慰與滿足感，但照顧老人卻必須面對身體衰老甚至生命逝去之課題，因而感到挫折與無助；其次，照顧（健康）兒童有一定的發展階段可依循，但照顧老人卻因其疾病的多元與複雜而難以預測病程；第三，兒童照顧將隨成長階段而逐步引入同伴與學校等支持資源，但失能老人的依賴度卻隨健康狀況惡化而可能增加照顧負荷，甚至更加依賴特定單一的照顧者；第四，兒童照顧關係建立在父母對子女的愛與權威，存在明確的權力關係，但照顧老人隱含角色逆轉，照顧者需要更多心理調適；最後，生兒育女的時間可依個人生涯規劃加以選擇，但失能老人的照顧卻沒有選擇可言，顯示兒童照顧與失能老人照顧不應被視為相同的照顧角色。

　　其次，檢視現有以家屬擔任失能老人照顧者角色的相關文獻，許多研究發現承擔照顧角色對大多數的照顧者而言，都是一項陌生的經驗，他們在尚未準備充分或僅接受極少的角色準備即進入照顧生涯（Perkinson, 1995; Stewart et al., 1993）。Hardy 與 Conway（1988）提醒，當個人進入新角色之後，並非馬上可以符合角色期望，通常會經歷角色轉移（role transition）的過程，個人在過程中會經歷到自己與新角色期望的不協調之處，藉此改變自己符合角色期望，角色轉移過程的順利與否會影響個人對新角色的投入程度；反之，當角色轉移過程經歷的挫折越多，引發角色壓力的情況也隨之增加。如 Shyu（2000）採紮根理論之質性研究方法，針對 16 位照顧者與 12 位老年病患，分別於出院前一星期左右，出院後一至二星期及一個月左右的時間，各進行一次面訪與參與式觀察，發展「角色調頻」（role tuning）理論架構，解釋照顧者與老年病患由出院至回到家的過渡期，不斷調整擔任照顧者與被照顧者的角色以達到和諧狀態的過程；主張從出院前至回到家中共可分為三階段，第一階段是指出院前階段，定

義為「角色進入」（role engaging）階段，第二階段為「角色協商」（role negotiating）階段，指剛出院回到家期間所經歷的協商適應過程，第三階段為「角色安定」（role setting），指照顧者與被照顧者之間角色行為形成穩定模式的過程。綜言之，照顧者與被照顧者在不同階段皆有不同的需求重點，照顧與被照顧者在角色進入階段著重於尋求健康照顧訊息，包括：被照顧者身體狀況與病症的監測與評估，以及個人照顧與緊急處理等各方面訊息的需求；照顧者在角色協商階段則偏重於熟練照顧技巧，協助被照顧者建立良好疾病行為，處理被照顧者情緒問題與安排後續照顧服務等，角色安定階段則以情緒支持需求為主。

　　然而，照顧者在承擔角色的過程時常經歷角色緊張與角色壓力狀況。Parsons 認為角色緊張的原因可能是：（1）個人無法達到角色期望的要求；（2）角色期望模糊不清；（3）個人同時扮演兩個相互矛盾與衝突的角色；而當個人無法學習到與角色有關的權利與義務，致使無法有效表現角色即會產生壓力。而每個角色都有雙重層面：個人的（individual）和集體的（collective），個人的層面是屬於個人對某個角色的獨特詮釋，即個體對於角色的自我期待（self-expectation）；集體的層面則是來自社會大眾對某個角色的社會期待，即不論誰來扮演，都必備的基本特質。基於上述概念，當角色行使者面對兩組彼此衝突的角色期待時，即可能產生角色衝突（role conflict），角色衝突又可分為角色內的衝突（intra-role conflict）與角色間的衝突（inter-role conflict），前者是不同人對同一個角色有不同期待，以致角色行使者無所適從，不知如何選擇適當的行為模式；後者是發生在一個人同時擁有許多不一致的角色時，因為每一種角色都有其伴隨的權利義務，致使兩個角色之間的義務可能發生相互矛盾，造成個人抉擇與協調上的困難，最常見的即是成年子女面對父母照顧者與工作角色的衝突（Andersen & Taylor, 2009）。

　　回顧現有家庭照顧者相關研究，以角色壓力與角色內緊張為題的研究不勝枚舉。例如 Archbold 等人（1990）分析 76 位失智照顧者的角色緊張相關因素，發現照顧者對照顧角色的準備度、直接照顧量，被照顧者認知

缺損程度與生活自理功能缺損程度，以及照顧者與被照顧者關係與角色緊張程度高度相關；該研究發現當照顧者的準備狀態較好時，照顧者角色感受到的緊張狀態較少，並強調當照顧者與被照顧者擁有較好的關係時，其會將照顧工作是一種有意義的行為，降低壓力的產生；反之，若照顧者與被照顧者關係不佳，則可能導致較高的角色壓力產生。酒小蕙（1998）針對脊髓損傷病患家屬出院過渡期角色緊張與需求的研究，發現角色緊張最大來源是直接照顧之內容，其次與照顧者的關係亦與角色緊張高度相關。顯示照顧角色的執行不僅與個人是否有充分準備高度相關，亦與被照顧者對照顧者的角色期待有關；但在照顧角色執行過程中，除了來自被照顧者的期待，不同的人承擔照顧者角色，角色內的衝突情況亦有所差異，過去研究即發現媳婦照顧者往往是照顧者中最弱勢的族群，與被照顧者之前累積的關係最為薄弱，且來自其他家庭成員的協助最少，但其執行照顧者角色時卻需背負來自被照顧者與其他家庭成員的期待，不同人對媳婦照顧者有不同期待，致使媳婦照顧者在照顧過程承擔極大的角色負荷（Ingersoll-Dayton et al., 1996；溫秀珠，1996；陳正芬，2010）。

　　許多研究早已驗證，面對照顧壓力邊增的困境，照顧者會傾向引入正式服務來舒緩照顧壓力，特別是當功能障礙者有較高的照顧需求，照顧者主觀察覺本身照顧負荷邊增，且又缺乏足夠的社會支持情況下，照顧者對服務使用的比例隨之增加（Bass & Noelker, 1987; Miller & McFall, 1991）。對肩負工作的照顧者而言，正式資源的引入是舒緩角色間緊張的工具，特別是社經地位較高的女性較容易獲得社會支持，包括來自醫師、社會工作員及護理人員，其可藉由來自上述專業人士提供的專業建議，減輕該類照顧者的負荷與照顧成本；相對地，社經地位相對較低且無全職工作的女性照顧者而言，其雖亦經歷角色間衝突的困境，例如同時擔任照顧者、幼童母親與妻子的角色，卻因其不具備「局內人」（insider）的身分，很少獲得來自健康照顧體系非正式的支持，照顧的相關知識及選擇相對較為有限，且缺乏資源去購買相關的照顧服務是其最大的窒礙（Archbold, 1983; Neal et al., 1993）；正如蔡承儒（2006）與陳正芬（2010）檢視擔任照顧者

的外籍配偶與正式照顧支持體系的接觸經驗，發現她們之所以很少接受正式照顧服務的原因往往是資訊掌握的不足。由此可見，不同類型的照顧者所經歷的角色內與角色間衝突存在高度差異。而當照顧者感受角色緊張與壓力時，其照顧負荷亦與照顧品質高度相關。Schumacer 等人（1998）認為照顧品質是照顧者、被照顧者與照顧情境之間互動的結果；照顧者面向代表的品質內涵包括：必要的知識、技能與資源、於照顧經驗中建立起常規、賦予照顧意義或感受快樂的過程。亦有研究認為老人照顧的品質有賴照顧者的掌控程度（caregiving mastery），所謂掌控程度通常是指照顧者自覺勝任程度，勝任程度越高的照顧者本身出現憂鬱症狀較少，且有較佳的健康狀況（許敏桃，2001）。

　　綜合上述文獻可發現，失能老人照顧者角色的履行並不等同於兒童照顧，照顧者隨著失能老人失能程度以及需求變動進出不同的照顧場域，都致使照顧者角色必須隨著被照顧者需求的變動、以及體系中其他成員對照顧者角色的期待隨時調整，照顧者出現角色間與角色內緊張的狀況不勝枚舉，實有必要針對照顧者在不同階段的角色與需求規劃照顧支持服務。

參、國內外照顧者支持服務方案的引介

　　回顧西方國家已實施之照顧者支持政策可歸納為三類：一是服務性支持措施（含喘息照顧服務及心理暨教育性支持方案）；二是與就業相關的支持措施；三是經濟性的支持（Pickard, 1999；呂寶靜，2005）。近來之所以逐漸將照顧者視為需要的案主之一，係因照顧者的權益逐漸受到社會大眾的認同，故期望藉由措施和服務之提供以降低照顧對照顧者生活不利的影響。目前英國、芬蘭與澳洲都分別針對家庭照顧者有獨立立法明確保障家庭照顧者權益。家庭照顧者支持服務的項目包括：喘息服務（分別包括居家式、機構式）、日間照顧、諮詢與轉介（分別為由專業人員提供與由家庭照顧者提供兩種）、教育訓練、支持團體，與照顧支持中心服務網

（care support center）；特別值得關注的是英國於 1995 年訂定的「照顧者（認可和服務）法案」（Cares [Recognition & Services] Act），不僅注重家庭照顧功能，亦將家庭照顧者定位為服務網絡中的新主體，將照顧者照顧能力的評量納入成為家庭支持脈絡中重要的一環；英國的家庭照顧者總會亦設立了全國性家庭照顧者專線服務，提供全天性全年無休的專線服務。為減少照顧者的負擔，專線的服務以單一接觸（single contact）為原則，也就是打電話求助的家庭照顧者都是由專線服務者同一人服務到底，強調在良好的工作關係中解決家庭照顧者的所有問題，所提供的建議都是個別化（personalized）的實際建議，並提供實質協助以確保家庭照顧者與所需的資源連結。而為進一步提升服務的可近性，英國家庭照顧者總會建立了一個網路互動系統，其中包括十大家庭照顧者所關切議題的簡易文宣、七千餘個區域家庭照顧者服務方案的目錄、家庭照顧者互動網頁（如 facebook, twitter, blog）。專線的目的是與家庭照顧者一起發展所需的服務，從專線的服務中瞭解家庭照顧者在面對服務體系時所遇到的問題，以發展解決策略。未來他們將朝向影像的應用，例如用影像紀錄家庭照顧者的故事與議題。透過專線，英國家總得以在全國與地方層次與不同團體建立合作網絡（王增勇，2010）。美國亦於 2002 訂定家庭照顧者支持方案（National Family Caregiver Support Program, NFCSP）提供家庭照顧者有關社區服務相關資訊，協助照顧取得支援性服務，並針對個人規劃諮商及訓練方案等（Riggs, 2004; Johnson, 2007）。

中華民國家庭照顧者總會（簡稱家總）於民國 100 年執行行政院衛生署專題委託研究案（長期照顧保險給付制度──家庭照顧者教育訓練課程計畫），邀請全國 67 個組織及 85 位專家參與焦點團體討論，針對家庭照顧者教育訓練模式進行檢討與意見交流，並針對 1,220 名家庭照顧者進行問卷調查（回收有效問卷 978 份），瞭解照顧者需求以及現有服務模式可改善的空間。該次調查初步整理我國現有的家庭照顧支持服務，主要可歸納為六大類：諮詢服務、專題講座、支持性服務、單次性活動、個案服務及喘息服務等，並參照服務提供組織、專家與照顧者的意見分別針對六項

服務提出有待加強之處，詳見表 1。

表 1　我國照顧者支持服務類型一覽表

服務種類	服務內容	服務內容的缺失
諮詢服務	政府與民間公益團體等專線或 0800 免付費專線諮詢、宣導手冊與海報、網站諮詢等，提供資源管道媒合、情緒支持等服務	服務內容偏向「點到為止」的服務模式，缺乏追蹤機制且各組織獨立運作的諮詢專線
專題講座	聘請專業師資開授家庭照顧者相關之課程	1.同一縣市各單位重複辦理類似性質的講座 2.講座師資亦影響照顧者吸收講座內容的程度 3.部分照顧者因為年齡、教育程度、家中替手等因素，影響出席率及吸收成效
支持性團體	1.團體屬性可分為： (1) 照顧者教育性團體 (2) 支持性／紓壓性團體 (3) 畢業生團體 2.依帶領者特性可分為： (1) 專業人員 (2) 培力後的照顧者	1.因經費及人手問題，每年僅辦一到兩梯為限 2.照顧者的認知要再教育，例如主觀認為照顧者支持服務隨被照顧者過世而自然終止 3.團體設計缺乏延伸性 4.照顧者擔任帶領者的認證與品質問題等
單次性活動	戶外聯誼、關懷活動（紓壓為主、關懷技巧與資源應用為輔，另提供喘息服務）	出現交通接駁、照顧缺乏替手或喘息服務無法銜接、其他家庭成員認知不足等問題
個案服務	照顧技巧指導、經濟補助、關懷陪伴、資源媒合等	資源有限、照顧者及其家庭認知問題等
喘息服務	提供家庭照顧者能暫時放下照顧工作，獲得一段期間暫時休息的機會	資源有限、照顧者及其家庭認知問題等造成使用率偏低

資料來源：中華民國家庭照顧者關懷總會，2011。

　　其次，此次調查研究結果亦顯示，各縣市或社會福利組織舉辦的照顧者支持服務方式多以「專題講座」模式為主，且多數機構受限於經費及配套措施不足影響，每年僅辦理 1 至 2 梯次，近年來甚至因逐年參與人數低於 10 人考量成本效益而停辦。但相較於一對多的講座授課形式，支持性團體因為採取限額人數、小規模（8-15 位）的討論與分享方式進行，帶領者包括專家學者或經過培訓的資深照顧者。團體目的強調成員間的分享與互動、回饋與支持，有時也會搭配 30 分鐘的短講或議題引導，此種小規模的封閉式團體相對受到照顧者肯定。另一方面，固定據點式的照顧支持服務亦逐漸發展，即主辦單位在固定的據點（可兼做提供平時抒發情緒的空間）提供照顧者教育課程與交誼機會，例如天主教康泰醫療教育基金會家屬互助聯誼會每月一次舉辦的「溫馨上午茶」、臺灣失智症協會每月一次「永遠記得你講座」，都獲得照顧者支持與肯定；而主題式課程搭配外出活動，特別是活動設計是照顧者與被照顧者可同時參與，尤其受到照顧者熱烈響應，但活動設計亦須同步安排志工人力協助，讓照顧者和受照顧者能夠有一段時間是分別參與不同類型的活動，據此達到教育性、聯誼性、舒壓性等多元功能。有鑑於講座式服務不獲照顧者青睞的趨勢，服務單位亦開始發展到宅教育訓練服務，特別適用於目前老老照顧、教育程度不高、家庭功能不彰、使用外籍看護工等類型的家庭，顯示照顧者與被照顧的異質性皆需兼顧，方能讓照顧者獲得照顧支持服務（簡璽如，2012）。

　　作者運用上述家總提供該委託計畫的部分問卷資料，運用 Andersen Model 分析家庭照顧者參與教育訓練的利用相關因素，發現前傾因素中的家庭照顧者的性別、年齡與教育程度，乃是影響教育參與的顯著變項。女性、照顧者年齡為 65 歲以下，參與教育訓練比例越高；另隨著照顧者教育程度越高，參與教育訓練的比例越高。值得注意的是，不論是從「照顧者年齡」或是「照顧者負荷」來檢視照顧者未參與教育訓練課程的原因，「要照顧家人、抽不開身」與「沒聽說過有教育訓練課程」都是前二名主因，顯示照顧者教育訓練資訊的可獲得性與可接近性有待提升，也意謂教育教練課程的辦理應結合喘息服務；然而，本次問卷是由 30 個機構協助

施測，如何透過這些機構傳播教育宣導相關資訊，或由服務提供單位擔任教育訓練單位，顯然有待進一步討論。再者，相較於老年照顧者，年輕照顧者在「上課地點近」、「課程主題符合需求」與「上課時間剛好有空」三種狀況下較願意參與教育訓練；而相較於照顧負荷較低的照顧者，照顧負荷較高的照顧者在「有替代照顧人力」或「可以認識新朋友」狀況下願意參與教育訓練。針對教育訓練課程內如，相較於老年照顧者，年輕照顧者對於各項教育課程都十分期待，顯示年輕的照顧者期待透過外界資源提升自我照顧知能與技巧，亦期待透過團體發出照顧者心聲，影響政策與資源的提供，但老年照顧者為何對於課程沒有期待，顯然有待進一步探究，最後，即使是照顧負荷相對較高的照顧者，亦期待將自己面對的情境與困難經由自己或相關團體發聲，進而影響政策或資源提供的發展（陳正芬，2011）。

　　郭慈安（2011）運用同一筆調查資料檢視照顧年資的改變是否影響照顧需求與照顧挑戰，發現照顧者列出最主要的教育訓練需求依序為：（1）突發狀況處理及疾病症狀監測知識；（2）有關飲食配置及營養衛教指導；（3）有關用藥安全之指導；（4）有關醫療器材或輔具運用的資訊；（5）有關居家環境安全指導；（6）溝通技指導巧，例如怎麼與被照顧者、家人、外籍看護工或專業人員溝通；（7）協助瞭解如何在受照顧者過世後進行自我調適，悲傷調適與自我照顧、生涯規劃、職業探索與規劃。而照顧者隨著照顧歷程的改變，對於失能家人的感受以及教育的需求也有幾項明顯的改變，特別是照顧者的心理層面需求從以家人為中心逐漸轉變成自我為考量，例如，照顧者一開始擔心家人的身體安全，認識疾病，自己生活行動受限於家人，到後來會感受到自身的健康變壞，家人關係惡化，覺得沒有能力再繼續長久照顧家人以及產生對自己生氣的感覺等；因此，教育訓練的需求也從原先的照顧技巧與生活照顧層面轉變到如何注意環境安全，照顧過程的溝通以及自我調適。

肆、結論與建議

　　檢視大多數文獻對於照顧者角色之定義，照顧通常被視為一項特定活動（specific activity），而非個人生命週期中的一種狀態。但 Pillemer & Suitor（2000）主張應從生命週期轉變的動態觀點討論家庭照顧者的角色及社會支持的相關議題，當個人承擔老人家屬主要的照顧責任時，即符合家庭照顧者的社會定義，此一角色類似生命週期中其他角色的轉變，例如擔任父母、喪偶或退休；換言之，成為照顧者就像擔任父母新手一樣，同樣需要很多的社會支持，國家應該依據照顧者的需求規劃提供適切的介入方案來協助照顧者。

　　依據聯合國於 2007 年更新的 21 世紀老年研究議程（United Nations, 2007），吾人可整理其對於照顧體系提出的關鍵課題包括：（1）各項照顧服務的可獲得性，特別是平衡城鄉之間服務供給的差距；（2）照顧服務輸送體系的建制：著重有效的公私混合（public-private mixes）策略；（3）連續性照顧服務體系（care continuum model）的發展：從醫院、社區到居家的無縫接軌；（4）人力資源的訓練與發展策略應著重於各照顧層級人力質與量的提升；（5）照顧者角色的關注，特別是老年照顧者所造成的影響；（6）檢視照顧服務體系內女性所佔比例及其使用服務時所遭遇的各項障礙因素；其中即有兩題課題係以照顧者為對象。

　　然而，檢視我國目前長期照顧體系之現況，長期照顧專業人員不僅大多不會詢問照顧者：「是不是願意且準備好承擔這個角色？」，而是立即要求照顧者承擔並執行照顧任務。目前長期照顧十年計畫與規劃中的長期照護保險均強調居家式與社區式的照顧方案；然而，被照顧者能否在家穩定的接受照顧，照顧者扮演着關鍵角色。目前長期照顧管理中心評估指標中雖納入照顧者負荷評估量表，但其對應的照顧支持服務僅有喘息服務，無法回應照顧者因應照顧生涯產生的多元需求，對象亦以全職照顧者為主。如何以合適的指導方式提供照顧者適時、適切的照顧相關訊息是一個迫切需要被考量的議題，教育性支持方案需要以對照顧者更具實質性幫助的

策略與成效指標，替代以參加人次的象徵性成果。更重要的是，照顧者支持服務應依區域性特色、資源，及照顧者的能力及個別需求，提供多元形式的課程模式，包括：講座型課程、支持團體型課程、據點式課程（巡迴式、定點式）、外展式關懷活動課程、個別一對一（到宅或定點）課程、教材工具、網路教學、大眾傳媒置入性等模式，讓多元模式都存在，但因地制宜，發展出符合當地需求的服務，務求達到照顧支持服務的普及性與可近性，建構對照顧者友善的政策與服務環境，方能真正舒緩照顧者壓力與負荷，進而提升照顧品質。

參考文獻

中華民國家庭照顧者關懷總會（2011）。《長期照護保險給付制度——家庭照顧者教育訓練課程計畫》。行政院衛生署委託業務計畫期末成果報告。

王增勇（2010）。〈家庭照顧者支持服務的創新〉，《中華民國家庭照顧者關懷總會會訊》，*12*，22-23。

吳瓊滿（2010）。〈從主要照顧者不同階段需求談照顧者支持與協助〉，《中華民國家庭照顧者關懷總會會訊》，*63*，15-17。

呂寶靜（2005）。〈支持家庭照顧者的長期照顧政策之構思〉，《國家政策季刊》，*4*(4)，26-40。

邱啟潤、許淑敏、吳瓊滿（2002）。〈主要照顧者負荷、壓力與因應之國內研究文獻回顧〉，《醫護科技學刊》，*4*(4)，273-290。

酒小蕙（1998）。〈以多元化方式探討出院過渡期脊髓損傷病患家屬角色緊張與需求〉，《護理研究》，*6*(6)，513-524。

許敏桃（2001）。〈臺灣老人家庭照顧研究之評析：護理人類學的觀點〉，《國家科學委員會研究彙刊：人文及社會科學》，*11*(2)，167-177。

郭慈安（2011）。〈探討照顧年資變化影響照顧需求與挑戰〉，發表於「2011 看見長照服務中的照顧者研討會」。臺北：中華民國家庭照顧者關懷總會。

陳正芬（2010）。〈外籍媳婦照顧角色形成與照顧經驗之初探〉，發表於「高齡社會的來臨：為 2025 臺灣社會規劃之整合研究——南區研究成果發表會」。臺南。

陳正芬（2011）。〈家庭照顧者之教育訓練利用之相關因素研究〉，發表於「2011 看見長照服務中的照顧者研討會」。臺北：中華民國家庭照顧者關懷總會。

陳景寧（1996）。《女性照顧者角色之成因、處境及其福利政策分析——以失能老人的家庭照顧為例》。國立政治大學社會學系碩士論文。

溫秀珠（1996）。《家庭中婦女照顧者角色形成因素與照顧過程之探討——以失能老人之照顧為例》。國立臺灣大學社會學研究所碩士論文。

蔡承儒（2006）。《女性外籍配偶作為失能老人照顧者之研究——以臺南縣東南亞籍女性外籍配偶為例》。國立政治大學社會學研究所碩士論文。

簡璽如（2012）。〈國內現有提供家庭照顧者教育教練模式介紹〉，《中華民國家庭照顧者關懷總會會訊》，*67*，14-16。

Andersen, M. L. & Taylor, H. F.，齊力審閱（2009）。《社會學》。臺北：新加坡商聖智學習。

Archbold, P. G. (1983). "Impact of Parent-caring on Women." *Family Relations, 32*, 39-45.

Archbold, P. G., Stewart, B. J., & Greenlick, M. R. (1990). "Multuality and preparedness as predictors of caregiver role strain." *Research in Nursing & Health, 13*, 375-384.

Bass, D. M. & Noelker, L. S. (1987). "The influence of family caregiving on elder's use of in-home services: An expanded conceptual framework." *Journal of Health and Social Behavior, 28*(2), 194-196.

Cohen, C. A., Gold, D. P., Shilman, K. I., Wortley, J. T., McDonald, G., & Wargon, M. (1993). "Factors determining the decision to institutionalize dementing individuals: A prospective study." *The Gerontologist, 33*(6), 714-720.

Gibson, D. (1998). "The Issues." In *Aged Care: Old Policies, New Problems*. Cambridge: Cambridge University Press.

Hardy, M. H. & Conway, M. (1988). *Role Theory: Perspectives for Health Professionals*. New York: Appleton & Lange.

Ikegami, N. & Campbell, J. C. (2002). "Choices, Policy Logics and Programs in the Design of Long-term Care Systems." *Social Policy & Administration, 36*(7), 719-734.

Ingersoll-Dayton, B., Starrels, M. E., & Dowler, D. W. (1996). "Caregiving for Parents and Parents-in-Law: Is Gender Important?" *The Gerontologist, 36*(4), 483-491.

Johnson, R. W. (2007). *The Burden of Caring for Frail Parents*. Washington, DC: The Urban Institute.

Lindgren, C. L. (1993). "The Caregiver Career." *Journal of Nursing Scholarship, 25*(3), 214-219.

McCullough, L. B., Wilson, N. L., Teasdale, T. A., Kolpakchi, A. L., & Skelly, J. R. (1993). "Mapping personal, familial, and professional values in long-term care decisions." *The Gerontologist, 33*(3), 324-332.

Miller, B. A. & McFall, S. (1991). "The effect of caregiver's burden on change in frail older persons' use of formal helpwes." *Journal of Health and Social Behavior, 32*, 165-179.

Neal, M. B., Chapman, N. P., & Emlen, A. C. (1993). *Balancing Work and Caregiving for Children, Adults and Elders*. C. A.: Sage.

Pearlin, L. I., Mullan, J. T., Semple, S. J., & Staff, M. M. (1990). "Caregiving and the stress process: An overview of concepts and their measures." *The Gerontologist, 39*, 583-594.

Perkinson, M. A. (1995). "Socialization to the family caregiving role within a continuing retirement community." *Medical Anthropology, 16*, 249-267.

Pickard, L. (1999). "Policy Options for Carers." In *With Respect to Old Age: Long Term Care-Rights and Responsibilities*. London: TSO.

Piercy, K. W. & Blieszner, R. (1999). "Balancing family life: How adult children link elder-responsibility to service utilization." *Journal of Applied Gerontology, 18*, 440-459.

Pillemer, K. & Suitor, J. J. (2000). "Social Integration and Family Support: Caregivers to Persons with Alzheimer's Disease." In K. Pillemer, P. Moen, E. Wethington, & N. Glasgow (Eds.), *Social Integration in the Second Half of Life*. Baltimore: The Johns Hopkins University Press.

Riggs, J. A. (2004). "A Family Caregiver Policy Agenda for the Twenty-first Century." *Generations, 27*(4), 68-73.

Schumacher, K. L., Steward, B. J., & Archbold, P. G. (1998). "Conceptualization and measurement of doing family caregiving well." *Image: Journal of Nursing Scholarship, 30*(1), 63-69.

Shyu, Y. I. (2000). "The Needs of family caregivers of frail elders during the transition from hospital to home: A Taiwanese Sample." *Journal of Advanced Nursing, 32*(3), 619-625.

Stewart, B. J., Archbold, P. G., Harvath, T. A., & Nkongho, N. O. (1993). "Role acquisition in family caregiving for older people who have been discharged from the hospital." In S. G. Funk, E. M. Tornquist, M. T. Champagne, & R. A. Wiese (Eds.), *Key Aspects of Caring for Chronically Ill-Hospital and Home*. New York: Springer Publishing Company.

第八章

我們是「伙伴」還是「代工」？
中小型非營利組織的發展契機與困境

陳正芬

* 本章曾發表於《社區發展季刊》，2019，165 期，頁 267-281。經修訂增刪始成此文。

壹、前言

　　1980 年以來，依賴第三者（the third-parties）——非營利組織、私人企業或其他公私混合單位來提供公共服務或達成各種公共政策任務的趨勢，許多學者均以「契約型政府」（government by contract）或「契約式治理」（governing by contract）等名詞來代表政府將其諸多公共職能轉移給民間部門來承擔的國家空洞化（hollow state）現象；綜觀這些研究文獻均有一個主要共同論點，即認為契約型政府之趨勢已不可避免（Freeman & Minow, 2009；陳敦源、張世杰，2010）。不過，雖然政府向民間購買契約服務（Purchase of Service Contracting, POSC，簡稱契約外包，Contracting-out，或契約委託）已成為服務輸送的主流，但如上所述，非營利組織在契約委託關係中，如何維持組織本身自主性逐漸成為近年研究的焦點。

貳、問題意識與理論架構

　　本文的思考架構參考 Van Slyke（2006）提出的代理理論（Agency Theory）與管家理論（Stewardship Theory）來分析政府此一委託單位與非營利組織雙方在社會福利委託之間關係。而這兩個理論對於契約關係的管理立場殊異。代理理論假設政府與受委託單位雙方對於目標持相異立場。代理理論關注委託－代理問題（principal-agent problem），強調「責任」（accountability），靈感來自於私部門中作為代理的管理者，與作為委託人的股東之間，如何分享責任的情形。委託人通常授權給代理人，使其代為管理事務並課以相對的責任，代理人則從代理契約中獲得對應之報酬。委託人通常都希望為代理人建立一套誘因系統，因為代理人所做的任何決定，都將影響委託人的利益，因此期望透過有效的誘因結構，以擴大委託人的目標。然而，建立誘因結構的困難有二：委託人與代理人之目標經常是分歧的，以及委託人與代理人之間的資訊可能是不對稱的，特別是

代理人通常具有委託人所不具備的專業知識，但對於委託人的目標能夠知悉，從而二者資訊發生不對稱。但為使代理人能夠根據委託人的利益行事，代理人的管理活動必須接受委託人的追蹤、監督、簽訂契約並且載明二者權利義務關係。對委託人來說，最重要之任務是透過制度的安排，以追蹤與控制代理人忠實履行契約的責任。委託人可以考慮透過科層體制（包括更為明確的權責分配、層級節制等方式）的建立、透過志願性組織進行交易、社會資本的培養（增加委託人及代理人之間的信任感與承諾，減少機會主義）、契約設計（可以是結果取向或是行為取向之契約，並且課以必須的責任與給予激勵誘因）等策略進行。但無論採取哪些策略，端視該策略是否能有效控制代理人的行為。代理理論的目標是尋求在一定的激勵約束機制下，能保持維持所有權和經營權的分離狀態，一方面可實現委託人價值的最大化，又可激勵代理人為實現委託目標而努力（Jensen & Meckling, 1996）。

　　管家理論則立基於組織經濟理論，主張雙方對目標的理念一致，強調委託單位與受託單位對目標具有集體且一致的立場，換言之，雙方是立基於信任、聲譽與集體目標而發展長期契約關係。此一理論被視為是相對適合來解釋政府與非營利組織之間的委託關係。相對於代理人理論，管家理論認為代理理論委託關係中，受託組織本身的自主性被忽視，即代理理論只考慮委託層面的自利動機和受託過程中的防弊制衡設計，忽略受託組織在委託關係亦有社會動機和成就動機的驅使；換言之，管家理論將受託者比擬為善盡職責、可被信任和高度承諾的牧羊人或管家，當受託單位相信個別的組織利益與委託者的利益息息相關，自然會竭盡所能地執行委託業務，促使整體利益最大化；惟當委託單位與受託單位利益或立場不一致時，受託單位寧可放棄合作關係，也不會再接下委託關係，自然也不會出現代理成本（Davis, Donaldson, & Schoorman, 1997）。

　　誠然，就服務內容而言，社會服務的特性是可觀察性與可評估性相對較低，不可預測性高，屬於相對難以委託的服務類型。再者，社會服務契約的另一特性乃是服務的經濟利益相對有限，服務委託價格通常低於市場

價格。因此，雖然政府部門在委託關係中握有法規與經費補助兩項優勢手段，對非營利組織的經營自主性與公共性產生若干干擾或壓制效應，但卻也因此必須花費更多管理成本，甚至導致不情願的服務提供者透過篩選機制而排除個案，成為管家理論批判代理理論的主要立論基礎（Johnston & Romzek, 1999; Romzek & Johnston, 2005；劉淑瓊，2005；劉淑瓊、彭惠，2007）。

立基於代理理論與管家理論的不同的立場，有助於我們重新思考，政府部門與非營利組織雙方在委託契約關係中，如何可以維護組織本身的聲譽與自主性，但又透過彼此的合作促進集體利益的可能性。本文立基於作者自身參與臺灣中小型非營利組織之經驗，並就此一經驗扣連到政府及非營利組織對於契約的認識與理解，一方面希望藉此釐清非營利組織與政府部門對契約執行及履約的爭議，另一方面找尋未來倡議型非營利組織承接政府委託案雙贏的可能性。

參、研究方法

這篇論文源自作者過去 18 年參與臺灣中小型非營利組織的整理，特別是擔任家總理事長期間的反思。這些在非營利組織工作的經驗包括老人福利領域倡議型組織全職支薪人員三年工作經驗、社會工作倡議型組織之兼職主管一年經驗與不支薪的主管經驗、家庭照顧者倡議組織八年的理監事會決策經驗。回顧參與組織的規模，我工作時期皆屬於中小型組織，全職人數在 5 人以下。而在擔任家庭照顧者倡議組織理事長期間，全職人員從 4 人成長至 12 人。回顧自身從一開始寫方案申請計畫的非營利組織支薪工作人員，轉而成為必須思考組織的使命與定位，以及支薪工作人員的留任策略，視野的轉變不僅源自角色的改換，亦深受政府契約委託之影響。

研究資料主要來自行政院衛生署（後為衛生福利部）自民國 101 年

10 月 16 日至 106 年 12 月 20 日，共計六個階段，以勞務形式委託「中華民國家庭照顧者關懷總會」（以下簡稱「家總」）年度建置全國性家庭照顧者諮詢專線服務及全國性照顧者友善互動式平台網站的過程，包括政府採購的需求書與契約、家總成果報告，以及雙方往返的公文等，亦包括作者反思與非營利組織支薪人員的訪談資料。

　　研究方法採用論述分析（discourse analysis）。所謂的論述（discourse）一般指的是諸多相互關聯文本之群聚所產生的實踐效果，在生產、流傳與接收這些文本的過程中，它使得特定事物或對象（object）成為人們所相信的真實，文本（text）可被視為論述的一個單元或論述的物質性體現（Philips & Hardy, 2002），例如法規、契約以及雙方互動產製的文件等。特別需要強調的是，個別文本不可能獨立存在而具有意義，而是在與其他文本間相互關聯的「互為文本性」（intertextuality）中顯現，「互為文本性」是指文本的意義存在於文本之間的對話與融合關係；換言之，論述分析就是要從眾多文本之間分析，諸多文本如何經由文本的生產、流傳與接收過程而互相模仿、採用、改寫、誤讀，從而形塑具有意義的社會想像。再者，論述分析認為「事實」的建構必然與文本、論述和脈絡三者之間交互作用息息相關，與其他質性研究方法不同的是，論述分析的預設會更深入檢視意識形態的建構性和動態權力關係帶來的不穩定性，特別是質問社會所生產出來理念和對象如何在社會中掌握建構事實的優勢，以及它如何運用語言、文本來維持此一事實性，從而使行動者認為理所當然。另一方面，每一個論述都鑲嵌在特定的論述社群（discourse community），所謂論述社群是指在相當長度時間內以相同模式的語言、思想與行動來從事某種互動的群體所形成的論述文類，深深影響社群內成員的思考與行為，從而成為利害相關人從事社會互動與建構社會事實的知識基礎（周平，2012；王增勇，2005）。

　　誠然，過去在民營化風潮影響下，公共服務的契約委外的市場理性遭受到質疑，同時在實務運作上也出現一些迷思，如「契約委託可以在良性競爭中產生效率」、「政府可以低廉的價格購買高品質的服務」、「政府可以

掌控受託單位的服務品質」等。對於政府而言,為了確保服務輸送過程的瑕疵減到最低,以及增加公共責信,紛紛採取相關監督的措施;但對非營利組織而言,面對日益爭多的相關監督規範卻是應接不暇,屢有怨言,認為規範將會不利於服務之推展,並且增加契約委外過程的交易成本(黃源協、蕭文高,2006;劉淑瓊,2011)。這些討論固然重要,但重現契約委託、契約執行與履約爭議,應有助於我們回歸方案委託的標的與委託單位特性,重新框定對委託契約此一論述下對委託單位與受託單位雙方的論述形塑。

肆、研究發現

一、衛福部委託方案源由與家總承接之決定因素

檢視當時委託單位初始的「建置全國照顧者網絡案」需求說明書內容,「背景說明(計畫緣起)」敘明「在社會愈趨高齡化的潮流中,長期照護的需求將是許多家庭均可能需要面對的課題。為了分擔家庭照顧責任,及時給予家庭照顧者支持,以減輕家庭照顧者身心壓力與負擔,家庭照顧者支持服務體系亟待規劃與建立。然目前家庭照顧者支持服務體系僅以居家式與機構式喘息服務、特別照顧津貼、家庭照顧者團體、家庭照顧者教育訓練、諮詢專線、諮詢網站等零星方式存在,服務無法滿足家庭照顧者的需要,致使服務受限。」計畫執行內容主要有三:「建置全國性家庭照顧者諮詢專線服務、建置全國性照顧者友善互動式平台網站與試辦『一案到底』個案服務方案。」(行政院衛生署,2012)

對照當時家總對外的文本,包括家總以團體會員名義參與長期照顧監督聯盟的新聞稿、時任理事長王增勇發表的多篇文章(2010;2011),以及家總自行發行的刊物都一再強調政府應關注家庭照顧者的需求與服務提供的多元性。譬如王增勇(2011)在〈家庭照顧者做為一種改革長期照

顧的社會運動〉一文中即點出「希望突破目前僅有兩種居家式與機構式服務類型的瓶頸，能夠開發出更多元的家庭照顧多元服務形式，例如支持團體、同儕訪視、電話諮詢、教育訓練等。」家總發行的會訊第 67 期大篇幅介紹各國的家庭照顧者支持服務，特別是英國的照顧者服務：「英國於 1995 年訂定『照顧者（認可和服務）法案』（Cares〔Recognition & Services〕Act），不僅注重家庭照顧功能，亦將家庭照顧者定位為服務網絡中的新主體，將照顧者照顧能力的評量納入成為家庭支持脈絡中重要的一環；英國的家庭照顧者總會亦設立了全國性家庭照顧者專線服務，專線的服務以單一接觸（single contact）為原則，也就是打電話求助的家庭照顧者都是由專線服務者同一人服務到底，強調在良好的工作關係中解決家庭照顧者的所有問題。所提供的建議都是個別化（personalized）的實際建議，並提供實質協助以確保家庭照顧者與所需的資源連結。而為進一步提升服務的可近性，英國家庭照顧者總會建立了一個網路互動系統，其中包括十大家庭照顧者所關切議題的簡易文宣、七千餘個區域家庭照顧者服務方案的目錄、家庭照顧者互動網頁（如 facebook, twitter, blog）。專線的目的是與家庭照顧者一起發展所需的服務，從專線的服務中瞭解家庭照顧者在面對服務體系時所遇到的問題，以發展解決策略。」（中華民國家庭照關懷總會，2012）我自己亦在家總舉辦的年度研討會直指家庭照顧者教育訓練的相關問題（陳正芬，2011）。從時間序列而言，家總對家庭照顧者此一服務模式具備的專業知識與期待的服務目標的敘明早於行政院衛生署公告此一服務需求書。據此，當我接任理事長之初，適逢行政院衛生署公開徵求此一方案的服務提供機構。對家總而言，可謂委託機構的契約目標與組織宗旨與倡議理念一致，故理監事會決議投標。

　　家庭照顧者的需求被看見此段過程可從詮釋結構主義的脈絡來理解。詮釋結構主義的分析取徑包括歷史檔案、文獻、官方文件或各類書寫文本的背後所蘊含的知識結構（episteme）（周平，2012）。透過家總與當時政府部門對於照顧者需求的論述脈絡分析，可以這個由全國第一個以「照顧者」為對象，理監事會成員以專家學者為主的專家論述（expert discourse），由掌握論述位置的專家，透過知識理性生產與再製的過程來界定照顧者問題與需求的策略確實具有影響力，得以被納入政府長期照顧服務的框架當中（陳正芬，2018）。另一方面，從一個非營利組織與政府之間合作關係的發生歷程來檢視（參見圖1），此時雙方的合作可謂是因關切相同的議題而產生合作關係（官有垣，2001）。

		目標	
		相似	不相似
偏好的策略	相似	合作（cooperation）	攏絡吸納（co-optation）
	不相似	互補（complentarity）	衝突（confrontation）

圖1　非營利／政府的互動關係之四 C 模式

資料來源：Najam, 2000；引自官有垣，2001。

二、進入委託契約後的組織調整與執行問題

回顧上述家總承接衛福部照護司方案委託原因，作為一個長期倡議照顧者需求應被看見的倡議型組織，固然欣慰倡議被接納（陳正芬，2015）。但另一方面，承接照護司的勞務委託也導致家總從一體制外倡議組織轉變為「廠商」，需承擔履約的責任與相對風險，也因此出現下列二項問題：兩隻專線服務對象之區隔，以及政府契約不連續導致組織出現財務問題。

（一）兩隻專線服務對象之區隔

如前所述，家總原本為一個小型倡議組織，服務方案係以申請公益彩券方案、聯合勸募方案與小額捐款等方式來提供照顧者支持服務。家總早在 2006 年開辦第一支「家庭照顧者諮詢服務服務專線」（0800580097 我幫您，您休息）的緣起，是由受過訓練的志工排班輪值接聽，提供家庭照顧者資訊諮詢；而後立基於「一案到底」理念，為提供照顧者深入且個人化的諮詢建議，開始由社工接聽電話（袁慧文，2015）。

衛生署方案得標之後，家總主要面臨的問題是來電對象的區分。前述公益彩券補助的「家庭照顧者諮詢服務專線」，係以建立全國家庭照顧者諮詢服務管道。但在承接衛生署方案之後，雖然招標服務需求書載明「建置全國性家庭照顧者諮詢專線服務」，但立基於家總已向公益彩券申請電話費及行政等相關費用，聯合勸募已補助該專線所需的一名社工人事費，組織不應「一魚兩吃」，用同一支專線來一併作為衛生署方案的成效，獲取雙重的利益。因此，經過數次專家學者會議討論後，家總與委託單位達成共識，決議新專線服務對象設定為「被照顧者已使用長期照顧服務之家庭照顧者」，透過全國長期照顧管理中心之照顧服務專員評估家庭照顧者為「高負荷」者，轉介至家總進行開案處遇，提供線上電話個管服務，評估照顧者之照顧問題與負荷狀況，並協助照顧者資源連結、電話協談與個別化的處遇。同一組織但不同專線之比較如表 1（中華民國家庭照顧者關懷總會，2012；劉昱慶、陳正芬，2016）。

然而，立基於上述專線電話服務對象的區隔，衛生署專線的服務對象係以長照管理中心照顧管理專員評估高負荷照顧者為主，第一期執行方案是選擇與五個縣市之長照中心共同發展此一服務模式，服務量預估是 900 案次（3 位工作人員 *60 案 * 五個月），當時初估的案量是參考當時政府委託居家服務業務之督導案量（陳正芬、王正，2007）。事實上，電話諮詢服務內涵與居家服務督導並不相同，實有需要透過實作與分析，方能依據其方案特色設定工作人員合理的工作量。但自 102 年 3 月開始，各地長照管理中心轉介總案量約為前 3 個月的「三倍」。經深入瞭解後，發現委託單位為「協助」家總達成契約服務量，將「一案到底」個案轉介量列入 102 年度地方衛生局照護類業務考評作業項目之一，102 考評項目：家庭照顧者諮詢專線（5 分）；考評依據：落實家庭照顧者諮詢專線個案轉介（5 分）；考評標準：（1）透過填寫轉介紀錄表協助有需求的家庭照顧者連結諮詢專線及相關福利服務；（2）提供所彙整之轉介服務表，則取得 1 分（行政院衛生署，2012）。致使各縣市長期照顧管理中心為達到考核指標標準，大量轉介個案至家總；2 個月內由長照中心轉介總服務案量已達 916

案次，其中，卻以「照顧資源諮詢與轉介」所需為最大宗，此現象導致專業服務人力僅能盡快消化轉案量（中華民國家庭照顧者關懷總會，2012）。

表 1　家總服務的兩支專線比較分析（2011-2016 年期間）

補助單位	內政部公益彩券補助 0800-580-097 我幫您 您休息	衛生署招標
執行人力與服務模式	1. 執行人力 1 人 2. 接受民眾來電諮詢 3. 單次性諮詢為主	1. 執行人力共 4 人 2. 採主動出擊方式，與縣市長期照顧中心合作，由長照中心篩選當地符合長照資格的名單 3. 針對高風險性、高關懷需求之個案，提供家庭需求評估及個別化家庭服務處遇
服務分析	1. 服務對象：全國民眾，特別是不瞭解政府或民間資源之民眾 2. 服務形式：由民眾端主動來電 3. 平均通話時間：5-10 分鐘 4. 主要問題類型：詢問長期照顧資源 5. 執行特色：因補助人力有限，多輔以轉介在地資源的協助，惟受到當地資源的能力限制，多以資訊提供及情緒支持為主	1. 服務對象：經單位轉介需要諮詢或一案到底之個案。特別針對在地有高風險或高關懷需求之家庭照顧者 2. 服務形式：由本會主動去電，並與原轉介單位共同提供服務，追蹤服務情形 3. 平均通話時間：20 分鐘以上 4. 主要問題類型：長照資源已介入，但仍有因照顧產生的家庭衝突與照顧壓力多數轉介之個案，平均需要 5 次以上的服務提供，尤其以家庭暴力或自殺傾向之個案，需要更為密集的觀察與追蹤的調適問題 5. 執行特色：發展與在地合作單位合作機制

資料來源：中華民國家庭照顧者關懷總會（2012）。
註：當時衛生福利部尚未成立，公益彩券屬於內政部社會司業務。

對委託單位而言，通常都透過建立一套誘因與約束機制來促使受託單位達成目標。然而，如前所述，委託人與代理人的目標經常分歧。以本招標案為例，委託單位希望透過標案彰顯政府對家庭照顧者需求的重視，服

務電話觸及人數的多寡是委託單位在意的目標。就主辦科長角度而言，透過評鑑機制要求長照中心轉介，是幫助家總盡快達成委託的目標數；但對受託單位而言，長期為照顧者提供支持服務的經驗，促使其具備委託單位不具備的專業知識，且立基於自身單位聲譽的維護，主動將同時執行的專線電話服務對象予以區隔，並希望為不同需求的照顧者提供相異的服務模式。但這樣的作法立基於委託人與代理人之間的資訊不對稱的前提之上，雙方的共識即需磨合。如何實現委託單位的目標，又可激勵受託單位此一代理人為實現委託目標而努力，正是家總與委託單位在計畫得標後一年期間的磨合關鍵議題。依據家總與委託單位針對電話專線服務目標數協商之會議紀錄，表明「照顧者一案到底專線服務主要精神不僅是提供民眾電話諮詢，還牽涉到後續服務模式的建立。若以目前 5 個月的期程來說，主要目標應該放在服務模式的建立（包含完成相關服務表格、服務流程 SOP），能完成就不容易了，莫為了趕進度呈現量的部分，但服務模式的建立反而無法深入建置，建議應該是有階段性的計畫。」（102 年 4 月會議紀錄）據此，家總寧願在驗收被減價，也不願再接受長照中心為達契約目標數而浮濫轉案，方促使委託單位改變，不再強加長照管理中心將轉案列為評鑑考核項目。

　　這過程顯示契約的內容模糊化與彈性化，導致委託單位可以主觀與隨意詮釋專線服務對象，受託單位也能被動的接受，一開始並未能採取主動協商。如何在委託契約架構中容許雙方針對服務內容達成共識，或是在執行過程中得以依據服務狀況容許修正與協調的空間，顯然是一個必須被關注的議題。

（二）政府契約不連續導致組織出現財務問題

　　另一個致使委託單位與受託單位出現爭議的事件為契約不連續。從整體時間而言，本方案是一連續性方案，時間長達五年以上。但檢視每一期計畫招標與簽約時間的落差，幾乎每一期都有四個月以上空窗期，檢視家總與政府合約，共可分為四期六個階段，依序為民國 101 年 10 月 16 日至

102 年 3 月 31 日、102 年 7 月 29 日至 102 年 12 月 20 日、103 年 4 月 21 日至 12 月 20 日、104 年 2 月 6 日至 12 月 20 日、105 年 5 月 26 日至 12 月 20 日與 106 年 6 月 20 日至 12 月 20 日，共計六個階段，以勞務形式委託家總提供照顧者專線及支持服務。

第一期計畫為試辦方案，方案執行期間僅有五個月。委託結束後，至第二期招標之間的空窗期為四個月；而第二期計畫受限於該單位年度預算編列問題，執行期間又僅有五個月。依據委託單位合約規定，其他相關事項第十點註明「本項委託業務經費係屬當年度預算，須經立法院審議通過，若有刪減或刪除，將配合調整經費或終止契約，倘遭立法院凍結不能如期支付，得延後辦理支付，或因會計年結束，機關需依規定辦理該款項保留作業時，得視保留核定情形，再行支付，機關不負延遲責任。」依據方案之前履約規定，需聘僱人員為一位督導，三位工作人員。專任人員薪資需依據「行政院衛生署及所屬機關科學及技術類委託研究計畫經費使用範圍及標列標準」編列。以一位大學畢業的專任工作人員為例，月薪加上勞保、健保、勞退金之雇主負擔金額等費用至少 35,000 元。四位人員四個月薪資因計畫的不連續性無法獲得支付，組織需自行籌措費用高達 56 萬。對於當時一個年度預算僅有六百萬的中型非營利組織而言，是筆極大的經濟負荷。委託單位主張承辦單位可在得標再提供服務，但對一個倡議照顧者需求與服務的組織而言，即使政府未補助狀況下仍會想盡辦法提供服務，不會因計畫終止而暫停服務，故同意專案仍繼續執行（家總第九屆第二次理監事聯席會議紀錄，2013/2/27）。

但家總仍在過程積極與委託單位多次溝通與協商，委託單位決議本方案應為連續性政策方案，終於將本計畫擴充為二年期計畫。契約的履約期限（執行期間）敘明廠商應自 103 年 1 月 1 日至 103 年 12 月 20 日（倘決標日在 103 年 1 月 1 日以後，則自決標日起至 103 年 12 月 20 日止），預估經費項目下又敘明「本採購保留未來向得標廠商增購之權利」。換言之，新合約可增購一年。這個改變讓家總在 103 年計畫結束至 104 年計畫銜接期間，空窗期從原有的四個月下降至二個月。分析此段採購契約發展

歷程,顯示委託單位對「契約期限」有相當程度的主控權,但此主控權顯然是當市場上沒有其他單位參與投標狀況下才開始運用。

好景不常,完成 104 年合約後,新年度招標案履約期間原訂為 105 年 1 月 1 日起至 105 年 12 月 20 日,且當年度計畫契約執行內容新增「總服務人數新增至少 200 人以上」。然而,當時家總雖已依據衛生福利部新招標規定,於 105 年 1 月 26 日投標,並於 3 月 29 日完成採購評選委員會議審查報告,但卻直至 5 月 9 日,才接獲衛福部公文「有關本部 105 年度建置全國家庭照顧者網絡計畫案,無法於投標文件有效期決標,建請貴總會同意延長有效期,以利辦理後續採購事宜」(衛部照字第 1051562763 號),要求家總於 5 月 13 日前函復。在沒有其他選擇狀況下,家總僅能被動回覆「本會同意延長投標文件之有效期」(家總〔105〕字 0034 號)。

即使家總勉為同意延長投標文件的有效期,委託單位卻要求承辦單位需在委託期限縮短狀況下,仍須達成「總服務人數新增至少 200 人以上」目標數。據此,家總再度發文,主旨為「有關鈞部 105 年度『建置全國家庭照顧者網絡計畫案』,原計畫執行期間為 12 個月,現縮短為 7 個月,故要求本案應考量高負荷照顧者之支持服務與降低照顧悲劇為最高目標,補足 12 個月經費或訂定合理服務個案量為 116 案,請查照。」(家總〔105〕字 0038 號)事實上,明知發此公文也不可能發揮效果,但誠如當時的家總秘書長所主張,「雖然我們是狗吠火車!但即使挨打,也要叫一聲。」

事實上,雙方針對契約周旋過程中,政府委託單位,具有法律背景的承辦人的分析,亦提出二項見解供法務單位參考:「一、廠商應自 105 年 1 月 1 日起至 105 年 12 月 20 日(倘決標日在 105 年 1 月 1 日以後,則自決標日起至 105 年 12 月 20 日止)以前完成履行採購標的之供應。惟本案因為承辦人之疏失,導致遲於 105 年 5 月 26 日議價,依據執行時間比例計算以 7 個月計算,只要達到 110 人,宜從於驗收時,認定廠商達到需求書之標準。本案履約期限規定為 1 月到 12 月,惟廠商執行期間確實較短,依據行政契約之雙方自由磋商原則,法律解釋上,以比例計算 200 人,於法有據,而且也對於廠商較為公平。二、惟本案能夠執行之廠商,

目前只有家總,不宜於需求書上過於嚴格認定,否則對於家庭照顧者之福祉,並非最佳之處理方式。以人次計算上,於字面解釋甚至法律層次,應無窒礙難行之處。惟可能受到解釋模糊之質疑,往後宜督促承辦人詳加了解行政程序,於時限內辦理本案,方為治本之道。」(文件為雙方溝通之電子信件,日期為 2016 年 5 月 27 日)但這樣的意見最終並未被法規會所採納。

　　顯然,委託單位承辦人亦知,計畫需求書之服務人數新增 200 人,目的在於督促廠商勇於任事、精益求精,可解釋為立基於代理理論,期望透過契約規範,追蹤與控制代理人履行契約責任;弔詭的是,當委託單位因自身承辦人員疏失與不可抗力之因素,無法在契約期限之前約齊契約審議所需審議委員人數,卻仍歸咎且要求受託單位達成原計畫規格,不僅凸顯委託單位單方立基於代理契約假設的本位立場,一方面片面要求已投標單位同意延長投標有效期,另一方面亦要求受託單位需在縮短期限內達成原定目標,充分彰顯兩方的權利義務不對等關係。另一方面,從論述分析研究分析取徑而言,委託單位依據《政府採購法》擬定的契約,不僅強化委託單位與受託組織之間的上下關係,藉由年度預算編列與立法院刪減預算來合理化契約不連續對受託組織的影響及迴避相關責任。特別必須反思與關注的是,當委託單位與「廠商」雙方的目標與偏好的策略不相似,非營利組織與政府之間互動關係從「合作」狀態轉為「衝突」關係時,處於「廠商」地位的非營利組織在爭議審議過程中相對弱勢;《政府採購法》建構的契約委託書面論述,地位高於業務承辦單位與受託單位實際累積的服務經驗;更重要的是,委託單位內部的「異質性」與「階層性」(採購契約的相關單位包括法規會、政風室與業務承辦單位等),是過往分析政府與民間在方案委託中較少觸及的面向,而這些單位握有對契約此一文本關鍵的詮釋權力,致使本研究所回顧的受託組織公文表達之意見,業務承辦人的法律見解及對委託組織的分析等,這類經驗的言說都被劃歸在契約之文本之外,被認為是個人的、不可以亦不應影響契約此一正式文本的運作。雖然《政府採購法》正積極修訂當中,當政府和受託單位有極大意見

分歧，或是政府內部亦有不同觀點之時，雙向，甚至多向、公正且平等的溝通途徑顯有必要。

伍、家總的承接方案經驗與反思

本文立基於代理理論與管家理論的不同立場，有助於我們重新思考，政府部門與非營利組織雙方在委託契約關係中，如何可以維護組織本身的聲譽與自主性，但又透過彼此的合作促進集體利益的可能性。進一步從管家理論省思，如果服務提供單位本身就會自發地產生有利於組織目標實現的行為，那代理理論觀點中嚴格的制衡機制就缺乏存在的合理性。

事實上，非營利組織成立有其特定的宗旨，本來就可能基於本身或隱而未顯的意識形態或信仰價值設定服務對象的選擇優先順序，而服務對象的選擇又受到政策誘因或其他競爭環境的影響因素。例如英國學者 Billis（1993）認為志願性組織為因應日漸複雜的社會政治環境，可將之區分為「政府取向的社團組織」（government-oriented associations）、「利潤取向的社團組織」（profit-oriented associations）、「企業與政府混合取向的科層組織（business/government bureauracies）」以及「具有企業家精神的社團組織」（entrepreneurial associations）；Billis 強調的是，為解決社會上日增複雜的問題，社會隨之產生了不少跨部門性質的組織，其功能與結構要素是無法單純被歸類為專屬哪一部門（Billis, 1993；引自官有垣，2001）。

回歸非營利組織與政府部門之間的契約關係，誠如 Van Slyke（2006）的提醒，信任、聲譽與監督三項要素缺一不可，政府部門需考量委託單位與委託服務方案特性、市場競爭狀態（僅有極少數供給方），以及自身管理職能等面向。若僅立基於代理理論，委託契約將往拘泥形式、控制與科層化方式發展，受託單位將淪為「代工」。諸多以非營利組織為對象的契約委託研究一再強調，雙方的信任關係與非營利組織的聲譽應是委託的前提要件，立基於在這樣的前提要件之下，監督的形式，包括委託目標、服

務標準的設定與權衡、報告機制與監督機制等面向都應被更加重視。換言之，如果政府部門未能依據委託案特性修正契約內容與履約方式，將一再迫使臺灣的非營利組織淪為代工，甚至犧牲服務對象權利；正如家總當初為「消化」長照中心轉來 900 通個案狀況下，如何能夠提供一案到底，以照顧者需求為核心的套裝服務？每年不連續的合約條件，即使家總自籌薪資，工作人員疲於應付委託單位對履約要件的狀態下，人員異動率更是受託單位難以承受的隱形成本。然而，代理理論十分強調「誘因結構」的形塑對於契約委外方案執行的成功扮演了重要的角色；事實上，非營利組織經常在政府委託機關的誘因不足下簽約，財務狀況相對穩定的組織，例如家總還可以在過程中與政府斡旋與抗爭，但此談判空間可能不存在於規模更小的非營利組織。管家理論反而沒有特別著墨於此論述，顯然有解釋的限制性。

　　若以規劃與執行來解析政府此一委託單位與家總之間的關係，一開始是由家總提出規劃，政府接受此一規劃概念；但在「契約型政府」的慣例之下，政府又以契約轉移給民間部門，此時家總角色又轉換為執行者，甚至是代工。代工與品牌最大的差別，就是技術與研發的差別。技術是指規格，研發是指市場瞭解。代工最常犯的錯誤，就是太重視規格，不斷鑽研技術規格的提升，符合委託單位的期待，但沒有確認是否是市場需要的服務。品牌是需要先有對的商品（符合目標市場需求的商品），加上對的行銷（目標消費者有關的溝通），才能累積出品牌（瞿宛文，2006）。回顧家總一開始自創品牌（0800 專線），此一品牌概念被吸納為政府服務架構，轉化為契約採購服務，家總在諸多契約限制下仍企圖維繫品牌與服務對象需求，但在代工過程中付出的代價是每年近 60 萬元的自籌人事費用，以及與委託單位之間為了服務需求不斷的折衝協調。代工抑或品牌可謂是服務提供層面的問題，更重要的是，委託單位執行此一專案的人員人事異動頻繁，執行契約委託的相關知識並未有效累積；反而是受託單位，不斷從受託經驗中累積寶貴的服務執行經驗，並將此經驗回饋給委託單位，但這樣的「非營利組織」寶貴的品牌價值往往又在「委託」的過程中不被看

見，只被當作一般「廠商」，也就是幫政府「代工」，這些問題集合起來是臺灣社會福利契約委託的整體性問題，除非政府此一委託組織能立基於管理理論，與足以信任且具聲譽的非營利組織共創合宜的政策環境，訂定清楚的社會福利品牌培植與制度發展策略，從委託非營利組織「代工」思維到鼓勵「品牌」建立，方有可能突破現今購買式服務的僵局。

參考文獻

中華民國家庭照顧者關懷總會（2012）。《建置全國家庭照顧者網絡計畫》，行政院衛生署委託業務計畫期末成果報告。

王仕圖、官有垣、李宜興（2017）。〈非營利組織的相關理論〉，收錄於蕭新煌、官有垣、陸宛蘋（主編），《非營利部門：組織與運作（第三版）》，高雄：巨流。

王增勇（2005）。〈社區的再省思？小型化？規格化？產業化？〉，《臺灣社會研究季刊》，59，91-141。

王增勇（2010）。〈家庭照顧者支持服務的創新〉，《中華民國家庭照顧者關懷總會會訊》，12，22-23。

王增勇（2011）。〈家庭照顧者做為一種改革長期照顧的社會運動〉，《臺灣社會研究季刊》，85，397-414。

行政院衛生署（2012）。《行政院衛生署委託辦理 101 年度「建制全國家庭照顧者網絡」案需求說明書》。

周平（2012）。〈論述分析〉。收錄於瞿海源、畢恆達、劉長萱、楊國樞（主編），《社會及行為科學研究法：二、質性研究法》，臺北市：東華。

袁慧文（2015）。〈家庭照顧者「我幫您，您休息」諮詢專線服務〉，發表於「打通電話拉起照顧的網」國際研討會，臺北市：中華民國家庭照顧者關懷總會。

官有垣（2001）。〈第三部門與公民社會的建構：部門互動的理論探討〉。《臺大社會工作學刊》，4，163-201。

陳正芬（2012）。〈家庭照顧者之教育訓練利用之相關因素研究〉，發表於「看見長照服務中的照顧者」研討會，臺北市：中華民國家庭照顧者關懷總會。

陳正芬（2013）。〈我國長期照顧體系欠缺的一角：照顧者支持服務〉，《社區發展季刊》，141，203-213。

陳正芬（2015）。〈照顧者專線在家庭照顧政策的時代意義〉，發表於「打通電話拉起照顧的網」國際研討會，臺北市：中華民國家庭照顧者關懷總會。

陳正芬（2018）。〈當潛水的照顧者浮現：家總的成立與路線爭議〉。收錄於蕭新煌、官有垣、王舒芸（主編），《臺灣社會福利運動與政策效應：2000-2016年》，高雄市：巨流。

陳正芬、王正（2007）。〈臺北市居家服務方案論時計酬適切性之研究〉，《臺灣社會福利學刊》，6(1)，93-129。

陳敦源、張世杰（2010）。〈公私協力夥伴關係的弔詭〉，《文官制度季刊》，2(3)，17-71。

黃源協、蕭文高（2006）。〈社會服務契約管理：臺灣中部四縣市社會行政人員觀點之分析〉，《臺大社會工作學刊》，*13*，173-217。

劉昱慶、陳正芬（2016）。〈新手與資深家庭照顧者諮詢專線服務成效之比較〉，發表於「二〇一六年臺灣社會福利學會年會暨國際學術研討會：高齡世代的社會福利轉型——科層治理、政黨與公民運動的交織對話」，嘉義縣：國立中正大學。

劉淑瓊（2005）。〈精明的委外：論社會服務契約委託之策略規劃〉，《社區發展季刊》，*108*，120-134。

劉淑瓊（2011）。〈理想與現實：論臺灣社會服務契約委託的變遷及課題〉，《社區發展季刊》，*133*，462-478。

劉淑瓊、彭惠（2007）。〈專業自主？組織自利？論少年安置機構契約委託的籤案問題〉。《臺大社會工作學刊》，*14*，61-122。

瞿宛文（2006）。〈臺灣後起者能藉自創品牌升級嗎？〉，《臺灣社會研究季刊》，*63*，1-52。

Bauer, B. & Hansem, E. (1998). "Quality Assurance of Voluntary Welfare: A Question of Morals, Law, Contract or Participation." In G. Flosser & H.-U. Otto (Eds.), *Towards More Democracy in Social Sercices: Models and Culture of Welfare.* Berlin: de Gruyter.

Billis, D. (1993). *Organizing Public and Voluntasy Agencies.* London: Routledge.

Davis, J. H., Donaldson, L., & Schoorman, F. D. (1997). "Toward a stewardship theory of management." *Academy of Management Review, 22*, 20-47.

Freeman, J. & Minow, M. (2009). *Government by Contract: Outsourcing and American Democracy.* Cambridge: Harvard University Press.

Jensen, Michael C. & Meckling, William H. (1996). "Theory of the firm: Managerial behavior, agency costs, and ownership structure." In Peter J. Buckley & Jonathan Michie (Eds.), *Firms, Organizations, and Contrcts: A Reader in Industrial Organization.* Oxford, NY: Oxford University Press.

Johnston, Jocelyn M. & Romzek, Barbaras. (1999). "Contracting and accountability in state Medicaid reform-Rhetoric, theories, and reality." *Rublic Administration Review, 59*, 383-99.

Philips, N. & Hardy, C. (2002). *Discourse Analysis: Investigation Processes of Social Construction.* London: Sage Publications.

Romzek, B. S. & Johnston, J. M. (2005). "State Social Services Contracting: Exploring the Determinants of Effective Contract Accountability." *Public Administration*

Review, 65(4), 436-449.

Van Slyke, D. M. (2006). "Agents or Stewards: Using Theory to Understanding the Government-Nonprofit Social Service Contracting Relationship." *Journal of Public Administration Research and Theory, 14*, 157-187.

第九章
臺灣家庭外籍看護工補充訓練
之政策與執行

陳正芬、官安妮

* 本章論文原為英文撰述（Empowering Migrant Home-Care Workers! A Study of the In-Job Training Policy for the Capacity Enhancement of Migrant Home-Care Workers in Taiwan），曾發表於 *Eleventh Asia Pacific Regional Conference of the International Society for Third Sector Research*, Bangkok, 15-16 July 2019，經中譯並修訂增刪使成此文。

壹、前言

　　回顧行政院勞動部自 1992 年開放移工聘僱相關辦法，家庭外籍看護工向來被定位為長期照顧服務的補充人力，且被視為搶走本國籍照顧服務員就業機會。為「懲罰」外籍看護工的雇主將就業機會釋放給外國籍照顧服務人力，故主管機關嚴格排除聘僱外勞家庭獲得居家式服務的補助機會。再者，臺灣不僅在照顧服務的使用採行「互斥」原則，人員培訓亦是採取「雙軌」分立的樣貌。本國籍照顧服務員需接受 90 小時的職前訓練（包括實習），以及受聘於非營利性質的居家服務單位接受居家服務督導（社工或護理背景）的工作調派與在職教育訓練，並已於 99 年起陸續納入勞基法保障對象。工作前先由居家服務督導與雇主簽訂服務契約並確認工作內容，遭遇工作項目難以釐清或與雇主出現爭議時，亦由居家服務督導出面協商，工作條件與工作內容相對明確與獲得保障（吳玉琴等人，2008）。

　　相較於上述本國籍照顧服務員的「專業」，人力仲介公司雖都號稱家庭外籍看護工來臺之前已於當地接受職前護理訓練課程，但授課者的教育程度僅相當於臺灣護理職校畢業的外籍護士，且口頭教課方式多於實際技術的反覆練習（許雅娟、王靜枝，2003）。來臺向雇主報到之後，僅由人力仲介公司定期回訪，於勞雇雙方需要時提供翻譯服務，期間並未獲得任何照顧知能或技巧的在職教育訓練，致使家庭外籍看護工的聘僱者得以在缺乏外力監督的狀況下任意違反雙方簽訂的勞動契約。例如剝削外籍看護工的休息時間，要求外籍看護工皆與被看護者同居一室，致使大多數的看護工難以獲得足夠的休息，除非被看護者夜間無須協助如廁或灌食。另在雇主要求下違法從事管路照護或更換的情況更是屢見不鮮！悲哀的是，雇主濫用外籍看護工的結果即是照顧品質的下降，例如外籍看護工因身體與情緒負荷，致使工作時打瞌睡或精神不濟，容易因疏忽而導致被照顧者跌倒受傷；或當被照顧者出現管路脫落當下，因擔心被責罵而隱瞞事實，反而讓被照顧者出現侵入性肺炎或尿道感染，照顧者可能需耗費更多時間與

精力照顧（陳正芬，2011a）。

外籍看護工的引進一直是具高度爭議性的議題，針對家庭外籍看護工在長期照顧政策定位與實際聘僱人數的落差現象，臺灣已有許多研究專文討論。有學者認為，若不改善外籍看護工的聘僱流程及就業條件，即使我國訓練足夠的照顧服務人力，不僅無法吸引本國籍照顧服務人員投入家戶內就業環境，雇主仍會偏好使用成本相對偏低且自主性高度受限的外籍看護工（辛炳隆，2004；王增勇等人，2006；陳正芬，2011b；Chen, 2016）。站在雙軌分立的長期照顧體系之前，家庭成員或主要照顧決策者往往面對照顧服務員國籍與品質的抉擇叉路。許多民間組織與學者開始倡議，長期照顧的政策制定者不應一直侷限在「外勞搶走本勞工作」的傳統窠臼，應正視家庭外籍監護工在現有長期照顧體系已經成為居家式照顧服務的主要提供者之事實。誠然，家庭外籍看護工的人數從 1992 年的 306 人攀升至 2019 年的 242,162 人，顯示家庭外籍看護工已是我國長期照顧服務最大宗的服務人力，目前以來自印尼、越南、菲律賓等東南亞國家居多（勞動部，2019）。

2015 年 5 月臺灣通過的《長期照顧服務法》（以下簡稱《長服法》），目標係為健全長期照護服務體系的發展，確保服務品質，保障接受長期照護者之權益。但檢視該法對於民眾已大量聘僱的家庭外籍看護工的相關條文，超過 20 萬名的家庭看護工仍未能被整併到《長服法》的長期照顧服務人員之列。與外籍看護工相關條文僅在「附則」第 64 條提及，但至少該條文開啟了外籍看護工可以接受補充訓練的途徑。據此，本文目的有三，首先分析臺灣《長服法》納入家庭看護工照顧移工及其補充訓練立法過程之辯論；其次，探討中央政府與地方政府，社政體系與勞政體系在家庭看護工補充訓練的分工；最後，以臺中市實施現況為案例，呈現外籍看護工補充訓練的成效及其相關的政策議題。

貳、文獻探討

在臺灣，原先之「病患服務員」與「居家服務員」分屬於衛政及社政體系，病患服務員似乎限定了其服務對象為有病的民眾，居家服務員則以為只在居家或社區提供服務。為避免造成各種混淆與困惑，自 2003 年統一改稱為「照顧服務員」，其角色功能之定位為對於案主提供生活照顧及協助，也是長期照護人力中提供生活照護之主要人力（陳正芬、王正，2007）。再者，為促使病患服務員與居家服務員之就業市場相互流通，並訂定整合性訓練課程，內政部於 2003 年頒訂「照顧服務員訓練實施計畫」明文規範照顧服務員所提供之服務項目為：（1）家務及日常生活照顧服務；（2）身體照顧服務；（3）在護理人員指導下執行病患照顧服務之輔助服務，但服務範疇不得涉及醫療行為及護理行為。

誠然，從人力資源管理的角度出發，有關照顧服務員之進用、培訓、激勵和留任是重要的議題。而培訓是關鍵性的活動，檢視用人單位之培訓內容包括對特定職位的資格規定即反映對該職位所需具備的知識與技能之界定，通常是以教育程度、工作經驗、取得證照或受過訓練作為指標（黃源協，2008）。各國對於照顧服務員應具備知能的認知會影響其對取得從業資格的範定，由於在大多數國家裡，照顧服務員並不被界定為專業人員，故其不需專門之知識技能入門門檻，但須具備與照顧相關的基礎技能，且這些技能可透過參加訓練來習得或藉由實作中去培養，故多規範接受特定的訓練就能取得從業的資格（呂寶靜、陳正芬，2009）。

參、家庭看護工補充訓練之政策發展與執行現況

本文「前言」已指出，最終，《長期照顧服務法》的立法結果，外籍看護工仍被排除在長期照顧體系之外，僅提供補充訓練，如衛生福利部的司長所述「本法施行後初次入國之外國人受僱於失能者家庭，最主要的重

點是他可以申請補充訓練」（立法院，2014）。但補充訓練在《長期照顧服務法》係以「附則」處理，移工未能被列入《長服法》第 4 條長照人員之列。

　　為瞭解衛生福利部與勞動部在外籍看護工補充訓練於《長期照顧服務法》通過之後的分工與權責劃分，本研究透過深入訪談法與次級資料分析，釐清衛政、勞政、中央與地方政府各自在移工補充訓練之分工與爭議，初步研究發現請見圖 1。移工的補充訓練辦法固然在《長期照顧服務法》通過後得以「附則」方式附帶處理，由衛生福利部規劃課程，勞動部主責執行，但執行方式的有效程度及經費仍待探討。依據《外國人從事家庭看護工作補充訓練辦法》及勞動中央主管機關的認定，雇主需自行負擔移工受訓費用。然而，在補充訓練辦法訂頒之前，地方政府即已依據《就業安定基金收支保管及運用辦法》第 5 條之第 9 項辦理移工補充訓練，並全額補助移工受訓費用。

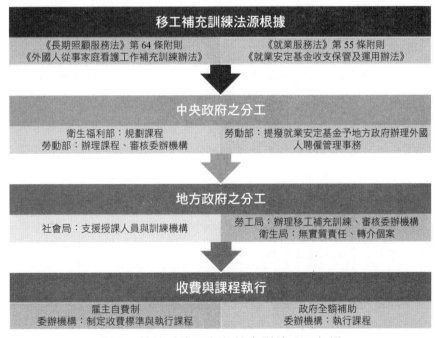

圖 1　外籍看護工在台教育訓練分工架構

依據《長期照顧服務法》第4條規定，不論那一個國籍的照顧服務員，其管理、培育與訓練的中央主管機關都是衛福部。但對照《長服法》第6條之規定，長照人員及個人看護者之勞動條件、就業服務、職業安全衛生等事項，與非為醫事或社工專業證照之長照人員，及個人看護者之訓練、技能檢定等相關事項卻是勞工主管機關負責。另一方面，對照第64條「個人看護者，應接受中央主管機關公告指定之訓練。於本法施行後初次入國之外國人，並受僱於失能者家庭從事看護工作者，雇主得為其申請接受中央主管機關所定之補充訓練。前項補充訓練之課程內容、收費項目、申請程序及其他應遵行事項之辦法，由中央主管機關定之。」顯示外籍看護工的訓練之責分散於中央主管機關（衛生福利部）、目的事業主管機關（勞動部）與雇主三方之間。此主要係依據「專業」與「國籍」兩個概念來進行分工，本國籍的專業人員的教育規劃與執行是由衛生福利部統籌，非專業的本國籍教育訓練由衛生福利部規劃，執行則是勞動部職業訓練組；外籍看護工在定位上不但不屬於專業，國籍認定亦是外國籍，出現專業與國籍的「雙重排外」現象。

受訪的中央主管機關（衛生福利部）承辦業務主管表示：「我相信以民間或是以專家學者立場，從來不會去分本籍、外籍，但是因為我們有行政方面經費來源的不同……不是不可以用，是沒有補助。事實上，我們曾經去勞動部就業安定基金提過案，因為外籍看護工其實有他的就安基金經費來源，其實是希望把這個對象擴及到外籍看護工。」當研究者追問「當衛生福利部到勞動部就業安定基金提案之前，有在公益彩券這邊研議擴及外籍看護工可能性嗎？」受訪者遲疑後回應：「這個倒是沒有相關的討論，因為在外籍看護工的部分，本來他們就有相關的支用、就安基金的支用來源裡面本來就有包含外籍看護工的訓練啊！」換言之，即使民間團體與專家學者倡議應將外籍看護工納入長照體系，但行政單位的訓練係仍依經費與國籍區分，本國籍是公益彩券盈餘支應，外國籍的補充訓練經費來源則是就業安定基金。

同樣的，目的事業主管機關——勞動部，亦是依據「接受訓練者」的

國籍來劃分業務內容。勞動部承辦移工補充訓練業務主管受訪時即表示：「我們的訓練發展署著重的是國人訓練部分，他們有很多經費的運用，透過就業安定基金的運用，他們做的是本國人，那外國人的部分就回歸到我們這邊來。所以目前在執行上面，我們當然可以說，都是勞動部在執行，但是我們內部會有這樣子不同的運作。」簡言之，《就業安定基金收支保管及運用辦法》第5條明訂基金可用於12項業務，並未排除外國人的職業訓練（勞動部，2015）。可惜，對照受訪業務主管發言，顯示不僅衛生福利部與勞動部因接受訓練者「國籍」而區分業務，勞動部內部亦因接受訓練者的國籍而分軌訓練。

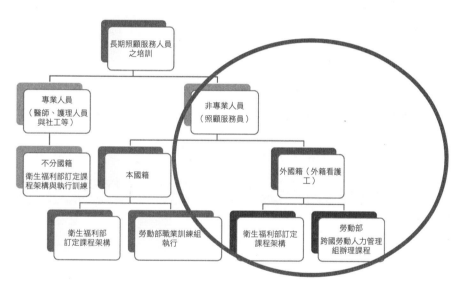

圖2　照顧服務員訓練主管機關分工圖

再者，檢視衛生福利部於2017年6月3日，依據《長期照顧服務法》母法訂定之《外國人從事家庭看護工作補充訓練辦法》，第7條訂定補充訓練辦理方式分為集中訓練與到宅訓練兩種，訓練內容則有八類（衛生福利部，2016）。表1是訓練辦法與勞動部勞動力發展署中彰投分署於2018年實際辦理情形對照表。勞動部主要訓練方式除衛生福利部建議兩類之外，另增加數位學習方式；再者，規劃的集中訓練課程內容以「身體照

顧服務」、「日常生活照顧服務」與「家事服務」為主，到宅訓練課程內容較為多元，共有五項。而勞動部自主規劃的數位學習方式的課程內容有兩類：「文化適應」與「生活會話」（請見表1）。

　　針對課程內容與衛生福利部規劃差異之處，勞動部業務主責主管表示：「當然法規（指衛生福利部訂頒的訓練辦法）裡面講的是兩個方向，到宅與集中，但我們增加了數位學習。會增加這一塊的考量是說，是回歸到外勞跟雇主的主要需求……。其實很明顯，因為對於雇主而言，我怎麼可能讓外勞出去受訓。那到宅訓練他們的意願比較高，大概三成多，可是到宅的成本高，因為你到宅，你不但是要配一個專業人員來，你還要搭配一個翻譯……。」檢視上述訪談，對照表2，顯示勞動部擔憂雇主不願意讓外籍看護工「外出」參與集中訓練課程，但又考量到宅訓練之一對一成本過高，故自創「數位學習」訓練方式。

表1　衛生福利部訂定《外國人從事家庭看護工作補充訓練辦法》與勞動部勞動力發展署中彰投分署實際辦理課程之對照表

辦理方式 衛生福利部訂定課程八大項目	勞動部勞動力發展署中彰投分署 實際規劃課程類型與數量（單位：堂數）		
	集中訓練	到宅訓練	數位學習
1. 身體照顧服務	77	8	0
2. 日常生活照顧服務	25	6	0
3. 家事服務	4	1	0
4. 文化適應	0	0	4
5. 溝通技巧	0	2	0
6. 生活會話	0	0	2
7. 職場安全、傷害預防、失能者保護觀念及其他權益保障	1	0	0
8. 其他與失能者照顧服務相關課程	0	2	0

資料來源：本研究自行整理。

　　除了辦理課程未能全部符合衛生福利部規劃之問題外，實質開課人數過少更是需要關注與討論。2018年，綜合勞動部勞動力發展署各分署資

料，真正來上課的人竟然只有兩個人。勞動部受訪主管表示：「我們的集中訓練總共有 334 班，到宅訓練有 147 班。不過實際去上課人數真的是很少，很少……開 334 個班，只有一班有 2 個人來上課。因為這一塊，有他根本的困難，你要讓一個雇主他僱用外勞，願意讓其出去受訓，其實有難度。倒是我們數位學習，我們的瀏覽人次比較高！我們數位學習瀏覽人次在去年是 5,511 次瀏覽，即 5 千多人次瀏覽。」

然而，如上所述，勞動部將集中訓練與到宅指導上課人數過少之原因，歸因於勞雇聘用習慣與照顧現場困境。但照勞動部自主規劃的數位學習方式的課程內容有兩類：「文化適應」與「生活會話」。就數位學習規劃的課程類型而言，雖然符合衛福部規劃的課程內容之列，但卻非雇主最主要的需求。受訪者坦言：「勞動部統計處每一、兩年都會做一次雇主運用外籍勞工的事業調查報告，訪問雇主希望外籍勞工接受的訓練項目為何。第一名就是照顧技巧，第二名就是緊急危機處理，第三名就是語言。」可惜的是，該辦法公布至今二年，未見衛福部與勞動部針對訂定與規劃之間的落差，也就是沒有針對「未開課」部分進行比對與討論。

肆、臺中市委託非營利組織執行外籍看護工補充訓練之成效

對比 2018 年勞動部勞動力發展署中彰投分署運用《外國人從事家庭看護工作補充訓練辦法》的課程辦理情形，臺中市政府於 2017 年起則運用就業安定金，自主辦理外籍看護工補充訓練，本研究透過次級資料分析，初探其執行架構與實施成效。壹零玖伍文史工作室與有限責任臺灣樂齡照顧服務勞動合作社（以下簡稱樂齡合作社）共同承辦的臺中市勞工局於 2018 年委託的「移工安心培力照護提升計畫」。透過臺中在地移工服務組織與居服機構的合作模式，發現移工、被照顧者及家屬三方最常見的問題就是溝通不良，以及照顧指令過於複雜或模糊。2018 年，該計畫服務

申請主要是以民眾自行申請為主要案源，申請件數達 31 件，其次有 27 件
服務由仲介公司轉介申請，16 件為樂齡合作社自行開發，9 件為長照中心
轉介。計畫期間提出申請服務的件數總共有 134 件，實際到宅指導培力移
工共有 100 件（有限責任臺灣樂齡照顧服務勞動合作社，2018）。

　　本計畫執行方式是民眾透過網路表單或撥打免付費專線，即可申請，
委辦單位進行評估後，由居家服務機構依據個案需求派任照顧服務員、護
理師或物理治療師為照顧指導員，人力資源公司派任翻譯人員，移工組織
則派任輔導員等組成團隊。每次到宅指導指導時間為 3 小時，每個申請家
庭於全年度僅限用一次服務。指導團隊進入家庭後，照顧指導員與輔導員
針對被看護人的身體狀況，及外籍看護的照顧現況提供必要、合宜的技巧
指導及生活關懷，並為個案家庭分析照顧工作內容、澄清生活衝突，以及
提供照顧方案。翻譯人員與輔導員同時傾聽移工照顧所面臨的壓力、支持
其照顧情緒，並於有限時間內教導迫切需求的照顧與生活中文詞彙。最後
照顧指導員與輔導員會在現場提供家屬後續的健康管理資訊，以及針對外
籍移工的身心狀況及工作需求給予外部資源建議。

　　本計畫實施的現況：100 位到宅指導服務的移工對象皆為女性，依國
籍區分，以印尼為最多（80%），其次是菲律賓（11%）和越南（9%）。
年齡分布以 30 歲 -39 歲區間為主（42%），其次是 20 歲 -29 歲（35%），
而 40 歲以上占 23%。現任工作年資以未滿一年居多（64%），其次是一
年至三年（32%），三年至五年占 16%。顯示聘僱家庭面對甫到任之移工
時，確實會面臨較多照顧及相處的問題。而在到宅指導的學習環境滿意度
調查中，73% 的移工對於「照顧技巧的指導教學」非常滿意，58% 對於
「教學時間安排」表示非常滿意，30% 表示滿意，12% 表示普通。另一方
面，對於「指導教學是否能解決照顧問題」，有 68% 表示非常滿意，須注
意仍有 4% 表示普通，代表除了固定教學的指導項目外，意謂在指導方
式與時間仍有不足和需要修正之處。在移工的意見回饋內容中，有 19 位
（1/5）表示希望未來能在到宅指導服務中加強中文教學，16 位希望能拉長
教學時間。再者，更有一些移工期待指導團隊能協助移工向雇主表達休假

需求；其實指導團隊到府家訪時，亦察覺多數移工並沒有正常休假，連續的勞動與零碎的休息往往影響其情緒及照顧品質。

另一方面，移工所照護的對象以女性居多（54%），年齡分布以 65-80 歲居多（45%），其次為 80-90 歲（34%）。指導項目中，以移位技巧教學需求居冠，其次為生活照顧表書寫、照顧工具用途認識、被動肢體關節運動和翻身擺位拍背。指導團隊在進場服務後，察覺移工、服務對象、家屬三方最常見的問題是溝通不良及照顧指令過於複雜或模糊。因此指導團隊透過三小時釐清服務對象真正照顧需求，並協助訂定家屬與移工溝通雙方都能接受的生活照顧表，促使移工能清楚瞭解正確的照顧指令。整體來說，接受指導服務後，家屬對於指導員是否仔細評估服務對象健康狀況表示非常滿意者占 84%。除了指導移工外，指導員於現場亦向家屬主動提供日常照護觀念，並說明後續健康管理方式，例如長照 2.0 或社區關懷據點等資源，90% 家屬表示非常滿意。家屬的建議回饋內容中，超過半數表示希望未來能增加服務次數，並增加更多被看護人緊急情況處理之課程內容，以及失智症等特殊疾病的照護模式教導。

本計畫執行成效顯示，單次三小時的到宅指導教學有助於穩定甫到任移工的心情，釐清被照顧者需求，並訂定三方接受的生活作息表，近三成（29%）的被照顧者開始使用長照 2.0 專業服務項目。但是，移工與家屬皆期待可依據被照顧者照顧需求的變動增加指導時間與次數，而非單次性服務；且讓家屬在有其他支持服務引入下，促使移工的休假需求獲得滿足，亦是待解決議題。

伍、結論

現行維持雙軌分立的長期照顧政策，使得受聘於個人家戶的 24 萬名外籍看護工，不僅欠缺在職教育與職場所需之督導，其休假等勞動條件之保障亦缺乏關注，但她們卻是目前長期照顧體系中最龐大的照顧服務提供

者。然而,《長期照顧服務法》始終未能將家庭看護工納入長期照顧人員之列,提供其適當的教育訓練與法規保障,乃是臺灣無可迴避的政策課題。值得關注的是,雖然民間倡議組織、立法委員、中央各部會之間對於外籍看護工在長期照顧體系的定位仍有爭議,但透過臺中市運用就業安定金,委託居家服務單位與移工服務的民間組織共同辦理,來進行外籍看護工補充訓練,方案服務人數雖僅有 100 人,但成效顯示,移工、服務對象與雇主(家屬)三方都十分肯定。透過免費到宅指導,指導初期上任之移工、或面臨上任之移工、或面臨照顧模式轉變之移工的相關照顧技巧,顯然有助於具體改善照顧問題,降低勞資雙方的衝突糾紛。再者,透過本計畫的執行,看到雇主與移工均期待可以增加指導時間,確認移工真正吸收教學內容。這個小而成效顯著的方案實可提供中央單位跨部會之間的溝通與協商的具體實例。與其爭議辦理方式是集中、到宅或數位學習,建議可立基於此一方案,從「到宅」三小時進入家戶開始,促使移工、服務對象與家屬都有彼此對話的契機,並得以認識長期照顧相關資源。

　　最後,本研究建議可從「接受服務者」與「提供訓練者」的國籍出發,唯有外籍看護工與本國籍長期照顧體系逐步銜接與配合,才有可能讓外籍看護工的勞動條件在長期照顧服務體系的監督機制獲得保障,讓雇主有機會在外籍看護工接受補充訓練時認識與使用本國籍照服員提供的照顧服務,也才能穩定拓展本國籍照顧服務員的工作機會。如此,方有可能讓雇主與外籍看護工之間的關係,不再是支配與剝削的衝突對象,而可能透過其他服務模式的引進,有機會發展為互賴與互信的結盟關係,也才有可能讓被照顧者得以透過制度獲致照顧品質的保障;更藉此改變我國居家式照顧服務一國兩制的情況,讓目前本國籍照顧服務員與外籍家庭看護工「互斥」的雙軌模式,逐步轉變成兩者和諧共存,甚至達成照顧品質共同提升的願景。

參考文獻

王增勇等（2006）。〈放寬外籍看護工申請之後呢？以「照顧公共化」破除解構「外勞 vs. 本勞」與「外勞 vs. 雇主」利益衝突的迷思〉，《臺灣社會研究季刊》，*61*: 283-317。

立法院（2014）。「立法院第 8 屆第 4 會期社會福利及衛生環境委員會第 34 次全體委員會議紀錄」，2014/06/11。

立法院（2015）。「立法院第 8 屆第 6 會期黨團協商會議紀錄」，2015/01/12。

有限責任臺灣樂齡照顧服務勞動合作社（2018）。《107 年度移工安心培力照護提升計畫成果報告書》。

行政院（2007）。《我國長期照顧十年計畫——大溫暖社會福利套案之旗艦計畫》。

行政院國家發展委員會（2018）。《人口推估報告（2018-2065 年）》。

吳玉琴、陳伶珠、游如玉、許綺玲、林金立、張美珠（2008）。《居家服務操作手冊》。臺北：中華民國老人福利推動聯盟。

吳靜如、許淳雅（2018）。〈家務移工與照顧正義〉，收錄於蕭新煌、官有垣、王舒芸（主編），《臺灣社會福利運動與政策效應：2000-2016 年》。高雄市：巨流。

呂寶靜、陳正芬（2009）。〈我國居家照顧服務員職業證照與培訓制度之探究：從英國與日本的作法反思臺灣〉，《社會政策與社會工作學刊》，*13*(1): 185-233。

李庚霈（2006）。〈運用國內勞動力推動照顧服務產業之探討〉，《臺灣勞工雙月刊》，*4*: 79-86。

辛炳隆（2004）。〈外籍家事勞動之經濟分析與法律規範〉，《就業安全》，*3*(2): 98-102。

陳正芬（2011a）。〈管理或剝削？家庭外籍看護工雇主的生存之道〉，《臺灣社會研究季刊》，*85*: 89-155。

陳正芬（2011b）。〈雙軌分立的長期照顧體系：照顧服務員國際與品質的抉擇岔路〉，《臺灣社會研究季刊》，*85*: 381-395。

陳正芬（2018）。〈當潛水的照顧者浮現：家總的成立與路線爭議〉，收錄於蕭新煌、官有垣、王舒芸（主編），《臺灣社會福利運動與政策效應：2000-2016 年》。高雄市：巨流。

陳正芬、王正（2007）。〈臺北市居家服務方案論時計酬適切性之研究〉，《臺灣社會福利學刊》，*6*(1): 93-129。

陳亮汝、吳淑瓊（2008）。〈居家失能老人使用外籍監護工之相關因素分析〉，《臺灣衛誌》，*27*(1): 32-43。

勞動部（2015）。《就業安定基金收支保管及運用辦法》。

勞動部（2019）。「勞動統計查詢網：產業及社福外籍勞工人數──按產業分」。網址：http://statdb.mol.gov.tw/statis/jspProxy.aspx?sys=220&ym=10309&ymt=10412&kind=21&type=1&funid=c13090&cycle=41&outmode=0&parm1=code1=0code1=0&&compmode=0&outkind=11&fldspc=0,1,5,2,&rdm=bWnieayp。

黃源協（2008）。《社會工作管理》。臺北市：雙葉。

廖淑彩（2009）。《我國外籍看護工政策與管理措施之研究──以居家照顧模式為例》。元智大學管理研究所碩士論文。

衛生福利部（2016）。《外國人從事家庭看護工作補充訓練辦法》。

American Health Care Association (2005). "AHCA welcomes new immigration reform plans but urges additional focus on dire need for long term care employees." Retrieved from http://www.ahca.org/nr040212.htm.

Brannon, D. et al. (2007). "Job Perceptions and Intent to Leave among Direct Care Workers: Evidence from the Better Jobs better Care Demonstrations." *The Gerontologist, 47*(6): 820-829.

Browne, C. V. & Braun, K. L. (2008). "Globalization, women's migrant, and the long-term care workforce." *The Gerontologist, 48*(1): 16-24.

Chen, C. C. (2016). "Insiders and outsiders: Policy and care workers in Taiwan's long-term care system." *Ageing & Society, 36*(10): 2090-2116.

Institute for the Future of Aging Services (2007). "The Long-Term Care Workforce: Can the Crisis be Fixed? Problems, Causes and Options." New York, IFAS prepared for the National Commission for Quality Long-Term Care.

Johnstone, M.-J. & Kanitsaki, O. (2009). "Engaging patients as safety partners: Some cinsiderations for ensuring a culturally and linguistically appropriate approach." *Health Policy, 90*(1): 1-7.

McFarlane, L. & McLean, J. (2003). "Education and Training for Direct Care Workers." *Social Work Education, 22*(4): 385-399.

Stone, R. I. & Dawson, S. L. (2008). "The Origins of Better Jobs Better Care." *The Gerontologist, 48*(Special Issue 1): 5-13.

Stone, R. I. & Harahan, M. F. (2010). "Improving the Long-Term Care Workforce Serving Older Adults." *Health Affairs, 29*(1): 109-115.

第三篇
臺灣長期照顧體制發展的案例

第十章
大臺北地區居家服務區域劃分與
居家服務組織的定位

陳正芬、官有垣

* 本章內容修訂增刪自陳正芬、官有垣（2014），〈大臺北地區居家服務區域劃分與居家服務組織定位的歷史分析〉，《臺灣社會福利學刊》，12 卷，1 期，頁 121-163。

壹、前言

　　近期各國為因應民眾對居家式照顧地點的偏好需求，正式照顧服務模式已經從過去以機構式安置為主，轉變為以社區為基礎之居家支持照顧（Community-Base Home Supportive Care）服務模式，各種社區照顧服務型態（例如日間照護中心、喘息服務、居家護理、居家復健及居家服務等）也相繼發展（OECD, 2005）。回顧我國政府委託非營利組織提供居家服務的歷史，係因臺北市政府於 1990 年因應政府人事精簡計畫，但又需要維持服務提供的狀況下，首度委託民間非營利組織辦理（陳淑君、莊秀美，2008）。1997 年修訂的《老人福利法》之「福利服務」專章，一方面將身心受損致日常生活功能需他人協助之居家老人納為服務對象，另一方面明文規定地方政府應提供或結合民間資源提供居家服務，確立政府需承擔服務提供或發展的明確職責；而行政院於 1998 年通過「加強老人安養服務方案」，其中一項政策目標為「各地方政府每一鄉鎮、區里普遍設置社區居家服務支援中心，提供居家服務，預定設置 400 所」，更明確要求各地方政府需達成中央政府設定之政策目標。因此，多數地方政府開始參考臺北市政府作法，採取「購買服務契約」方式提供居家服務，促使居家服務業務開始蓬勃發展（官有垣、陳正芬，1999）。為更進一步提升居家服務使用者的付費能力，行政院於 2002 年訂頒的「照顧服務福利及產業發展方案」（以下簡稱照服產業），載明「適度補助非低收入失能者」，內政部配合此照顧服務產業發展方案同步開辦「非中低收入失能老人及身心障礙者補助使用居家服務試辦計畫」，將一般失能老人列入居家服務補助對象，促使居家服務在社會需求及政策積極推動下，其服務提供量呈現顯著成長之趨勢（陳正芬，2011；陳正芬、王正，2007）。

　　正因我國政府近年來一直不遺餘力的推動居家服務，截至 2019 年底，全國居家服務單位已超過 603 家（衛生福利部，2020）。最早發展居家服務的臺北市，其居家服務單位由 1991 年的 1 家，至 2019 年擴增為 52 家；鄰近的新北市居家服務單位亦從 1998 年的 2 家擴增為 2019 年的

72 家，兩個縣市彼此的居家服務單位亦有所重疊，部分居家服務單位透過跨縣市承接服務來擴大服務經濟規模。然而，隨著居家服務單位的數量增加，與政府部門投入資源觀念的轉變，居家服務組織本身的定位，組織與政府部門之間的互動關係，以及居家服務組織彼此之間的互動都逐漸產生轉變。換言之，隨著政府居家服務預算的增加，以及政府委託方案的多元化發展，居家服務組織依其服務項目可概分為：「專注於居家服務提供的組織」與「複合式、多元老人服務提供的組織」；再者，隨著居家服務方案趨於成熟與政府委託預算的逐年增加，部分居家服務組織似乎從原先的「捐贈型非營利組織」（Donation-type Nonprofits），轉型為相當依賴組織本身營收的「商業型非營利組織（Commercial-type Nonprofits），因此，其對政府的政策誘導更為敏感，也更易受到影響。第三，「組織規模」（size）也是一個值得注意的觀察變項，是否那些「複合式、多元老人相關服務提供的組織」普遍是中至大型的組織，而「完全專注於提供居家照顧服務的組織」則多是小規模需要逐水草（資源）而居的組織？亦是本研究專注的議題。

　　另一方面，政府的政策內容與執行能力亦會影響非營利組織的回應、行動與影響程度，同時非營利組織本身的內部策略與資源豐寡的差異程度，都會導致臺北市與新北市的居服組織分布，以及組織間合作策略呈現不同的樣貌。本研究認為，「時間」（time）與「轉變」（transformation）是觀察居家服務組織屬性變化的二個很重要觀察變項：單獨在一個市提供居服服務的組織是一個類型，而跨區提供居服服務的組織是另一個類型，這兩類組織在面對政府的長照政策發展與制度轉變時，其因應方式有何不同，為何會出現差異？據此，本研究立基於新制度主義觀點，選擇發展居家服務較成熟的臺北市與新北市進行分析，以居家服務組織在資源取得與經營方向為研究主軸，分析居家服務單位彼此互動狀況，以及居家服務單位與委託單位之間的互動狀況，探討居家服務組織如何因應地方政府委託條件改變，以及外部競爭環境的改變，決定服務區域以及跨區域經營的決策及其影響因素。

貳、理論觀點

一、新制度主義的興起與研究取向

　　1980 年代以來，「新制度主義」席捲學術界，提倡用一種更寬廣的學科定義，更多樣的架構來從事社會制度研究。新制度主義者認為，傳統制度主義研究太過重視政治結構與法律框架，過於注重描述性論述，其採取的靜態觀點忽視制度的動態運作過程。March 與 Olsen 在 1984 年發表 "The New Institutionalism: Organizational Factors in Political Life" 一文，正式揭開新制度主義政治學研究的序幕。他們強調政治制度具有相對自主性，政治結構本身就是一個追求自身利益的集體行動者，能夠影響政治活動，因而政治體制並非單純社會各方勢力的反映。具體言之，新制度主義企圖結合傳統制度主義與行為主義的兩個取向，從中吸收傳統制度主義在結構因素與歷史因素分析的優點，又修正傳統制度主義過於整體、靜態的研究取向；再從行為主義強調的動態科學分析方法獲取新的研究啟發與研究方向（March & Olsen, 1989; Peters, 1999）。

　　但新制度主義並不是一個統一的理論體系，Hall & Taylor（1996）發表 "Political Science and the Three New Institutionalisms"，將新制度主義分為三大學派，分別是歷史制度主義（Historical Institutionalism）、理性選擇制度主義（Rational Choice Institutionalism）與社會學制度主義（Sociological Institutionalism），三大學派對於制度如何保持穩定、如何持續以及變遷，都有各自的論述，特別是針對制度結構（structure）與行動者（agency）動能之間的辯證關係有所差異，茲分述如下（Hall & Taylor, 1996；何俊志，2002；郭榮堯，2011；蔡相廷，2010）。

　　歷史制度主義學者認為歷史是理解人類制度發展的一個主要途徑，關注國家與社會制度的整體範圍，探討制度是如何影響政治行動者的利益偏好，以及如何建構他們與其他團體的權力關係。例如選舉制度、政黨體系的結構、不同部門之間的工作與工會之類的經濟行為集合體，都被包涵在

制度的涵義當中；換言之，歷史制度主義並不僅是將法律或體制結構視為一種制度，而是擴展制度的涵義，將組織結構、非正式的規則都納入制度的範疇，使其成為研究的中心，這種對制度的界定方式導致個人的角色與行動都會被鑲嵌在制度當中。歷史制度主義在進行制度變遷分析時最重要的論點之一就是「路徑依賴」（path independence），強調前一個階段政策選擇往往會決定與影響後一個階段的政策方案，但如果制度的變遷一直都在路徑依賴的情況下進行，歷史上就不會出現重大的制度變遷。此一學派的研究方法是以歷史上發生的大事件為基礎，特別專注「歷史關鍵時刻」（historical juncture），主張制度研究應該追溯到制度出現的條件，強調制度可能是某些歷史關鍵的產物。亦即，制度變遷的原因在於制度面臨某些危機，危機的產生係因制度內部產生矛盾或外部環境的改變到臨界點，促使制度進行變遷以因應新的環境，變遷之後制度就會再進入平靜的穩定期，呈現「斷續性均衡」（punctuated equilibrium）的演化模式。也就是從時間序列的面向上分析是漸進過程與後果，並重視由行動者與制度結構互相作用下產生意圖性與非意圖性的結果，藉此理解行動者的處境與制度變遷的關係。

　　理性選擇制度主義的基本假設則源自於經濟學，主張行動者是理性的利己主義者，從「理性人」的觀點出發來研究個別行動者行為。其基本假設如下：（1）制度被定義為對行動者的理性決策構成限制的「遊戲規則」；（2）制度的形成是基於多數行動者的偏好或需求，透過理性行動而被建立，也就是透過契約或交易過程來推動所預期的結果；（3）制度的作用旨在約束行動者的行為與選擇，當制度對行動者提供其所需的訊息與執行機制，而又能透過懲罰規則約束或限制相關行動者的策略選擇，解決集體行動的困境（集體的無理性或搭便車行為），即可達到「結構誘使的均衡」（structure induced equilibrium）；（4）制度的持續是因既有制度能使大多數的行動者獲得較大利益，另一方面，未來的不確定性、資訊不完全或改變制度的交易成本過高時，相對會導致制度維持穩定；（5）當制度漸漸失去功能，未能滿足行動者需求時，個體將衡量成本效益，再對現存制度

進行修正（Hall & Taylor, 1996）。

　　綜言之，此一學派將制度定義為一種「決策規則」，它被人們用來決定誰有資格進入某一個決策領域，決定資訊是如何被處理，決定在什麼情況下採取什麼行動，以及按照怎樣的順序採取行動，制度決定個別行動者的行動如何轉換為行動決策；理性行動者之所以願意接受自身行為被制度約束，是因為他們知道其他行動者也同樣受到制度的約束，因此良好的制度不僅可制定出合乎大眾利益的政策，在規則上還可以約束那些可能破壞集體效用的個人效用最大化行為。據此，制度本身的設計與變遷皆是行動者利益計算的結果，不僅可降低市場的交易成本，制度本身亦是集體決策結果的政治體制，因此良好的制度在功能上就能合乎行為者的需求而運作（Peters, 1999）。

　　依據理性選擇制度主義，無效率的制度會被有效率的制度取代。但在現實生活中，仍存在許多無效率制度。社會學制度主義理論提出的文化觀點有助於解釋無效率的存在問題。依據此一學派的主張，制度不僅是正式或非正式的法律或規則，還包括文化上的意義架構，例如：符號系統（symbol systems）、認知模式（cognitive scripts）與道德模板（moral templates）等，亦即將文化中的符號、價值觀念與意識形態等，與制度劃上等號，模糊制度、組織與文化三者之間的界線（Peters, 1999）。行動者與組織追求符合文化的「社會適當性」（social appropriateness）與「正當性」（legitimacy）是制度持續的原因，但何種因素能為制度帶來正當性，則涉及文化權威的來源問題；文化權威可能來自國家教育體系，也可能是職業工會團體，例如當某些技術領域朝向專業化方向發展之後，成為具有某種文化權威的職業共同體。即使制度變遷，也不是行動者的意圖或追求效率，而是符合特定文化的期許，提高行動者與組織的社會適當性與正當性，得到社會認可增加資源與生存能力（Hall & Taylor, 1996；郭棨堯，2011）。

　　綜言之，上述三個新制度主義派別都主張制度會變遷，但解釋制度變遷的因素有所差異。依據理性選擇制度主義的論述，當制度提供確定性、

相關資訊、執行協定的機制與對背叛的懲罰，行動者堅守在既存制度此
一「均衡」上，對每一個行動者都是處於最佳利益，如果離開這均衡的
結果會比原制度較差，就不會有行動者企圖打破均衡而損害自身利益。
據此，制度變遷往往是先源自制度之外的重大事件，例如，科技或人口的
變化，迫使行動者必須採取行動回應之。相同地，歷史制度主義將制度變
遷歸諸於制度外的重大事件，例如：軍事衝突或經濟危機，既有制度會因
偶發的關鍵時刻產生鬆動，行動者為因應危機而採行的策略，可能導致制
度脫離路徑依賴。換言之，理性選擇制度主義者將行為者之間的互動視為
自變項，將制度視為依變項，這樣的分析方式承認行動者影響制度；相反
地，歷史制度主義則將制度視為自變項，行動者的行為視為依變項，突顯
制度對行動者的限制或影響。雖然分析方式相異，卻都是從「外生因素」
（exogenous factors）來解釋制度變遷；反之，社會學制度主義則是從「內
生因素」（endogenous factors）來解釋制度變遷，也就是當行為者的認知
模式產生改變，將會在原有制度下產生相異行為，所以行為者與制度之間
的互動就導致制度變遷（Peters, 1999; Scott, 2001；謝易宏，2012）。

　　由此觀之，新制度主義理論強調讓制度重回政策研究的主要地位，企
圖克服微觀與巨觀途徑的兩極化缺失，以制度為中心建立「中層理論」，
連結行動者與結構；亦即制度可以是自變項或是依變項；當制度作為自變
項，可研究制度對個別行動者行為的動機與策略之影響，亦可解釋制度運
作對社會結構的影響；而當制度是依變項時，可研究個別行動者與社會結
構如何影響制度的形成與變遷。因此，新制度主義就是以中層的政治研究
視野，更明確的研究架構，解釋個別行動者─制度─社會結構三者的關
係，避免微觀與巨觀理論的缺失，企圖達到「見樹又見林」境界。本研究
採用歷史制度主義的「關鍵時刻」概念，輔以理性選擇制度主義對「理性
自利行為者」的預設，以及社會學制度主義對行為者符合「社會適當性」
與「正當性」的強調，解釋大臺北地區居家服務組織跨區服務「何時」與
「如何發生」環環相扣的研究議題。

二、非營利組織的分類與屬性轉變

有鑑於臺灣居家服務初始期是將服務提供單位限制於非營利組織，然而非營利組織是否因承接政府委託方案而導致本身定位或經營策略的修正或調整，亦是本研究關注的主題。所有適用於非營利部門的經濟學理論之討論，其所含括的觀點都可以追溯為受亞當‧斯密（Adam Smith）的經濟學所啟蒙。亞當‧斯密將勞工分為：有生產力勞工與無生產力勞工。有生產力的勞工會增加物品的價值，而無生產力的勞工則非。經濟學者因而認為「無生產力的活動」就是今日所謂的「志願活動」（Lohmann, 2001），因為其非為營利導向，因此也泰半被主流的經濟學家所忽略，認為非營利部門是存在於理性的經濟學範疇之外。

對於型態各異的非營利組織，經濟學者們也各有其不同之分類方式。首先說明的是 Henry Hansmann 的分類。Hansmann（1987）劃分非營利組織的角度是根據組織（1）收入的來源，以及（2）控管（治理）的方式。如果非營利組織大部分收入來源為捐贈，則屬於「捐贈型非營利組織」（donative nonprofits）；如果收入來源主要為販賣商品或服務，則屬於「商業型非營利組織」（commercial nonprofits）；前者的贊助者稱為「捐贈者」（donor），而後者的贊助者稱為「顧客」（customer）。就控管（治理）的方式而言，非營利組織如掌握在贊助者手上，則屬於「互助型非營利組織」（mutual nonprofits）；如掌握在董理事會手上則屬於「企業型非營利組織」（entrepreneurial nonprofits）。這兩個向度交錯劃分後，可將非營利組織分為四個型態，但四個類型非營利組織的界線是模糊的，且可說是極端或是理想型，主要可提供分類討論時來採用（參見表1）（官有垣，2003）。相似於 Hansmann 的分類論點，Robert Anthony（1987）區分「型 A」與「型 B」兩種非營利組織之型態。「型 A」的非營利組織，主要是依賴組織本身的收入，就如 Hansmann 所提出的商業型與企業型的非營利組織。「型 B」的非營利組織，主要不靠收入做為財務之來源，就如同 Hansmann 的捐贈型與互助型的非營利組織（引自 Lohmann, 2001: 202）。

表 1 非營利組織的分類

類型	互助型	企業型
捐贈型	美國例子：奧杜邦協會（National Audubon Society） 臺灣例子：荒野保護協會	美國例子：國際人道救援組織（CARE） 臺灣例子：永齡教育慈善基金會
商業型	美國例子：美國汽車協會（American Automobile Association） 臺灣例子：中華民國消費者文教基金會	美國例子：國家地理協會（National Geographic Society）、醫院 臺灣例子：財團法人醫院

資料來源：Hansmann, 1980；引自官有垣，2003。

　　事實上，非營利組織的成立有其特定的宗旨，可能基於本身或隱而未顯的意識形態或信仰價值設定服務對象的選擇優先順序，而服務對象的選擇又受到政策誘因或其他競爭環境的影響因素。例如英國學者 Billis（1989, 1993）認為部門之間的界域有其模糊性，志願性組織為因應日漸複雜的社會政治環境，逐漸發展出跨部門性質的組織，例如「政府取向的社團組織」（government-oriented associations）、「利潤取向的社團組織」（profit-oriented associations），以及具有「企業家精神的社團組織」（entrepreneurial associations）（Billis, 1993）。再者，德國社會政策學者 Bauer（1991, 1998）進一步擴充 Billis 的觀點，從非營利組織內部成員的角色認知層面進行分析，認為非營利部門吸納其他部門的特色而導致組織成員的角色認知模糊化；例如組織內的志願人員傾向將非營利組織視為慈善服務的提供者，但組織的董事會成員卻把自己服務的團體視為類似政治性的組織；在此同時，組織內的專職人員面對其他提供相同服務且有競爭關係的營利組織，久而久之開始傾向認同商業型組織的效率與成本效益理念（官有垣，2001: 190-192）。例如，Guo（2006）發現在美國，非營利組織面對一個充滿競爭的服務供給市場，且在成本效率的壓力促使之下，容易會朝向營利方向邁進，逐漸背離當初組織成立的使命；然而，Suda（2011）檢視日本營利與非營利組織在長期照顧保險開辦後的組織行為，營利組織的服務提供行為卻趨向非營利化，其認為關鍵因素來自長期照顧

保險對服務提供行為採取嚴格的管控，也就是政策發揮管控組織行為的作用，致使營利組織行為被侷限於長期照顧保險定額給付的框架之內。

誠如 Antonin Wagner（2000）的觀點，他強調任何組織的生存發展深受制度環境的影響，不論是非營利組織、營利組織、或公部門組織。社會系統的演變是在其中各部門或次系統的長期互動與彼此形塑影響的結果；任何單面向的觀察強調某一部門的功能特質，而忽略了其他制度環境所扮演的角色，皆未能真正找出解釋此現象的因果論述。換言之，制度分析要比理性－科層組織觀點以及第三部門研究的社會部門分立觀點，更能提供吾人一個有效的途徑來瞭解 NPO 與其他部門組織在公共服務裡扮演的角色。有鑑於新制度主義就是以中層的政治研究視野，更明確的研究架構，解釋個別行動者－制度－社會結構三者的關係，避免微觀與巨觀理論的缺失，企圖達到「見樹又見林」境界，因此，本研究採用新制度主義來解釋非營利組織承接政府委託的居家服務方案後，對組織本身定位與策略，以及面對其他競爭組織採取的回應策略進行瞭解。

參、研究資料來源與研究方法

研究者若要適切的解答其研究問題，即需依據其研究主題慎選研究方法來進行實證資料的蒐集與分析。本研究為瞭解居家服務單位與委託單位之間的互動狀況，以及居家服務單位彼此之間競爭或合作關係，選擇發展居家服務較成熟的臺北市與新北市進行分析，以居家服務組織經營區域之選擇為研究主軸，探討居家服務組織如何因應地方政府委託條件改變，以及外部競爭環境的改變，決定服務區域以及是否跨區域經營的決策之影響因素。研究範疇涉及政策與服務提供組織間動態且複雜的概念，許多待解問題皆需經由實證面逐步歸納整理，故本研究除納入政府部門次級資料蒐集與分析之外，主要以質性研究途徑為之，因此，本研究選用內容分析及深度訪談法進行研究。依據新制度主義對「制度」之定義，制度範疇不只

是法律與體制結構，尚包括正式與非正式的規則，因此內容分析資料包括中央政府、臺北市與新北市政府訂頒的法規、補助辦法、服務契約以及雙方參與的服務聯繫會報紀錄等。

其次，2003 年由行政院經建會推動的「照顧服務福利及產業發展方案」第一期檢討報告（行政院經濟建設委員會，2005），由於當時地方政府委託之居家服務提供單位仍限於非營利組織，一般小型規模且獨立經營居家服務的事業團體無法合法承攬業務，故中央政府將各直轄市、縣市政府將農會、合作社、社會福利機構等納入居家服務投標廠商資格之列。2008 年訂頒的《老人福利服務提供者資格要件及服務準則》，居家服務單位從原有以公益社團法人、財團法人、社會福利團體、照顧服務勞動合作社等單位為限的規定，開放醫療機構、護理機構、醫療法人、老人福利機構與身心障礙福利機構[1] 等進入服務行列，政策轉變也促使醫療機構與老人福利機構因此進入北市與新北市居家服務提供行列。此導致臺北市居家服務組織由 1991 年的 1 家，1998 年 6 家，2005 年 10 家，至 2011 年擴增為 15 家；鄰近的新北市居家服務單位則從 1998 年的 2 家，2002 年 5 家，2005 年 10 家，至 2011 年擴增為 14 家，但有些組織已撤離服務行列。本研究進行時間為 2010 年 8 月至 2012 年 7 月，研究對象為 2012 年仍在北市與新北市提供居家服務的組織。

為瞭解居家服務單位決策者對於服務區域的選擇與評估策略，本研究透過深度訪談進行資料蒐集，臺北市居家服務單位共計 15 家，本研究共計訪談 14 家（達成率 93%）；新北市居家服務單位共計 9 家，本研究共計訪談 9 家（達成率 100%），訪談對象皆為居家服務單位之主管。再者，除了居家服務提供單位，本研究亦訪談臺北市與新北市居家服務業務部門主管，瞭解政府部門推動居家服務政策的影響與決策脈絡。

本研究依據居家服務組織發展的區域與途徑，將大臺北地區居家服務組織分為四類：第一類組織是始終只在臺北市提供服務的組織，命名為

---

[1] 醫療機構、護理機構與醫療法人為非營利組織，老人福利機構與身心障礙福利機構則因規模大小而有不同屬性（50 床規模以上需辦理財團法人登記，49 床則免辦）。

「A」類組織，共有 8 家；第二類組織是一開始在臺北市提供居家服務，但跨區到新北市的組織，命名為「AB」類組織，共有 5 家；第三類服務組織是僅在新北市提供服務組織，命名為「B」類組織，共有 7 家；第四類組織是一開始在新北市提供居家服務，但跨區到臺北市的組織，命名為「BA」類組織，共有 2 家（請見表 2）。

表2　大臺北地區居家服務組織依服務區域分類

臺北市		新北市	
僅在臺北市提供服務 A	從臺北市跨到新北市提供服務 AB	僅在新北市提供服務 B	從新北市跨到臺北市提供服務 BA
A1	AB1	B1	BA1
A2	AB2	B2	BA2
A3	AB3	B3	
A4	AB4	B4	
A5	AB5	B5	
A6		B6	
A7		B7	
A8			
8 家	5 家	7 家	2 家
受訪家數：7	5	7	2
問卷回收數：6	4	6	2

資料來源：本研究整理。

註1：A3, A5, A6, B6 與 BA2 都只接受政府委託提供居家服務，其他財源仰賴捐贈收入。

註2：A4, A8, B4, B5, B7, AB4, AB5 母機構主要業務為老人機構式服務。

註3：A2 除居家服務業務外，另承接政府部門委託的婦女服務中心。

註4：A1, A7, B1, B2, B3, AB1, AB2, AB3 與 BA1 除居家服務之外，都承接政府委託的多項老人福利方案。

　　為進一步瞭解政府委辦大臺北地區居家服務費占組織總收入的比例變化趨勢，研究者亦透過郵寄問卷方式蒐集資料。臺北市居家服務單位問卷回覆份數為 10 份，回收率為 76%，新北市問卷回覆份數為 8 份，回收率

表 3　政府委辦大臺北地區居家服務費占組織總收入的比例分析

居家服務比例	1992 年以前	1992-2002 年	2003-2007 年	2008- 迄今
低於 25%	BA1	—	B3 AB4	A1 A8 AB5 B3
26-50%	A1 A2	A1 A4 A5 AB1 AB2 B2	A1 A4 B2	A4 AB4 B2 B4
51-75%	—	BA1 A2	A5 AB1 AB2 B1 B5	A7 AB1 B1 BA1
超過 75%	—	—	BA1 A2	A2 A5 AB2 B5 B6 BA2
A	2	4	4	6
B	—	1	4	6
AB	—	2	3	4
BA	1	1	1	2
總家數	3	8	12	18
該時期 主導的 NPO 類型	M-NPO D-NPO	M-NPO	CA-NPO M-NPO	CB-NPO CA-NPO

資料來源：本研究自行蒐集。

為 88%，分析結果請見表 3。依據政府委託經費比例，將組織類型分為以下四類：（1）政府委辦居家服務費占 NPO 總收入比例在「25% 或以下者」為「捐贈型 NPO」（以 D-NPO 表示）；（2）總收入比例在「26%-50%」者為「混合型 NPO」（以 M-NPO 表示）；（3）總收入比例在「51%-75%」者

為「商業 A 型 NPO」（以 CA-NPO 表示）；（4）總收入比例在「75% 以上」者為「商業 B 型 NPO」（以 CB-NPO 表示）。以下將於各階段分析居家服務組織屬性的變化。

肆、大臺北地區居家服務區域劃分與居家服務組織定位的歷史分析

如前所述，我國地方政府當中，最早委託非營利組織提供居家服務者為臺北市。中央政府於 2002 年訂頒「照顧服務福利及產業發展方案」，載明「適度補助非低收入失能者」，促使地方政府必須委託更多服務單位來提升服務量。行政院 2007 年核定的「我國長期照顧十年計畫」雖延續相同的居家服務補助原則，但兩個地方政府針對日趨成熟的服務供給市場卻採取截然不同的委託與管理方式。因此，本研究將居家服務發展階段分為三期：1991-2002 年慈善利他型非營利組織的分工合作、2003-2006 年慈善利他與商業型組織並存期，以及 2007 年迄今的商業取向非營利組織主導期。

一、1991-2002 年：慈善利他型非營利組織的分工合作

回顧我國人口老化政策的始點—— 1980 年公布實施的《老人福利法》，長期照顧服務對象的選定標準相當有限，國家責任的界定範疇顯然係依據選擇主義（selectivism）價值，政府只有在老人面臨經濟貧困或家庭照護資源缺乏的情況下，才經由資產調查以社會救助系統提供照護資源，例如《老人福利法》第 7 條中扶養機構的服務對象即侷限於「無扶養義務之親屬或扶養義務之親屬無扶養能力之老人」。1990 年代後，長期照顧政策開始朝向普遍主義（universalism）方向移動，服務對象逐漸擴及一般戶老人。如前言所提及，1997 年修訂的《老人福利法》之「福利服務」

專章將身心受損致日常生活功能需他人協助之居家老人納為服務對象，不再侷限於低收入戶或中低收入老人。

上述長期照顧政策對服務對象的調整，影響地方政府委託民間單位提供服務的服務軌跡。臺北市是從 1991 年開始委託民間單位提供居家服務，次年由四家提供居家服務的狀況，此服務委託數量維持七年時間，1998 年才再有兩家單位加入服務行列，2001 年再有兩家加入。新北市的居家服務委辦業務始於 1998 年，一開始委託兩家提供服務，四年後才再有一家加入，顯示大臺北地區政府委外的居家服務並不存在競爭市場。正如王篤強等人（2010）與劉淑瓊（2008）指出，很多地方政府面對社會福利經費不足、服務量過少與當地民間團體缺乏的困境，經常先私下與特定在地或外縣市的民間團體協調招標或補助條件。例如，某家居家服務組織的主管回憶當初該單位提供居家服務的動機都是政府部門的「邀請」[2]；又如另一跨區到新北市協助的居家服務單位主管回憶：「新北市社會局的長官打電話給我們，叫我們過去幫他們的忙！」（訪談，AB2）；而一家從新北市跨區到臺北市提供服務的單位主管也提及：「當臺北市邀請時，我們就請他們（臺北市）去問新北市的承辦人，因為依據人民團體法的規定，只要在地的縣市政府同意我們跨區，就 OK！」（訪談，BA1）。

即使 1998 年《政府採購法》通過之後，地方政府需依《政府採購法》進行「勞務採購」，但多數縣市政府都是以「限制性招標」方式委託居家服務而非「公開招標」，即採取最低價格決標的方式決定受委託的民間團體；關鍵影響因素就是居家服務是一勞力密集的服務產業，當政府補助的價格設定為一小時 180 元，且不涵蓋居家服務的交通時間與費用，致使意圖為弱勢婦女開創工作機會的民間團體[3]或只有長期持續提供居家服務的

---

[2]「政府邀我們，那時候是居服開始試辦，政府就約一些老人福利單位來做（服務）。」（訪談，B2）

[3]「我們就是把它（居家服務）看成一個要讓這些弱勢的婦女二度就業的一個機會跟管道，那實際上這一塊也的確幫了很多這樣的婦女。」（訪談，A2）；「那我們就對我們訓練出來的服務員，跟這個有需求的案家，給他們做一個媒合（居家服務），然後在必要的時候我們再給他們做一個督導。」（訪談，AB1）

民間團體才願意協助政府（王綉蘭，2007；吳玉琴，2004）。

　　也因居家服務當時的市場並不具吸引力，政府初期的服務契約並未針對服務時間或品質嚴格規範服務提供單位。惟臺北市僅有 12 個行政區，總面積為 271.8 平方公里；新北市卻有 29 個鄉鎮市，全市土地面積 2,052 平方公里，兩者地理幅員相差近 10 倍，地理區域的懸殊也導致兩縣市政府對居家服務單位服務區域要求的相異。很早就提供臺北市居家服務的某一非營利組織，回想當年選擇區域的因素，主要有二：一是機構所在行政區，主管表示：「我們是以我們母機構的所在地為選擇區域，就是希望（服務）在地化；當初就只有四家居家服務單位，所以東南西北各有一家，後來加入的單位就會去選還沒有被認養的行政區……」（訪談，AB2）；其次是依據該機構承接臺北市老人服務中心而定，另一位非營利組織主管回憶：「民國○○年承辦○○老人福利中心，所以主責區選在同一區。」（訪談，A1）

　　新北市整整晚臺北市六年才開始委託民間單位提供居家服務，但一開始就要求兩家受託單位需為全部行政區提供居家服務，致使後來每次有新進服務單位加入時，原有的居家服務單位就必須「讓出」行政區。一位同時在臺北市與新北市地區提供居服的單位主管表示：「幅員太廣，督導員要跟不容易……（服務）區小沒關係，但是（服務）量要夠；範圍大（服務）量又不夠的最慘！後來有新單位加入時，你是先服務的單位，你可以讓想要出去的區域出去，但其實有時也會想要出去的（區域）出不去，所以要『協調』！」（訪談，BA1）

　　另一特色則是臺北市四周均與新北市交界，換言之，也就是幅員較大的新北市全境環繞臺北市，大臺北地區獨特的地理銜接方式亦影響後期居家服務單位跨區服務選擇，此點後續詳述。

　　回顧大臺北地區此時期的居家服務發展的歷史背景，最初接受地方政府委託提供居家服務都是捐贈型的非營利組織，顯然符合社會學制度主義提出的文化觀點，也就是非營利組織立基於當代社會需求，扮演政府部門與社會大眾期待非營利組織提供服務的角色；對照表 3，本時期提供居家

服務八家組織當中，六家居家服務費占組織總收入比例都低於 50%，換言之，組織並非追求利益極大化的自利者，其行動選擇係受到既有文化中的意義系統所形塑，在符合政府部門對非營利組織特定文化的期許接受服務委託，也因此得到社會認可而獲得資源與生存能力。

二、2003-2006 年：慈善利他與市場競爭型組織並存期

　　然而，隨著人口老化，1998 年當年發生多起獨居老人死亡事件，不僅行政院因此研議通過「加強老人安養方案」，訂定「各地方政府每一鄉鎮、區里普遍設置社區居家服務支援中心，提供居家服務，預定設置 400 所」政策目標；臺北市政府亦於 1998 年起開始將一般戶中度失能老人納入服務對象，提供每月 16 小時免費的居家照顧服務；隔年，1999 年服務使用人數之成長率為 100%，服務人次及補助時數的成長率高達 45% 左右，此結果顯示臺北市居家照顧服務提供量呈現急遽上升趨勢。隨著居家照顧服務量之擴大，市府預算亦呈倍數成長，如社會局居家照顧服務補助經費從 1999 年的新台幣 2,800 萬元成長為 2000 年度的一億元。擴大補助一般戶免費使用居家服務的政策，於 2002 年被主導國家產業政策的經濟建設委員會視為滿足社會照顧需求與降低失業率的處方，制定「非中低收入失能老人及身心障礙者補助使用居家服務試辦計畫」（後更名為「失能老人及身心障礙者補助使用居家服務試辦計畫」，簡稱「居家服務試辦計畫」）。作法是由國家編列預算補助所有達到失能標準的國民，使用由本國服務人員提供的居家服務，第一年的經費完全由行政院勞工委員會的「就業安定基金」提撥二億元經費支應，第二年開始，每年由當時的內政部審核地方政府提出的計畫，再編列預算補助各縣市政府推動居家服務。但不同層級的地方政府必須編列不同比例的自籌款：直轄市最低應自籌 15%，臺北縣、桃園縣與省轄市最低應自籌 10%，其餘各縣市最低應自籌 5%[4]，

---

[4] 中央政府與地方政府在居家服務分攤比例會逐年進行微幅調整，例如：100 年度，臺北市最低仍需自籌 15%，新北市、台中市、高雄市與桃園縣最低應自籌 10%，其餘各縣市最低應自籌 5%。

補助全國各縣市推動居家服務（行政院經濟建設委員會與內政部，2003；覃玉蓉，2013）。

　　研究者認為「居家服務試辦計畫」是居家服務單位數量增加與跨區服務的關鍵時刻，該制度一方面開放一般民眾免費申請使用居家服務時數，另一方面亦開放醫療機構、老人福利與身心障礙福利機構可以成為居家服務委託單位。此時的服務供給市場已從上一階段必須由政府私下協調拜託非營利組織承接服務的狀況，轉型為服務競爭市場。誠如一家在 2003 年之後加入居家服務行列，主要業務為 24 小時住宿型的老人福利機構主管表示：「其實我們有個意象很清楚，就是未來的在地老化，機構如果要在地老化，你（機構）的生存一定是深耕社區，那深耕社區，你當然是有（社區）服務的機會就要去走（提供服務）！」（訪談，A8）顯示政策鼓勵理性自利取向的老人福利機構等單位加入服務行列，而營利組織加入的目的是將服務觸角延伸到更前端的消費者。

　　另一方面，臺北市發展多年的居家服務補助及審查機制，原本都是由社會局直屬的社福中心第一線的社工員負責評估。但隨著居家服務人數增長，以及臺北市社會局為拓展社區服務據點，以公設民營方式不斷結合各類社會福利團體成立老人服務中心；至此，決定居家服務補助的評估人員不再僅由社會局社工員執行，透過方案委託或公設民營方式提供服務的民間組織亦進入資源分配的運作機制之內，衍生「球員兼裁判」的疑慮。再者，臺北市居家服務單位原本對於已核定服務對象服務時數，擁有 20% 的調整權限；例如已核定 50 小時，居家服務單位依據服務對象的實際需求，彈性調整 10 小時的補助時數。然而，臺北市政府 1996 年成立專案小組檢討當時照顧服務體系成效，分析單位成本效益時，發現六年來預算雖穩定成長，但接受服務的個案總數並未增加；換言之，居家服務使用人數當中，低收入或中低收入老人佔整體老人人口數僅有 5%，但卻達居家服務使用人數 40% 以上，意謂超過三分之一的居家服務個案每天密集使用居家服務時數，被認為資源過度集中，決議要將服務時數的上限由每週每日 8 小時逐步降至每日 4 小時，甚至刪減到每週上限 12 小時，居家服務

單位每個月亦只能增加 4 小時以內的時數,超過 5 小時以上者,需要老人服務中心同意後方可變動(王增勇,1997, 2004;王齡儀,2012)。

　　上述多項制度的增訂或轉變,對臺北市居家服務單位的影響可歸納為以下三點:第一,新居家服務單位的加入,促使臺北市每一行政區出現一家以上的居家服務單位,也就是打破一個單位負責該區所有需求者的居家服務現況,迫使原有該區的居家服務單位需與新單位均分新個案;其次,居家服務雖然擴及一般戶,讓一般戶的失能老人可以依據失能狀況,免費使用 8-16 小時居家服務,但大多數一般戶民眾僅使用免費時數,並未出現服務產業希望透過服務「試用」誘發更多服務使用的效果(曾淑芬等人,2004);第三,當臺北市決議降低轄區內低收入與低收入老人居家服務時數上限,致使服務對象以低收入或中低收入為主的居家服務單位受到很大衝擊。當最早發展居家服務委託方案的臺北市政府開始於 1998 年起陸續進行上述制度修訂時,適逢地理位置相鄰的新北市亦開始大量開拓居家服務,臺北市的政策推力與新北市的服務吸力促使原本僅在臺北市提供居家服務的非營利組織,開始透過跨縣市服務來擴大服務規模,並降低單一政府政策影響程度。

　　誠然,分析臺北市與新北市委託辦理居家服務契約條件(表 4),兩縣市委託條件最大差異之處為「居家服務行政費」,臺北市每小時除提供 180 元服務費外,另外提供 50 元行政費,合計 1 小時為 230 元;新北市的行政費則以次數為單位,每次 100 元。假設居服單位都派遣居服員提供 2 小時服務,那兩縣市的服務費用合計都是 460 元,但若提供 4 小時服務,臺北市的居家服務費為 920 元,新北市僅有 820 元,相差 100 元,但如果服務時數僅有 1 小時,那新北市提供的 280 元則優於臺北市 230 元。對居家服務單位而言,每次服務時數是由長期照顧管理中心決定,但時數長短卻是影響收入的關鍵;特別是當臺北市降低高時數個案時,減少的行政管理費可藉由到新北市提供短時數個案來彌補。

　　其次,除了服務委託價格因時數長短出現差異,兩縣市要求提供單位選擇服務區域的方式亦有不同,如前所述,臺北市居家服務單位之主責區

表 4　臺北市與新北市委託辦理居家服務契約條件之比較

項目	臺北市	新北市	差異點
居家服務費	每小時新台幣 180 元 支付照服員薪資不得低於 160 元	每小時新台幣 180 元，每日補助最高以 8 小時為限 支付照服員薪資不得低於 150 元	時限：新北市每日補助最高以 8 小時為限
居家服務督導費	每案每月 500 元	每案每月 500 元	無
居家服務專案計畫管理費	依乙方核銷個案之服務費及督導費合計 5% 計算	依乙方核銷個案之服務費及督導費合計 5% 計算	無
居家服務行政費	每小時 50 元	每次 100 元 惟乙方服務員於連續時段內連續服務同戶 2 名以上案主，行政費以 1 次計	1. 若以通勤時間短、次數多，以新北市為優 2. 若以時間長，次數少，以臺北市為優

註 1：契約資料為 98-99 年、100-102 年。
註 2：乙方為服務提供單位。
註 3：全國各縣市居家服家服務單位之「專業服務費」、「辦公室租金」、「辦公室設施設備費」、「山地、離島及偏遠地區照顧服務員交通費」與「雇主應負擔之勞保、健保費、勞工退休準備金」等五項，都是依據衛生福利部每年訂定的《推展社會福利補助經費申請補助項目及基準》申請，北市與新北市並無地區差異。
註 4：居家服務行政費含交通費、餐費、勞、健保費或平安保險費。

劃分，係由各居服單位依單位地緣關係或母機構性質而自行認領，如果不足再進行協商分配（A 縣市主管訪談紀錄），即使每一行政區已有超過一家以上的服務單位認領該行政區，此原則仍一直續用。而新北市幅員遼闊，除一開始就要求僅有的二家單位均分 29 個鄉鎮市，即使有新單位加入，新舊單位認領的服務區域均需符合「市配鄉」原則，也就是人口密集區（市）搭配偏遠地區（鄉鎮），避免偏遠地區無服務區域認養。第三，檢視臺北市歷年公布的「臺北市社會局委託辦理居家服務及居家照顧服務實施計畫」，內容包括委託單位對居家服務的預期服務量，而新北市則未

於實施計畫註明預期服務量，就像一張空白支票，優點看似對服務提供量沒有上限，缺點則是讓服務提供單位擔憂當服務量超過市府預算之後，委託單位是否會如實支付服務費。以上三點都是臺北市居服組織的跨區移動決定的影響相關因素。

　　比對各服務單位的居家個案量與母機構業務，發現母機構主要業務為居家服務單位者，就會採取雙北服務區域的經營策略來降低個別縣市政策改變對居家個案量的影響，服務區域的選擇就會盡可能選擇臺北市與新北市相鄰的區域，偏遠地區則透過鐵路方式讓服務員通勤或培養在地人擔任居服員。例如一家決定由臺北市跨區到新北市經營的居服組織主管回憶：「去（跨縣市）的原因就是因為臺北市的政策經常會有些變動，補助機制有時候會有些不一樣……有的時候使用的人越來越多，他們的經費預算是有限的，所以在評估上面有時候從嚴，有時候從寬，就會影響到我們的工作機會。」（訪談，AB2）另一位決定跨區的單位主管亦表示：「我們那時候一開始去是因為市政府邀請的，但另一個部分是居家服務要有一定（服務）量才能達到經濟規模，所以可以的單位就會是雙北（提供服務）。」（訪談，BA1）此現象顯示跨區策略不僅維持相對穩定的經濟規模，亦有助組織降低個別政府政策修訂造成衝擊。

　　然而，受限於新北市要求服務區域需符合「市配鄉」原則，就讓母機構主要業務為老人福利機構或其他福利服務方案的單位怯步。例如曾跨區服務，但又撤回到單一縣市的單位主管表示：「我們之前就是接臺北市跟臺北縣，可是後來區域縮小之後，我覺得服務員可能會有一個慣性，他覺得區域太遠不想接，而且可能這個個案到下一個個案之間會有交通考量，所以我覺得你如果要再跨到新北市，我覺得那對居服員來講會很困難！」（訪談，A5）另一方面，母機構的服務主軸亦是服務單位決定是否跨區經營、擴大居家服務量的主要考量，例如一母機構承接多項老人福利服務的單位主管即表示：「我們比較會是多元（服務項目）而不是集中在一個面向（居家服務），例如我們服務項目有從輕度（失能）然後到家裡，而後到24小時（機構式服務）。」（訪談，A7）另一個同時承接多項方式，強

調在地服務的單位更表示,連新北市要求的服務區域都難以顧及,更不可能跨區到臺北市,她說:「當初我們也有『市配鄉』,後來運作後,覺得我們沒有辦法負荷『市』,我們就說那一塊(區域)我們不要,那剛好經過協調,服務單位就可以自己交換區域,我們就繼續服務了。」(訪談,B1)

　　回顧臺北市與新北市居家照顧服務方案從1998年之後的發展,以及居家服務單位採取的回應策略,顯然符合歷史制度主義在進行制度變遷分析時強調的「路徑依賴」觀點,前一個階段政策選擇往往會決定與影響後一個階段的政策方案,但如果政策一直都在路徑依賴的情況下進行微幅修訂,歷史上就不會出現重大的制度變遷。作為最早委託居家服務方案的臺北市政府,如果當初沒有刪減低收入與中低收入老人每日服務上限,該市的居服單位可能沒有向外出走的「推力」;而內政部於2003年推動居家服務試辦計畫,亦是促成新北市向其他縣市居服單位招手的重要「拉力」,這兩個制度轉變可謂是**大臺北地區**居家服務發展的歷史關鍵時刻。換言之,對臺北市來說,居家服務預算不斷上升,但個案服務量未相對成長是一危機,故制度需進行修正以化解危機,但此危機促使政策變遷,其結果也讓被鑲嵌在制度內的行動者必須採取對應行動。

　　但若分析個別行動者採取的行動策略,理性選擇制度主義的論述則更貼切。理性選擇主義者認為制度被定義為對行動者的理性決策構成限制的「遊戲規則」,旨在約束行動者的行為與選擇,當制度對行動者提供其所需的訊息與執行機制,而又能透過懲罰規則約束或限制相關行動者的策略選擇,解決集體行動的困境,達到「結構誘使的均衡」。

　　檢視大臺北地區四類居家服務單位選擇跨區與否的影響因素,對早期因政府拜託而投入居家服務的非營利組織而言,歷經多年服務提供經驗後,從仰賴捐款的捐贈型組織型態轉型為販賣居家服務的商業型非營利組織,此一階段服務對象的選擇已不侷限於經濟弱勢的低收入戶失能老人,服務對象的選擇權係由顧客(委託單位)決定。對照表3,該時期六成以上組織之居家服務費占總收入比例已超過50%,換言之,當非營利組織本身的定位出現變動,收入來源亦仰賴服務收入時,「經濟規模」或「委託

條件變更」等與成本效益相關的政策規範皆會影響組織生存，致使原來強調「非營利」價值的舊有居家服務單位，因制度變遷而必須往理性自利的經營方向修正；換言之，因為資源依賴的關係，再加上制度規範之誘導，這些因素會導致商業型非營利組織在這些外力的驅使下，亦即資源導向，服務對象轉向以一般戶為主，偏離當初設定的經濟弱勢者。值得注意的是，仍有少數一直努力維持捐贈型的組織在此階段透過交換區域的方式，維持小規模的生存方式。另一方面，對於因 2003 年推動居家服務試辦方式，許可醫療機構、老人福利與身心障礙福利機構加入居家服務委託單位者而言，制度可謂是一種「決策規則」，它被人們用來決定誰有資格進入某一個決策領域，決定在什麼情況下採取什麼行動，部分新進單位抱持「開拓客戶群」或「佔據服務版圖」的意圖加入服務單位。據此，制度的設計與變遷可謂皆是行動者利益計算的結果。

三、2007 年迄今：商業取向的非營利組織主導期

　　當 2003 年居家服務試辦方案推動一段時間之後，大臺北地區的居家委託制度進入平靜的穩定期，也就是歷史制度主義主張的「斷續性均衡」（punctuated equilibrium）的演化模式。然而，隨著居家服務單位家數的增加，大臺北地區委託單位對於居家服務提供的時間與區域又再度出現不同的管理取向，而這些制度的修正再度對行動者造成制約，並促使行動者與制度選擇出現新的策略互動，從而再造成下一階段的制度變革。

　　如前所述，新北市為確認居家服務可普及提供，要求服務提供單位選擇區域時需符合「市配鄉」原則，但檢視 2011 年新北市居家服務合約公布的「照顧服務（居家服務）實施計畫」公開甄選須知之「服務區域意願調查表」，服務區域分為 16 區。值得注意的是五個舊區域在此次分區被切割為兩區，另有一個服務區域卻只有一個區，與之前委託單位要求的「市配鄉」原則相互抵觸，但招標文件未說明分區原則。參閱對照新北市當年度居家服務單位區域協調會議紀錄，委託單位說明為：「針對部分區域劃

分有疑義之服務提供單位，應先行與其他單位溝通，其他服務單位如無疑義，本府在公平性原則下同意變更責任區域劃分方式。」誠然，部分單位依據之前的遊戲規則，經由協商交換彼此屬意的服務區域，但此次卻有四個單位針對兩個服務區域的劃分出現重大爭議，主要是之前已提供的單位不希望原有服務區域被切割，但本次加入服務行列的新單位要求委託單位要依據公開甄選須知分配服務區域。而政府部門針對服務單位僵持不下時，表示區域劃分的考量除了之前各單位填寫的服務意願表之外，另需加上本次評選分數，評選分數高者可以先選區域，但原有在該區域服務者可繼續留在該區域，保留舊案。然而，此一新增分配原則又導致舊服務單位的反感，一方面是破壞之前服務提供單位彼此之間協商交換服務區域的默契，另一方面是此分配原則事先並未公告。

新單位考量填寫服務區域的因素顯然也出現很大歧異，有二個新單位盡量避免與原有單位競爭：「考量到我們畢竟是新單位，那人家經營那麼久了。」（訪談，BA2）「我們就是自動選擇比較偏僻的地方。」（訪談，B6）但亦有單位認為服務機構彼此競爭是常態：「大家都希望自己是那個最熱門案子最多的區，所以競爭是一定存在。」（訪談，B5）

檢視新北市服務單位與服務區域的配置關係，顯然與中央政府於2007年後開始推動「長期照顧十年計畫」高度相關。長照十年計畫在居家服務方案最大的改變是取消免費試用時數，改為每一小時的補助方式，企圖讓一般戶的居家服務使用行為不再侷限於免費時數，以2009年為例，臺北市總人口約262萬，老人人口比例為12.3%，新北市總人口約391萬，老人人口比例為8.3%，兩個縣市老人人口都約為32萬人。然而，兩個縣市居家服務個案量在2009至2011年間的個案服務量雖都呈現上升趨勢，但新北市2011年居家服務個案量為2,655位，臺北市僅有2,338位，顯示未設定服務量上限有助於新北市居家服務單位拓展個案。此一政策修訂促使居家服務使用者從過去的經濟弱勢者擴展至一般戶，也導致注重經濟規模的居家服務單位鎖定人口密集區為服務區域，致使新舊服務單位之間的競爭白熱化。

　　值得注意的是，並非所有居家服務單位都希望拓展經濟規模，亦有單位希望維持小規模的服務提供模式，卻不能符合委託單位期待，例如二位新北市偏遠地區的單位主管都提出類似疑問：

　　我們都沒有去搶人家最多的人口區，守的是鄉，所以別人可能想要的也不會想要這一塊，衝突性就不太大；但我也開始擔心，假設說我們願意照顧長輩照顧得很細緻，難道因為有比較大的或是比較有策略經營的，你就要把我們這樣的單位吃掉嗎？（訪談，B1）

　　我們在○○區域服務的量，一直是所有單位裡面大概倒數第二第三少的……可是市府好像一直覺得我小估了（服務）量。（訪談，B2）

　　檢視新北市與臺北市服務提供單位與區域的劃分原則，不同地方政府的服務發展邏輯與考量顯然不同。臺北市係採取「複數決標」，也就是開放多家機構擔任居家服務方案的提供者，再由各服務單位協商服務區域，原則上一個行政區域會有一個「主責單位」與數個「支援單位」，如果主責單位無法提供服務時，則由支援單位協助，如果該區域都沒有單位可提供服務，則由政府部門召開協商會議討論。新北市雖也是採取「複數決標」，但服務單位投標之前，就必須先選服務區域，也就是新北市將 29 個鄉鎮市切割為多個「責任區」，但一個責任區僅由一個單位提供服務，如果該區域服務量過大時，則將原區域再切割為兩個小區域，由兩個服務單位提供服務。這兩者服務模式各有其優缺點，但新北市服務區域劃分顯然是企圖透過區域平等劃分原則達到各區域服務齊頭式的平等，不僅不利於強調「照顧品質」價值之非營利組織之發展，對於朝向擴大經濟規模的居家服務組織而言，服務區域的切割意謂照顧服務員工作的流失，顯然居家服務的特性與服務區域的切割方式有待更進一步的討論。

　　再者，一開始因政府部門邀請而加入服務行列的非營利組織，服務區域的選擇多依據母機構服務據點而定，之後參與的服務單位也延續「先來後到」的默契，新進的組織會尊重舊有組織已服務的區域，選擇尚未有單位提供服務的區域。但此默契顯然在政府修改遊戲規則與新單位不斷加入後被推翻，部分新單位選擇區域的條件係以人口密集度為考量，而這種「搶地盤」的行為也被原有或願意遵守潛規則的新單位排擠。由上述觀之，雖然非營利組織因制度修正而必須調整組織本身的認知結構，朝向理性自利的生存方向調整，但過於強調競爭的商業行為仍被多數非營利組織排斥；惟面對越來越多主張競爭與利潤極大化等商業邏輯的新單位加入服務行列，僅經營單一區域，企圖仍維持「捐贈型」定位的小型非營利組織也開始擔心服務區域被佔據的危機（參見 p285，B1 與 B2 訪談）。

　　另一方面，臺北市制度容許多個服務單位共同經營一個行政區域，故未要求一個服務單位一定需於期限內提供服務，亦未於契約訂定違約金之規範。顯然當集體決策的體制在功能上能合乎個別行為者需求的狀況下，制度本身不僅可保持均衡，雙方的信任關係亦可降低交易與溝通成本。另一方面，誠如多位學者觀察臺北市執行委託服務契約後提出的看法，臺北市作為政治首都，且眾多非營利組織都設立於此，雙方都累積豐富的溝通與對話經驗，制度的設計與修訂不僅開放服務提供單位參與的管道，單一區域複數標的服務模式亦讓小規模的服務單位得以維持生存空間（陳正芬、官有垣，1997；劉淑瓊，2000, 2005, 2011）。

伍、結論與建議

　　新制度主義係以中層的政治研究視野，解釋個別行動者、制度與社會結構三者的關係，避免微觀與巨觀理論的缺失，企圖達到「見樹又見林」境界。本研究採用歷史制度主義的「關鍵時刻」概念，輔以理性選擇制度主義對「理性自利行為者」的預設，以及社會學制度主義對行為者「社會

適當性」與「正當性」的強調，解釋大臺北地區居家服務組織跨區服務「何時」與「如何發生」這些環環相扣的研究議題。

分析大臺北地區居家服務組織型態，顯然從 1992 年初始，以捐贈型 NPO 為主；於 1992 年至 2003 年轉型，以混合型 NPO 為主；2003 年至 2007 年間，超過六成組織都是商業型 NPO，2008 年迄今，超過三成的居服組織更轉型為商業 B 型（優勢）NPO。值得注意的是，2003 年迄今，跨區提供服務的 NPO 皆屬「商業型 NPO」（即 CA-NPO 與 CB-NPO），僅有 2008 年新加入的 AB5 型態例外，其屬於 D-NPO；這是因為該組織母機構業務為機構式服務，居家服務是後來新增服務項目，故居家服務占母機構總收入比例相對較低。再者，跨區提供居家服務的組織，自 2003 年以來迄今，不論是從臺北市跨區到新北市（AB）或從新北市跨區到臺北市（BA），絕大部分都已轉型為「商業型 NPO」，顯示擴大「經濟規模」與「組織規模」是商業型 NPO 主要的生存法則。惟，所有跨區提供服務的「商業型 NPO」中，以數量而言，一開始只在臺北市提供居家服務，但後來跨區到新北市服務的 NPO（AB）明顯要比從一開始只在新北市提供居家服務，但後來跨區到臺北市的服務的 NPO（BA）來的多，顯示當初於新北市成立的非營利組織更強調在地性與符合地方需求。受訪的 B1 與 B4 主管都表示，即使居家服務收入因新服務單位加入而減少，他們也不會考慮跨區提供居家服務，而會採取承接政府其他服務方案（例如日間照顧或送餐服務）來服務當地民眾，因為組織成立是為滿足當地民眾服務需求。

回顧上述臺北市與新北市居家照顧服務組織變遷路徑，顯然與中央政府於 2003 推動的居家服務試辦方案，以及 2006 年推動的長期照顧十年計畫相符。依據歷史制度主義的論述，將制度視為自變項，則可看到當居家服務制度逐步建立，發展趨於成熟後，制度將原本以捐款為主要收入的非營利組織，轉型為以居家服務委託收入為主的商業型非營利組織；其之所以採取跨區經營之服務發展策略，係期待透過服務區域的擴大，讓居服組織本身具備抗衡單一地方政府的政策規範調整的因應能力，即降低對單一

地方政府資源的依賴程度，使得居服組織在大臺北的地理分布不完全照新北或臺北市政府的「壓力與規範」，仍可維持組織本身期待的地理分布模式。

　　另一方面，若將制度視為依變項時，早期非營利組織接受地方政府委託提供居家服務，顯然符合社會學制度主義提出的文化觀點，也就是原本非營利組織立基於當代社會需求，扮演政府部門與社會大眾期待非營利組織提供服務的角色；但當制度變遷與服務提供單位增加之後，大臺北地區居家服務制度與服務區域的發展與變遷過程，不僅符合理性選擇主義者主張，即制度變遷的主體包括個別行動者、利益團體與政府部門在制度變遷過程中如何追求效用極大化者。再者，在福利服務採取契約委託的模式之下，由委託單位單方制定招標規格與經費額度，服務單位僅能選擇加入與否；一旦選擇加入，委託單位對服務的提供、核銷與評估都具有支配性的權力關係（紀金山、劉承憲，2009）。例如新北市於 2004 年公告的「臺北縣政府補助辦理我國長期照顧十年計畫──照顧服務契約書」開始新增對居家服務提供單位的要求[5]；而當新北市依據上述契約，對一家未能在時間內提供服務的單位開罰後，激發新北市當時所有居家服務單位之危機意識，擔心自己會是下一家被開罰的單位，促使新北市當時所有居家服務組織共同組成新北市居家服務聯誼會，透過聯合提案方案在服務聯繫會報表達集體意見（訪談紀錄，BA1）。顯示居家服務組織行為如何影響委託方式的改變，這亦符合理性選擇制度主義的觀點，制度乃是所有行為者經過計算並妥協得到的結果，當行動者站在合作中獲利的角度提出制度的概念，制度變遷就牽涉到相關行為者之間的信任與互動模式，參與集體行動的個體能夠在交換中得到好處，從而創造一種結構、組織或契約等，多數人的利益就能夠被清楚表達並達成共識。

---

[5] 契約第 9 條規定：「如非可歸責案主之事由，乙方於甲方派案後 14 個工作天內無法提供服務或暫停服務達 14 個工作天以上者，甲方得通知限期提供服務，逾期仍無法提供服務者，甲方得自期限屆滿翌日起，每逾一日請求乙方按補助該個案每月服務費用百分之一計懲罰性違約金，並計賠至乙方開始提供服務為止。」

　　另一方面，當以營利為目的的組織加入服務行列，帶入市場競爭的思維與實踐後，例如表 3 顯示，A2 從 1992 年「捐贈型非營利組織」類型，逐漸轉型為「商業 B 型非營利組織」，A5 與 AB2 二個組織亦從初始的「混合型非營利組織」轉型為「商業 B 型非營利組織」，顯然面對其他提供相同服務且有競爭關係，一加入服務行列即是「商業 B 型」的非營利組織（B6 與 BA2），促使多數組織開始參考且學習效率與成本效益理念；再者，表 3 呈現約有三成組織之居家服務費占組織總收入比例都是逐年上升，隨著政府委託預算的逐年遞增趨勢，這三成組織居家服務費占組織總收入比例高達 75%。然而，對於雖承接居家服務業務，仍企圖堅持政府委託收入不成為主要收入來源的捐贈型非營利組織而言，面對越趨競爭環境，如何維持社會大眾期待的公益行為顯是艱困挑戰。

　　據此，顯示居家服務區域的劃分是朝「地盤獨佔」或「分享」模式，不僅考驗不同認知模式之居家服務單位經營理念與競爭能力，居家服務獨特的到個案家中服務方式也致使居家服務單位因「區域規模」區分為「專注於提供居家服務的組織」與「複合式、多元老人相關組織」，前者必須透過擴大地盤來擴大服務規模，後者則可透過承接多項服務模式而可僅於單一地理區域發展服務。政策規劃者應重新省思多元福利體系之間的連結、互動與平衡關係，著重特定服務範疇內服務供給部門的互動密度與強度應達成一種融合效果，而非放任服務提供單位彼此競爭，因為服務供給若是在無計劃性的介入與營利機構強制削價競爭的狀態下，多元福利組織組合不見得會發揮「乘數效果」。因而，本研究主張政府應扮演「服務整合、規範與創新者」的角色，以提供更多樣的服務選擇，一則鼓勵更多服務提供單位加入服務行列，另一則應重新定位非營利組織在服務提供過程中扮演的角色與功能，此種既創新又彈性的模式方能符合服務使用者的多樣性需求，同時也創造出市場機制的競爭效率。另外，對提供居家服務的非營利組織而言，如何自我定位，以及在日益競爭的環境中維持組織使命、自身角色與功能的省思，顯然是刻不容緩的組織永續經營課題。

參考文獻

王綉蘭（2007）。《地方政府老人居家服務方案委託政府採購評選過程之評估——多元競合模式的初步建構》。東海大學社會工作學系博士論文。

王增勇（1997）。〈殘補式或普及式福利？——臺北市居家照顧政策的抉擇〉，《社區發展》，*80*，213-232。

王增勇（2004）。〈透視專家權力：以臺北市居家服務為場域的行動研究〉，《應用心理研究》，*23*，51-77。

王篤強、高迪理、吳秀照（2010），〈臺灣社會福利民營化的未預期後果：地方政府相關人員「官僚自主性」的初步闡釋〉，《社會政策與社會工作學刊》，*14*(2)，91-146。

王齡儀（2012）。《「失能老人製造？」居家服務評估之建制民族誌研究》。國立陽明大學衛生福利所碩士論文。

行政院經濟建設委員會（2005）。《照顧服務福利及產業發展方案第一期計畫執行情形總檢討報告》。

行政院經濟建設委員會、內政部（2003）。《照顧服務福利及產業發展方案》。

何俊志（2002）。〈新制度主義政治學的流派劃分與分析走向〉，《國外社會科學》，*2*，8-15。

吳玉琴（2004）。〈臺灣居家服務的現況與檢討〉，《社區發展季刊》，*106*，132-140。

吳玉琴（2011）。〈臺灣老人福利百年軌跡——老人福利政策及措施之省思與展望〉，《社區發展季刊》，*133*，139-159。

官有垣（2001）。〈第三部門與公民社會的建構：部門互動的理論探討〉，《臺大社會工作學刊》，*4*，163-201。

官有垣（2003）。《第三部門的理論：非營利組織與政府、企業、非正式部門之間的互動關係》，科技部研究計畫成果報告。

官有垣、陳正芬（1999）。〈我國居家服務購買服務契約體系運作之初探〉，《社區發展季刊》，*98*，170-182。

紀金山、劉承憲（2009）。〈臺灣長期照顧服務政策與治理：以「居家服務」為例〉，發表於「第一屆發展研究論文年會」會議論文。臺北市。

郭榮堯（2011）。《傳統制度主義、新制度主義與 Douglas North 制度變遷觀點之比較研究》。國立中山大學政治學研究所碩士論文。

陳正芬（2011）。〈我國長期照顧政策之規劃與發展〉，《社區發展季刊》，*133*，197-208。

陳正芬、王正（2007）。〈臺北市居家服務方案論時計酬適切性之研究〉，《臺灣社會福利學刊》，6(1)，93-129。

陳正芬、官有垣，（1997）。〈政黨競爭、地方自主性與社會福利：以民進黨執政的臺北市為例〉，《中國行政評論》，7(1)，57-98。

陳淑君、莊秀美，（2008）。〈臺北市居家服務實施現況與相關議題探討〉，《社區發展季刊》，122，183-199。

曾淑芬、莊坤洋、陳正芬、葉乃禎、吳淑瓊（2004）。〈給付標準的設定會引導民眾對社區式服務的利用嗎？──以居家服務為例〉，《臺灣公共衛生雜誌》，3(3)，209-220。

覃玉蓉（2013）。《地方治理與居家服務：比較南投縣與新北市的經驗》。國立臺灣大學社會科學院政治學系碩士論文。

劉淑瓊（2000）。〈浮士德的交易？論政府福利機構契約委託對志願組織之衝擊〉，收錄於蕭新煌、林國明（編著），《臺灣的社會福利運動》，高雄：巨流。

劉淑瓊（2005）。〈精明的委外：論社會服務契約委託之策略規劃〉，《社區發展季刊》，108，120-134。

劉淑瓊（2008）。〈競爭？選擇？論臺灣社會服務契約委託之市場理性〉，《東吳社會工作學報》，18，67-104。

劉淑瓊（2011）。〈理想與現實：論臺灣社會服務契約委託的變遷及課題〉，《社區發展季刊》，133，462-478。

蔡相廷（2010）。〈歷史制度主義的興起與研究取向──政治學研究途徑的探討〉，《臺北市立教育大學學報》，41(2)，39-76。

謝易宏（2012）。〈臺灣立委選制變遷的新制度論解釋〉，《臺灣民主季刊》，9(1)，81-141。

衛生福利部（2020）。網址：https://ltcpap.mohw.gov.tw/molc/map 。

Bauer, B. (1991). "Voluntary welfare associations in Germany and the United States: theses on the historical development of intermediary systems." *Voluntas: International Journal of Voluntary and Nonprofit Organizations, 1*(1), 97-111.

Bauer, B. & Hansem, E. (1998). "Quality Assurance of Voluntary Welfare: A Question of Morals, Law, Contract or Participation." In G. Flosser & H.-U. Otto (Eds.), *Towards More Democracy in Social Sercices: Models and Culture of Welfare*. Berlin: de Gruyter.

Billis, D. (1993). *Organizing Public and Voluntasy Agencies*. London: Routledge.

Gibson, M. J., Gregory, S. R., & Pandya, S. M. (2003). *Long-Term Care in Developed Nations: A Brief Overview*. Washington, D. C.: AARP.

Guo, B. (2006). "Charity for Profit? Exploring factors Associated with the Commercialization of Human Services Nonprofits." *Nonprofit and Voluntary Sector Quarterly, 35*(1), 123-138.

Hall, P. A. & Taylor, R. C. (1996). "Politic Science and the three new institutionalisms." *Politics Studies, 44*(5), 936-957.

Hansmann, H. (1987). "Economic Theories of Nonprofit Organization." In W. W. Powell (Ed.), *The Nonprofit Sector: A Research Handbook*. New Haven: Yale University Press.

Lohmann, R. A. (2001). "And Lettuce Is Nonanimal: Toward a Positive Economics of Voluntary Action." In O. J. Steven (Ed.), *The Nature of the Nonprofit Sector*. Boulder, Colorado: Westview Press.

March, J. & Olsen, J. (1989). *Rediscovering Institutions: The Organization Basis of Politics*. New York: The Free Press.

OECD (2005). *The OECD Health Project: Long-Term Care for Older People*. Paris: OECD.

Pavolini, E. & Ranci, C. (2008). "Restructuring the welfare state: reforming in long-term care in Western European countries." *Journal of European Social Policy, 18*(3), 246-259.

Peters, B. G. (1999). *Institutional theory in ploitical science: The new institutionalsim*. London: Pinter Press.

Scott, R. W. (2001). *Institution and Organization*. Los Angeles: Sage Publications.

Suda, Y. (2011). "For-Profit and nonprofit Dynamics and Providers' Failures." *Public Management Review, 13*(1), 21-42.

Wagner, A. (2000). "Reframing 'Social Origins Theory': The Structural Transformation of the Public Sphere." *Nonprofit and Voluntary Sector Quarterly, 29*(4), 541-553.

第十一章
可望而不可及的服務：
臺北市長期照顧機構組織與公費安置
老人服務量

陳正芬 、官有垣

---

* 本文曾發表於《臺大社會工作學刊》，2015，32 期，頁 33-78，經修訂增刪始成此
文。

壹、前言

　　回顧臺灣機構式長期照顧服務發展脈絡，自 1980 年《老人福利法》制定以來，老人福利機構皆需依非營利性質之財團法人方式設立。但隨著長期照顧需求攀升，以及私立老人照顧機構業者聯盟參與老人福利機構設立標準的訂定之後，50 人以下的小型機構在符合「三不」原則，即不對外募捐、不接受補助及不享受租稅減免的情況下，得免辦理財團法人登記，其服務提供量逐年迅速增長（陳正芬、官有垣，2011；楊培珊、吳玉琴，2003）。

　　值得注意的是，隨著政府財政緊縮，致使公立機構限制成長，採取公設民營等方式轉型之外，地方政府開始向私立照顧機構與護理之家購買低收入老人所需的機構式服務[1]，各直轄市、縣（市）政府皆訂有委託機構安置低收入戶失能老人費用補助辦法，入住機構之費用由政府全額補助。惟涉及各縣市政府財政狀況不同，編列服務補助費用不盡相同[2]；長期照顧機構的收費標準亦因城鄉、個案照顧密集程度或組織屬性而有顯著差異[3]，但政府購買機構式服務金額低於機構收費標準卻是常見的現象（王一帆，2012）。

　　誠如上述，健康照顧領域當中，服務提供組織屬性與照顧品質的爭辯始終未曾停歇，而在營利與非營利組織同時擔任服務提供者的混合經濟市場中，Schlesinger 與 Gray（2006）認為，繼續探討營利與非營利機構品質的差異已無意義，應該進一步討論導致品質差異的影響因素（例如，政府提供的財務誘因、組織本身的經營理念、組織規模（獨立型或連鎖型）；Guo（2006）發現，非營利組織面對一個充滿競爭的服務供給市場，且在

---

[1] 以下簡稱私立機構，包括私立財團法人機構與小型機構。

[2] 地方政府補助低收入戶老人與中、低收入老人入住長期照護機構從 9,300 元至 18,600 元，臺北市依失能程度最高補助到 26,250 元（王一帆，2012）。

[3] 衛政單位主管的護理之家收費標準平均較社政單位主管的長期照顧機構高出約 5,000 元；臺北市老人照顧機構平均收費標準又較新北市機構平均高出 5,000 元（陳正芬、官有垣，2011）。

成本效率的壓力促使之下，將會朝向營利方向邁進，逐漸背離當初組織成立的使命；但 Suda（2011）檢視日本營利與非營利組織在長期照顧保險開辦後的組織行為，營利組織的服務提供行為卻趨向非營利化，其認為關鍵因素來自長期照顧保險對服務提供行為採取嚴格的管控，也就是政策發揮管控組織行為的作用，具體而言，服務提供者從服務接受者這方額外收取的服務費用不得超過總補助金額的 10%，致使營利組織行為被局限於長期照顧保險定額給付的框架之內。誠如 Spector、Selden 與 Cohen（1998）的提醒，隨著政府角色從服務供給者角色的撤離，轉為服務購買者角色，以及長期照顧使用者本身難以監督服務品質的特質，從付費者角度檢視組織屬性與照顧品質的相關性實有必要。

回顧混合經濟市場相關議題的文獻，以付費能力相對弱勢者為對象的研究尚待累積。政府除了設立公立機構直接為經濟弱勢者提供服務，透過向非營利或營利機構購買服務的方式乃是近年來機構式服務的主要模式。參考美國低收入老人醫療救助（elderly Medicaid clients, Medicaid）的服務購買經驗，其支出中超過 50% 的比例用於機構式服務，有鑑於 Medicaid 安置機構從 2000 年開始，其屬性逐漸從非營利轉為營利性質，致使地方政府購買服務的對象不得不擴大至營利屬性的照顧機構；然而，Medicaid 給付個案安置機構的費用亦常低於機構本身制定的收費標準，因此，分析不同屬性照顧機構接受 Medicaid 個案的比例，即成為美國長期照顧與非營利部門研究領域近年關注的焦點（Amirkhanyan, 2007; Amirkhanyan et al., 2008; Johnston & Romzek, 1999; Martin, 1999）。相較於非營利組織，Clarke 與 Estes（1992）的研究指出，營利組織接受 Medicaid 的個案數相對較少；但 Spector 等人（1998）分析公立、非營利與營利機構接受 Medicaid 委託個案的狀況，結果顯示沒有差異；為進一步全面瞭解 Medicaid 個案安置狀況，Amirkhanyan 等人（2008）使用美國醫療保障與醫療救助服務中心（Centers for Medicare and Medicaid Services, CMS）維護的線上資料庫，從服務可接近性（accessibility）與照顧品質兩個層面分析營利與非營利組織的差異，發現營利組織是 Medicaid 安置個案最主

要的機構類型，但提供 Medicaid 個案的服務品質相對較低；而非營利組織的照顧品質雖然相對較高，特別是具有宗教背景的非營利組織，實際為 Medicaid 個案提供服務的床位數相對較少，為 Medicaid 個案可望而不可及的服務。

　　目前臺灣地方政府為公費老人購買機構式服務的方式類似美國 Medicaid [4]，地方政府採取個案補助方式向照顧機構購買服務，購買服務單位的條件固然有所設定（例如，評鑑乙等以上機構）；但政府購買服務金額往往低於機構本身收費標準，且規範服務提供單位不得另外收取差額；另一方面，對服務提供單位來說，接受公費老人不僅是意謂機構獲利空間被擠壓，機構更需要提供其他額外服務，例如，協助沒有家屬或家屬沒有能力的公費老人先代墊各項醫療或生活費用，再按月協助公費老人申請各項社會福利服務補助，甚至必須處理公費老人身後相關事宜。不論從經濟面或社會面觀之，公費老人都是市場機制下被排除的弱勢服務使用者，因此，本研究認為，從公費老人委託安置的角度切入，可藉由服務對象來瞭解非營利與營利組織各自在機構式服務的角色與功能，特別是不同屬性機構接受或拒絕公費老人安置的動機。

　　相較於其他縣市，臺北市各類屬性的照顧機構均已具備。再者，如前所述，公費老人安置費用高居全國之冠，據此，本研究選擇臺北市為研究場域，分析公費老人安置於不同屬性照顧機構的狀況。研究者認為，從公費老人的安置觀點出發，不僅可呈現地方政府將公費老人安置於不同屬性長期照顧機構的樣貌，亦可探討不同屬性之長期照顧機構篩選公費老人的原因，並探討公費老人安置方案與長期照顧機構補助機制銜接的可能性。

---

[4] 本研究定義的公費老人為低收入戶、失能且需機構安置者。

貳、組織屬性及服務對象的選擇：理論觀點與實證分析

　　Kane 與 Kane（1987）針對長期照顧的定義乃指對身心功能障礙者，在一段長時間內，提供一套包括長期性的醫療、護理、個人與社會支持的照顧，其目的在促進或維持身體功能，增進獨立自主的正常生活能力。如第二章所述，當上述長期照顧服務的特性落實到操作層面，因為長期照顧此一服務具備照顧品質不確定性高、資訊不對稱，以及政府干預等特性，致使非營利組織向來是服務提供市場的首選；但隨著越來越多的營利組織亦投入此一產業，非營利組織的角色與定位亦須重新釐清。研究者參考 Schlesinger 與 Gray（2006）以健康照顧組織為對象所提出的理論觀點，從非營利組織的生命週期觀點與技術轉型兩面向來加以詮釋機構式長期照顧服務「混合產業」形成的背景，將機構市場照顧服務「混合產業」的發展脈絡分為以下四階段加以論述。

　　首先，當社會出現新的服務需求時，其初始階段通常是由民間非營利機構擔任服務提供之先驅者，而在政府礙於資源與施政優先順序規劃的限制下，非營利組織恰能彌補社會需求與服務提供之間的落差，此為照顧服務的第一階段。隨著民眾對照顧服務的需求急遽增加，且一般社會大眾亦有能力付費購買此項服務時，非營利組織就會面臨外在環境的競爭壓力，即營利組織會因應民眾需求而加入服務提供行列，照顧服務領域邁向生命週期的第二階段；但營利型態的照顧組織會首先設立於非營利組織相對缺乏的地區，營利與非營利組織之間的競爭在此時尚未出現；隨著營利組織數量的迅速成長，但保險給付相關單位卻未將營利組織納入其中，致使營利組織透過政策遊說與修法等方式促使相關法規放寬對營利組織擔任服務提供單位的限制；例如，要求 Medicare 與 Medicaid 的給付型態與組織應更加多元化；營利型態的照顧機構在第三階段因自費民眾增加與保險給付兩大力量而得以茁壯成長，雖然非營利組織在此時間仍以緩慢步伐逐步設立，但腳步完全無法追上營利組織，營利組織在此階段成為主要服務提供者。第四階段則是照顧服務發展邁向成熟階段，也就是當照顧服務供給

趨於穩定，非營利組織與營利組織之間的競爭與壓力亦隨之提高，政府部門開始學習運用服務購買方案，也就是共同的標準來監督營利與非營利組織的服務成效，致使非營利組織的生存空間不僅受到壓縮，甚至因競爭壓力而導致非營利組織必須引用組織管理策略，因而導致非營利組織的行為愈來愈趨近於營利組織，或是促使非營利照顧組織尋找其他生存策略或角色扮演的可能性（Long & Alshadye, 2005; Marmor, Schlesinger, & Smithey, 1987; Needleman, 2001; Schlesinger & Gray, 2006）。

　　相較於其他國家照顧機構的發展模式，我國機構式長期照顧服務的最大特色即是分屬社政與衛政體系主管，法源依據也各不相同。陳正芬與官有垣（2011）回顧我國機構式照顧服務從 1995-2008 年的發展趨勢，自從《老人福利法》於 1997 年特許小型老人福利機構設立，私立小型長期照顧機構家數自 1999 年快速成長，成為機構式服務的主要提供者；財團法人護理之家與獨立型護理之家的家數亦自 1999 年穩定成長[5]，成為第二位及第三位的服務提供者；財團法人福利機構的家數於 1995-2003 年維持一定比例[6]，但自 2004 年起有小幅成長，惟成長趨勢遠低於小型老人福利機構及護理之家。值得注意的是，老人福利機構設立標準於 2007 年再度修訂，規範所有老人照顧機構需於 5 年內依據新法方能繼續經營[7]，以致私立小型機構家數於 2008 年之後開始下降，但出現護理之家家數增加的趨勢（請參考圖 1）。

---

[5] 財團法人護理之家幾乎都是醫院附設護理之家。

[6] 內政部統計資料自 1999-2003 年，將「私立財團法人」與「私立（小型）」機構合併計算，直至 2004 年方分別統計。

[7] 機構業者稱之為「101 條款」，因為老人福利機構設立標準於 2007 年修訂，2007 年 2 月 1 日以前已許可立案之老人福利機構，需於該標準修正施行之日起 5 年內完成改善，即 2012 年。

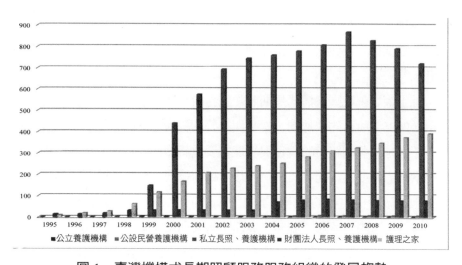

圖 1　臺灣機構式長期照顧服務服務組織的發展趨勢
資料來源：臺灣地區老人福利機構資源分布表（http://www.sfaa.gov.tw/SFAA/
Pages/Detail.aspx?nodeid=358&pid=460）。

　　檢視我國的機構式長期照顧服務體系運作特質，其一即是，醫院附設
護理之家、獨立型護理之家、財團法人老人福利機構及小型機構之間的競
爭關係並非處於同一水準，前三者係以照顧品質或附加價值為競爭關鍵，
但小型老人福利機構彼此之間卻是削價競爭（陳正芬、官有垣，2011）。
然而，財團法人機構在獲得補助的情況下，雖能提供相對較高的照顧品質
給機構的住民，但服務價格也相對較高；當初政府補助財團法人機構的本
意應是提供民眾在市場失靈狀況下較佳的選項，但現今卻因價格因素而無
法選用該類機構的服務，顯示財團法人機構的定位有待商榷。另一方面，
當初衛生署協助公立醫院將閒置病床轉型為護理之家，原是期待公立醫院
附設護理之家的收費低於私立養護機構，藉以減輕病患及家屬之經濟負擔
（楊漢湶、孫碧雲，1999）；惟醫院附設護理之家的服務價格不僅高於獨立
型護理之家，亦高於小型老人養護機構；雖然護理機構評鑑標準中納入機
構的公益面向[8]，但究竟衛政部門要如何區隔公立醫院附設與財團法人醫院

---

[8] 依據 98 年度一般護理之家評鑑基準及操作指引，機構訂有救助辦法或免費收留制
度，確實執行且有紀錄者得加分。

附設護理之家的角色與功能，抑或放任其與獨立型護理之家競爭，不同屬性的照顧機構定位與服務對象如何區隔，應是衛生福利部無可迴避的政策課題。

綜上觀之，我國機構式長期照顧服務的發展確實已邁入 Schlesinger 與 Gray（2006）所稱的成熟期，營利與非營利組織之間的競爭狀態高度白熱化，不僅是非營利組織的角色與功能需要重新釐清；當地方政府的角色從服務供給者轉變為規範者與購買者後，如何發展服務品質監督的能力，顯然是地方政府需重視的議題。誠如 Pavolini 與 Ranci（2008）檢視歐洲六國（包括：法國、德國、瑞典、英國、義大利及荷蘭）的長期照顧改革策略，發現兩項改革策略是各國均具備的特性，一是財務供給者與服務提供者分離原則，另一則是確立公民選擇服務的自由。上述兩項原則促使一個新的社會照顧市場在競爭機制下誕生，這也促使非營利組織與政府部門長久以來建立的夥伴關係備受挑戰。英國現今的機構式長期照顧中高達 88% 是由營利部門提供，政府及非營利組織提供的機構式供給量在 2000-2004 年期間大幅滑落了 30%。誠如 Kramer（2000）提醒，隨著政府部門推動民營化的趨勢，原本 1980 年代在衛生照護或社會福利機構掌握優勢的非營利組織，面對商業化的侵襲，以及自己領域內或與營利部門之間競爭朝激烈化的方向發展，「混合社會經濟」（mixed social economy）導致部門間的界線產生重疊與模糊現象。綜上所述，服務對象與產業特性會影響該領域的組織屬性分布，非營利組織的行為與角色功能不僅是鑲嵌在其所處的制度環境，亦可能因制度環境的變化而作為回應與修正，任何單面向的觀察而強調某一部門的功能特質，勢必忽略了其他制度環境所扮演的角色，皆未能真正找出解釋此現象的因果論述。

參、研究方法與研究資料

依據 2007 年修訂之《老人福利機構設立標準》第 2 條規定，照顧機

構可分為下列四類：財團法人長期照顧機構、私立長期照顧機構、醫院附設財團法人護理之家與獨立型護理之家；前兩類機構的主管機關為社政單位，後兩類機構則由衛政單位主管。依據「臺北市政府社會局100年度辦理老人收容安置補助實施計畫」，補助對象包括設籍並實際居住臺北市滿1年以上，且年滿65歲以上之市民；其經濟條件及失能程度符合下列條件者：一、臺北市列冊低收入戶且具中、重度失能者；但需安置或入住於經評鑑甲等以上之老人長期照顧機構或護理之家等安置機構；二、符合領取臺北市中、低收入老人生活津貼資格且具中、重度失能者；三、一般戶且具重度失能者（臺北市政府社會局，2011）。針對入住機構第一類個案，臺北市政府補助每人每月金額為26,250元，入住臺北市以外縣市者，補助每人每月金額為18,000元，機構不得再向個案收取耗材或其他雜支費用。事實上，2009年之前，公費安置機構的評鑑等第為乙等以上，2010年提高為甲等機構；補助價格則於2009年從25,000元提高為26,250元。再者，臺北市經評鑑達甲等以上，社會局立案的照顧機構皆為公費老人入住的機構選項，惟甲等以上機構是否確實接受公費老人入住，以及公費老人入住比例，則是本研究欲分析的重點。此外，衛政體系的護理之家則是透過簽約方式，願意簽約者才會成為社會局公費老人契約安置機構。

依據研究目的，研究者將臺北市2006-2010年間的照顧機構分為四類：一、立案機構：可提供機構式服務的機構；二、契約機構：五年期間評鑑等第符合公費老人入住的機構；三、契約且收住機構：五年期間評鑑等第符合公費老人入住，且實際接受公費老人入住的機構；四、延續舊案機構：因應2010年規定，公費老人入住機構等第從乙等提高為甲等，經臺北市政府同意，仍可繼續為已入住個案提供服務的機構。2006-2010年間公費老人入住機構與各機構入住人數係由研究者發文請臺北市政府協助提供，藉由次級資料分析公費老人實際安置於不同屬性照顧機構的情況。

深度訪談對象包括地方政府主管，以及不同組織屬性的服務提供單位主管，訪談期間為2011年1月至2012年8月。本研究深度訪談是採取半

結構式的訪談方式，訪談內容是從委託單位及服務提供單位兩個面向切入來做討論。訪談對象包括委託單位兩位主管、公費安置業務承辦人及評估低收入戶老人有入住機構必要之社工員，瞭解政府選擇公費老人服務提供機構的考量，以及價格訂定相關因素。

　　服務提供單位方面，研究者亦藉由半結構式問卷瞭解機構之基本資料、受訪當時入住的公費老人人數，以及機構本身對於是否接受公費老人入住的考量因素。選取訪談對象的標準有二：「立案且五年期間評鑑等第符合公費老人入住」或「實際提供公費老人入住」的機構，選取的機構名單是從上述臺北市政府提供 2006-2010 年次級資料的四類機構中選取兩類機構：立案且五年期間評鑑等第符合公費老人入住，且實際提供公費老人入住的機構，以及立案且五年期間評鑑等第符合公費老人入住，但卻未提供公費老人入住的機構。本研究共訪談 42 家機構，訪談對象全部為機構負責人，受訪機構基本資料、公費老人入住人數與收費標準，如表 1 所示。

表 1　受訪機構基本資料與公費老人安置狀況

序號	編碼[1]	主管機關	公費人數[2]	公費占床百分比[3]	2010 年評鑑等第	平均月費[4]（元）	該類型機構平均月費（元）
1	A1	社政	8	7	優	30,600	大型財團法人平均 33,866 元
2	A2	社政	3	5	優	35,000	大型財團法人平均 33,866 元
3	A3	社政	8	28	丙	25,000	
4	A4	社政	4	20	丙	25,000	
5	A5	社政	2	20	乙	25,000	小型財團法人[5]平均 25,000
6	A6	社政	2	5	乙	25,000	小型財團法人[5]平均 25,000
7	A7	社政	70	28	甲	36,000	
8	B1	社政	5	24	乙	26,500	
9	B2	社政	25	86	優	28,000	
10	B3	社政	3	14	甲	31,000	
11	B4	社政	1	3	甲	34,000	私立小型機構平均 27,566 元
12	B5	社政	10	55	甲	25,000	私立小型機構平均 27,566 元

序號	編碼[1]	主管機關	公費人數[2]	公費占床百分比[3]	2010年評鑑等第	平均月費[4]（元）	該類型機構平均月費（元）
13	B6	社政	3	9	甲	29,000	
14	B7	社政	5	29	優	26,500	
15	B8	社政	4	9	甲	26,000	優等與甲等以上機構平均28,361元
16	B9	社政	2	4	優	28,000	
17	B10	社政	0	0	甲	28,000	
18	B11	社政	5	15	優	30,000	
19	B12	社政	1	3	優	30,000	
20	B13	社政	15	60	甲	30,000	
21	B14	社政	5	50	甲	25,000	乙等機構平均26,772元
22	B15	社政	2	9	乙	25,000	
23	B16	社政	2	5	乙	27,000	
24	B17	社政	3	7	乙	28,000	
25	B18	社政	6	32	乙	27,000	
26	B19	社政	0	0	乙	28,000	
27	B20	社政	2	5	乙	26,000	
28	B21	社政	12	27	甲	26,000	
29	B22	社政	0	0	乙	26,000	
30	B23	社政	0	0	丁	26,000	
31	B24	社政	8	17	優	28,000	
32	B25	社政	1	2	優	28,000	
33	B26	社政	1	5	甲	30,000	
34	B27	社政	1	5	甲	28,000	
35	B28	社政	0	0	乙	30,000	
36	B29	社政	3	7	乙	26,000	
37	B30	社政	0	0	乙	25,000	
38	C1	衛政	3	3	甲	35,000	醫院附設護理之家平均37,125元
39	C2	衛政	0	0	甲	43,500	
40	C3	衛政	0	0	甲	39,000	
41	C4	衛政	0	0	甲	35,000	
42	D1	衛政	3	6	甲	30,000	

註：訪談對象全部為機構負責人。

[1] 屬性A為財團法人長期照顧機構，屬性B為私立長期照顧機構，屬性C為財團法人醫院附設護理之家，屬性D為獨立型護理之家。此分類為衛生福利部合併

之前的分類。

2 受訪機構 2010 年接受公費老人入住人數。

3 此表刻意不直接呈現各受訪機構服務規模（床位數），是希望維持受訪機構的匿名性。

4 機構月費為機構內最多人數房型之標準收費，亦是公費老人最常入住房型，未包括管路耗材等費用。

5 A3、A4、A5 與 A6 雖是財團法人機構，但床位都未滿 50 床。該類財團法人小型機構是臺北市獨特的政策產物，在 1997 年《老人福利法》修法之前，臺北市政府即自行於 1991 年訂定《臺北市私立老人養護所設置管理辦法》，要求所有老人照顧機構皆須辦理財團法人立案（受訪者 A3）。而財團法人小型機構平均收費標準之所以低於私立小型機構，係因可獲得民間捐贈，例如照顧機構最大採購食品成本為米、油與醬油等，來自寺廟定期捐贈幾乎都可讓小型照顧機構整年免除上述成本，因此得以調降收費標準，在小型機構當中更能吸引付費能力相對較低的自費民眾入住，也相對願意接受公費老人入住（受訪者 A3 與 A4）。惟其中三家財團法人小型照顧機構都因未能符合 101 條款，皆已於 2013 年歇業。

資料來源：研究者自行整理受訪機構資料。

　　本研究資料分析方式係以主題分析法（thematic analysis）進行。本研究的嚴謹性乃根據 Lincolon 和 Guba 提出的研究可信性，包括可信賴性（credibility）、可轉換性（transferability）、可靠性（dependability）和確認性（confirmability）（Lincolon & Guba, 1999），及解釋有效性（validation）（高淑清，2008）共五項指標。可信賴性方面，研究者透過轉介者介紹自己，以真誠的態度與參與者建立良好關係，讓受訪者在開放可信任的環境暢所欲言；並由第一作者進行觀察、記錄、逐字繕寫訪談內容及參與性觀察。可轉換性方面，藉由詳盡厚實的描述和詳實過程的透明化方式來提高可轉換性，包括將口語、非口語訊息、相關背景資料等詳實記載於逐字稿，並呈現在主題分析結果中，盡可能地提供詳盡且豐富的社會情境脈絡與行動意義描述。本研究為提升可靠性，資料的取得都是由研究者親自進行，並請研究團隊中的同儕進行驗證。確認性方面，透過反思並藉由反覆聽錄音帶及讀逐字稿與參與者所強調的意涵相結合，運用詮釋循環的方式，從整體－部分－整體間的脈絡，找出具連貫性的新知識，並透過同儕

驗證和自省檢視資料，以免落入個人主觀。解釋的有效性方面，藉由結果所揭露的主題命名，檢視是否有捕捉到受訪者的真實經驗，以及是否能將受訪者在生活世界中的體驗與感受呈顯出來。

研究倫理部分，訪談開始前，向受訪者說明研究目的、研究過程與保密原則，讓他們有權選擇要不要受訪，以及有權選擇自己自在的方式來進行；訪談次數為 1 次，每次約 1.5-2 小時。42 位研究受訪者中，不同意錄音的受訪者有 4 位，但同意研究者於訪談過程中以紙筆記錄。

肆、實證研究發現

本節分成三部分呈現研究結果，首先，分析臺北市長期照顧機構與公費安置契約單位五年間變化趨勢；其次，檢視臺北市 2010 年公費老人安置於不同屬性照顧機構的狀況；第三，分別從政府部門及照顧機構管理者的角度檢視臺北市老人公費安置方案，針對公費老人安置政策提出建議。

一、臺北市長期照顧機構與公費安置契約機構五年間的變遷趨勢

為了瞭解臺北市五年之間，財團法人長期照顧機構、私立長期照顧機構、財團法人醫院附設護理之家與獨立型護理之家四類機構的立案與接受公費老人安置的情況，研究者以圖 2 呈現臺北市五年間總計私立立案照顧機構、契約機構及收住趨勢，圖 3 則呈現不同類型的照顧機構提供公費老人入住的變化趨勢。

圖 2 顯示臺北市照顧機構的總數自 2006-2010 年間呈現下降的趨勢，從 180 家下降至 152 家，減少了 28 家。符合公費老人收容安置的機構數因評鑑等第修正而有顯著影響，2006-2009 年期間，超過九成的照顧機構都是乙等評鑑等第以上；2010 年公費老人收容安置機構的評鑑等第提高

為甲等,致使符合該項要求的照顧機構總數大幅下降,從 147 家銳減為 82 家。其次,臺北市政府社會局受訪對象表示,只要社會局立案的照顧機構評鑑等第符合當年度老人收容安置補助實施計畫的規定,該機構即「自動」成為可以接受公費老人收容安置的補助對象,也就是圖 2 顯示的「契約單位」[9];然而,檢視契約單位實際接受公費老人安置的比例,2006 年為 83.9%、2007 年為 81.7%、2008 年為 85.7%、2009 年為 82.3%、2010 年為 79.3%,換言之,並非所有「契約」單位都接受公費老人的收容安置。

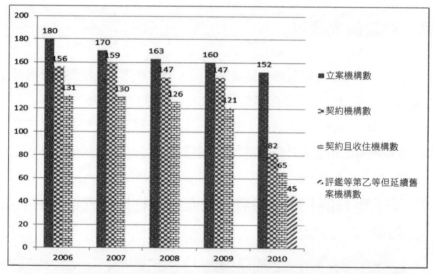

圖 2　臺北市五年間總計私立立案照顧機構、契約機構及收住趨勢

圖 3 進一步將臺北市照顧機構分為四類,分析四類機構收容安置公費老人的趨勢。首先,分析財團法人長期照顧機構,所有財團法人照顧機構於五年間皆維持乙等以上評鑑等第;但並非所有財團法人機構皆接受公費老人的入住,接受比例於五年間呈現顯著變化,2008 年最高,達 84.6%,2010 年最低,為 54.5%,也就是僅約二分之一評鑑等第達到契約標準的財

---

[9] 但如前所述,不包括衛政立案的二類護理之家。

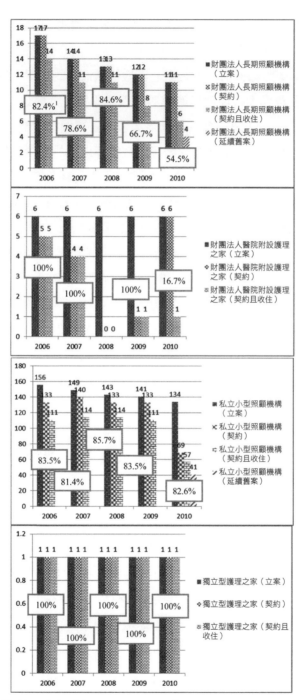

註1：契約／契約且收住（即 14/17 = 82.4%）。

圖3 臺北市五年間四類機構立案、契約及契約收住趨勢

團法人機構接受公費老人入住。第二類機構是財團法人附設護理之家，五年來立案家數沒有變動，但願意接受公費老人入住的機構數逐年遞減。第三類是私立小型照顧機構，也是臺北市機構數最多的類型。2006-2009 年間實際接受公費老人入住機構的家數比例均維持在八成以上；值得注意的是，即使臺北市於 2010 年將公費老人收容安置機構評鑑等第調高為甲等以上，當年度私立小型機構評鑑等第在甲等以上的機構數僅有 69 家，換言之，僅有五成（51.5%）私立小型機構可成為臺北市公費老人簽約機構，但仍有超過八成的私立小型機構接受公費老人安置。第四類是獨立型護理之家，該類型機構僅有一家，持續接受公費老人之安置。

對照圖 2 與圖 3 的資料，從委託單位訂定的公費老人收容補助辦法觀之，臺北市政府雖期待照顧品質相對較高的照顧機構來收住公費老人，但財團法人機構實際接受公費老人安置的家數自 2009 年開始下降；反之，私立小型照顧機構成為公費老人安置的主要場域，顯示公費老人安置實際狀況與政策預期產生落差。第二部分將進一步檢視公費老人安置於各類照顧機構的人數，並藉由深度訪談瞭解不同屬性照顧機構接受公費老人與否的考量因素。

二、臺北市 2006-2010 年公費老人實際安置於照顧機構之分析

圖 4 呈現臺北市 2006-2010 年期間的四年公費老人實際安置於不同屬性照顧機構之人數與趨勢。安置於臺北市公立機構（包括公辦民營機構）與財團法人機構之人數逐年下降，但安置於私立長期照顧機構人數則逐年遞增，此外，安置於醫院附設護理之家與獨立型護理之家的人數在五年內都是個位數，外縣市照顧機構的安置人數則沒有顯著變化。

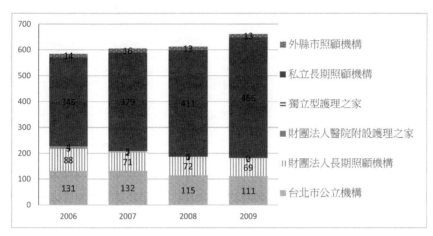

圖4 臺北市2006-2009年間安置於不同屬性照顧機構與外縣市之人數與
趨勢分析

誠如前述，2009年之前，臺北市公費安置機構是以評鑑等第乙等以
上機構為主，而2010年公費安置機構的評鑑等級則提高為甲等以上，但
2009年以前已入住機構的個案可選擇繼續留住原機構。為檢視臺北市公
費老人實際入住不同屬性照顧機構的狀況，本研究以2010年資料為例來
加以詳細說明（見圖5）。

圖5從供給面與需求面兩個角度進行分析。檢視臺北市2010年照顧
機構的供應量，立案床位總計為4,887床，供應量最大的照顧機構屬性為
私立長期照顧機構（79.2%），財團法人長期照顧機構次之（12.6%），依
序為財團法人醫院附設護理之家（7.2%）與獨立型護理之家（1.0%）；其
中，評鑑等第達到甲等以上機構床位數總計3,052床，約占總床數的六
成（62.5%）；然而，數據顯示，衛政單位主管的兩類護理之家全部都是甲
等，其次是財團法人長期照顧機構（80.1%），服務供給量最大的私立長期
照顧機構中，在2010年僅有半數達到甲等以上評鑑等第（55.8%）。

從需求面觀之，臺北市2010年需安置的公費老人人數總計為636
人，安置於臺北市公立機構（包括公立與公設民營）為96人，不到公費
安置總人數的兩成（15.1%）；主要為公費老人提供機構式服務者為私立小

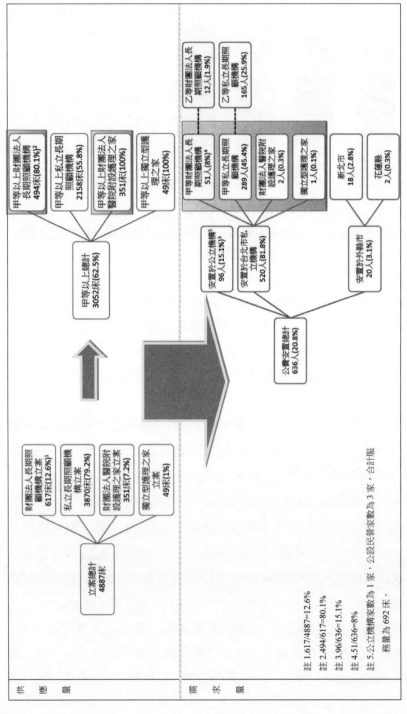

圖 5　臺北市 2010 年公費老人安置狀況

型照顧機構，占公費安置總人數四成以上（289 人，占 45.4%），其次為財團法人長期照顧機構，不到公費安置總人數一成（51 人，占 8%）；只有 2 人安置到財團法人醫院附設護理之家。以及 1 人安置於獨立型護理之家；值得注意的是，另有將近四分之一的公費老人（165 位，占 25.9%）繼續安置於私立小型、評鑑等第為乙等的機構。

整體分析臺北市政府可提供機構式服務的供給量，公立機構與公設民營機構合計有 629 床，而 2010 年當年度需要公費安置的人數為 636 人，若再加上甲等以上財團法人長期照顧機構與財團法人醫院附設護理之家兩類機構合計 845 床，應足以供給公費老人所需的機構式服務；然而，為何評鑑甲等以上私立照顧機構成為臺北市公費老人安置的主要服務提供單位，評鑑乙等等第的私立照顧機構則為第二順位？則是本研究欲進一步分析的議題。

三、臺北市現行老人公費安置政策與安置現況

本節進一步探討臺北市現行老人公費安置政策，分別從服務提供單位與委託單位兩方面進行分析，包括不同屬性之照顧機構接受公費老人入住的考量因素，以及臺北市政府社會局老人收容安置補助實施計畫背景及定價策略。

首先從服務提供機構層面觀之，依據本研究訪談不同屬性之照顧機構對公費老人入住安置的考量因素，影響公費老人安置最主要的因素為服務購買價格。依據研究者蒐集臺北市不同屬性的照顧機構收費標準之資料（請參考表 1），衛政單位主管的財團法人醫院附設護理之家收費標準最高，6 人房平均收費標準為 37,125 元，財團法人大型照顧機構平均收費價格約 33,866 元，較私立小型照顧機構平均收費標準（27,566 元）高約 6,300 元。然而，即使同為私立小型照顧機構，評鑑等第為甲等以上者之平均收費標準為 28,361 元，較乙等評鑑等第機構約高 1,500 元。誠如陳正芬與官有垣（2011）的研究指出，臺灣機構式長期照顧服務特質之一即

是，醫院附設護理之家、獨立型護理之家與財團法人老人福利機構三者之
間價格較為趨近，三者係以照顧品質或附加價值為競爭策略，私立小型照
顧機構彼此卻是採取價格相互競爭的生存機制，而價格往往是影響消費者
使用長期照顧服務的關鍵因素。然而，當政府擔任低收入失能老人服務的
購買者，但購買價格卻未依照顧機構屬性予以區隔，更有甚者，即使臺北
市公費老人補助金額高居全國之冠，其補助金額卻僅趨近於私立小型乙等
等第機構（26,772元）的收費標準。本研究發現，收費標準愈趨近於公費
安置補助之營利屬性的私立小型照顧機構有相對較高的公費人數與安置
率；反之，接受政府補助設施、設備與人事費等各項補助之非營利財團法
人照顧機構與醫院附設護理之家，其接受公費老人人數相對較少。

　　進一步分析探討不同屬性照顧機構接受公費老人入住的原因。照顧機
構本身的占床率（occupancy rate）乃是私立小型照顧機構接受公費老人
安置的關鍵因素。依據老人福利機構設立標準，不論機構當下之入住率為
何，都要依照其申請設立之機構床位來聘僱各類專業人員，故任何照顧機
構都有固定的人事聘用與其他固定成本（例如房租）。[10] 因此，當照顧機
構出現空床時，接受來自政府轉介的公費個案就成為分攤機構照顧成本的
策略之一，例如，私立小型照顧機構業者表示：「目前我們的公費床位大
約占全部床位的10%，實質上，（公費老人）的幫助就是可以藉由政府轉
介個案來維持滿床的狀態，滿床的狀態營運就會比較好。」（受訪者B29）
另一私立小型照顧機構的負責人強調：「有關收住公費老人的數量多寡，
我內心裡面盤算的倒不是政府補助金額多少，例如從新北市轉介進來的只
有18,000元，其實沒有哪個機構會百分之百滿床，我把付費很少的入住
老人當作是補我的常態性空床！」（受訪者B27）換言之，由於政府並未
設定任何策略要求照顧機構維持公費老人入住的床位數，致使接受安置

---

[10] 長期照顧機構應依規定配置工作人員。護理人員，隨時保持至少有1人值班；每照
顧20人應置1人；未滿20人者，以20人計。照顧服務員：日間每照顧8人應置1
人；未滿8人者，以8人計；夜間每照顧25人應置1人；未滿25人者，以25人計。
夜間應置人力應有本國籍員工執勤，並得與護理人員合併計算。

與否的主控權為照顧機構持有，誠如私立照顧機構業者表示：「我們現在已經全都是自費的（個案），政府如果是在我們有空床的時候轉介個案過來，我們就會收……可是，那我沒有床位的話也不能讓我保留個 5 床 10 床，這樣我沒辦法經營。」（受訪者 B30）換言之，當照顧機構占床率愈高，代表機構有能力負擔固定的人事聘用與房租等固定成本；反之，當機構出現空床時，即採用收住公費老人來補充營運固定成本。

再者，即使同為私立小型照顧機構，依據研究者實際訪談不同評鑑等第照顧機構的狀況，當照顧機構收費標準與政府服務購買金額趨近，甚至低於政府服務購買金額，評鑑等第為乙等時，該機構接受政府轉介的公費老人人數愈多（參見表 1）；但對優等或甲等機構而言，誠如某一私立小型照顧機構受訪者表示：「我們機構最多就只能收 3 個公費（老人）……26,250（元）其實已經不符合成本了。」（受訪者 B6）另兩位機構經營者更直言設定公費老人入住比例上限的原因：

> 這邊接受公費補助的有 2 位……其實我們的收費是 30,000（元），全額補助的話我們就不能另外收費……但是因為價格差太多，所以公費的部分我們就是不能超過 5 床，這樣子我們才能生存。（受訪者 B11）

> 我們這邊一般是收 30,000，那如果收全額公費 26,250 的話，等於收一個就是負 3,750 元。（受訪者 B26）

上述訪談資料顯示，對收費標準高於補助標準的機構而言，接受自費住民的經濟誘因高於公費老人之安置。

進一步比較不同屬性照顧機構經營者對公費老人安置與否的考量因素，私立小型照顧機構強調運用公費老人來補充空床位產生的營運成本，但這樣的論述卻未在大型財團法人機構出現。檢視內政部歷年訂定的《推

展社會福利補助經費申請補助項目及基準》[11]，財團法人照顧機構可申請的補助項目包括：新建、改（增建）建與修繕費補助，以及各項人事費用[12]；換言之，面對空床現象，財團法人機構得以運用政府補助來分攤固定人事聘用開銷，顯示財團法人機構與私立長期照顧機構兩者處於不公平的競爭基準。財團法人機構願意收住多少公費或經濟弱勢住民，完全是由各機構董事會自行決定。

但亦有財團法人機構主管表示：「機構這邊估算（公費）最好是不要超過一成，不只是補助與我們收費標準有差距，有的（住民）住院回來還會要我們去付錢，那事後我們才向他們慢慢催討。」（受訪者 A1）另一財團法人機構主管也表示：「對於公費床數的限制，只要不低於我們的底線，就是只要收入是正的就不會設限。」（受訪者 A7）然而，因應前述老人福利機構設立標準於 2007 年再度修訂，臺北市私立小型機構家數於 2008 年之後開始下降，照顧機構床位開始出現供不應求現象；特別是臺北市財團法人老人福利機構都呈現滿床狀態，甚至出現許多等候名單。

除了服務購買金額與機構占床率之外，個案本身的照顧密集程度與照顧資源亦會影響照顧機構的收容意願。由於政府的補助金額並未依據個案需求設定不同的服務補助標準，致使照顧機構出現挑選個案的情況，例如：

> 我們是願意收公費老人……但也會看個案的身體狀況，如果評估
> 無法照顧也不會收。（受訪者 B7）

---

[11] 現為衛生福利部業務。

[12] 申請單位每月支付社會工作員自籌薪資達新臺幣 15,000 元以上者，每人每月補助新臺幣 11,000 元。申請單位每月支付護理人員自籌薪資達新臺幣 15,000 元以上者，大專以上護理相關科系畢業者，每人每月補助新臺幣 11,000 元。申請單位每月支付物理治療、職能治療人員及營養師自籌薪資達新臺幣 15,000 元以上者，每人每月補助新臺幣 11,000 元；申請單位每月支付照顧服務員自籌薪資達新臺幣 11,000 元以上者，每人每月補助新臺幣 10,000 元。

如果他（公費）是轉介來的我們就盡量幫忙，不是轉介來的我們
盡量不收。因為轉介來的住民有窗口比較好處理，有家屬支持的
我們也比較會收……。（受訪者 B12）

這顯示各機構挑選個案的標準不一，有些照顧機構會選擇失能程度較低的
輕案，確保政府服務補助可支付照顧成本；而有些照顧機構只願意接受政
府部門轉介或仍有家屬的個案，避免機構必須協助公費個案處理急性醫療
入住醫院或往生的喪葬事宜；反之，也有照顧機構會選擇沒有家屬的公費
個案，係因在沒有家屬或親友介入狀況下，照顧機構可以全權負責，避免
產生照顧爭議。

　　再者，私立小型照顧機構是否接受公費個案，亦依經營者是否認同組
織應盡企業社會責任有關。例如受訪者 B9 表示：

我爸媽那一代經營者覺得老人照顧機構除了照顧一般民眾，行有
餘力也應該做善事，像是給經濟狀況比較困難的人一些折扣，或
者不用負擔尿布錢等，或是有空床時，可以幫政府的忙（指收公
費老人）。

　　另一方面，由於政府撥付公費老人機構服務費的時間往往長達 3 個
月以上，以一收費標準 28,000 元的機構為例，接受 5 位公費老人入住，
機構帳面上的損失不僅是機構收費標準與補助標準的差額（1,750×5 ＝
8,750 元），機構每月約先墊付的金額即高達 131,250 元（26,250×5 ＝
131,250 元），三個月即高達 393,750 元，在現金交易為主的照顧市場更需
承擔經費墊支的壓力。（受訪者 B15）

　　由上述訪談資料可知，服務提供者決定是否接受公費老人的收容安置
涉及諸多因素，但不論從經濟面或社會面觀之，公費老人都是市場機制下
易被排除的弱勢服務使用者；但私立小型機構實為營利機構，財務上需自
給自足。因此，實有必要仰賴政府部門與非營利組織的協助，方能促使公

費老人獲得其所需的照顧服務。

　　另從服務委託單位立場瞭解臺北市政府安置公費老人的考量因素及機構選擇過程。依據臺北市公費老人安置流程，原則上由老人與家屬自行選擇臺北市政府提供甲等以上的簽約單位，若沒有任何家屬時，才會由政府選擇鄰近地區的甲等以上簽約單位安置。誠如北市府一位公費安置承辦人員如下的說明：

> 原則上我們還是盡量以長輩的家屬自行去挑選他們想要的安置機構……主要有兩個用意，每個機構經營的方式都不同，我們如果幫長者選擇了某一個機構，不見得這個長者一定會喜歡，所以還是請長者或家屬自行去尋找他們覺得參觀過後或瞭解後他們覺得比較適合的機構去安置。還有一種狀況就是，長者是低收入戶且完全沒有任何親屬，就會委由我們的社福中心或老人服務中心，就地區性去找甲等以上的安置機構。

　　進一步檢視「臺北市老人收容安置補助實施計畫」背景及定價策略。該計畫於 2008 年以前的安置服務價格為 25,000 元，係參考當時「身心障礙者生活托育養護費用補助」訂定。直至 2008 年，低收入老人安置費用提高為 26,250 元，費用提高係因主要服務提供單位──私立小型照顧機構多次向服務購買單位要求提高安置費用，故臺北市公費安置業務主管方依據臺北市機構的經營成本與收支狀況進行調整。

　　事實上，除了臺北市政府社會局訂定 26,250 元的公費老人入住機構費用，衛生局亦另訂《臺北市氣切個案進住照護機構照護費用補助辦法》，設籍並實際居住臺北市滿一年之低收入戶氣切個案，每人每月可另補助 15,000 元。雖然該辦法明定當年度編列之補助經費用罄後，主管機關即不再受理當年度補助案件之申請，且敘明補助費用與臺北市社會局收容安置補助金額總和不得超過個案進住機構之每月收費標準，但實際上對設籍臺北市公費安置老人而言，若為氣切管路且入住照顧機構的個案，

政府補助金額高達 41,250 元（社會局負擔 26,250 元、衛生局支付 15,000
元）。換言之，即使同為機構式服務購買者，社政單位與衛政單位的思維
顯然截然不同，社政單位的服務購買金額是齊一式，並未依據老人失能程
度設定不同補助金額，也未依據照顧機構不同的收費標準訂定差異化的服
務購買金額，甚至規範照顧機構不得向個案再加收耗材與其他雜支費用；
但衛生局卻針對重度失能個案額外編列補充的照顧費用，且考慮到不同照
顧機構收費標準的差異程度，規定來自兩個單位的補助金額總和不得超過
個案進住機構之每月收費標準。再者，臺北市社會局雖基於提升照顧品質
的政策目的，於 2010 年開始將公費安置的機構第等從乙等調高至甲等標
準，惟考量已入住機構入住的適應問題，特許已入住個案得繼續安置評鑑
等第乙等以上的機構。

依據本研究對臺北市政府主管機關的訪談，服務委託單位面對財團法
人長期照顧機構採用「滿床」作為政府轉介公費個案的正當理由並無異
議。當受訪的臺北市政府社會局主管看到財團法人機構接受公費老人的人
數遠低於私立小型機構時，該名主管表示：

> 當初我（政府）補助你（財團法人機構）蓋，並沒有說你一定要
> 收低收入戶，它前提是擴增政府的供給，所以並沒有約束說，我
> 補助你蓋的時候你要收多少比例的低收，應該沒有，我們對它
> （財團法人機構）好像也沒有特別的約束力……。但遇到你們提
> 問，我覺得這個應該是內政部補助財團法人興建機構的重點，有
> 需要討論……。它（財團法人機構）們會跟民眾說，你看我這裡
> 又寬敞，環境又好、設備都那麼新，我收費 5 萬是應當的。民眾
> 聽了就說對對對，它這裡比較好，反正我負擔的起就來住，其實
> 他們不知道這很多都是政府補助的，可是它沒有把補助的部分回
> 饋到消費者身上。

綜言之，就服務委託者立場要求服務提供單位需符合一定照顧品質無

可厚非，但服務委託單位規範甲等以上機構即可成為公費老人服務提供單位，卻未考量該辦法訂定的服務購買價格是否能夠吸引評鑑等第甲等以上的機構提供服務；更有甚者，是否因價格因素導致臺北市 80% 以上的公費個案都因此被安置於收費標準相對較低的私立長期照顧機構，顯示此政策需要審慎檢討。另一方面，財團法人機構在成立之初獲得開辦費的補助，以及每年營運過程中獲得護理、社工與照顧服務員等人事費補助，但財團法人機構應扮演的社會角色顯然是由機構自由心證，政府部門並未明確範定。檢閱相關文獻，「盈餘或利潤不能分配」的特性是辨識非營利組織最根本的法則（Anheier, 2005; Powell, 1987; Steinberg & Powell, 2006）；但隨著長期照顧市場轉為混合經濟型態，財團法人機構服務對象轉向以一般民眾為主時，評斷非營利組織的成效表現，就不應局限於盈餘有無分配的底線。再者，目前老人福利機構的評鑑指標並未納入公費老人安置比例，對於私立小型且願意服務相對較高比例的公費老人機構缺乏政策誘因與肯定，亦形成社福中心社工員安置公費老人的障礙因素。

伍、結論與政策建議

　　檢視臺北市政府在機構式長期照顧服務市場的供給狀況限制，公立機構與公設民營機構的供給量與當年度需要公費安置的人數差異不大，加上評鑑等第甲等以上的長期照顧機構，足以滿足當年度公費安置老人的安置需求；然而，目前臺北市卻是由私立照顧機構扮演公費老人機構式服務的主要提供角色，顯示政府政策定位、執行能力，與非營利組織在機構式照顧服務的角色與功能有待省思。

　　有鑑於長期照顧服務領域存在高度資訊不對等的現象，可能導致一個追求最大利潤的營利組織對機構住民收取高額費用，但卻提供相對較低品質的服務，即服務組織與機構住民之間的契約未能發揮應有的功能，以確保服務組織會提供品質與價格相符的照顧服務給住民，加上照顧服務品質

的確存在很大的不確定性，這些因素皆導致消費者對於照顧服務提供者的行為期待會高於一般營利企業。另一方面，影響消費者使用醫療或長期照顧服務的關鍵因素之一即是價格，自由競爭市場係依照市場機制設定長期照顧服務價格，但該價格常導致許多低收入者無力負擔，而低收入者無力負擔的後果可能是生命權的被剝奪，因此，從長期照顧服務特性對照檢視長期照顧服務組織的屬性，經濟相對弱勢者的長期照顧服務應由公部門或非營利組織擔任主要的服務提供者較為適宜。

依據本研究之發現，收費標準愈趨近於公費安置補助之私立長期照顧機構，出現相對較高的公費安置占床率；接受政府補助設施、設備與人數補助之財團法人長期照顧機構與醫院附設護理之家接受公費老人入住人數相對較少，影響照顧機構接受公費老人安置的關鍵因素為占床率。不論對於私立財團法人或私立長期照顧機構而言，依照《老人福利機構設立標準》，不論機構當下之入住率為何，都要依照其設立之機構床位來做人員編制，故都有固定的人事聘用開銷，也就是機構即使出現有空床之情況下，仍然是要付出與滿床同等的人事開銷；但就財團法人長期照顧機構而言，享有政府補助設施、設備與人事補助的支持之下，兩者立基於不公平的競爭基準。更有甚者，隨著房租地價等固定成本逐年提升，臺北市機構式照顧服務供給量逐年降低，致使臺北市照顧機構近年皆呈現滿床現象。對服務提供單位而言，將有限床位提供給補助價格相對較低的公費住民，不如選擇自費住民，導致臺北市公費住民不僅被迫安置於費用相對較低的私立小型照顧機構，一定比例的公費住民持續住在評鑑等第乙等的照顧機構，更因臺北市照顧機構「滿床」理由而被迫安置於臺北市以外的照顧機構（見圖 4 與 5 資料所示）。

事實上，依據「推展社會福利建造或購置建物補助款契約書」相關規定，當財團法人照顧機構無正當理由拒絕接受地方政府轉介之個案或未視社區需要提供相關的照顧服務時，地方政府得要求主管機關終止補助，並要求接受政府補助單位返還補助金額。然而，依據本研究對臺北市政府主管機關的訪談，服務委託單位面對財團法人長期照顧機構採用「滿床」作

為婉拒政府轉介公費個案的理由並未採取任何因應策略,此現象一方面顯示政府雖然提供財團法人機構設施、設備與人數費用補助,但另一方面並未要求財團法人長期照顧機構提供一定比例的公費老人安置床位,此等權利與義務不對等的補助策略顯然更加弱化了非營利照顧機構接受公費老人安置的意願。據此,本研究主張,既然財團法人機構每年獲得政府設施、設備與人事費用的補助,其亦應負擔相對等的義務。具體建議衛生福利部修訂《推展社會福利補助作業規定》,要求申請開辦費與每年人事費補助的財團法人機構,應依其所獲得的補助金額相對提供或保留一定比例的公費老人安置床位,例如,總床位數的10%,促使其發揮財團法人機構應盡的社會責任。

另一方面,對於不得享有政府補助的私立照顧機構而言,研究者認為,目前政府服務購買金額低於機構的收費標準的現象不僅違背市場機制,亦可能導致私立照顧機構挑選個案。政策建議可參考臺北市衛生局訂定的《氣切個案入住機構補助辦法》的政策邏輯,具體建議有二:一是建議政府部門的服務購買金額採取浮動設計機制,也就是與私立小型照顧機構或護理之家收費標準接軌;換言之,既然認為甲等評鑑等第以上的照顧機構擁有相對較佳的照顧品質,就應該依據其收費標準編列服務購買金額,而不是期待或要求未獲得政府任何補助的私立小型照顧機構以較低的照顧費用服務公費老人。

其次,降低呆帳比率與提高收費標準是私立小型機構獲取利潤的關鍵,此導致兩代經營者針對個案的選擇也有所差異,新世代經營者甚至直言此乃是雙方爭執的重點,顯示同為私立小型照顧機構,但各機構展現的社會責任卻有顯著差異;可惜的是,目前老人福利機構的評鑑指標並未納入公費老人安置比例,對於私立小型且願意服務較高比例公費老人的機構缺乏政策誘因,致使私立小型機構即使展現一些公益、非營利行為,但在評鑑過程中卻從未獲得肯定。據此,另一政策建議是,若受限於財政因素不得不維持現行的服務購買金額,則建議政府部門應針對私立長期照顧機構因提供公費老人安置而導致利潤被壓縮的部分,採取承認捐款的方式,

例如某私立小型照顧機構的收費標準為 30,000 元，該照顧機構當月接受兩位公費老人的安置，政府就應針對其收費標準與服務購買金額落差的 7,500 元開立捐款收據，肯定營利性質的照顧機構對於公費老人服務的貢獻。

再者，研究者認為除了規範一定評鑑等第以上的照顧機構成為契約單位之外，更重要的是服務委託單位應依據每年公費安置的需求量，研議有效的長期照顧床位保留機制，才可解決個案與機構間配對的問題。依據本研究計算出臺北市公立機構、公設民營機構與甲等以上財團法人機構，其總服務量大於公費安置總人數；但因人口老化、平均餘命延長，致使長期照顧需求攀升、床位逐年遞減，建議政府應盤點臺北市公立機構與公設民營機構床位數，不足部分再由甲等以上財團法人機構簽訂契約床位數，最後才是安置於私立小型甲等以上照顧機構。並將上述「接受公費老人安置補助人數」列為機構評鑑加分或扣分的指標之一，當財團法人機構未依補助比例提供或保留一定床位給地方政府安置公費老人時，該評鑑項目不予給分；反之，當財團法人機構提供超過地方政府期待的床位來協助公費老人，以及私立小型機構配合地方政府政策接受公費老人安置時，該評鑑項目應予加分，藉此提高不同屬性照顧機構接受公費老人安置的動機。

綜言之，本研究從公費老人委託安置的角度切入，發現臺灣目前雖然對於老人機構式服務採取「營利／非營利」二分法的政策路線，即非營利性質的財團法人照顧可獲得對外募捐、接受補助及租稅減免的資源，卻也導致財團法人長期照顧機構無須透過公費老人的安置來分攤空床期間的營運成本，降低財團法人機構接受公費老人安置意願。另一方面，評鑑等第甲等以上的財團法人照顧機構或私立小型的床位逐漸被有付費能力的一般民眾佔據。目前臺灣地方政府為公費老人購買機構式服務的方式類似美國 Medicaid，是一種由政府經由「津貼補助」（subsidy），為低收入老人向自由市場購買機構式服務的運作機制；即使臺北市補助金額高居全國之冠，惟 2010 年資料顯示，仍有 30% 公費老人被安置於乙等照顧機構或外縣市，原因是公立、公設民營與評鑑等第甲等以上機構滿床。隨著長期照顧

需求攀升，機構式床位勢必更加難求，如何避免照顧品質相對良好的機構式床位成為公費老人可望而不可及的服務，顯示臺北市機構式照顧服務的政策有待大幅修正，亦可作為其他縣市公費老人安置委託服務之參考。

參考文獻

王一帆（2012）。《臺北市公費安置老人服務購買與長期照顧機構組織屬性之研究》。中國文化大學社會福利研究所碩士論文。

王仕圖、官有垣、李宜興（2009）。〈非營利組織的相關理論〉，收錄於蕭新煌、官有垣、陸宛蘋（主編），《非營利部門：組織與運作（第二版）》。臺北：巨流。

行政院（2007）。《我國長期照顧十年計畫——大溫暖社會福利套案之旗艦計畫》。

吳聖良、張瑛昭（1995）。〈臺灣省十二縣市未立案療養機構數量及其服務現況之調查研究〉，《公共衛生》，22(3)，147-161。

莊秀美（2005）。〈日本社會福利服務的民營化——「公共介護保險制度」現況之探討〉，《臺大社會工作學刊》，11，89-128。

莊秀美（2007）。〈臺灣地區老人福利服務的供給與營運——照顧服務民營化的政策方向與實施現況之探討〉，論文發表於「少子高齡社會之福祉政策之實踐與發展——臺灣與日本的比較研究國際研討會」，臺北：東吳大學。

郭登聰（2005）。〈再論營利性組織參與老人安養護機構經營的可行性探討〉，《社區發展季刊》，110，95-110。

高淑清（2008）。《質性研究的 18 堂課：揚帆再訪之旅》。高雄：麗文文化。

陳正芬（2002）。〈老人福利推動聯盟在未立案養護機構法制化過程中的倡導角色分析〉，《社會政策與社會工作學刊》，6(2)，223-267。

陳正芬（2009）。〈非營利組織與健康服務〉，收錄於蕭新煌、官有垣、陸宛蘋（主編），《非營利部門：組織與運作（第二版）》。臺北：巨流。

陳正芬、官有垣（2011）。〈臺灣機構式長期照顧服務組織屬性與政府相關政策演變之探討〉，《社會政策與社會工作學刊》，15(1)，91-135。

楊培珊、吳玉琴（2003）。〈臺灣非營利老人福利機構現況分析初探〉，《東吳社會工作學報》，9，45-74。

楊漢湶、孫碧雲（1999）。〈公立醫院附設護理之家之探討〉，《醫院》，32(2)，57-65。

盧瑞芬、謝啟瑞（2003）。〈臺灣醫院產業的市場結構與發展趨勢分析〉，《經濟論文叢刊》，31(1)，107-153。

臺北市政府（2011）。《100 年度辦理老人收容安置補助實施計畫》。

衛生福利部（2013）。「老人福利機構統計」。網址：http://www.sfaa.gov.tw/SFAA/Pages/List.aspx?nodeid=358。

Amirkhanyan, A. A. (2007). "The smart-seller challenge: The determinants of privatizing public nursing homes." *Journal of Public Administration Research and Theory, 17*, 501-527.

Amirkhanyan, A. A., Kim, H. J., & Lambright, K. T. (2008). "Does the public sector outperform the nonprofit and for-profit sectors? Evidence from a national panel study on nursing home quality and access." *Journal of Policy Analysis and Management, 27*(2), 326-353.

Anheier, H. K. (2005). *Nonprofit organizations: Theory, management, policy*. London: Routledge.

Clarke, L. & Estes, C. (1992). "Sociological and economic theories of markets and non-profits: Evidence from home health organizations." *American Journal of Sociology, 97*, 945-969.

Douglas, J. (1987). "Political Theories of Nonprofit Organization." In W. W. Powell (Ed.), *The nonprofit sector: A research handbook*. New Haven: Yale University Press.

Gibson, M. J., Gregory, S. R., & Pandya, S. M. (2003). *Long-term care in developed nations: A brief overview*. Washington, DC: AARP.

Guo, B. (2006). "Charity for profit? Exploring factors associated with the commercialization of human services nonprofits." *Nonprofit and Voluntary Sector Quarterly, 35*(1), 123-138.

Johnston, J. M. & Romzek, B. S. (1999). "Contracting and accountability in state medicaid reform: Rhetoric, theories, and reality." *Public Administration Review, 59*(5), 383-399.

Kane, R. A. & Kane, L. K. (1987). *What is long-tern care? Long-term care: Principles, programs, and policies*. New York, NY: Springer.

Kramer, R. M. (2000). "A third sector in the third millennium." *Voluntas: International Journal of Voluntary and Nonprofit Organizations, 11*(1), 1-23.

Lincoln, Y. & Guba, E. (1999). "Establishing Trustworthiness." In A. Bryman & R. G. Burgess (Eds), *Qualitative Research, Volume 3*. London: Sage.

Long, S. K. & Alshadye, Y. (2005). "Commercial plans in medicaid managed care: Understanding who stays and who." *Leaves Health Affairs, 24*, 1084-1094.

Marmor, T. R., Schlesinger, M., & Smithey, R. W. (1987). "Nonprofit organizations and health care." In W. W. Powell (Ed.), *The nonprofit sector: A research handbook*. New Haven, CT: Yale University Press.

Martin, L. L. (1999). *Contracting for service delivery: Local government choices*.

Washington, DC: International City/County Management Association (ICMC).

Needleman, J. (2001). "The role of nonprofit in health care." *Journal of Health Politics, Policy and Law, 26*, 1113-1130.

Pavolini, E. & Ranci, C. (2008). "Restructuring the welfare state: Reforming in long-term care in Western European countries." *Journal of European Social Policy, 18*(3), 246-259.

Powell, W. W. (1987). *The nonprofit sector: A research handbook*. New Haven: Yale University Press.

Schlesinger, M. & Gray, B. H. (2006). "Nonprofit organizations and health care: Some paradoxes of persistent scrutiny." In W. W. Powell & R. Steinberg (Eds.), *The nonprofit sector: A research handbook*. New Haven, CT: Yale University Press.

Spector, W. D., Selden, T. M., & Cohen, J. W. (1998). "The impact of ownership type on nursing home outcomes." *Health Economics, 7*(7), 639-653.

Steinberg, R. & Powell, W. W. (2006). "Introduction." In W. W. Powell & R. Steinberg (Eds.), *The nonprofit sector: A research handbook*. New Haven, CT: Yale University Press.

Suda, Y. (2011). "For-Profit and nonprofit dynamics and providers' failures." *Public Management Review, 13*(1), 21-42.

Young, D. R. (2001). "Nonprofit entrepreneurship." In S. J. Ott (Ed.), *Understanding nonprofit organizations: Governance, leadership, and management*. Boulder, CD: Westview Press.

第十二章

「營利」或「非營利」有差別嗎？臺北市與新北市政府契約委外低收入老人長期照顧服務的演變與比較

官有垣、陳正芬

* 本章論文原為英文撰述（Does it matter whether 'Nonprofit' or 'For-profit'? A comparison of the government's long-term care services for the low-income elders in Taipei and New Taipei Cities），曾發表於《靜宜人文社會學報》，2015/07，9 卷 2 期，頁 351-396。經中譯並修訂增刪始成此文。

壹、前言

　　如前一章所述，臺灣機構式長期照顧服務因應《老人福利法》的修正，1990 年代末期，經過政府部門、老人照顧機構業者聯盟及老人福利倡導團體的協商後，政府特別融通允許 50 人以下的小型機構在不對外募捐、不接受補助及不享受租稅減免的原則下得免辦理財團法人登記之後，機構數與服務量逐年迅速增長（陳正芬、官有垣，2011；楊培珊、吳玉琴，2003）。另一方面，因應長期照顧需求的攀升，地方政府開始向私立照顧機構與護理之家購買低收入老人所需的機構式服務，各直轄市、縣（市）政府皆訂有委託機構安置低收入戶失能老人費用的補助辦法；然而，因涉及各縣市政府財政狀況不同，其編列的服務補助費用亦不盡相同[1]；此外，長期照顧機構的收費標準亦因城鄉、個案照顧密集程度或組織屬性[2]而有顯著差異，但政府購買機構式服務金額低於機構收費標準卻是常見現象。不過，服務提供單位接受公費老人入住時，依相關規定不得再向個案或家屬收取任何費用，致使不同屬性的老人長期照顧機構面對公費個案產生不同的因應對策。

　　本研究以位於臺灣北部的臺北市及新北市兩個直轄市為研究對象，前者為純粹都會型城市，後者則都會與鄉村型態兼具，分析兩個市政府安置公費老人的狀況，瞭解財團法人長期照顧機構（非營利屬性）、財團法人醫院附設護理之家（非營利屬性）以及私立小型照顧機構（營利屬性）、獨立型護理之家（營利屬性）接受公費老人安置的人數與比例，以及解釋其呈現的樣態與意涵。本文作者認為，從公費老人的安置觀點出發，不僅可描繪地方政府將公費老人安置於不同屬性長期照顧機構的樣貌，亦可探索不同屬性之機構篩選公費老人的過程與原因，以及其服務對象的設定。

---

[1] 地方政府補助低收入戶老人與中低收入老人入住長期照護機構從新台幣 9,300 元至 18,600 元（臺北市依失能程度最高補助到 26,250 元）（王一帆，2012）

[2] 依據本文作者蒐集的資料（官有垣、陳正芬，2009），衛政單位主管的護理之家收費標準平均較社政單位主管的長期照顧機構高出約 5,000 元；臺北市老人照顧機構平均收費標準又較新北市機構平均高出 5,000 元。

在研究方法與資料分析方面，本研究是作者根據 2009-2011 年所執行的行政院科技部補助的研究計畫「非營利或營利有關係嗎？臺灣長期照顧服務提供的組織屬性與政府相關政策演變之探討」（Does It Matter whether 'Nonprofit' or 'Profit'? A Study Focusing on the Ownership of the Long-Term Care Providers and the Change of the LTC Policies in Taiwan）研究成果的部分數據而分析。作者執行該研究計畫時同時參與東洋大學社會學系須田木棉子（Yuko Suda）教授的有關長期照顧政策、體制及服務提供者屬性的轉變議題之大型跨國比較研究，在此誠摯感謝須田教授在研究過程中的多方協助。

本研究的目的是檢視臺北市與新北市的機構式長期照顧服務提供者的組織屬性與公費老人收容安置比例之間的關係，涉及政策與服務提供的組織之間動態且複雜的概念，許多待解問題皆需經由實證資料逐步歸納整理。故本研究除了量化數據的蒐集與分析外，亦採用質性研究途徑來回答研究問題，例如，以文件分析（documentary analysis）及深度訪談進行研究。文件分析資料以政府部門公布的法規、補助等為核心；深度訪談對象包括兩個市政府主管以及不同組織屬性的服務提供單位主管，以瞭解政府作為服務的購買者如何選擇服務提供機構，營利或非營利長期照顧組織為何欲成為契約機構，成為契約且為公費老人提供服務，機構本身的考量因素為何。

貳、臺北市與新北市長期照顧機構組織屬性與公費安置老人服務的演變

一、臺北市與新北市的政治經濟現況

臺北市為現今之中華民國首都，自 1949 年底起成為中華民國中央政府所在地，亦為最早設置的直轄市。臺北市位在臺灣北部的臺北盆地，四

周均被新北市所圍繞，2012 年時的總人口數有 267 萬餘人，在臺灣地區
各縣市中排名第四，人口密度則居全臺灣第一。新北市全境環繞臺北市，
其土地面積是臺北市的 7.6 倍，前身為臺北縣，自 2010 年 12 月 25 日起
改制升格為直轄市。新北市在 2012 年的總人口數達到 393 萬餘人，是全
臺灣人口最多的縣市，惟其城鄉差距甚大，超過 80% 的新北市居民居住
在位於淡水河系以西的 10 個行政區，面積大約僅占新北市的六分之一的
區域。因此，新北市有高度都市化的區域，也有鄉村風情與自然山川景
致，樣貌多元，人口組成及經濟產業頗為多樣。

表 A　臺北市與新北市的社會經濟現況之比較（2012 年）

項　　目	臺北市	新北市
1. 土地面積	271.8（平方公里）	2,052.6（平方公里）
2. 平原地區占土地面積比率	44.80（%）	11.86（%）
3. 戶籍登記人口數	2,673,226（人）	3,939,305（人）
4. 人口密度	9,835.3（人／平方公里）	1,919.2（人／平方公里）
5. 65 歲以上人口數	348,656（人）	353,396（人）
6. 老年人口比率（65 歲以上）	13.04（%）	8.97（%）
7. 老人長期照顧、安養機構數	121（家）	191（家）
8. 老人長期照顧、安養機構可供進住人數	5,911（人）	9,088（人）
9. 老人長期照顧、安養機構實際進住人數	5,039（人）	6,588（人）
10. 平均每戶家庭全年經常性收入	1,683,958（新台幣：元）	1,157,952（新台幣：元）
11. 平均每戶家庭可支配所得	1,278,278（新台幣：元）	911,915（新台幣：元）
12. 平均每戶家庭消費支出	973,747（新台幣：元）	741,651（新台幣：元）
13. 農戶數	9,194（戶）	30,423（戶）
14. 就業者——農林漁牧業之比例	0.33（%）	0.61（%）

資料來源：中華民國統計資訊網——縣市重要統計指標，http://ebas1.ebas.gov.tw/
　　　　　pxweb/Dialog/statfile9.asp 。

新北市的城鄉差距情形，亦可從其 2012 年時的「農戶數」（30,423 戶）與「就業者──農林漁牧業之比例」（0.61%）比臺北市高出許多（9,194 戶，0.33%）看出端倪（參見表 A）。進一步來看兩個城市的經濟狀況，表 A 羅列的三個家庭收入與支出的指標（平均每戶家庭全年經常性收入、平均每戶家庭可支配所得、平均每戶家庭消費支出），臺北市的表現都比新北市耀眼許多。總之，臺北市與周邊衛星市鎮（新北市轄域）所連結而成的臺北都會區，是臺灣人口最多的都會區，亦是臺灣政治、文化、商業、娛樂、傳播等領域的中心。臺北市與新北市的其他社會經濟條件、老人人口與福利的比較，亦請參見表 A 。

二、臺北市的長期照顧組織屬性與公費安置老人的變遷趨勢 （2006-2010）

為了瞭解臺北市從 2006 年至 2010 年的五年間，財團法人長期照顧機構（非營利屬性）、財團法人醫院附設護理之家（非營利屬性）、私立長期照顧機構（營利屬性）、與獨立型護理之家（營利屬性）四類機構的機構數、接受公費老人安置的機構數，以及公費老人安置人數的變化趨勢，作者以表 1、表 1.1、表 2、表 2.1、表 3、表 3.1 等呈現之。

表 1 臺北市 2006 年到 2010 年長期照顧機構數

年 ＼ 類型	財團法人長期照顧機構	私立長期照顧機構	財團法人醫院附設護理之家	獨立型護理之家	總計
2006	17 (9.4%)	156 (86.7%)	6 (3.3%)	1 (0.6%)	180 (100.0%)
2007	14 (8.3%)	149 (87.6%)	6 (3.5%)	1 (0.6%)	170 (100.0%)
2008	13 (7.9%)	143 (87.7%)	6 (3.8%)	1 (0.6%)	163 (100.0%)
2009	12 (7.5%)	141 (88.1%)	6 (3.8%)	1 (0.6%)	160 (100.0%)
2010	11 (7.3%)	134 (88.2%)	6 (3.9%)	1 (0.6%)	152 (100.0%)

資料來源：研究者自行整理臺北市社會局提供之資料。

表1.1　臺北市2006年到2010年長期照顧機構數（NPO與FPO的比較）

類型　　　　　　年	NPO: (1) 財團法人長期照顧機構 (2) 財團法人醫院附設護理之家	FPO (For-profit): (1) 私立長期照顧機構 (2) 獨立型護理之家	總計
2006	23 (12.8%)	157 (87.2%)	180 (100.0%)
2007	20 (11.8%)	150 (88.2%)	170 (100.0%)
2008	19 (11.7%)	144 (88.3%)	163 (100.0%)
2009	18 (11.3%)	142 (88.7%)	160 (100.0%)
2010	17 (11.2%)	135 (88.8%)	152 (100.0%)
平均	**11.8%**	**88.2%**	100.0%

資料來源：研究者自行整理臺北市社會局提供之資料。

　　表1臺北市長期照顧機構的總數自2006至2010年間呈現下降的趨勢，從180家下降為152家，減少了28家；這四類長照機構中，除了「財團法人醫院附設護理之家」與「獨立型護理之家」的家數在這五年中維持不變（前者6家，後者1家）外，財團法人長期照顧機構從17家減少為11家，而私立長期照顧機構從156家下降至134家。若以機構的非營利與營利屬性歸類，表1.1顯示，非營利屬性的長照機構的數量變化，2006年時有23家，至2010年減少為17家，降幅為26.1%；同一時期，營利屬性的長照機構的數量則從157家減少至135家，降幅為14.0%。表1.1亦顯示，整體而言，臺北市在這五年間，非營利長照機構的數量占總機構數量的比例，平均是11.8%；而營利長照機構的數量比例，平均達到88.2%。換言之，這兩類屬性長照機構的比例約是1.2：8.8。

　　進一步檢視臺北市這四類長照機構有與市政府訂定契約接受公費老人安置的趨勢（見表2、表2.1）。表2顯示，「財團法人長照顧機構」在2006年時接受公費老人安置的家數最多，14家，2009年最少，僅有8家。其次分析的是「私立長期照顧機構」，此是臺北市四類長照機構中契約接受公費老人安置數量最多的一類，其在2007與2008年均維持在114家，到了2010年下降為98家；第三類是「財團法人醫院附設護理之

家」，2006 年最多，有 5 家，2008 年沒有任何一家；第四類是「獨立型
護理之家」，從 2006 年至 2010 年期間，接受公費老人安置的機構皆維持
一家。若以機構的非營利與營利屬性歸類，表 2.1 顯示，在 2006 至 2010
年期間，非營利的長照機構有接受公費老人安置之機構數維持在 9 至 19
家（7.4% 至 14.5%）之間，平均是 10.4%；而接受公費老人安置之營利長
照機構在同一時期維持在 99 至 115 家（85.5% 至 92.6%）之間，平均為
89.6%。換言之，在契約訂定接受公費老人安置方面，這兩類屬性長照機
構的數量比例約是 1.0：9.0。

表 2 臺北市 2006 至 2010 年與市府訂定契約接受公費老人安置之機構數

年＼類型	財團法人長期照顧機構	私立長期照顧機構	財團法人醫院附設護理之家	獨立型護理之家	總計
2006	14 (10.7%)	111 (84.7%)	5 (3.8%)	1 (0.8%)	131 (100.0%)
2007	11 (8.5%)	114 (87.7%)	4 (3.0%)	1 (0.8%)	130 (100.0%)
2008	11 (8.7%)	114 (90.5%)	0 (0.0%)	1 (0.8%)	126 (100.0%)
2009	8 (6.7)	111 (91.7%)	1 (0.8%)	1 (0.8%)	121 (100.0%)
2010	10 (9.1)	98 (89.3%)	1 (0.8%)	1 (0.8%)	110 (100.0%)

資料來源：研究者自行整理臺北市社會局提供之資料。

表 2.1 臺北市 2006 至 2010 年與市府訂定契約接受公費老人安置之機構數（NPO 與 FPO 的比較）

年＼類型	NPO: (1) 財團法人長期照顧機構 (2) 財團法人醫院附設護理之家	FPO (For-profit): (1) 私立長期照顧機構 (2) 獨立型護理之家	總計
2006	19 (14.5%)	112 (85.5%)	131 (100.0%)
2007	15 (11.5%)	115 (88.5%)	130 (100.0%)
2008	11 (8.7%)	115 (91.3%)	126 (100.0%)
2009	9 (7.4%)	112 (92.6%)	121 (100.0%)
2010	11 (10.0%)	99 (90.0%)	110 (100.0%)
平均	**10.4%**	**89.6%**	100.0%

資料來源：研究者自行整理臺北市社會局提供之資料。

再者，分析 2006 年至 2010 年期間，臺北市公費老人安置契約機構的安置人數演變（見表 3、表 3.1）。表 3 顯示，四類長照機構中，「財團法人醫院附設護理之家」與「獨立型護理之家」在這五年中，其安置公費老人的人數為 0；其餘二類機構，依舊是以「私立長期照顧機構」的安置人數最多，五年間在 509 人至 585 人之間，占公費老人總安置人數比例的九成左右；次多的則為「財團法人長照顧機構」，五年中，最少的安置人數為 38 人（2007 年），最多的是 71 人（2008 年），約占總安置人數比例的一成。若以機構的非營利與營利屬性觀之，同樣地，這兩類長照機構在安置公費老人的人數比例也是 1.0：9.0。

表 3　臺北市 2006 年至 2010 公費安置契約機構的安置人數

年 ＼ 類型	財團法人長期照顧機構	私立長期照顧機構	財團法人醫院附設護理之家	獨立型護理之家	總計
2006	55 (9.8%)	509 (90.2%)	0(0.0%)	0(0.0%)	564 (100.0%)
2007	38 (6.5%)	544 (93.5%)	0(0.0%)	0(0.0%)	582 (100.0%)
2008	71 (11.8%)	527 (88.2%)	0(0.0%)	0(0.0%)	598 (100.0%)
2009	61 (9.5%)	585 (90.5%)	0(0.0%)	0(0.0%)	646 (100.0%)
2010	62 (9.9%)	559 (90.1%)	0(0.0%)	0(0.0%)	621 (100.0%)

資料來源：研究者自行整理臺北市社會局提供之資料。

表 3.1　臺北市 2006 年至 2010 公費安置契約機構的安置人數（NPO 與 FPO 的比較）

年 ＼ 類型	NPO: (1) 財團法人長期照顧機構 (2) 財團法人醫院附設護理之家	FPO (For-profit): (1) 私立長期照顧機構 (2) 獨立型護理之家	總計
2006	55 (9.8%)	509 (90.2%)	564 (100.0%)
2007	38 (6.5%)	544 (93.5%)	582 (100.0%)
2008	71 (11.8%)	527 (88.2%)	598 (100.0%)
2009	61 (9.5%)	585 (90.5%)	646 (100.0%)
2010	62 (9.9%)	559 (90.1%)	621 (100.0%)
平均	**9.5%**	**90.5%**	100%

資料來源：研究者自行整理臺北市社會局提供之資料。

三、新北市的的長期照顧組織屬性與公費安置老人的變遷趨勢（2006-2010）

表 4 顯示新北市長期照顧機構的總數自 2006 至 2010 年期間呈現上升趨勢，從 2006 年的 202 家攀升至 2010 年的 245 家，五年當中增加了 43 家。這四類長照機構中，除了「財團法人長期照顧機構」在此期間始終維持 7 家外，其他三類機構數皆逐年往上攀升，尤其是「私立長期照顧機構」從 164 家增加至 190 家，最為顯著；而「財團法人醫院附設護理之家」的機構數微幅從 6 家增至 9 家，反之，「獨立型護理之家」的數量成長十分耀眼，從 25 家跨步邁至 39 家，居於新北市這四類長照機構家數的第二位。

若以機構的非營利與營利屬性歸類，表 4.1 顯示，非營利的長照機構的數量變化，2006 年有 13 家，至 2010 年增加為 16 家，增幅為 23.1%；同一時期，營利的長照機構的數量則從 189 家攀升至 229 家，增幅為 21.2%。表 4.1 亦指出，整體而言，新北市在這五年間，非營利長照機構的數量占總機構數量的比例，平均是 6.6%；而營利長照機構的比例，平均高達 93.4%。換言之，這兩類長照機構的比例約是 0.7：9.3。

表 4　新北市 2006 至 2010 長期照顧機構數

年 ＼ 類型	財團法人長期照顧機構	私立長期照顧機構	醫院附設財團法人護理之家	獨立型護理之家	總計
2006	7 (3.5%)	164 (81.2%)	6 (2.9%)	25 (12.4%)	202 (100%)
2007	7 (3.2%)	181 (81.5%)	8 (3.6%)	26 (11.7%)	222 (100%)
2008	7 (3.1%)	182 (80.2%)	8 (3.5%)	30 (13.2%)	227 (100%)
2009	7 (3.1%)	174 (76.7%)	8 (3.5%)	38 (16.7%)	227 (100%)
2010	7 (2.9%)	190 (77.6%)	9 (3.7%)	39 (15.8%)	245 (100%)

資料來源：研究者自行整理新北市社會局提供之資料。

表 4.1　新北市 2006 至 2010 長期照顧機構數（NPO 與 FPO 的比較）

類型 年	NPO: (1) 財團法人長期照顧機構 (2) 財團法人醫院附設護理之家	FPO (For-profit): (1) 私立長期照顧機構 (2) 獨立型護理之家	總計
2006	13 (6.4%)	189 (93.6%)	202(100.0%)
2007	15 (6.8%)	207 (93.2%)	222(100.0%)
2008	15 (6.6%)	212 (93.4%)	227(100.0%)
2009	15 (6.6%)	212 (93.4%)	227(100.0%)
2010	16 (6.5%)	229 (93.5%)	245(100.0%)
平均	**6.6%**	**93.4%**	100.0%

資料來源：研究者自行整理新北市社會局提供之資料。

　　接著，檢視新北市這四類長照機構有與市政府訂定契約接受公費老人
安置的變化（見表 5、表 5.1）。表 5 顯示「財團法人長照顧機構」，除了
在 2007 年接受公費老人安置的契約家數為 5 家外，其餘四個年度皆為 4
家；其次，「私立長期照顧機構」是新北市四類長照機構中契約接受公費
老人安置數量最多的一類，從 2006 年的 20 家增至 2010 年的 49 家；第三
類是「財團法人醫院附設護理之家」，同一時期，契約接受公費老人安置
的機構皆維持 1 家；第四類是「獨立型護理之家」，契約接受公費老人安
置的家數為 0。

表 5　新北市 2006 至 2010 年與市府訂定契約接受公費老人安置之機
構數

類型 年	財團法人長 期照顧機構	私立長期 照顧機構	財團法人醫院 附設護理之家	獨立型 護理之家	總計
2006	4 (16.0%)	20 (80.0%)	1 (4.0%)	0 (0%)	25
2007	5 (12.6%)	34 (85.0%)	1 (2.4%)	0 (0%)	40
2008	4 (8.8%)	40 (88.8%)	1 (0.4%)	0 (0%)	45
2009	4 (8.3%)	43 (89.6%)	1 (2.1%)	0 (0%)	48
2010	4 (7.4%)	49 (90.7%)	1 (1.9%)	0 (0%)	54

資料來源：研究者自行整理新北市社會局提供之資料。

表 5.1 新北市 2006 至 2010 年與市府訂定契約接受公費老人安置之機構數（NPO 與 FPO 的比較）

類型 年	NPO: (1) 財團法人長期照顧機構 (2) 財團法人醫院附設護理之家	FPO (For-profit): (1) 私立長期照顧機構 (2) 獨立型護理之家	總計
2006	5 (20.0%)	20 (80.0%)	25 (100.0%)
2007	6 (15.0%)	34 (85.0%)	40 (100.0%)
2008	5 (11.1%)	40 (88.9%)	45 (100.0%)
2009	5 (10.4%)	43 (89.6%)	48 (100.0%)
2010	5 (9.3%)	49 (90.7%)	5 (100.0%)
平均	**13.2%**	**86.8%**	100.0%

資料來源：研究者自行整理新北市社會局提供之資料。

　　若以機構的非營利與營利屬性歸類，表 5.1 顯示，在 2006 至 2010 年期間，非營利的長照機構有契約接受公費老人安置之機構數維持在 5 至 6 家（9.3% 至 20.0%）之間，平均是 13.2%；另一方面，有契約接受公費老人安置之營利屬性長照機構的比例，平均為 86.8%。換言之，在契約接受公費老人安置方面，這兩類屬性長照機構的數量比例約是 1.3：8.7。

　　第三，分析 2006 至 2010 年期間，新北市的公費老人安置契約機構的安置人數的演變（見表 6、表 6.1）。表 6 顯示，四類長照機構中，「獨立型護理之家」在這五年中，其安置公費老人的人數為 0，而「財團法人醫院附設護理之家」僅在 2006 年接受安置公費老人 16 名，其他四個年度則縮減為 5 人以下。其餘二類機構，依舊是以「私立長期照顧機構」的安置人數最多，五年間在 144 人至 221 人之間，占公費老人總安置人數比例的五成六至六成九之間；而公費老人總安置人數次多的則為「財團法人長照顧機構」，五年間在 92 至 101 人之間，約占總安置人數比例的二成九至三成七之間。若以機構的非營利與營利屬性觀之，前者的公費老人安置人數比例是 34.7%，後者是 65.3%，因此，兩類屬性長照機構的安置公費老人之比例約是 3.5：6.5。

表 6　新北市 2006 年至 2010 公費安置契約機構安置人數

年　　類型	財團法人長期照顧機構	私立長期照顧機構	財團法人醫院附設護理之家	獨立型護理之家	總計
2006	96 (37.5%)	144 (56.3%)	16 (6.2%)	0(0.0%)	256 (100.0%)
2007	92 (30.1%)	211 (68.9%)	3 (1.0%)	0(0.0%)	306 (100.0%)
2008	96 (32.1%)	199 (66.5%)	4 (1.4%)	0(0.0%)	299 (100.0%)
2009	93 (29.2%)	221 (69.5%)	4 (1.3%)	0(0.0%)	318 (100.0%)
2010	101 (32.8%)	202 (65.5%)	5 (1.7%)	0(0.0%)	308 (100.0%)

資料來源：研究者自行整理新北市社會局提供之資料。

表 6.1　新北市 2006 年至 2010 公費安置契約機構安置人數（NPO 與 FPO 的比較）

年　　類型	NPO: (1) 財團法人長期照顧機構 (2) 財團法人醫院附設護理之家	For-profit: (1) 私立長期照顧機構 (2) 獨立型護理之家	總計
2006	112 (43.7%)	144(56.3%)	256(100.0%)
2007	95 (31.1%)	211(68.9%)	306(100.0%)
2008	100 (33.5%)	199(66.5%)	299(100.0%)
2009	97 (30.5%)	221(69.5%)	318(100.0%)
2010	106 (34.5%)	202(65.5%)	308(100.0%)
平均	**34.7%**	**65.3%**	100.0%

資料來源：研究者自行整理新北市社會局提供之資料。

四、臺北市與新北市的輪廓：整體與比較

（一）長期照顧機構的數量

　　整體觀之，自 2006 至 2010 年期間，臺北市與新北市長期照顧機構的類別與數量，以「私立長期照顧機構」為最多，其次是「獨立型護理之家」，再其次是「財團法人長期照顧機構」，數量最少的則是「財團法人醫院附設護理之家」。然而比較兩市長期照顧機構數量的變化，臺北市是以「私立長期照顧機構」及「財團法人長期照顧機構」數分居一與二，而新北市則是「私立長期照顧機構」及「獨立型護理之家」。

　　若以組織屬性觀之，臺北市長期照顧機構的「非營利」與「營利」數量比例是 1.2：8.8；新北市則是 0.7：9.3，此現象說明近年來，新北市要比臺北市有設立較多「營利」屬性的長期照顧機構。一個值得注意的現象是，在這五年期間，臺北市長期照顧機構總數呈現下滑趨勢，尤其是非營利的長照機構數量的降幅達 26.1%，幾乎是營利屬性長照機構數量降幅（14.0%）的一倍。反之，在同一時期，新北市長期照顧機構的總數呈現上升趨勢，四類長照機構中，尤以「私立長期照顧機構」增加的家數最為顯著。

（二）訂定契約接受公費老人安置的長期照顧機構數量

　　整體觀之，不論是臺北市或新北市，有與市政府訂定契約接受公費老人安置的長期照顧機構，皆是以「私立長期照顧機構」為最多，其次是「財團法人長期照顧機構」；至於另外二類機構所占的比例極微。若以組織屬性區分，在契約接受公費老人安置的機構方面，在臺北市，非營利長照機構與營利的長照機構的比例是 1.0：9.0；而在新北市則是 1.3：8.7。顯然，在新北市，有與政府簽訂契約接受公費老人安置的非營利長照機構之比例略高於臺北市。

（三）公費老人安置的契約機構之安置人數

　　同樣地，以整體而論，不論是臺北市或新北市，在公費老人安置的契約機構之安置人數方面，皆是以營利的「私立長期照顧機構」為最多，其次是非營利「財團法人長期照顧機構」；至於另外二類機構所占的比例甚少。若以組織屬性區分，在臺北市，長照機構中非營利與營利屬性的契約機構接受公費老人安置人數比例是 1.0：9.0；而此比例在新北市則是 3.5：6.5。顯示，同樣是非營利屬性的長照機構，其在新北市接受公費老人安置的人數比例要比臺北市高出甚多。

參、臺北市與新北市現行公費安置老人服務的政策與安置現況

前節分析臺北市與新北市從 2006 年至 2010 年期間的長期照顧組織屬性與公費安置老人的變遷趨勢，歸納出三個發現：

第一，整體而言，不論臺北市或新北市政府，其公費老人安置服務的購買，營利的私立長期照顧機構承接的比例都遠高於非營利的財團法人長期照顧機構。

第二，臺北市從 2006 年至 2010 年期間，公費老人安置服務的人數平均九成左右（90%）是由營利的私立長期照顧機構承擔，只有約一成左右（10%）是由非營利的財團法人長期照顧機構承擔。反之，新北市在同一時期的公費老人安置服務購買則比較分散，約三成五（35%）是由非營利的財團法人長期照顧機構承擔，約六成五（65%）是由營利的私立長期照顧機構承擔。顯然，新北市的非營利財團法人照顧機構要比臺北市的勇於承接公費老人安置服務。

第三，在同一時期，臺北市長期照顧機構數的成長呈現下降趨勢，反之，新北市長期照顧機構的總數呈現的是上升趨勢，尤其是「私立長期照顧機構」增加的家數最為顯著。以下進一步分析這三個發現的意涵：

一、低收入老人公費安置：價格因素與組織屬性

本小節探討臺北市與新北市現行低收入老人公費安置政策，包括兩個市政府社會局老人收容安置補助實施計畫背景及定價策略，以及不同屬性之照顧機構接受公費老人入住的考量因素。

首先要說明的是現行老人公費安置的程序，根據兩市「年度辦理低收入戶老人安置補助實施計畫」，欲提供公費老人安置服務的長期照顧機構必須先與兩市政府簽約，取得契約機構的資格，而這類機構在臺北市必須是經由市政府評鑑（督考）為乙等以上，新北市為甲等以上的機構。申請

公費安置者的老人，需向戶籍所在地區公所辦理，由市政府審核是否通過補助；而公費老人入住機構的決定，有家屬者，由家屬選擇欲入住的機構，沒有家屬者，則由市政府代為選擇。因此，這是一種政府經由「津貼補助」（subsidy）為低收入老人購買安置服務的自由市場運作機制，唯一的限制是簽約機構必須是地方政府定期評鑑在一定等第以上者才有資格。

其次是有關公費老人安置服務的價格分析。根據「臺北市老人收容安置補助實施計畫」，2008 年以前的安置服務價格為每一公費老人每月新台幣 25,000 元，係參考當時另一「身心障礙者生活托育養護費用補助」所訂定；直至 2008 年，方從 25,000 元提高為 26,250 元，惟入住於臺北市以外的縣市者，補助每人每月金額降為 18,000 元。另依據「新北市政府年度辦理低收入戶老人安置補助實施計畫」，對設籍於新北市的低收入戶且重度失能者入住機構的老人補助標準為 18,000 元。此一措施顯示兩市政府的低收入老人機構安置服務購買金額是齊一式的，並未依據老人失能程度設定不同補助金額，也未依據照顧機構不同的收費標準訂定差異化的服務購買金額，甚至規範照顧機構不得向個案再加收耗材與其他雜支。

為改善長期照顧服務產業裡生產者與消費者之間發生所謂「資訊不對稱」現象，臺北市與新北市政府就服務委託者立場要求服務提供單位需符合一定照顧品質，實有必要；但服務委託單位僅規範乙等以上機構即可成為公費老人服務提供單位，卻未考量依據該辦法訂定的服務購買價格，是否能夠吸引評鑑等第甲等以上機構提供服務？且是否因價格因素導致臺北市百分之九十以上的公費老人安置個案與新北市百分之六十五以上個案都因此被安置於營利的長期照顧機構，尤其是私立長期照顧機構？

依據本研究對不同屬性且採取不同公費老人安置策略的照顧機構之訪談結果，發現照顧機構之所以無法接受或拒絕公費老人安置最主要的因素為服務購買的價格。從我們訪談的臺北市與新北市 152 家長照機構（母數為 198）中發現，以四人房收費標準為分析單位，臺北市老人照顧機構收費標準介於 24,000 至 43,500 元之間，平均收費標準是 29,000 元，但臺北市公費老人安置金額為每月 26,250 元。新北市老人照顧機構平均收費標

準介於 20,000 至 42,000 元之間，平均收費標準是 27,000，然而，新北市公費老人安置金額為每月 18,000 元[3]。

再者，若以機構的屬性區分機構的收費標準，以臺北市與新北市整體來看，相較於非營利長照機構，營利機構的四人房收費標準相對較低，多數營利機構（占 56.7%）的四人房收費標準在 25,000 至 29,999 元之間，而非營利機構的四人房收費標準則十分分散，呈現 "M" 型分配模式，24,999 元以下收費的機構有一家，而有二家機構的收費標準超過四萬元。歸納來看，營利機構四人房收費在 30,000 元以下的占全部受訪機構的 64.2%，30,000 元以上的有 35.8%；反之，非營利機構的四人房收費在 30,000 元以下的占全部受訪機構的 42.8%，30,000 元以上的卻高達 57.2%（參見表 7）。以上的數據可說明，為何在臺北市與新北市，安置低收入重度失能老人的長照機構是以小型私立機構為主，因為其收費標準與政府補助標準的差距相對較少。

因此，當照顧機構自訂的收費標準高於地方政府的服務購買價格，即容易導致評鑑等第甲等以上照顧機構拒絕或僅提供少數床位的現象。誠如某一照顧機構受訪者表示：「我們機構最多就只能收 3 個公費老人……26,250 元其實已經不符合成本了！」另二位機構經營者更直言：「這邊接受公費補助的有 2 位……其實我們的收費是 30,000 元，全額補助的話，我們就不會另外收費……但是因為價格差太多，所以公費的部分我們是不能收超過 5 床，這樣子我們才能生存。」「我們這邊一般是收 30,000 元，如果收全額公費 26,250 元的話，等於收一個就虧 3,750 元，因此接受公費安置個案對我們來說是真的一點幫助都沒有。」事實上，依據實際訪談照顧機構的狀況，當照顧機構收費標準與政府服務購買金額趨近，甚至低於政府服務購買金額時，該機構接受政府轉介的公費老人人數越多，顯示服

---

[3] 依據作者的研究資料顯示，臺北市與新北市不同屬性的照顧機構收費標準，四類長照機構中，財團法人醫院附設護理之家收費標準最高，獨立型護理之家收費標準又較財團法人長期照顧機構高，而財團法人長期照顧機構平均收費價格也較私立長期照顧機構高出 3,000 至 5,000 元。

務購買價格確實是影響機構提供服務的關鍵因素。

表7 臺北市與新北市長期照顧機構的屬性與四人房收費標準

	四人房收費分組					
	24,999 元以下	25,000 元至 29,999 元	30,000 元至 34,999 元	35,000 元至 39,999 元	40,000 元以上	總和
營利機構	5	38	17	7	0	67
	7.5%	56.7%	25.4%	10.4%	.0%	100.0%
非營利機構	1	5	2	4	2	14
	7.1%	35.7%	14.3%	28.6%	14.3%	100.0%
合計	6	43	19	11	2	81
	7.4%	53.1%	23.5%	13.6%	2.5%	100.0%

　　再者，照顧機構本身的占床率的高低亦是影響照顧機構是否接受公費老人安置的關鍵因素。依據政府制定的《老人福利機構設立標準》，不論機構當下之入住率為何，都要依照其申請設立之機構床位來聘僱各類專業人員，故任何照顧機構都有固定的人事聘用與其他固定成本。因此，當照顧機構出現空床時，接受來自政府轉介的公費個案就成為分攤機構照顧成本的策略之一。例如，臺北市一家私立小型照顧機構的負責人就強調：「有關收住公費老人的數量多寡，我內心裡面盤算的倒不是政府補助金額多少，例如從新北市轉介進來的只有 18,000 元，其實沒有哪個機構會百分之百滿床，我把付費很少的入住老人當作是補我的常態性空床！」

　　其次，由於地方政府並未要求照顧機構維持公費老人入住的床位數，致使接受安置與否的主控權為照顧機構持有。但比較不同屬性照顧機構經營者對公費老人安置與否的考量因素，私立長期照顧機構相對強調運用公費老人來補充空床位產生的營運成本。然而，非營利財團法人照顧機構卻可獲得政府的資源挹注，依據內政部歷年訂定的《推展社會福利補助經費申請補助項目及基準》，財團法人照顧機構可申請的補助項目包括：新建、改（增建）建與修繕費補助，以及各項人事費用。所以財團法人照顧機構可以運用政府補助來分攤固定人事聘用開銷，若占床率也高，其接受

公費老人安置的誘因就不高。財團法人照顧機構運用政府補助來分攤固定人事聘用開銷，顯示財團法人機構與私立長期照顧機構兩者處於不公平的競爭基準。

依據「推展社會福利建造或購置建物補助款契約書」相關規定，當財團法人照顧機構無正當理由拒絕接受地方政府轉介之個案或未視社區需要提供相關的照顧服務時，地方政府主管機關得終止補助，並要求接受政府補助單位退還補助金額。然而，依據本研究對臺北市與新北市政府主管機關的訪談，政府服務委託單位面對財團法人長期照顧機構採用「床位已滿」作為政府拒收轉介公費個案的正當理由並無質疑。對於是否有硬性要求非營利照顧機構保留幾床以安置低收入老人，兩個市政府社會局主管亦表示「無此要求！」，此現象顯示政府雖然提供財團法人照顧機構設施設備與人事費用補助，但另一方面並未要求財團法人照顧機構需提供一定比例的公費老人安置床位，此等權利與義務不對等的補助策略顯然更加弱化了非營利照顧機構接受公費老人安置的意願。

二、低收入老人公費安置：兩市非營利照顧機構表現的差異

在第二節的分析裡，我們指出，在契約機構接受公費老人安置的人數方面，臺北市的長照機構中，非營利與營利屬性的比例是 1.0：9.0；而在新北市則是 3.5：6.5。此顯示，同樣是非營利屬性的長照機構，其在新北市接受公費老人安置的人數比例要比臺北市高出甚多。為何如此？

首先需要分析臺北市與新北市的社會經濟現況，第二節的表 A 顯示，在 2012 年時，臺北市的「65 歲以上老年人口比率」是 13.04%，而新北市僅有 8.97%，意謂前者的人口老化程度比後者高出許多；再者，臺北市的「老人長期照顧、安養機構數」是 121 家、「老人長期照顧、安養機構可供進住人數」有 5,911 人、而「老人長期照顧、安養機構實際進住人數」是 5,039 人；相對而言，新北市在這三項指標的數據分別是 191 家（機構數）、9,088 人（機構可供進住人數），以及 6,588 人（機構實際進

住人數)。這幾項數據指出一個事實,與臺北市相比,新北市的城鄉差距大、人口老化程度較為舒緩、老人照顧機構數較多、可供進住人數的規模較大,然而機構實際進住人數卻遠遠少於可以提供的床位數。換言之,在新北市,無論是非營利的或營利的照顧機構,其接受有需求老人進住的空間皆比臺北市來的大。

再者,根據第二節的表 1.1、表 2.1、表 3.1、表 4.1、表 5.1、表 6.1 的數據,以臺北市與新北市照顧機構的非營利(NPO)與營利(FPO)屬性分析「機構數」、「契約機構數」,以及「公費老人安置人數」,可得出下列數據:在 2006 年至 1010 年期間,臺北市的(1)NPO 照顧機構平均有 19 家,FPO 有 146 家;(2)NPO 契約機構數平均有 13 家,FPO 有 111 家;(3)NPO 公費老人安置人數平均每家為 4.4 人,FPO 為 4.9 人。而同一時期,新北市的(1)NPO 照顧機構平均有 15 家,FPO 有 210 家;(2)NPO 契約機構數平均有 5 家,FPO 有 37 家;(3)NPO 公費老人安置人數,平均每家為 20.4 人,FPO 為 5.3 人。

以上數據有幾點值得分析,首先,我們注意到臺北市「機構數」與「契約機構數」,不論是 NPO 或 FPO,其家數的落差不大,而公費老人安置人數,NPO 與 FPO 的表現在伯仲之間,此也意謂 NPO 照顧機構雖然在規模、設施設備、照顧專業人力等皆要優於小型的私立照顧機構,但前者在提供公費老人安置人數的數量與意願皆遜於後者。其次,在新北市方面,我們可以發現,「機構數」與「契約機構數」的差距上,NPO 從 15 家向下降為 5 家,但 FPO 卻大幅從 210 家跌落至 37 家,而差距更大的是在「公費老人安置人數」,NPO 照顧機構接受公費老人入住的平均人數是 FPO 的 4 倍。在小型私立照顧機構的接受公費老人入住的能量一定之下(此在臺北市與新北市是類同的),顯示新北市的非營利照顧機構(尤其是財團法人照顧機構)更有能量與意願接受地方政府的委託安置老人的服務。新北市一家財團法人照顧機構的負責人就明白指出:「現階段我們的空床率還很高,所以目前沒有設限,有多少空床就收多少。」並表示該機構的年度營收中「有百分之四十是來自公費安養的收入!」新北市社會

局的一位主管更是讚揚另一家位在該市轄域裡的財團法人照顧機構：「在接受低收入老人入住服務上配合度很高，其住民中有相當高比例是屬於低收入的公費安置老人。」

三、新北與臺北兩市長期照顧機構數的演變趨勢

本研究的數據顯示，在 2006 至 2010 年期間，臺北市長期照顧機構數的成長呈現的是下降趨勢，私立照顧機構從 156 家下降至 134 家（降幅 14.0%），而非營利長照機構從 157 家減少至 135 家（降幅 26.1%）；反之，新北市長期照顧機構數呈現的是上升趨勢，尤其是「私立長期照顧機構」增加的家數最為顯著，從 164 家增加至 190 家。為何如此？這可從公共政策的改變以及兩市的都市化程度差異（尤其是房地產價格）二方面說明之。

臺灣的《老人福利法》第 34 條規定：「老人福利機構之規模、面積、設施、人員配置及業務範圍等事項之標準，由中央主管機關會同中央目的事業主管機關定之。」根據此規定，主管機關應訂定《老人福利機構設立標準》，以規範老人福利機構的設立及運作。2000 年代中期開始，政府醞釀修訂該行政規章，使之更趨周延，且宣布在 2012 年底完成該「標準」的修訂工作，進而公布實施。《老人福利機構設立標準》修訂後的內容將強化老人權益的保障，包括入住機構的契約訂定如何保障老人的權益、機構必須投保公共意外責任險、機構擔保法定強制措施的責任、要求地方政府主管機關加強查核機構經營的品質，以及老人福利機構的設立標準、設施設備的規定、專業人員的聘用要求，以及提高機構若不改善缺失的罰鍰等，這就是機構經營者所稱的「101 條款」。其實，這些措施的要求是臺灣政府為了確保入住機構老人的照顧品質，然而對照顧機構來說，卻使其營運成本增加，尤其是對於私立小型的照顧機構，他們不被允許對外募款、無法獲得政府相關的軟硬體經費的補助，也沒有稅捐的減免，更是雪上加霜。臺北市社會局的一位主管指出：「機構跟我們反應，要他們

符合這個新的法令，事實上要花很多經費去做硬體設施的改善。」此外，根據作者過去走訪臺北與新北兩市一定數量的長期照顧機構，發現有不少私立小型照顧機構之房舍是租用的，若要根據政府的要求限期改善硬體設備等，一來房屋持有人不見得願意讓其隨意更動，二來經營成本會更高，因而最後不得不選擇離開臺北市而搬遷機構到其他縣市，甚至選擇關店休業。

當然，促使臺北市與新北市長期照顧機構數量在這幾年內有明顯升降的因素，即是兩個城市的都市化程度之差異，尤其是房地產價格的落差，有以致之。前述表 A 的各項數據顯示，臺北市是個標準的都會區，城鄉差距幾不存在，新北市的城鄉差距極大，前者的土地面積僅是後者的十分之一強（約 13%），然而前者的人口密度卻是後者的 5.12 倍，因此臺北市是「地少而價高」，新北市則是「地廣而房價落差甚大」。土地與房價較低，再加上新北市的幅員整個圍繞著臺北市，以距離而言，搬遷較易，此是為何近年來不少長期照顧機構業者從臺北市搬遷到新北市提供服務的主要因素。

肆、意涵與結論

本文一開始就強調，影響消費者使用醫療或長期照顧服務的關鍵因素之一即是價格，自由競爭市場係依照市場機制設定長期照顧服務價格，但該價格常導致許多低收入者無力負擔，然而低收入者無力負擔的後果可能是生命權的被剝奪，因此，從長期照顧服務特性檢視服務組織的屬性，主張長期照顧服務，尤其是低收入者，應由公部門或非營利組織擔任主要服務提供者屢見不鮮。然而，本研究顯示，臺北市與新北市政府在機構式長期照顧服務市場的供給狀況，是由營利屬性的私立照顧機構扮演公費老人機構式服務的主要提供角色。亦即，收費標準越趨近於公費安置補助之營利屬性的私立長期照顧機構有相對較高的公費安置率；反之，接受政府補

助設施設備與人事費等各項補助之非營利財團法人照顧機構與醫院附設護理之家，其接受公費老人入住比例卻相對較低。

　　對於營利的私立小型照顧機構而言，依照《老人福利機構設立標準》，不論機構當下之入住率為何，都要依照其設立之機構床位來做人員編制，故有固定的人事聘用開銷，機構在有空床之情況下，仍然要付出與滿床同等的人事開銷；但就財團法人長期照顧機構而言，在政府補助設施設備與人事補助的支持下，兩者立基於不公平的競爭基準。陳正芬與官有垣（2011）指出，臺灣機構式長期照顧服務體系目前的運作特質之一即是，醫院附設護理之家、獨立型護理之家、財團法人老人福利機構及小型機構之間的競爭關係並非處於同一基準，前三者係以照顧品質或附加價值為競爭關鍵，小型老人福利機構彼此之間卻是削價競爭。對照公費老人安置狀況，受限於政府編列的服務購買金額趨近於私立小型照顧機構的收費之故，更加導致公費老人相對難以使用照顧品質較高，但收費標準也相對較高的非營利機構式服務。

　　本研究因而主張，既然非營利的財團法人機構獲得政府設施設備與人事費的補助，其應負擔相對等的義務，地方政府應依據其所獲得的補助金額相對要求其提供一定比例的公費老人安置床位，使其發揮機構式服務的公益角色。此外，由於臺灣目前對於老人機構式服務採取「營利／非營利」二分法的政策路線，即非營利性質的財團法人照顧機構可獲得對外募捐、接受補助及租稅減免的資源，卻也導致該類機構對於透過公費老人的安置來分攤空床期間的營運成本興趣缺缺；另一方面，雖然該類機構的照顧品質相對較佳，其服務對象卻以付費能力的一般民眾為主，在在顯示臺灣機構式照顧服務的政策有待大幅修正。

　　除了照顧服務的「價格」以及政府的「政策與規範」二因素之外，本研究發現「都市化程度」及其相關的社會經濟發展條件，亦是形塑臺北市與新北市轄域內的非營利與營利照顧機構的數量變遷與組織行為改變的重要因素。此即說明了為何在2006至2010年期間，無論是非營利或營利，臺北市長期照顧機構數的成長呈現下降趨勢，而在同一時期，

新北市長期照顧機構的總數呈現上升趨勢，尤其是「私立長期照顧機構」增加的趨勢最為顯著。「經濟成長」理論強調，NPO 的發展在一些都會地區，由於居民的年收入較高，可以預期 NPO 在都會區的活動與服務會相當活躍（Salamon, 1993; Corbin, 1999）。再者，NPO 在都會地區的數量、規模與專業性，皆顯著高於非都會的鄉村地區之 NPO 發展（Corbin, 1999; Grønbjerg, 2001）。然而以上用以解釋 NPO 發展的「經濟成長」觀點，用在說明長期照顧服務產業的發展，尤其是本研究的對象，卻有其限制性。

從本研究的發現亦可映證，「契約失靈理論」（Contract failure theory）與「政府失靈理論」（Government failure theory）雖然能夠解釋為何長期照顧服務產業存在著許多非營利的服務提供機構。但是，此兩理論並非十分周延，特別是無法解釋「混合產業」（mixed industries）的難題，即越來越多的營利組織加入長期照顧服務提供的行列。尤且，政府失靈理論明顯忽略了政府政策作為的不當也可能導致或吸引營利組織進入市場提供近似公共財貨或混合性質的財貨或服務，尤其該類財貨或服務在價格的訂定上具有相當的彈性或優勢，且政府的法令也存在許可或模糊的空間時。

本文作者十分認同 Antonin Wagner（2000）的觀點，他強調任何組織的生存發展深受制度環境的影響，不論是非營利組織、營利組織、或是公部門組織都一樣。社會系統的演變是在其中各部門或次系統的長期互動與彼此形塑影響的結果；任何單面向的觀察而強調某一部門的功能特質，忽略了其他制度環境所扮演的角色，皆未能真正找出解釋此現象的因果論述。換言之，制度分析要比理性－科層組織觀點以及第三部門研究的社會部門分立觀點，更能提供吾人一個有效的途徑來瞭解 NPO 與其他部門組織在公共服務裡扮演的角色。

須田木棉子教授（Yuko Suda）對日本的長期照顧服務提供者的營利或非營利性質及其在介護保險體制下的影響之研究，凸顯了制度途徑理論觀點之長處。Suda（2006, 2008）指出，以西方英語圈為核心的長期照顧過往研究發現，該類服務民營化的情形，NPO 為了與營利組織一較長短，強化了本身的營利要素，結果卻造成非營利與營利組織之間的界域變

得模湖不清，即NPO朝向營利化方向發展（Grønberg and Salamon, 2003; Harris, 2003）。本研究中的非營利財團法人長期照顧機構在臺北市與新北市的經營與發展趨勢，也儼然有此現象。然而日本的例子卻是走相反方向，根據Suda近年在日本的先驗性之介護保險指定業者調查研究，發現營利的業者以加強非營利要素來提高營利與非營利的同質性（Suda and Guo, 2011）。Suda（2008）的追蹤研究更發現，營利組織要比非營利組織在服務與活動的開展上更具有穩定性。因此，在日本的介護保險制度形塑下，營利組織與非營利組織同質化的過程並不像其他西方國家的「非營利組織營利化」，而是「營利組織非營利化」。

參考文獻

王一帆（2012）。《臺北市公費安置老人服務購買與長期照顧機構組織屬性之研究》。中國文化大學社會福利研究碩士論文。

王仕圖、官有垣、李宜興（2009）。〈非營利組織的相關理論〉，收錄於蕭新煌、官有垣、陸宛蘋（主編），《非營利部門：組織與運作（第二版）》。臺北：巨流。

臺灣長期照護專業協會（2010）。〈如何選擇合適的照護機構〉。網址：http://www.ltcpa.org.tw/public/choose_02.html 。

行政院（2007）。《我國長期照顧十年計畫——大溫暖社會福利套案之旗艦計畫》。臺北：行政院。

行政院主計處（2013）。「中華民國統計資訊網——縣市重要統計指標」。網址：http://ebas1.ebas.gov.tw/pxweb/Dialog/statfile9.asp 。

行政院經濟建設委員會（2012）。《中華民國 2012 至 2060 年人口推計》。臺北：行政院經濟建設委員會。

吳淑瓊、陳正芬（2000）。〈長期照護資源的過去、現在與未來〉，《社區發展季刊》，*92*，19-31。

吳聖良、張瑛昭（1995）。〈臺灣省十二縣市未立案療養機構數量及其服務現況之調查研究〉，《公共衛生》，*22*(3)，147-161。

李克怡、王榮俊、周勵志（1990）。〈士林、北投、內湖區二十家老人安養中心之評估〉，《公共衛生》，*16*(4)，416-423。

官有垣（2001）。〈第三部門與公民社會的建構：部門互動的理論探討〉，《臺大社會工作學刊》，*4*，163-201。

官有垣、陳正芬（2009）。〈非營利或營利有關係嗎？臺灣長期照顧服務提供的組織屬性與政府相關政策演變之探討〉，《行政院國家科學委員會研究計畫結案報告》，編號：NSC98-2410-H-194-078-SS2，研究期間：2009/8/1/-2011/10/31。

莊秀美（2005）。〈日本社會福利服務的民營化——「公共介護保險制度」現況之探討〉，《臺大社會工作學刊》，*11*，89-128。

莊秀美（2007）。〈臺灣地區老人福利服務的供給與營運——照顧服務民營化的政策方向與實施現況之探討〉，論文發表於「少子高齡社會之福祉政策之實踐與發展——臺灣與日本的比較研究國際研討會」，臺北：東吳大學。

郭登聰（2005）。〈再論營利性組織參與老人安養護機構經營的可行性探討〉，《社區發展季刊》，*110*，95-110。

陳正芬（2002）。〈老人福利推動聯盟在未立案養護機構法制化過程中的倡導角色

分析〉,《社會政策與社會工作學刊》,*6*(2),223-267。

陳正芬(2009)。〈非營利組織與健康服務〉,收錄於蕭新煌、官有垣、陸宛蘋(主編),《非營利部門:組織與運作(第二版)》。臺北:巨流。

陳正芬、官有垣(2011)。〈臺灣機構式長期照顧服務組織屬性與政府相關政策演變之探討〉,《社會政策與社會工作學刊》,*15*(1),91-135。

黃德舜、蔡麗華(2001)。〈老人長期照護、養護機構經營管理問題及對策〉,《醫院》,*34*(6),22-33。

楊培珊、吳玉琴(2003)。〈臺灣非營利老人福利機構現況分析初探〉,《東吳社會工作學報》,*9*,45-74。

楊漢泉、孫碧雲,(1999)。〈公立醫院附設護理之家之探討〉,《護理行政》,*32*(2),56-65。

盧瑞芬、謝啟瑞(2003)。〈臺灣醫院產業的市場結構與發展趨勢分析〉,《經濟論文叢刊》,*31*(1),107-153。

蘇淑真(2001)。《臺灣地區護理之家服務現況之探討》。臺北醫學大學護理學研究所碩士論文。

Amirkhanyan, A. A., Kim, H. J., & Lambright, K. T. (2008). "Does the Public Sector Outperform the Nonprofit and For-Profit Sectors? Evidence from a National Panel Study on Nursing Home Quality and Access." *Journal of Policy Analysis and Management, 27*(2), 326-353.

Bauer, B. (1991). "Voluntary welfare associations in Germany and the United States: theses on the historical development of intermediary systems." *Voluntas: International Journal of Voluntary and Nonprofit Organizations, 1*(1), 97-111.

Billis, D. (1989). "A Theory of the Voluntary Sector: Implications for Policy & Practice." *Working Paper 5*, the Centre for Voluntary Organization, the London School of Economics and Political Science.

Billis, D. (1993). *Organizing Public and Voluntasy Agencies*. London: Routledge.

Clarke, L. & Estes, C. (1992). "Sociological and economic theories of markets and non-profits: Evidence from home health organizations." *American Journal of Sociology, 97*, 945-969.

Corbin, John J. (1999). "A study of factors influencing the growth of nonprofit in social services." *Nonprofit and Voluntary Sector Quarterly, 28*(3), 296-314.

Douglas, J. (1987). "Political Theories of Nonprofit Organization." In W. W. Powell (Ed.), *The Nonprofit Sector: A Research Handbook*. New Haven: Yale University Press.

Gibson, M. J., Gregory, S. R., & Pandya, S. M. (2003). *Long-term Care in Developed Nations: A Brief Overview*. Washington, D. C.: AARP.

Grønbjerg, K. A. (2001). "The U.S. nonprofit human service sector: A creeping revolution." *Nonprofit and Voluntary Sector Quarterly, 30*(2), 276-297.

Grønbjerg, K. A. & Salamon, L. M. (2003). "Devolution, marketization, and the changing shape of government-nonprofit relations." In L. M. Salamon (Ed.), *The State of Nonprofit America*. Washington, D.C.: Brookings Institution Press.

Guo, B. (2006). "Charity for Profit? Exploring factors Associated with the Commercialization of Human Services Nonprofits." *Nonprofit and Voluntary Sector Quarterly, 35*(1), 123-138.

Harris, J. (2003). *The Social Work Business*. London & New York: Routledge.

Johnston, J. M. & Romzek, B. S. (1999). "Contracting and accountability in state Medicaid reform: Rhetoric, theories, and reality." *Public Administration Review, 59*(5), 383-399.

Kane, R. A. & Kane, L. K. (1987). *What is long-tern Care? Long-term Care: Principles, Programs, and Policies*. New York: Springer.

Kramer, R. M. (2000). "A third sector in the third millennium." *Voluntas: International Journal of Voluntary and Nonprofit Organizations, 11*(1), 1-23.

Long, S. K. & Alshadye, Y. (2005). "Commercial plans in Medicaid managed care: Understanding who stays and who leaves." *Health Affairs, 24*, 1084-1094.

Marmor, T. R., Schlesinger, M., & Smithey, R. W. (1987). "Nonprofit Organizations and Health Care." In W. W. Powell (Ed.), *The Nonprofit Sector: A Research Handbook*. New Haven: Yale University Press.

Martin, L. L. (1999). *Contracting for Service Delivery: Local Government Choices*. Washington DC: International City/County Management Association (ICMC).

Needleman, J. (2001). "The Role of Nonprofit in Health Care. Journal of Health Politics." *Policy and Law, 26*, 1113-1130.

Ott, J. S. (2001). *The Nature of the Nonprofit Sector*. Boulder, Colo.: Westview Press.

Pavolini, E. & Ranci, C. (2008). "Restructuring the welfare state: reforming in long-term care in Western European countries." *Journal of European Social Policy, 18*(3), 246-259.

Salamon, L. M. (1993). "The marketization of welfare: Changing nonprofit and for-profit roles in the American welfare state." *Social Service Review, 67*, 16-39.

Schlesinger, M. & Gray, B. H. (2006). "Nonprofit organizations and health care: Some paradoxes of persistent scrutiny." In W. W. Powell & R. Steinberg (Eds.), *The Nonprofit Sector: A Research Handbook*. New Haven: Yale University Press.

Spector, W. D., Selden, T. M., & Cohen, J. W. (1998). "The impact of ownership type on nursing home outcomes." *Health Economics, 7*(7), 639-653.

Suda, Y. (2006). "Devolution and privatization proceed and centralized system : Twisted reality faced by Japanese organizations." *Nonprofit and Voluntary Sector Quarterly, 35*(3), 430-452.

Suda, Y. (2008). "For-profit providers operating not-for-profit in Japan." Full-paper for the presentation in 2008 ARNOVA Conference, Philadelphia, USA: November 20-21, 2008.

Suda, Y. (2011). "For-profit and nonprofit dynamics and providers' failures." *Public Management Review, 13*(1), 21-42.

Suda, Y. & Guo, B. (2011). "Dynamics between nonprofit and for-profit providers operating under the long-term care insurance system in Japan." *Nonprofit and Voluntary Sector Quarterly, 40*(1), 79-106.

Wagner, A. (2000). "Reframing 'social origins theory': The structural transformation of the public sphere." *Nonprofit and Voluntary Sector Quarterly, 29*(4): 541-553.

Young, D. R. (2001). "Nonprofit Entrepreneurship." In S. J. Ott (Ed.), *Understanding Nonprofit Organizations: Governance, Leadership, and Management*. Boulder, Colo.: Westview Press.

第十三章

公費安置老人服務之跨部門網絡：
　　　　新竹市與臺東縣

陳正芬、官有垣

壹、前言

依據《老人福利法》第 34 條:「主管機關應依老人需要自行或結合民間資源辦理長期照顧機構等機構。」由於經濟弱勢者的服務付費能力相對較低,政府除了設立公立機構直接提供,透過購買服務向非營利或營利機構購買服務方式成為近年來機構式服務的主要服務提供模式。參考美國低收入老人醫療救助(Medicaid)的服務購買經驗,其支出中超過 50% 比例用於機構式服務,而有鑑於 Medicaid 安置機構從 2000 年開始,其屬性逐漸從非營利轉為營利性質,致使地方政府購買服務的對象不得不擴大至營利屬性的照顧機構;然而,Medicaid 給付個案安置機構的費用經常低於機構本身制定收費標準,因此觀察與分析不同屬性照顧機構接受 Medicaid 個案的比例與服務成果即成為美國長期照顧與非營利組織領域近年關注的焦點(Amirkhanyan, 2008; Amirkhanyan, Kim, & Lambright, 2008)。隨著政府財政緊縮致使公立機構服務供給量朝向限制成長,以及採取公設民營等方式轉型、財團法人與私立小型老人照顧機構服務量的擴大,我國地方政府開始向私立照顧機構[1] 與護理之家購買低收入老人所需的機構式服務,目前地方政府為公費[2] 老人購買機構式服務的方式類似美國 Medicaid,大多採取個案補助方式向照顧機構購買服務,各直轄市、縣(市)政府皆訂有委託機構安置低收入戶失能老人費用補助辦法,購買服務單位的條件固然有所設定[3];惟涉及各縣市政府財政狀況不同,其編列的服務補助費用亦不盡相同[4]。

如前所述,雖然國內現已發表諸多探討機構式長期照顧服務組織的相關研究(李士豪,2009;邱月季,1999;紀金山、褚于萱,2011;張和然

---

[1] 以下皆簡稱私立機構,包括私立財團法人機構與小型機構。

[2] 本研究定義的公費老人為低收入戶且需機構安置者。

[3] 例如至少需為評鑑乙等以上機構。

[4] 地方政府補助低收入戶老人與中低收入老人入住長期照護機構從 9,300 元至 2 萬 1,000 元(臺北市依失能程度最高補助到 2 萬 6,250 元)(王一帆,2012;衛生福利部,2018)。

等人，2007；許世凱，2006；游麗裡，2000)，但研究議題則以機構產業特性、經營管理和個別組織行動為主；即使鎖定一區域探討老人照顧機構的產業結構變化或公費老人服務供給量的研究，仍侷限於單一地區（紀金山，2008；陳正芬、官有垣，2015)。陳正芬與官有垣（2015）以臺北市政府為案例，分析臺北市公費老人安置量與長期照顧屬性的關係，發現公費老人被安置於私立機構比例超過八成，財團法人機構接受公費老人的比例不到一成。該研究指出，臺灣目前雖然對於老人機構式服務採取「營利／非營利」二分法的政策路線，即非營利性質的財團法人照顧可獲得對外募捐、接受補助及租稅減免的資源，卻也導致財團法人長期照顧機構無須透過公費老人的安置來分攤空床期間的營運成本，降低財團法人機構接受公費老人安置意願；且當臺北市機構式照顧服務供給量隨房租地價等固定成本逐年提升而降低時，對服務提供單位而言，將有限床位提供給補助價格相對較低的公費住民，不如選擇自費住民，導致約八成的臺北市公費住民被安置於費用相對較低，且評鑑等第為乙等的私立小型照顧機構，部分住民更因臺北市照顧機構「滿床」理由而被安置於臺北市以外的照顧機構。但除了臺北市此一個案研究之外，其他地方政府安置低收入老人入住長期照顧機構的研究仍待累積。換言之，少有研究之研究對象以地方政府及其區域為主體，涵蓋營利與非營利機構，比較不同縣市政府在機構式服務的角色與功能，探討混合經濟市場產生的服務輸送問題。

　　有鑑於此，本研究為瞭解地方政府面對服務提供環境變動所產生的影響，參考內政部 2012 年公布的機構分布狀況，選定機構式照顧市場最不具競爭力環境，但至少仍同時存在財團法人與私立小型機構的地方政府[5]：新竹市與臺東縣為研究對象。先分析地方政府安置公費老人的狀況，瞭解私立財團法人照顧機構以及私立小型照顧機構接受公費老人安置人數與比例；再以上述二類型長期照顧機構管理者為研究對象，進行深度訪談。另一方面，亦訪談地方政府執行公費老人安置方案的相關承辦人員，瞭解

---

[5] 也就是相較於其他縣市，新竹市與臺東縣的私立小型照顧機構是全國相對較少的縣市。

其執行方案時遭遇的障礙與因應對策。過去研究顯示，相較於中央政府，地方政府往往面臨人力、物力與財力困窘情況，需要透過彈性與有效率的協力模式，透過公私協力的方式回應當地需求（林淑馨，2016；張錯如，2018）；但儘管組織協力的概念日漸受到重視，比較不同地方政府組織協力模式之間的相似性與差異性，相關研究仍待累積，特別是在長期照顧領域。研究者立基於公費老人的安置議題，分析比較不同地方政府的安置方案內容與執行狀況，以及瞭解當地區不同屬性照顧機構管理者篩選公費老人的考量，從組織協力的角色切入，並比較兩個縣市政府的差異性，作為後續激勵地方政府找出有助於機構式長期照顧服務接受公費老人安置政策建議的依據。

貳、跨部門協力網絡的發展與分析架構

針對 1980 年以來，依賴第三者（the third-parties）——非營利組織、私人企業或其他公私混合單位來提供公共服務或達成各種公共政策任務的趨勢，許多學者均以「契約型政府」（government by contract）或「契約式治理」（governing by contract）等名詞來代表政府將其諸多公共職能轉移給民間部門來承擔的國家空洞化（hollow state）現象；綜觀這些研究文獻均有一個主要共同論點，即認為契約型政府之趨勢已不可避免，但為了解決國家空洞化所導致公共課責關係不明與公共利益價值可能被犧牲的困境，相關研究均建議需強化政府契約管理能力、健全契約委外的相關制度與規範、邁向關係式契約途徑與協力式網絡關係之經營維繫，其中又以建立網絡關係被視為最可行的策略（Freeman & Minow, 2009; Kettle, 2006; Brown, Potoski, & Van Slyke, 2006；陳敦源、張世杰，2010）。

誠然，在公共行政領域中，網路被視為一個重要的治理模式，意指許多公共任務的達成已不可能完全依賴公共部門本身，需要透過與其他部門及民間組織合作，才能有效處理公共事務。傳統指揮命令的垂直層級

統治，轉變成與不同部門之各式組織協力的水平治理，意謂政府需仰賴與結合第三部門組織與企業的伙伴關係，促使網絡式治理（governing by network）現象的浮現。陳敦源與張世杰（2010）主張，公私部門之間的協力關係網絡的運作立基於下列三個關鍵面向：（1）平等互惠關係：強調網絡參與者基於相互依賴的必要性，彼此地位應是平等且無主從之分。不僅共享資源、資訊與目標價值，且對協力關係具有相互承諾的義務。（2）協力過程：因為協力過程涉及網絡複雜且多樣的結構，且參與者在協力過程中可能進出，致使網絡結構動態而多變。據此，協力關係需被治理，才能有效促進參與者各自與共同利益。（3）信任與社會資本：需要透過長期互動接觸，培養往參與者彼此之間信守承諾的態度；而當信任關係被建構之後，即成為社會資本；社會資本的形成不僅能在正式制度之外創造額外非正式聯繫管道，亦可減少後續協力過程的交易成本。其中又以協力過程最為重要，因為參與協力過程者眾，且因各自利益與不同的參與目的，導致參與者代表在協力過程中經常改變，網絡關係結構呈現相當高的動態性。因此，若要建立穩定發展且持續的協力過程，實有必要瞭解利益相關單位的協力動機來平衡集體目標與個別利益。

　　再者，如何運用跨部門協力網絡的分析架構，檢視影響跨部門協力結果及其相關因素，乃是諸多學者的研究重點。例如 Bryson 與 Crosby（2008）提出的跨部門協力的認知架構，是由初始環境、過程、結構與治理、偶然性與限制，以及結果與課責等五大部分所組成；Ansell 與 Gash（2008）亦從初始狀況、協力過程、協助式領導、制度設計與結果五大面向進行分析，強調協力過程是一個主要變項，對協力治理的影響最深。近年來國外文獻對探討組織協力背後動機的相關研究均已開展，例如 Gazley（2010）分析非營利組織不願參與地方政府協力行動的原因，以及 Feiock（2008）以制度論與交易成本理論為基礎，分析影響集體行動的諸多動機與因素。Fleishman（2009）探討非營利組織決定是否參與跨部門協力網絡背後的動機與困境，發現組織是否願意成為網絡關係的一員，就理論上來說，可從資源的交換與依賴、政治利益以及關鍵行動者等角度來分

析與解釋。但上述研究對組織協力動機的探討，多是從「自願式協力」
（voluntary collaboration）機制出發，較少針對「命令式協力」（mandated
collaboratoin）面向進行分析，Rodriguez 、Langley、Beland 與 Denis（2007）
採用 Benson（1975）發展的跨組織網絡理論與 Hardy 與 Philips（1998）
的權力依賴理論，分析加拿大公共衛生組織網絡，探究命令式組織協力機
制運作情況，研究結果指出在命令式組織協力機制中，組織之間的協力是
一種政治過程，跨組織之間夥伴關係的建立，取決於夥伴組織之間對於權
力、價值與利益的依賴。

　　綜上所述，本研究將先依據前述理論，立基於初始環境結構、跨部門
協力過程，以及跨部門協力互動限制等三大環節，分析新竹市與臺東縣與
不同屬性的長期照顧機構進行公費老人機構安置的協力網絡運作過程之影
響因素。

參、研究方法、步驟與進度

一、研究設計與研究方法

　　過去由於「營利與非營利」二元劃分的政策論述，致使地方政府、非
營利機構、營利機構三者在公費老人安置的協力經驗被忽略。據此，本研
究一方面藉由檔案文件分析法，掌握地方政府規劃、訂定低收入戶老人安
置補助政策結構脈絡，充分蒐集並閱讀相關購買服務契約的法規與文件檔
案，包括地方政府辦理低收入老人安置補助的實施計畫、契約書、機構文
件、年度成果報告或報表，評鑑紀錄等文件資料；另一方面，不論是從老
人照顧機構，或是地方政府承辦人員，雙方背後都反應出其各自機構式長
照政策的豐富工作經驗，為歸納與分析資料，本研究另一研究方法為深
度訪談法，將訪談地方政府業務承辦人員及不同屬性的長期照顧機構管理
者，瞭解組織自主性與整體政策制度之間相互扣連的複雜社會關係。

二、研究對象

　　考量不同屬性的老人照顧機構獲得的補助條件，組織本身對於服務提供對象與本身服務提供定位皆有差異，本研究將從公費老人此一對象出發，為瞭解地方政府面對服務提供環境變動所產生的影響，地方政府是從該區域擁有的機構屬性與競爭環境（機構家數）來挑選，選擇市場最不具競爭力環境，但至少仍同時存在財團法人與私立小型機構的地方政府：新竹市與臺東縣[6]（表1）。訪談對象包括地方政府相關單位的承辦人員以及照顧機構，前者係瞭解分析地方政府的補助標準、該區域三年期間機構家數的變動狀況對安置業務的影響，以及承辦人員如何選擇安置機構的工作經驗。後者則是希望瞭解不同縣市的財團法人機構評估公費老人安置的相關因素與組織定位，研究者相信透過對機構管理者的深度訪談，有助於瞭解各機構的組織定位、服務對象的設定，以及面對服務環境變動所採取的因應對策。私立小型機構與護理之家亦列為訪談對象，對象抽樣準則係依據樣本特性進行抽樣，亦即所選擇的樣本是否具有完成研究任務的特性及功能，並參考 Morse（1994）歸納質性研究的四項重要抽樣技巧，分別是：（1）極端或偏差型個案抽樣：選取經驗特殊的個案，藉以擴大研究現象涉及範疇；（2）深度個案抽樣：找出研究情境中經驗非常豐富的個案，可更加深入瞭解研究現象；（3）關鍵抽樣：透過不同個案正負經驗的累積，提升研究現象的多元樣貌；（4）最大差異抽樣：觀察比較異質性個案經驗中的共通性，作為形成抽象概念的重要基礎。本研究將從「該縣市立案機構」、「評鑑等地」與「實際接受公費老人安置機構」三個指標選擇訪談對象，將訪談對象分為三類：（1）評鑑等第在甲等以上，被地方政府指定為公費老人服務單位，且三年期間皆接受公費老人安置者；（2）評鑑等第在甲等以上，被地方政府指定為公費老人契約服務單位，但三年期間從

---

[6] 新竹市僅有 19 家機構；花蓮縣與臺東縣的機構家數分別是 15 家與 17 家，考量二家都位於東部，且組織分布比例類似，故擇一地理環境相對狹長的縣市。

未實際接受公費老人安置者；（3）評鑑等第未達甲等，但仍接受地方政安置公費老人者；每一類都進行研究對象之訪談，直至資料飽和為止。

表 1 長期照顧機構按組織特性及縣市分析

縣市別	總計	公立機構	公設民營機構	財團法人機構	小型機構	護理之家
總計	1464	11(0.8%)	12(0.8%)	102(7.0%)	900(61.5%)	439(29.9%)
臺北市	143	1(0.7%)	3(2.1%)	5(3.5%)	115(80.4%)	19(13.3%)
新北市	271	2(0.7%)	1(0.4%)	7(2.6%)	192(70.8%)	69(25.5%)
臺中市	115	1(0.9%)	0(0.0%)	9(7.8%)	51(44.3%)	54(47.0%)
臺南市	167	0(0.0%)	1(0.6%)	11(6.6%)	98(58.7%)	57(34.1%)
高雄市	206	1(0.5%)	1(0.5%)	10(4.9%)	130(63.1%)	64(31.0%)
宜蘭縣	46	0(0.0%)	1(2.1%)	8(17.4%)	29(63.0%)	8(17.5%)
桃園縣	89	0(0.0%)	1(1.1%)	7(7.9%)	47(52.8%)	34(38.2%)
新竹縣	24	0(0.0%)	1(4.2%)	2(8.3%)	13(54.2%)	8(33.3%)
新竹市	19	0(0.0%)	0(0.0%)	2(10.5%)	10(52.6%)	7(36.9%)
苗栗縣	25	0(0.0%)	2(8.0%)	4(16.0%)	9(36.0%)	10(40.0%)
彰化縣	81	2(2.5%)	0(0.0%)	7(8.6%)	46(56.8%)	26(32.1%)
南投縣	29	0(0.0%)	0(0.0%)	4(13.8%)	11(37.9%)	14(48.3%)
雲林縣	38	0(0.0%)	0(0.0%)	2(5.3%)	25(65.8%)	11(28.9%)
嘉義縣	34	0(0.0%)	0(0.0%)	2(5.9%)	20(58.8%)	12(35.3%)
嘉義市	25	0(0.0%)	0(0.0%)	5(20.0%)	13(52.0%)	7(28.0%)
屏東縣	75	1(1.3%)	0(0.0%)	9(12.0%)	44(58.7%)	21(28.0%)
臺東縣	17	0(0.0%)	0(0.0%)	5(29.4%)	8(47.1%)	4(23.5%)
花蓮縣	15	0(0.0%)	0(0.0%)	3(20.0%)	9(60.0%)	3(20.0%)
澎湖縣	4	1(25.0%)	0(0.0%)	0(0.0%)	1(25.0%)	2(50.0%)
基隆市	39	0(0.0%)	1(2.6%)	0(0.0%)	29(74.3%)	9(23.1%)
金門縣	1	1(100.0%)	0(0.0%)	0(0.0%)	0(0.0%)	0(0.0%)
連江縣	1	1(100.0%)	0(0.0%)	0(0.0%)	0(0.0%)	0(0.0%)

資料來源：社政單位機構數來自：http://sowf.moi.gov.tw/04/12/12.htm（2012/12/18），
護理之家資料來自研究者自行更新。

三、資料分析

　　研究對象的訪談完成後，將由負責謄稿的助理採取逐字稿的形式整理成文本，之後由訪談者校閱後定稿。資料之分析由研究者進行階段式的資料譯碼與概念化過程；第一階段的譯碼程序將採取開放性譯碼，也就是將資料分解檢視比較概念化和範疇化的過程。之後進行符碼的概念化，首先是發掘範疇與次範疇，即歸類相似概念並範疇化，範疇的命名則採取自創範疇名字或借用文獻；第三階段則進行選擇性譯碼，透過核心範疇的選擇，闡明故事線與發掘型態，把它有系統地與其他範疇相連結，驗證其間的關係，並把概念化尚未發展完全的範疇補充整齊的過程（Charamaz, 2000; Strauss & Cobin 原著，吳芝儀、廖梅花譯，2001）。

肆、新竹市與臺東縣長期照顧機構組織屬性與公費安置老人服務的演變

一、新竹市與臺東縣的政治經濟現況

　　新竹市位於臺灣北部，是新竹次都會區的核心都市及竹苗生活圈中心城市。1980 年代初期成立的新竹科學工業園區，吸引了大批國內與國際廠商的投資及許多高科技人力移居，帶動新竹市的發展與人口成長，成為有「臺灣矽谷」之稱的高度發展城市，工業發展僅次於桃園市。臺東縣則位於臺灣東南方，面積僅次於花蓮縣、南投縣，為臺灣第三大縣。由於位處熱帶氣候區且面山近海，臺東縣自然資源相當豐富；不但境內保有多處自然文化保留區，各式特產名聞全臺。然而，臺東縣的人口密度為全臺最低，每平方公里僅 64.3 人，而新竹市人口密度約為 4,113.9 人，兩者的土地面積與人口密度差異甚大。新竹市的高度城市化情形，亦可從「農戶數」（5,625 戶）比臺東縣低許多（16,551 戶）看出端倪（見新竹市 [7] 與臺

---

[7] https://www.hccg.gov.tw/ch/home.jsp?id=18&parentpath=0

東縣政府[8]網站）。

二、新竹市長期照顧組織屬性與公費安置老人的變遷趨勢 （2011-2013）

為了瞭解新竹市三年期間，公立機構、財團法人長期照顧機構、私立長期照顧機構、財團法人醫院附設護理之家與獨立型護理之家五類機構的立案家數、床位數，以及接受公費老人安置的情況，研究者以表2呈現新竹市三年期間總計立案機構與收住資料，以及不同類型及評鑑等地的照顧機構提供公費老人入住的趨勢。

表2顯示新竹市照顧機構的總數相當穩定，三年期間僅有2家私立小型長期照顧機構新成立，從15家成長為17家，總床位數從2011年的715床擴增到2013年的797床。檢視公費老人安置於各類型機構的比例。進一步分析新竹市政府實際安置低收入老人的9家機構之評鑑等第，扣除2家醫院之外，新竹市內4家機構，1家為甲等，3家為乙等，上述超過四分之三的個案就是被安置於新竹市行政轄區內的甲等機構當中。外縣市的3家機構等第，2家為優點，1家為乙等。值得注意的是，依據新竹市104年度長期照顧機構服務公費安置實施計畫：「安置單位為依法設立之甲等以上老人福利機構、護理之家及合格醫療院所；若初次簽約時為甲等機構，後經評鑑為乙等機構，則以服務舊案為原則。」原則上評鑑等第甲等以上的機構都可以是公費老人安置機構；然而，2011-2013年期間，新竹市地理範圍內實際接受公費老人入住的機構僅有四家，占總機構家數約四分之一，二家為財團法人機構，另二家分別為私立長期照顧機構與獨立型護理之家。

以2011年例，超過四分之三人數（75.0%）被安置於新竹市內財團法人照顧機構，5.5%安置於護理之家，另有11.1%的公費老人安置於新竹市內的醫院。但2013年資料顯示，雖然安置於新竹市內財團法人機構的

---

8 https://www.taitung.gov.tw/default.aspx

人數趨近八成（79.0%），但 2013 年開始出現將公費老人安置於外縣市現象，雖然比例極低（3.2%）（表3）。

表2　2011-2013 年新竹市各等第機構類型安置公費老人之狀況

			財團法人長期照顧機構	私立長期照顧機構	醫院附設護理之家	獨立型護理之家	總計
2011年	優等／甲等	立案家數／床位數	1/200	1/43	2/87	2/79	6/409
		實際安置機構數／床位數／比例	1/50/25.0%	1/5/11.6%	0/0/0	1/3/3.8%	3/58/14.1%
		機構等第比例	86.21%	8.62%	0	5.17%	100%
	乙等	立案家數／床位數	1/48	6/194	2/87	2/64	11/393
		實際安置機構數／床位數／比例	1/4/8.3%	0/0/0	0/0/0	0/0/0	1/4/1.0%
		機構等第比例	100%	0	0	0	100%
	總計	立案家數／床位數	2/248	7/237	2/87	4/143	15/715
		實際安置機構數／床位數／比例	2/54/21.7%	1/5/2.11.0%	0/0/0%	1/3/2.1%	4/62/8.7%
		機構等第比例	87.1%	8.1%	0	4.84%	100%
2012年	優等／甲等	立案家數／床位數	1/200	1/43	2/87	2/79	6/409
		實際安置機構數／床位數／比例	1/52/26.0%	1/6/13.9%	0/0/0	1/6/7.6%	3/64/15.6%
		機構等第比例	81.3%	9.4%	0	9.3%	100%
	乙等	立案家數／床位數	1/48	6/194	2/87	2/64	11/393
		實際安置機構數／床位數／比例	1/4/8.3%	0/0/0	0/0/0	0/0/0	1/4/1.0%
		機構等第比例	100%	0	0	0	100%
	總計	立案家數／床位數	2/248	9/319	2/87	4/143	17/797
		實際安置機構數／床位數／比例	2/56/22.6%	1/6/1.9%	0/0/0	1/6/4.2%	4/68/8.5%
		機構等第比例	82.4%	8.9%	0	8.9%	100%

			財團法人長期照顧機構	私立長期照顧機構	醫院附設護理之家	獨立型護理之家	總計
2013年	優等／甲等	立案家數／床位數	1/200	2/63	2/87	2/79	7/429
		實際安置機構數／床位數／比例	1/45/22.5%	0/0/0	0/0/0.0%	1/3/3.8%	2/48/11.2%
		機構等第比例	77.6%	0	0	5.17%	82.8%
	乙等	立案家數／床位數	1/48	5/174	2/87	2/64	10/373
		實際安置機構數／床位數／比例	1/4/8.3%	1/6/3.5%	0/0/0	0/0/0	2/10/2.7%
		機構等第比例	6.9%	10.3%	0	0	17.2%
	總計	立案家數／床位數	2/248	9/319	2/87	4/143	17/797
		實際安置機構數／床位數／比例	2/49/19.8%	1/6/1.9%	0/0/0	1/3/2.1%	4/58/7.3%
		機構等第比例	84.5%	10.3%	0	5.2%	100.0%

資料來源：研究者自行整理新竹市社會局與衛生局提供之資料。

註1：關於資料呈現方式，即立案（間數／床位數）、立案實際安置（間數／人數／占總床位數比例）、機構等第比例（該類型／等第安置公費老人數占總安置公費老人數之百分比）。

註2：私立長期照顧機構2間未有評鑑等第資料也未安置公費老人，各年總計數值有包含在內。

註3：2011年新竹市共有69位公費老人接受安置，其中7位公費老人安置於醫院；2012年新竹市共有76位公費老人接受安置，其中8位公費老人安置於醫院；2013年新竹市總共有62位公費老人接受安置，其中4位公費老人安置於外縣市或醫院；以上狀況未納入分析。

表 3　新竹市 2011 至 2013 年立案機構接受公費老人安置之人數與比例

年 類型	2011	2012	2013
公費老人入住財團法人長期照顧機數人數（比例）	54(75.0%)	56(73.7%)	49(79.0%)
公費老人入住私立長期照顧機構人數（比例）	6(8.3%)	6(7.9%)	6(9.7%)
公費老人入住獨立型護理之家人數（比例）	4(5.5%)	6(7.9%)	3(4.8%)
公費老人入住新竹市內醫院人數（比例）	8(11.1%)	8(10.5%)	2(3.2%)
公費老人入住外縣市私立長期照顧機構人數（比例）	0(0.0%)	0(0.0%)	2(3.2%)
總計（公費老人入住人數）	72	76	62

資料來源：研究者自行整理新竹市社會局提供之資料。

三、臺東縣長期照顧組織屬性與公費安置老人的變遷趨勢（2011-2013）

　　根據《臺東縣老人福利機構評鑑及獎勵辦法》第 7 條：「評鑑列為優等或甲等之機構，得優先接受本府委託辦理老人福利相關業務，並由本府公開表揚及核發獎狀（牌）、獎金。」法條僅表示「得」優先接受政府委辦業務，但並未確定簽約；其次，社會福利科科長及承辦人皆表示優甲等機構會優先考慮，但乙等機構如果來簽約亦可接受。表 4 顯示臺東縣照顧機構呈現持續增加趨勢，從 2011 年的 15 家機構成長至 2013 的 17 家，總床位數從 2011 年的 926 床擴增到 2013 年 1,034 床。上述機構當中，其中財團法人機構全部都接受公費老人入住，私立小型照顧機構接受公費老人入住的比例，2011 年約四成，2012 年是六成，2013 年微幅成長。

表 4 臺東縣 2011 至 2013 年立案，以及接受公費老人安置之機構數

年　類型	2011	2012	2013
財團法人長期照顧機構數／床位數	4/429	4/429	4/429
公費老人入住財團法人長期照顧數構家數／人數／比例	4/63/55%	4/62/61%	4/74/58%
私立長期照顧機構數（立案）	8/249	8/249	9/297
私立長期照顧機構數（公費老人入住）	3/26/22%	5/26/25%	6/40/31%
醫院附設護理之家（立案）	2/218	3/278	3/278
醫院附設護理之家（公費老人入住）	1/10/8%	1/2/2%	1/1/0.7%
獨立型護理之家（立案）	1/30	1/30	1/30
獨立型護理之家（公費老人入住）	0/0/0%	0/0/0%	0/0%
總計立案機構數／床位數	15/926	16/986	17/1,034
公費老人入住台東縣內機構數／人數	8/99/87%	10/90/88%	11/115/90%
入住臺東縣內醫院與身障機構的公費老人數／比例	5(4%)	3(3%)	3(2%)
入住外縣市公立照顧人數／比例	6(5%)	6(6%)	6(5%)
入住外縣市財團法人附設機構人數／比例	4(3%)	3(3%)	3(2%)
總計（公費老人入住人數）	114	102	127

資料來源：研究者自行整理臺東縣社會局提供之資料。

　　檢視這三年資料，臺東縣需安置的公費老人安置於各類型機構的比例，財團法人照顧機構接受公費老人安置的比例約總人數的一半，另有三分之一的人數安置於私立小型長期照顧機構，安置於外縣市的比例現象趨近百分之十（表4）。

　　分析臺東縣政府實際安置低收入老人的 17 家機構之評鑑等第，扣除一家醫院之外，臺東縣內 12 家機構，5 家為甲等，7 家為乙等。安置人數最多的 2 家機構都是評鑑等第乙等之機構。外縣市的 5 家機構等第，均是甲等以上機構（表 5）。

表5　2013年臺東縣各等第機構安置公費老人之狀況

		財團法人長期照顧機構	私立長期照顧機構	醫院附設護理之家	獨立型護理之家	總計
優等／甲等	立案間數	1	4	2	0	7
	實際安置間數	1	3	1	0	5
	公費老人數	7	29	1	0	37
	百分比	6.09%	25.22%	0.87%	0	32.17%
乙等	立案間數	3	5	0	1	9
	實際安置間數	3	3	0	0	6
	公費老人數	67	11	0	0	78
	百分比	58.26%	9.57%	0	0	67.83%
總計	立案間數	4	9	3	1	17
	實際安置間數	4	6	1	0	11
	公費老人數	74	40	1	0	115
	百分比	64.35%	34.78%	0.87%	0	100.00%

資料來源：研究者自行整理臺東縣社會局提供之資料。

註1：醫院附設護理之家1間未接受評鑑。

註2：臺東縣總共128位公費老人接受安置，其中13位公費老人安置於外縣市或其他單位，因此未納入分析。

四、新竹市與臺東縣公費安置老人的現況與變遷之比較

前節分析新竹市與臺東縣從2011年至2013年期間的長期照顧組織屬性與公費安置老人的變遷趨勢，歸納出三個發現：

（一）相較於臺東縣隨著行政轄區內照顧機構總數的增加，公費老人安置於各類型機構也呈現增加的趨勢。新竹市政府的實際安置老人照顧機構始終維持四家，並未隨機構家數增加而擴大。

（二）分析安置機構的屬性，新竹市公費老人安置服務的人數平均七成以上是由非營利的財團法人長期照顧機構承擔，2013年提升到八成。反之，臺東縣在同一時期的公費老人安置服務購買則比較分散，近六成是由非營利的財團法人長期照顧機構承擔，三成是由營利的私立長期照顧機構承擔。顯然，相較於臺東縣非營利財團法人照顧機構，新竹市財團法人

機構服務公費老人比例相對較多。

（三）臺東縣安置機構的評鑑等地雖以甲等為原則，但近六成實際接受低收入戶老人安置的機構評鑑等第為乙等，六成以上的公費老人居住於乙等機構內。而新竹市雖然半數實際接受低收入老人安置的機構評鑑等第落入乙等，但值得注意的是，超過八成的公費老人是居住在甲等或優等機構內。

立基於上述三點，檢視兩縣市的初始環境結構的面向，從公費老人安置機構的屬性分析兩縣市的跨部門協力關係網絡與協力過程，新竹市政府組成的協力關係網絡及其參與者在三年期間變動不大，顯然與固定且評鑑等地為甲等或優等的非營利組織保持穩定的協力關係。而臺東縣政府安置公費老人的組成份子與網絡之變動性大於新竹市，新成立的營利型照顧機構組織很快加入網絡，臺東縣政府與照顧機構在公費老人議題上的協力關係網絡似乎相對複雜與多樣。

伍、新竹市與臺東縣公費安置老人服務協力網絡之影響因素分析

本節進一步從委託單位與服務提供單位兩方面進行分析，包括兩地方政府社會局老人收容安置補助實施計畫背景及定價策略，以及不同屬性之照顧機構接受公費老人入住的考量因素，釐清不同組織參與者在協力過程中的協力動機與影響因素。

一、中央政府透過社福考核指標促成命令式協力之成效檢視

依據中央政府訂頒的老人福利服務考核指標及評分標準，低收入戶老人公費安置占 1.5 分，其中委託安置契約簽訂情形占 1 分[9]，受委託單位

---

[9] 給分標準：皆有簽訂契約：1 分，未簽訂契約：0 分。

（含一般護理之家）是否為評鑑優等或甲等單位占 0.5 分[10]，顯示中央政府企圖藉由考核指標達成其與地方政府之間的命令式協力，也就是希望地方政府服膺於社福考核指標的權威性。然而，進一步檢視此種命令式協力在縣市執行過程與成效，雖然兩地方政府業務科主管在接受訪談時都提到此一老人福利考核指標，但兩縣市政府在公費老人安置的協力過程中，與協力網絡參與者之間的相互依存性與互動密集卻顯有差異。

　　根據新竹市「辦理低收入戶老人安置補助實施計畫」，欲提供公費老人安置服務的長期照顧機構必須符合市政府評鑑（督考）為甲等以上；而臺東縣僅規範評鑑列為優等或甲等之機構，得優先接受本府委託辦理老人福利相關業務。換言之，在臺東縣，乙等機構如果來簽約，願意接受公費老人安置亦可接受。而公費老人入住機構的決定，有家屬者，由家屬選擇欲入住的機構，沒有家屬者，則由市政府代為選擇。因此，這是一種政府經由「津貼補助」（subsidy）為低收入老人購買安置服務的自由市場運作機制，唯一的限制是簽約機構必須是地方政府定期評鑑在一定等第以上者才有資格。

　　進一步分析兩縣市公費老人安置服務的價格分析。根據「新竹市長期照顧機構服務——公費安置實施計畫」，收容安置服務價格為每一公費老人每月新台幣 18,600 元，長期照護床及呼吸照護病床之補助標準提高至 22,000 元。「臺東縣政府補助辦理老人公費轉介機構收容照顧實施計畫」中，對設籍於臺東縣的低收入戶且重度失能者入住機構的老人補助標準同為 18,600 元。透過訪談瞭解兩個地方政府主管業務者對於機構安置費用的訂定所持態度，臺東縣政府業務科主管表示：

　　　　如果是就公費的話，（安置費用）都是 18,600（元），但是市場上
　　　　面的價格是不一樣的，養護中心就大概高個 3,000 到 5,000，護

---

[10] 給分標準：1. 均為甲等以上機構或委託時為甲等（合格）以上，但未達甲等後無再委託新案：0.5 分。2. 有乙等機構：0 分。3. 有丙等以下機構者：-1 分。

理之家就更高了……但安置費用都是一樣，這個（安置費用）不
可能多。

回應中央考核指標之要求，臺東縣政府業務科主管亦主張：

合作對象上面的選擇還是依評鑑的成績，這部分就直接列在考核
上面。若你跟丙等這樣的簽約的話，在分數上面就有一個落差，
所以我們大概就以評鑑的成績來簽約；而且我們當初在輔導的時
候，法人（非營利）機構也盡量讓它的收容數盡量多一點，盡量
會先以法人機構為優先的安排。

但當研究者追問，依據縣府提供的資料，臺東縣政府約有六成以上的
公費老人居住於乙等機構內的原因，業務主管科科長表示：

其實財團法人，我們的機構大概都已經在臨界點左右，都已經快
額滿了，沒有幾床剩的，那就是會轉到我們這小型機構……說實
在我們**主導性不高**，所以事實上我們也不會跟他們（財團法人機
構、評鑑等第甲等機構）去要求說你們一定要留下多少床位給我
們。

相較於臺東縣政府主張「安置費都是一樣，不可能多」以及「主導性
不高」的困境，新竹市政府業務科主管則一方面將物價納入考量，另一方
面也透過非正式協商方式，盡可能促使當地的財團法人機構承擔社會責
任：

我們在這邊有些服務就會考慮到物價的問題，雖然跟臺北可能還
有一段距離。例如我們有兩種不一樣收費、公費安置住的補助標
準，如果是有插管的（個案），住在護理之家的話，我們是補助

22,000 元。因為補助太低，根本沒人（機構）要收。因為我們真的去台大醫院新竹分院，一樣是公立的醫院去看，它的看護費之前已經是 2,100 元，現在聽說是 2,200 元……真的，去跟外縣市比起來很高，外縣市會說你給他 1,500 元，其實就夠了。但如果你給 1,500 元的話，在這裡（新竹市）找不到人，所以我們在這邊有些服務就會考慮到物價的問題，雖然跟臺北可能還有一段距離。……

除此之外，老實說我們也曾經要求過他們（新竹市內床位數最多的財團法人機構），雖然他們不屬於我們管，他屬於中央管，那他的本家（母機構）不在本市，但當我們的公費老人都放不進去的時候，就會跟他們溝通，希望是說因為既然你們地點是在我們新竹市，那我們希望你們能優先照顧新竹市的市民為主……我們當然沒有明文規定他們一定要這麼做，但是我們口頭上，就是希望我們有個案的時候，麻煩你們就幫我們這樣子。

而且，當我們知道中央規定乙等機構不能再放老人家後，我們就會趕快去拓展一些資源。其實我們會跟我們身障科這邊做合作，因為他們有機構托育養護業務，那我們就共同去請鄰近的新竹縣與苗栗縣政府提供評鑑等第甲等以上機構，當我們如果是以跟外縣市（照顧機構）簽的話，基本上我們的同仁都會自己去評估，除了看到他們書面上有達到甲等，或是優等以上，但是我們還是會進去機構裡面看他們的狀況。

研究顯示新竹市政府針對照顧密集度較高且需技術性護理者提供較高的安置補助，也意謂新竹市政府考量市場價格對政府購買服務以及協力網路參與者的誘因，但臺東縣政府顯然尚未將此納入政策評估因素之內；再者，這成效也反映在公費老人實際安置的機構等第，即新竹市雖然半數實際接受低收入老人安置的機構評鑑等第落入乙等，但值得注意的是，超過

八成的公費老人是居住在甲等或優等機構內。換言之，兩地方政府雖然對行政轄區內的財團法人照顧機構沒有行政管轄權，但相較於臺東縣政府允許市場機制的運作，且未要求財團法人機構發揮組織功能；新竹市政府不僅透過口頭溝通方式，爭取當地財團法人照顧機構的支持，降低公費老人安置到乙等機構或外縣市的比例；即使不得已需將個案安置到本市以外的照顧機構，協力網絡亦邀請社會局另一身障單位參與，提升行政組織間的橫向溝通聯繫，為公費個案選擇相對適切的照顧機構；再者，對照前述新竹市政府主動提高部分需較高照顧密集度個案的補助費用，亦顯示新竹市政府注重雙方之間的平等與互惠關係，願意提供相對較高的資源來穩定協力關係，有效促進網絡關係中參與者各自與共同利益。

特別是新竹市政府長期與單一特定的非營利照顧機構互動接觸，培養雙方信守責任的態度，而當這種信任關係被建構後，也形成新竹市在公費老人寶貴的社會資本，此種社會資本的形成不僅有助於在正式制度之外創造額外非正式聯繫管道，亦減少了後續協力過程的交易成本。具體言之，地方政府若希望與其轄區內照顧機構建立長期且穩定的協力關係網絡與協力過程，實有必要瞭解利益相關單位的協力動機，並透過政策與相關補助機制來平衡集體目標與個別利益。再者，據此檢視中央政府企圖透過社福考核指標促成命令式協力的運作效果，地方政府是否將協力網絡內參與者之利益納入考量，乃是網絡溝通運作的前提要件。

二、公費老人機構安置的跨部門組織協力之影響因素

除上述中央政府訂定垂直組織協力指標以及地方政府執行能力之外，協力網絡中參與者的動機亦需納入考量。分析公費老人照顧機構的訪談資料，影響新竹市與臺東縣財團法人機構接受公費老人安置最主要的因素為立案宗旨。誠如新竹市接受公費老人安置比例最高的財團法人機構主管表示：

當初（機構）成立的宗旨其實是幫助政府去照顧一些弱勢，以老人為主嘛！當初就是抓 60% 床是那個公費的床數，40% 床是自費的床數。其實我們為什麼可以收到這麼高的比例的原因，其實很大一個原因是政府補助的關係，政府補助我們的人事服務費，有補助我們設施設備費，這才是我們能生存下去的原因。……那當然後期作法有點漸漸改變，可是改變的性質差別在於說，我們的人事成本是急遽上升的，可是各縣市政府補助的錢是不上升的，所以公費安置的個案，只有他有家屬的，我們不再全額吸收（成本），那政府也同意我們這樣作法，因為他們自己的經費沒辦法再往上升的情況下，不可能叫機構一直無限上綱地吸收一些費用……所以，原則上我們跟新竹市政府有一個默契啦！就是說我可以拒收其他縣市政府的個案，可是新竹市政府的個案我一定會收……所以不管多少錢，其實我們都收。

依據上述訪談，可觀察到協力網絡的參與者一方面在意自己的機構形象與定位，另一方面，照顧機構與地方政府之間的跨部門溝通協調管道看來十分暢通，地方政府體諒財團法人機構經營成本隨老人福利機構設置標準的修訂提高，允許照顧機構可針對有家屬的公費住民收取差額補助；而這樣的體諒似乎也帶來實質上的意義與效果，也就是確保新竹市政府轉介到該機構的個案一定可獲得服務。

而臺東縣成立不到十年的財團法人機構主管則將公費老人安置比例設定在 20% 以下，即使增加，也不能超過 40%，理由如下：

其實我們在抓這個公費（成本）的時候，希望是在 40% 以下。因為我們會發現其實都是用自費的盈餘在貼公費的不足，這才能夠平衡。以 200 床來講，自費跟公費加起來要在 100 左右才達到一個平衡。但是這 100 床當中，最好公費是低於 40%。

臺東縣歷史最悠久的財團法人機構主管亦表示：

> 我沒有詳細的精算哪，不過如果你在 100 個人以下的單位，如果
> 你真的是 60% 是（中）低收入戶那些，那大概就很難維持（損
> 益平衡）。我們董事會沒有給我們壓力，反正我只要收支平衡。

　　研究者比對新竹市與臺東縣財團法人機構的收費價格，發現這兩個縣
市的財團法人機構收費價格與小型機構十分趨近（六人房的基本價格約
為 23,000 元），雖與公費安置費用出現近 4,400 元落差，但機構本身會考
量政府在硬體設施設備與人事費的補助，自行設定一定比例的公費老人
安置比例，且運用自費老人所獲盈餘貼補收住公費老人的虧損。新竹市不
僅是政府部門本身要求財團法人機構應發揮照顧地理區域內弱勢民眾的安
置需求，照顧機構本身亦有所自覺；而臺東縣政府本身雖認為「主導性不
足」，但轄區內多數財團法人機構本身卻立基於機構成立宗旨設定一定比
例的公費老人安置人數，顯示財團法人照顧機構對立案宗旨的實踐程度與
服務公費老人的比例高度相關。新竹市政府顯然相對善用轄區內財團法人
照顧機構，與其建立相對穩定且互惠的協力關係；臺東縣轄區的財團法人
機構固然也參與該地方政府之公費老人安置協力網絡，但主要影響因素顯
然來自財團法人機構這方本身的動機，來自地方政府的正式與非正式溝通
聯繫不僅相對較少，亦較少回應財團機構在經營方面的困境。
　　而私立小型照顧機構是否接受公費個案，照顧機構本身的「占床率」
（occupancy rate）的高低則顯然是私立小型照顧機構接受公費老人安置的
關鍵因素。依據中央政府制定的《老人福利機構設立標準》，不論機構當
下之入住率為何，都要依照其申請設立之機構床位來聘僱各類專業人員，
故任何照顧機構都有固定的人事聘用與其他固定成本。因此，當照顧機構
出現空床時，接受來自政府轉介的公費個案就成為分攤機構照顧成本的策
略之一。例如臺東縣某一小型私立機構業者表示：

以前就是為了要生存，就什麼都收……可是到後來我們漸漸控制在一定的量。有時候縣政府（把個案）轉給你了以後，他一開始有給你補經費了，但現在因為經費的問題，越來越嚴格了，比如說低收入戶不好（通）過，或等等等的，縣府給你從兩萬變成一萬多塊，甚至說它這個不符合就（不補助）……

另一臺東縣小型私立機構業者受訪者感嘆：

公費（老人）費用雖然穩定，但是我們曾經遇過卡過年的，那麼經費他們在審的時候，可能會卡個三個月、四個月沒有經費下來……私立跟一些檯面上財團法人不一樣的地方就在這邊。政府畢竟他有一基本費用啊，他是可以固定，我不怕他跑掉嘛。可是他一卡住（聲音變大，語調變高），卡了半年，挖，那時候真的是太可怕了，那個對機構（而言）就是很大的傷害。

以一收費標準 23,000 元的機構為例，若接受五位公費老人入住，機構帳面上的損失不僅是機構收費標準與補助標準的差額（4,400×5=22,000 元），機構每月約先墊付的金額即近 10 萬（18,600×5=93,000 元），三個月即高達 30 萬，在現金交易為主的照顧市場更需承擔經費墊支的壓力。

此處的分析說明為何私立小型機構不願意收住公費老人的理由之一，也是公共政策與措施（policy measures）對於機構行為的影響，此現象與 Kuan 與 Chen（2013）分析臺北市與新北市私立小型機構接受公費老人安置的影響因素一致，顯示新竹市與臺東縣小型照顧機構運用公費老人來補充空床位產生的營運成本，但這樣的論述卻未出現於這兩個縣市的財團法人機構表述之中。對照衛生福利部歷年訂定的《推展社會福利補助經費申請補助項目及基準》，財團法人照顧機構可申請的補助項目包括：新建、改（增建）建與修繕費補助，以及各項人事費用；換言之，面對空床現象，財團法人機構得以運用政府補助來分攤固定人事聘用開銷，顯示財團

法人機構與私立長期照顧機構兩者處於不公平的競爭基準。

　　再者，私立小型照顧機構是否接受公費個案，亦依經營者是否認同組織應盡企業社會責任有關。例如臺東縣某一私立小型，評鑑等第乙等機構業者表示：

> 有一個是里長（轉來個案），我實際上拿到的錢是 18,400 元，然後他（個案）的什麼尿布、耗材都我自己負擔，然後他是（喝）管灌牛奶的，可能我自己要負擔部分三、四千、五千塊不等……里長跟社會局是有跟我講說如果耗材部分，如果不足的話，你跟我們講，我們會去募款給他！我說我覺得這種很麻煩，倒不如自己吸收，因為一個我還可以，你多的話我就沒有辦法去那個啦，因為等於我這個場所也是承租的啦！我是有跟他們講說如果真的沒有人收的個案，我這邊有床的話，要我這邊有空床（特別強調），沒有空床我也沒有辦法，我也無能為力。

　　由上述訪談資料可知，服務提供者決定是否接受公費老人的收容安置涉及諸多因素。但不論從經濟面或社會面觀之，公費老人都是市場機制下易被排除的弱勢服務使用者；但私立小型機構實為營利機構，財務上需自給自足，公費老人的服務量能與該機構需墊付的周轉金多寡、機構占床位及組織本身對企業社會責任的意識均有相關。因此，實有必要仰賴政府部門與非營利組織的協助，方能促使公費老人獲得其所需的照顧服務。

陸、結論

　　跨部門協力已成為目前地方政府研究與實務上的重要課題，但探討該議題之研究文獻尚待累積，特別是長期照顧領域的實證研究。本研究以新竹市與臺東縣為研究案例，分析兩縣市之公費老人跨部門協力網絡，檢視

多元參與者在公費老人機構安置中涉及的互動過程與治理問題，進而提出政策建議。本研究重要的研究視角之一，在於分析跨部門協力網絡的規模、穩定性與互動模式。行政區域內缺乏公立機構的新竹市政府，在機構式長期照顧服務市場的供給扮演積極角色，促使行政轄區內財團法人組織發揮其組織功能，因此該市近八成的公費老人得已被安置在評鑑等第甲等以上機構，也就是市政府與財團法人機構之間的策略性結盟十分明確與穩定。依據衛福部歷年訂定的《推展社會福利補助經費申請補助項目及基準》，財團法人照顧機構可申請的補助項目包括：新建、改（增建）建與修繕費補助，以及各項人事費用，因此財團法人照顧機構可以運用政府補助來分攤固定人事聘用開銷，若占床率也高，其接受公費老人安置的誘因就不高。但又依《推展社會福利建造或購置建物補助款契約書》相關規定，當財團法人照顧機構無正當理由拒絕接受地方政府轉介之個案或未視社區需要提供相關的照顧服務時，地方政府主管機關得終止補助，並要求接受政府補助單位退還補助金額。解析政府部門對財團法人機構式服務的規範，補助權力顯然由中央政府掌控，但地方政府亦有相對權力可要求轄區內的財團法人機構配合，然而，臺東縣政府業務主管機關卻表示「主導性不高」，顯然忽略自身擁有的政策工具。

　　反之，新竹市政府運用的策略雖僅是「口頭約定」，但這種非正式的協商亦發揮一定程度的效用；誠如新竹市業務主管坦言：「他們（財團法人機構）不屬於我們管，他屬於中央管，那他的本家（母機構）不在本市，但當我們的公費老人都放不進去的時候，就會跟他們溝通。」事實上，針對中央政府訂定公費老人需安置於評鑑優等或甲等單位的命令式協力，地方政府可將安置床位的結果報請中央，藉以終止補助。據此，本研究主張，既然財團法人機構每年獲得政府設施設備與人事費用的補助，其亦應負擔相對等的義務。一方面具體建議衛生福利部修訂《推展社會福利補助作業規定》，要求申請開辦費與每年人事費補助的財團法人機構，應依其所獲得的補助金額相對提供或保留一定比例的公費老人安置床位，促使其發揮財團法人機構應盡的社會責任。亦建議地方政府亦應積極運用此

一政策工具,當財團法人照顧機構無正當理由拒絕接受地方政府轉介之個案或未視社區需要提供相關的照顧服務時,地方政府主管機關得要求中央政府終止補助,並要求接受補助單位退還補助金額。換言之,地方政府與財團法人機構之間的跨部門協力網絡可謂「軟硬兼施」,一方面藉由適當的政策工具,讓地方政府本身在機構式服務的公共服務提供居於優勢主導地位,也促使讓轄區內 NPO 扮演「互補性」(supplementary)的角色;但為避免傳統權威在協力網絡中失去效力,對網絡參與者自身利益的理解亦十分關鍵,例如新竹市政府體諒機構的照顧成本隨物價及老人福利機構設置標準調整而增加,藉由調整公費老人安置費用與允許機構針對有付費能力者收取差額,都是穩定協力網絡參與者的關鍵因素。

綜言之,本研究從公費老人委託安置的角度切入,有鑑於社會服務契約的特性之一就是服務的經濟利益相對有限,服務委託價格通常低於市場價格;針對各地方政府在目前公費老人機構安置的困境,地方政府部門在委託關係中實際上握有法規與經費補助兩項優勢手段,可對照顧機構的經營自主性與公共性產生若干鼓勵效用。因此建議,地方政府應與當地財團法人照顧機構及私立小型照顧機構之間建立穩定且互惠的協力關係與網絡,透過政策工具促使非營利組織與營利組織在地方政府之地理範圍內組成策略聯盟。地方政府的角色是需明確計算每年公費安置的需求量,研議有效的長期照顧床位保留機制,才可解決個案與機構間配對的問題。依據本研究計算出新竹市或臺東縣甲等以上財團法人機構的床位數,其總服務量大於公費安置總人數;但因人口老化、平均餘命延長致使長期照顧需求攀升,致使機構床位逐年遞減,建議地方政府均應盤點所在縣市甲等以上財團法人機構簽訂契約床位數,最後才是安置於私立小型甲等以上照顧機構。並將上述「接受公費老人安置補助人數」列為機構評鑑加分或扣分的指標之一,當財團法人機構未依補助比例提供或保留一定床位給地方政府安置公費老人時,該評鑑項目不予給分;反之,當財團法人機構提供超過地方政府期待的床位來協助公費老人,以及私立小型機構配合地方政府政策接受公費老人安置時,該評鑑項目應予加分,藉此提高不同屬性照顧機

構接受公費老人安置的動機。

　　對於不得享有政府補助的私立照顧機構而言，研究者認為目前政府服務購買金額低於機構的收費標準的現象不僅違背市場機制，亦可能導致私立照顧機構挑選個案。政策建議可參考新竹市政府針對不同照顧機構訂定不同安置費用的政策邏輯，具體建議有二：一是建議政府部門的服務購買金額採取浮動設計機制，也就是與私立小型照顧機構或護理之家收費標準接軌；換言之，既然認為甲等評鑑等第以上的照顧機構擁有相對較佳的照顧品質，就應該依據其收費標準編列服務購買金額，而不是期待或要求未獲得政府任何補助的私立小型照顧機構以較低的照顧費用服務公費老人。

　　再者，同為私立小型照顧機構，但各機構展現的社會責任卻有顯著差異；可惜的是，目前老人福利機構的評鑑指標並未納入公費老人安置比例，對於私立小型且願意服務較高比例公費老人的機構缺乏政策誘因，致使私立小型機構即使展現一些公益、非營利行為，但在評鑑過程中卻從未獲得肯定。據此，另一政策建議是，若受限於財政因素不得不維持現行的服務購買金額，則建議政府部門應針對私立長期照顧機構因提供公費老人安置而導致利潤被壓縮的部分，採取承認捐款的方式，例如某私立小型照顧機構的收費標準為 23,000 元，該照顧機構當月接受兩位公費老人的安置，政府就應針對其收費標準與服務購買金額落差的 8,800 元開立捐款收據，肯定營利性質的照顧機構對於公費老人服務的貢獻。

　　誠然，跨部門網絡涉及多元的利害相關者，網絡關係的觀點亦強調網絡行動者之互動與連結，即使跨部門治理、協力關係、網絡治理等概念都著重「合作協調機制」，協力關係顯然是依據互惠、信任與聲譽等三個核心關係組成，如何誘發與維持協力關係，不僅是地方政府需善用政策工具，協力網絡參與者彼此之間的正式與非正式互動亦有助於減少協力關係網絡運作的障礙與溝通成本，持續地維持協力關係。

參考文獻

王一帆（2012）。《臺北市公費安置老人服務購買與長期照顧機構組織屬性之研究》。中國文化大學社會福利研究所碩士論文。

李士豪（2009）。《績優老人福利機構資源網絡形成歷程及經營發展之研究》。元智大學資訊社會學研究所碩士論文。

林淑馨（2016）。〈臺灣非營利組織與地方政府協力的實證分析：以六縣市為例〉，《科學政治論叢》，69，103-148。

邱月季（1999）。《臺北都會區長期照護機構營運之研究》。大葉大學事業經營研究所碩士論文。

紀金山（2008）。〈臺北市機構式老人養護產業的結構分析〉，《社區發展季刊》，123，295-315。

紀金山、褚于萱（2011）。〈社會企業在照顧服務產業中的實踐：以信義老人養護中心為例〉，《靜宜人文社會學報》，5(2): 183-218。

張和然、邱文志、林晉照、陳文琦（2007）。〈非營利長期照護機構經營績效之探討：以宜蘭地區小型養護機構為例〉，《績效與策略研究》，4(1): 17-48。

張鎧如（2018）。〈初探我國地方政府從事災害防救組織協力之動機：理論與實務的比較〉，《公共行政學報》，54，79-125。

許世凱（2006）。《臺北市私立小型老人養護機構競爭優勢及策略聯盟之運用資源基礎理論的觀點》。臺灣大學國家發展研究所碩士論文。

陳正芬、官有垣（2015）。〈可望而不可及的服務：臺北市長期照顧機構屬性與公費安置老人服務量之研究〉，《臺大社會工作學刊》，32，33-78。

陳敦源、張世杰（2010）。〈公私立夥伴關係的弔詭〉，《文官制度季刊》，2(3)，17-71。

游麗裡（2000）。《臺灣地區小型養護機構服務品質之探討》。國立中正學社會福利研究所碩士論文。

衛生福利部（2018）。「長照政策專區」。網址：http://www.mohw.gov.tw/cht/ltc/M。

盧瑞芬、謝啟瑞（2003）。〈臺灣醫院產業的市場結構與發展趨勢分析〉，《經濟論文叢刊》，31(1)，107-153。

Amirkhanyan, Anna A. (2008). "Privatizing Public Nursing Homes: Examining the Effects on Quality and Access." *Public Administration Review, July/August*, 665-680.

Amirkhanyan, Anna A., Kim, Hyun Joon, & Lambright, Kristina T. (2008). "Does the Public Sector Outperform the Nonprofit and For-Profit Sectors? Evidence from a

National Panel Study on Nursing Home Quality and Access." *Journal of Policy Analysis and Management, 27*(2), 326-353.

Ansell, C. & Gash, A. (2008). "Collaborative governance in theory and practice." *Journal of Public Administration Research and Theory, 18*(4), 543-571.

Brown, Trevor L., Potoski, Matthew, & Van Slyke, David M. (2006). "Managing Public Service Contracts: Aligning Values, Institutions and Markets." *Public Administration Review, 66*(3), 323-331.

Bryson, J. M. & Crosby, B. C. (2008). "Failing into cross-sector collaboration successfully." In L. B. Bingham & R. O'Leary (Eds.), *Big ideas in collarorative public management*. New York: M. E. Sharpe.

Charamaz, K. (2000). "Grounded Theory: Objectivist and Constructivist Methods." In N. K. Denzin & Y. S. Lincoln (Eds.), *Handbook of Qualitative Research*. Thousand Oaks Sage.

Feiock, R. C. (2008). "Institutional collective active and local government collaboration." In L. B. Bingham & R. O'Leary (Eds.), *Big ideas in collaborative public management*. New York: M. E. Sharpe.

Fleishman, R. (2009). "To participate or not to participate? Incentives and obstacles for collaboration." In R. O'Leary & L. B. Bingham (Eds.), *The collaborative public manager: New ideas for the twenty-first century*. Washington, DC: Georgetown University Press.

Freeman, J. & Minow, M. (2009). *Government by Contract: Outsourcing and American Democracy*. Cambridge: Harvard University Press.

Gazley, B. (2010). "Whynot parter with local government? Nonprofit managerial perceptions of collaborative disadvantage." *Nonprofit and Voluntary Sector Quarterly, 39*(1), 51-76.

Kane, R. A. & Kane, L. K. (1987). "What is long-tern care? " In *Long-term care: principles, programs, and policies*. New York: Springer.

Kettle, D. F. (2006). "Managing Boundaries in American Administration: The Collaboration Imperative." *Public Administration Review, 66*(Special Issue), 10-19.

Kuan, Yu Yuan, & Chen, C. C. (2013). "Does It Matter whether 'Nonprofit' or 'For-profit'? A Comparison of the Government's Purchase of Long-Term Care Services for the Low-income Elders in Taipei and New Taipei Cities." Paper presented at the 日本社會政策學會第 127 回大會 , Osaka, Japan.

Long, Sharon K. & Alshadye, Y. (2005). "Commercial Plans in Medicaid managed Care: Understanding Who Stays and Who Leaves." *Health Affairs, 24*, 1084-1094.

Morse, J. M. (1994). "Designing funded qualitative research." In N. K. Denzin & Y. S. Lincoln (Eds.), *Handbook of qualitative research*. Sage Publications, Inc.

Rodriguez, C., Langley, F., Beland, F., & Denis, J. (2007). "Governance, power and mandated collaboration in an interorganizational network." *Administration & Society, 39*(2), 150-193.

Schlesinger, M. & Gray, Bradford H. (2006). "Nonprofit Organizations and Health Care: Some Paradoxes of Persistent Scrutiny." In Walter W. Powell & Richard Steinberg (Eds.), *The Nonprofit Sector: A Research Handbook*. New Haven: Yale University Press.

Strauss, A. & Cobin, J. 原著，吳芝儀、廖梅花譯（2001）。《質性研究入門：紮根理論研究方法》。嘉義市：濤石文化。